KLAUS POPP

Öffentliche Aufgaben der Gewerkschaften und innerverbandliche Willensbildung

Schriften zum Sozial- und Arbeitsrecht

Band 20

Öffentliche Aufgaben der Gewerkschaften und innerverbandliche Willensbildung

Von

Dr. Klaus Popp

DUNCKER & HUMBLOT / BERLIN

Gedruckt mit Unterstützung des Kultusministeriums Baden-Württemberg

Gedruckt 1975 bei Berliner Buchdruckerei Union GmbH., Berlin 61
Printed in Germany
ISBN 3 428 03476 7

Inhaltsverzeichnis

Dritter Teil

Demokratische Willensbildung und BGB-Vereinsrecht 135

Vierter Teil

Anmerkung:

Die verwendeten Abkürzungen folgen den Vorschlägen von *H. Kirchner*, Abkürzungsverzeichnis der Rechtssprache, 2. Aufl. Berlin 1968.

Einleitung

Der Einfluß der Gewerkschaften auf die politische Meinungs- und Willensbildung, insbesondere aufgrund ihrer Mitwirkungsbefugnisse in zahlreichen staatlichen Institutionen, sowie die Rolle der Gewerkschaften bei der Gestaltung der Arbeits- und Wirtschaftsbedingungen — kurz: die Ausübung öffentlicher Aufgaben durch die Gewerkschaften — haben schon seit längerer Zeit und unter verschiedenen Gesichtspunkten das Interesse der einzelnen sozialwissenschaftlichen Disziplinen gefunden.

Die rechtswissenschaftlichen Untersuchungen haben sich bisher vorzugsweise auf die staatstheoretische und verfassungsrechtliche Problematik des Verbandseinflusses für das Verhältnis von Staat und Gesellschaft konzentriert und die Gewerkschaften oft paradigmatisch für die Interessenverbände herangezogen. Weitaus weniger ist die Frage nach den rechtlichen Auswirkungen der Wahrnehmung öffentlicher Aufgaben auf die innerverbandliche Willensbildung behandelt worden. Mit dieser Fragestellung, die angesichts zunehmend geäußerter Kritik gegenüber den gewerkschaftlichen Satzungsinhalten an Aktualität gewinnt, wird sich die folgende Arbeit unter Einbeziehung verbandstheoretischer und organisationssoziologischer Forschungsergebnisse vornehmlich aus juristischer Sicht beschäftigen.

Die Ableitung rechtlicher Konsequenzen aus der Wahrnehmung öffentlicher Aufgaben für die innerverbandliche Willensbildung ist sinnvollerweise nur möglich, wenn die Ausübung der jeweiligen öffentlichen Aufgabe ihrerseits rechtlich zugewiesen und garantiert ist. — Zunächst wird daher näher auf die Aufgabenbereiche eingegangen, deren verfassungsrechtliche Gewährleistung umstritten ist. Nach einem kurzen Überblick über die geschichtliche Entwicklung und die gesetzlich eingeräumten Mitwirkungsbefugnisse der Gewerkschaften innerhalb der staatlichen Organisation soll die Funktion der Interessenverbände im gegenwärtigen politischen Prozeß anhand der Ergebnisse der neueren Verbandsforschung nachgezeichnet werden. Daraus erwächst dann die verfassungsrechtliche Frage nach der juristischen Beurteilung der verbandsförmigen Teilnahme an dem vom Grundgesetz normierten politischen Willensbildungsprozeß. Für den Privatrechtler stellt sich das Problem, ob die Ausübung öffentlicher Aufgaben die Rechtsstellung der Gewerkschaften als privatrechtlichen Verein verändert hat.

Nach der Klärung der den Gewerkschaften grundgesetzlich gewährleisteten öffentlichen Aufgaben im ersten Teil behandelt der zweite Teil ausführlich die daraus für die innerverbandliche Willensbildung abzuleitenden Konsequenzen. — Wenn auch in der rechtswissenschaftlichen Literatur weitgehend Übereinstimmung darin besteht, daß die Gewerkschaften zu einer Willensbildung nach demokratischen Grundsätzen verpflichtet sind, so sind doch die bisher vorgelegten Begründungen in mehrfacher Hinsicht wenig zufriedenstellend. Unzureichend erscheinen einmal die Begründungen, die an allgemeine Gesichtspunkte wie „Öffentlichkeitscharakter" oder „Macht" der Gewerkschaften anknüpfen, da diese Kriterien auch auf ganz andersartige soziale Erscheinungen passen. Soweit hingegen methodisch zutreffend von einzelnen öffentlichen Aufgaben der Gewerkschaften ausgegangen wird und daraus Folgerungen für die Binnenstruktur gezogen werden, lassen sich die zugrundegelegten Begründungen nicht auf die anderen Aufgabenbereiche übertragen. — Die eigene Konzeption differenziert zwischen der Koalitions- und Interessenverbandsfunktion der Gewerkschaften und erarbeitet die Rechtsfolgen für die innerverbandliche Willensbildung getrennt nach dem jeweiligen Aufgabenbereich. Anhand der gewonnenen Ergebnisse wird abschließend geprüft, ob sich Begründungsmerkmale feststellen lassen, die wiederum für beide Funktionsbereiche zutreffen.

Die Untersuchungen zu den verschiedenen Begründungen des Gebots demokratischer Willensbildung sind auch für die inhaltliche Konkretisierung des Demokratiegebots von weiterführender Bedeutung. Schon hier ist allerdings darauf hinzuweisen, daß eine Konkretisierung sorgfältig die verfassungsrechtlich garantierte Vereinsautonomie zu beachten hat und inhaltlich daher nur allgemeine Grundsätze und Direktiven zu erwarten sind, die ihrerseits noch der satzungsmäßigen Konkretisierung bedürfen.

Die Ausübung öffentlicher Aufgaben durch die Gewerkschaften läßt grundsätzlich ihre Rechtsstellung als privatrechtlicher Verein unberührt. Im dritten Teil wird daher näher untersucht, inwieweit verfassungsrechtliche Anforderungen an die innerverbandliche Willensbildung die Vorschriften des BGB-Vereinsrechts modifizieren. — Da die Gewerkschaften in der Rechtsform des nichteingetragenen Vereins organisiert sind, soll nach einem Aufriß über die Entstehungsgeschichte des BGB-Vereinsrechts im Rahmen einer Analyse der Rechtspraxis zunächst geprüft werden, ob eingetragene und nichteingetragene Vereine vor allem im Hinblick auf das Vereinsverfassungsrecht heute noch rechtlich unterschiedlich zu behandeln sind. Dabei wird dann auf die Frage einzugehen sein, ob die Gewerkschaften schon aufgrund der vereinsrechtlichen Vorschriften des BGB zur Willensbildung nach demokratischen Grundsätzen verpflichtet sind.

Die Arbeit schließt mit einer Analyse der gewerkschaftlichen Satzungspraxis, nachdem hierzu in den vorangegangenen Teilen die rechtlich relevanten Maßstäbe erarbeitet worden sind und insoweit der für eine juristisch relevante Kritik erforderliche analytische Bezugsrahmen vorliegt. Ein Überblick über organisationssoziologische Untersuchungen zum Problem innerorganisatorischer Demokratie soll allerdings deutlich machen, daß demokratische Satzungen nur eine unter mehreren Voraussetzungen für die Verwirklichung einer demokratischen Verbandspraxis darstellen.

Der hier gewählte methodische Ansatz, nach dem die Rechtsfolgen für die innerverbandliche Willensbildung entsprechend dem jeweiligen Aufgabenbereich differenziert bestimmt werden, erfordert eine Beschränkung auf die von den Gewerkschaften ausgeübten öffentlichen Aufgaben. Eine Übertragung der am Beispiel der Gewerkschaften erarbeiteten Ergebnisse auf andere Verbände ist damit grundsätzlich nicht ausgeschlossen, setzt aber eine genaue Analyse der einzelnen Verbandstätigkeiten auf ihre strukturelle Gemeinsamkeit hin voraus.

Eine solche Untersuchung, für die eine Typologie der verbandsförmig ausgeübten öffentlichen Aufgaben zu erstellen wäre, kann im Rahmen dieser Arbeit nicht mehr geleistet werden.

Erster Teil

Die öffentlichen Aufgaben der Gewerkschaften

I. Die Gewerkschaften als Träger öffentlicher Aufgaben

Die Gewerkschaften in der Bundesrepublik Deutschland nehmen heute zahlreiche Aufgaben unterschiedlicher Art wahr. Neben der tarifvertraglichen Regelung von Arbeits- und Lohnbedingungen sowie der Gewährung von Unterstützungsleistungen an ihre Mitglieder beteiligen sich die Gewerkschaften an der politischen Willensbildung vor allem in Fragen der Wirtschafts-, Sozial- und Bildungspolitik; darüber hinaus wirken Gewerkschaftsvertreter in vielen staatlichen und öffentlichen Einrichtungen mit[1]. Diese mannigfaltigen Aufgaben, zu deren Durchführung sich eine komplexe Verbandsorganisation herausgebildet hat, gehen weit über den gewerkschaftlichen Aktionsbereich zur Zeit ihrer Entstehung in der Mitte des 19. Jahrhunderts hinaus. Dieser Funktionszuwachs ist nicht nur Ausdruck des beiderseitig geänderten Verhältnisses zwischen Gewerkschaften und dem Staat, sondern vor allem Konsequenz des ökonomisch bedingten Wandels vom liberalen Rechtsstaat zum demokratischen Sozialstaat, der durch zunehmende staatliche Beeinflussung wirtschaftlicher und sozialer Prozesse wie wachsender gesellschaftlicher Einwirkung auf staatliches Handeln hier nur stark verkürzt gekennzeichnet werden kann.

1. Überblick über Entwicklung und Aufgabenzuwachs der Gewerkschaften

Die Gründung von Gewerkschaften war hauptsächlich Folge der industriellen Produktionsweise und des kapitalistischen Wirtschaftssystems, die zusammen zur sozialen Verelendung der rechtlich freien,

---

[1] Mit dieser Übersicht ist der gewerkschaftliche Aufgabenbereich nur grob umrissen. Ein detaillierter Überblick läßt sich der Satzung des DGB vom 1. 7. 1971 (abgedruckt in RdA 1971, 294) sowie den Satzungen der Einzelgewerkschaften entnehmen.

Auch heute dürfte grundsätzlich die von *F. Neumann*, Koalitionsfreiheit und Reichsverfassung, S. 20 f. vorgeschlagene Dreigliederung der gewerkschaftlichen Aufgabenbereiche in Unterstützungsverein, Arbeitsmarktpartei und Interessenverband zutreffen (in Neumanns inzwischen etwas problematischer Terminologie: Genossenschafts-, Markt- u. Standesverband).

aber ökonomisch den Produktionsmitteleigentümern unterlegenen Arbeiterschaft führten[2]. Während die Notwendigkeit einer Organisierung der Arbeiter zur Verbesserung ihrer Lage auch außerhalb der Arbeiterklasse eingesehen wurde, bestanden über Mittel und Ziele der zunächst nur auf lokaler Ebene entstandenen Zusammenschlüsse unterschiedliche Auffassungen. Die ersten unter liberalem Einfluß gegründeten Arbeitervereine anerkannten grundsätzlich das bestehende Wirtschaftssystem und beschränkten sich darauf, durch Kartellbildung und notfalls Streiks die Disparitäten von Angebot und Nachfrage auf dem Arbeitsmarkt zu mindern sowie für Wirtschaftskrisen Unterstützungskassen zu bilden[3]. Demgegenüber sah die sozialistische Bewegung die Misere der Arbeiterschaft im kapitalistischen Wirtschafts- und Gesellschaftssystem begründet, das sie politisch zu überwinden anstrebte[4]. Ebenso wie hinsichtlich der Realisierung dieser Zielsetzung starke Differenzen bestanden, war auch die Bedeutung der Gewerkschaften für den Kampf um die politische Macht umstritten.

Während Lassalle und die Anhänger des 1863 gegründeten „Allgemeinen Deutschen Arbeiterverein" gewerkschaftliche Bestrebungen zur Verbesserung von Lohn- und Arbeitsbedingungen äußerst skeptisch beurteilten und sich 1868 mehr aus taktischen Erwägungen zur Gründung von gewerkschaftlichen Zentralverbänden mit dem „Allgemeinen Deutschen Arbeiterschaftsverband"[5] als Dachorganisation entschlossen, wies Marx den Gewerkschaften eine zentrale Rolle für die Emanzipa-

---

[2] Die Entwicklung der Gewerkschaften soll hier vor allem im Hinblick auf Funktionszuwachs und Organisationsform skizziert werden. Zur Geschichte der deutschen Gewerkschaften, vgl. *H. Limmer,* Die deutsche Gewerkschaftsbewegung; *D. Schuster,* Die deutsche Gewerkschaftsbewegung; *W. Hirsch-Weber,* Gewerkschaften in der Politik.

[3] Die nach dem Vorbild der englischen trade-unions 1868 nach einem Streit im ADAV gegründeten „Hirsch-Duncker'schen Gewerkvereine" verstanden sich als unpolitische Berufsverbände. Innerhalb der deutschen Gewerkschaftsbewegung spielten sie keine große Rolle, während sie von manchen allein ökonomisch orientierten Gewerkschaftstheoretikern (A. Weber; G. Briefs) zum gewerkschaftlichen Idealtypus stilisiert worden sind; vgl. *G. Briefs,* „Gewerkschaften" im HdSW, Bd. 4; ferner *E. Benda,* Industrielle Herrschaft und sozialer Staat, S. 204 ff.

Dieses unhistorische Modelldenken übersieht, daß in Deutschland der klass. Wirtschaftsliberalismus praktisch eine geringe Rolle spielte und die Existenz liberaler Gewerkschaften insofern einen Anachronismus darstellte.

[4] Syndikalistische Theorien, nach denen der Klassenkampf ohne politische Parteien und in der „action directe" mittels Generalstreik die Arbeiterselbstverwaltung verwirklicht werden sollte, blieben in Deutschland ohne großen praktischen Einfluß. Näher zum „Syndikalismus": *E. Gerlach* im HdSW, Bd. 10 sowie *G. Stavenhagen* im Staatslexikon, Bd. 7.

[5] „Allgemeiner Deutscher Arbeiterverein" und „Allgemeiner Deutscher Arbeiterschaftsverband" wurden in Personalunion vom Lassalle-Nachfolger v. Schweitzer geführt.

tion der Arbeiterklasse zu: sie sollten einmal den organisatorischen Schwerpunkt im politischen Befreiungskampf der Arbeiterklasse bilden, aber schon im Kapitalismus auf eine Verbesserung der Lage der Arbeiterschaft hinwirken, ohne allerdings in den Auseinandersetzungen um gegenwärtige Probleme das Fernziel zu vernachlässigen[6]. Im Jahre 1869 entstanden dann auf der theoretischen Konzeption von Marx basierende und nach einem von Bebel, dem Vorsitzenden der deutschen Arbeitervereine, entworfenen Musterstatut „Gewerksgenossenschaften" zunächst auf lokaler Ebene. Im gleichen Jahr wurde mit § 152 der Gewerbeordnung das Koalitionsrecht in beschränktem Umfang anerkannt.

Diese drei Richtungsgewerkschaften waren in den folgenden Jahren aufgrund gegenseitiger Rivalitäten und staatlicher Verfolgungsmaßnahmen wenig erfolgreich. Die nach dem Zusammenschluß der sozialistischen Parteien zur „Sozialdemokratischen Partei Deutschlands" beabsichtigte Einigung der sozialistischen Gewerkschaften konnte durch Erlaß des Sozialistengesetzes im Jahr 1878 nicht mehr verwirklicht werden. Ab 1890, nachdem das Sozialistengesetz nicht mehr verlängert worden war, machte die Gewerkschaftsbewegung — zu der neben den sozialistischen und liberalen Vereinigungen nun auch christliche Gewerkschaften hinzukamen — durch einen Konjunkturaufschwung begünstigt weitere Fortschritte. Die gegen den Widerstand der Unternehmerschaft erlassene Sozialgesetzgebung und die gesetzlichen Arbeiterschutzbestimmungen erreichten also nicht ihr Ziel, die politische Entwicklung der Sozialdemokratie und der ihr verbundenen Gewerkschaften, die sich 1892 in Zentralverbände mit der „Generalkommission der Gewerkschaften Deutschlands" als Dachverband unter Vorsitz von Carl Legien organisierten[7], zu bremsen.

Innerhalb der sozialistischen Arbeiterbewegung waren allerdings die politischen Funktionen der Gewerkschaften ebenso wie das Verhältnis von Partei und Gewerkschaften längere Zeit umstritten. Die wachsenden tarif- und sozialpolitischen Aktivitäten der Gewerkschaften[8], die zu einem weiteren Ausbau des Verwaltungs- und Funktionärsapparates

---

[6] Vgl. K. *Marx*, Lohn, Preis, und Profit, S. 103 (151 f.); vgl. auch die „Inauguraladresse der Internationalen Arbeiter-Association", S. 5 ff. Ausführlich auch *W. Schröder*, Die Gewerkschaftsbewegung in der Konzeption der revolutionären Sozialdemokratie 1869 bis 1891, S. 110 ff.

[7] Mit dieser Organisationsform hatten sich auf dem Halberstädter Kongreß die „Zentralisten" gegen die „Lokalisten" (Lassalle-Anhänger) durchgesetzt.

[8] Die Unternehmer gründeten hierauf zentrale Arbeitgeberorganisationen mit sozialpolitischem Aufgabenbereich; 1913 erfolgte der Zusammenschluß zur „Vereinigung deutscher Arbeitgeberverbände". Demgegenüber bestanden schon lange Zeit Unternehmerverbände und andere Interessengruppen zur Beeinflussung staatlicher Wirtschafts- und Sozialpolitik. Vor allem der 1876

führten, wurden in der SPD kritisch verfolgt und ließen Zweifel am klassenkämpferischen Charakter der Gewerkschaften laut werden. Die Massenstreikdebatte, in deren Verlauf die Gewerkschaften zunächst den von der SPD befürworteten Einsatz von Massenstreiks gegen den Abbau erworbener politischer Rechte ablehnten und später ihre politische Selbständigkeit von der SPD durchsetzten, bestätigte diese Einschätzung, die auch für die spätere Gewerkschaftsentwicklung zutraf: Primat praktischer Gewerkschaftspolitik waren Reformen innerhalb der bestehenden Ordnung und die Konsolidierung der Organisation, während weitergehende politische Zielsetzungen in den Hintergrund traten.

Der Änderung der Gewerkschaftspolitik folgte mit Einführung der dirigistischen Kriegswirtschaft auch ein Wandel der staatlichen Politik gegenüber den Gewerkschaften. Im 1916 erlassenen „Hilfsdienstgesetz", das eine allgemeine Arbeitspflicht vorschrieb, wurden die Gewerkschaften gegen den Widerstand der Unternehmerschaft erstmals als gesetzliche Vertretung der Arbeiterschaft staatlicherseits anerkannt. Nach Kriegsende bildeten Arbeitgeberverbände und Gewerkschaften eine „Zentrale Arbeitsgemeinschaft", in der die gewerkschaftliche Mitbestimmung in wirtschaftlichen und sozialen Fragen sowie sozialpolitische Maßnahmen festgelegt wurden; eine sofortige Sozialisierung der Wirtschaft wurde von der Gewerkschaftsführung abgelehnt. Das Koalitionsrecht und die Tarifautonomie wurden verfassungsrechtlich anerkannt. Weiterhin wurden die Gewerkschaften an der expandierenden staatlichen Arbeits- und Sozialverwaltung beteiligt[9]. Eine im Vergleich zu den Vorkriegsjahren stärkere Politisierung der Gewerkschaften folgte einmal aus der Herausforderung des Kapp-Putsches sowie den Erfahrungen der Inflationszeit. Insgesamt waren die Gewerkschaften in der Sozialpolitik relativ erfolgreich, während ihre wirtschaftsdemokratischen Ziele zur Überwindung des kapitalistischen Systems ebensowenig wie das verfassungsrechtliche Sozialisierungsprogramm und die endgültige Errichtung des Reichswirtschaftsrates realisiert wurden. Im Verlauf der Weltwirtschaftskrise wurden aller-

---

zur Durchsetzung der Schutzzollpolitik gegründete „Centralverband deutscher Industrieller", dessen Funktionäre sich aus ehemaligen Staatsbeamten rekrutierten, sowie der Zusammenschluß der ostelbischen Junker und der „Bund der Landwirte" hatten erfolgreich ihre Interessen gegenüber der Regierung vertreten. Vgl. hierzu *H. Kaelble*, Industrielle Interessenpolitik in der Wilhelminischen Gesellschaft, S. 114 ff.; *J. Hirsch*, Wissenschaftlich-technischer Fortschritt und politisches System, S. 27 ff. m. w. Nachw.; *J. Kaiser*, Die Repräsentation organisierter Interessen, S. 99 ff.

[9] Näher hierzu *G. Drewes*, Die Gewerkschaften in der Verwaltungsordnung, S. 25 ff. Ferner *H. Peters*, Rechtliche Stellung und innerer Aufbau der Arbeitnehmerberufsvereine, S. 42 ff.; *H. Herrfahrdt*, Die Stellung der Berufsvereine im Staat, S. 201 ff. (beide Beiträge in: W. Kaskel [Hrsg.], Koalitionen und Koalitionskampfmittel).

dings die erworbenen sozialpolitischen Errungenschaften weitgehend abgebaut, die Tarifautonomie durch staatliche Lohnpolitik praktisch beseitigt. Auf die nationalsozialistische Machtübernahme reagierte die Gewerkschaftsführung nicht mit der Ausrufung eines Generalstreiks, sondern die Vorsitzenden der verschiedenen Richtungsgewerkschaften versuchten, sich zur Rettung ihrer Organisationen ohne Erfolg mit den neuen Machthabern zu arrangieren: am 2. Mai 1933 wurden die Gewerkschaftshäuser schlagartig in ganz Deutschland besetzt und wenig später alle Gewerkschaften verboten.

Nach dem zweiten Weltkrieg bestand unter den Gewerkschaftern der verschiedenen Richtungen Einigkeit darüber, daß der Nationalsozialismus eine Konsequenz der kapitalistischen Wirtschaftsordnung war und eine Neuordnung der Wirtschafts- und Gesellschaftsordnung anzustreben sei[10]. Diese Übereinstimmung ermöglichte die Gründung einer Einheitsgewerkschaft mit dem DGB als Dachorganisation und 16 nach dem Industrieverbandsprinzip organisierten Einzelgewerkschaften[11]. Nachdem die Durchsetzung der wirtschaftspolitischen Vorstellungen gescheitert war, konzentrierten sich die Gewerkschaften auf eine Reformpolitik innerhalb des sich wieder etablierten kapitalistischen Systems, ohne allerdings ihre weitergehenden Ziele aufzugeben. Insofern sind die Gewerkschaften Interessenvertretung wie soziale Bewegung, wobei auf der erstgenannten Funktion der Schwerpunkt praktischer Gewerkschaftspolitik liegt.

2. Gesetzliche Mitwirkungsbefugnisse und politischer Einfluß der Gewerkschaften

Die verschiedenen gesetzlich verankerten Mitwirkungsbefugnisse der Gewerkschaften in öffentlichen und staatlichen Angelegenheiten sind schon in anderen Arbeiten ausführlich zusammengestellt worden[12], so

---

[10] Vgl. hierzu die Grundsatzforderungen des DGB aus dem Jahre 1949, abgedruckt bei *Schuster*, S. 95 ff.

[11] Aufgrund des Industrieverbandsprinzips (*ein* Betrieb — *eine* Gewerkschaft), kam es zur Abspaltung der nach dem Berufsverbandsprinzip organisierten „Deutschen Angestelltengewerkschaft" (DAG), die ansonsten wirtschafts- und sozialpolitisch weitgehend mit dem DGB übereinstimmt.

Im Streit um die parteipolitische Neutralität des DGB nach den Bundestagswahlen 1953 wurde eine zunächst „Christliche Gewerkschaftsbewegung Deutschland" (CGD), später „Christlicher Gewerkschaftsbund" (CGB) genannte Gewerkschaft gegründet, die aber allenfalls regionale Bedeutung hat. —

Ausführlich zu den gewerkschaftlichen Organisationsprinzipien die Untersuchung von *F. Riege*, Die gewerkschaftlichen Organisationsformen in der Bundesrepublik Deutschland, in der auch „Innergewerkschaftliche Demokratie" zu den Organisationsformen gezählt wird (vgl. S. 32 ff.).

daß auf eine Wiedergabe des umfangreichen Aufgabenkatalogs hier verzichtet werden kann. *J. Hirsch* hat die Beteiligung und Funktion der Gewerkschaften untersucht innerhalb des demokratischen Willensbildungsprozesses, der „als interdependentes System vielfach voneinander abhängiger und gegenseitig verflochtener Teil-Willensbildungsprozesse auf verschiedenen Ebenen zu begreifen (sei), die sich — schematisch gesehen — in einer Stufenleiter fortlaufender Integration schließlich in den Entscheidungen der Regierung verdichten"[13]. Aufgrund einer Analyse der Schwerpunkte gewerkschaftlicher Aktivitäten (Regelung von Lohn- und Arbeitsbedingungen, Sozial- und Wirtschaftspolitik, Kontrolle unabhängiger Institutionen) kommt er zu dem Ergebnis, daß die Gewerkschaften einmal bestimmte Sachbereiche durchgängig durch Vereinigung legislativer, administrativer und judikativer Kompetenzen zu beeinflussen versuchten sowie in Bereichen staatlicher Regelungsgewalt Mitbestimmungsrechte zu erhalten anstrebten[14]. — Die Mitwirkung der Gewerkschaften innerhalb der staatlichen Verwaltung ist eingehend von *G. Drewes* analysiert worden, der neben der Untersuchung verschiedener Sachbereiche die Formen gewerkschaftlicher Beteiligung nach ihrer Intensität auf staatliches Handeln systematisiert hat.

Im Hinblick auf spätere Untersuchungsziele der eigenen Arbeit soll auf die von Drewes ermittelten Ergebnisse hier näher eingegangen werden, allerdings auf das umfangreiche Material nur exemplarisch zurückgegriffen werden. Drewes unterscheidet zwischen der unmittelbaren Beteiligung der Gewerkschaften und der mittelbaren Beteiligung durch Gewerkschaftsvertreter[15]. Im ersten Fall ist der Korporation als solcher eine Mitwirkungsbefugnis eingeräumt, während im zweiten Fall die Mitwirkung durch einen Gewerkschaftsvertreter ausgeübt wird. Beide Beteiligungsformen sind insofern aufeinander bezogen, als die Teilnahme des Verbandes vor allem aus einem Vorschlagsrecht zur Berufung oder Wahl eines Verbandsvertreters besteht.

---

[12] Vgl. *G. Drewes*, Die Gewerkschaften in der Verwaltungsordnung, S. 30 bis 169; *J. Hirsch*, Die öffentlichen Funktionen der Gewerkschaften, S. 43 - 61, 155 - 188; *Hueck / Nipperdey*, Lehrbuch des Arbeitsrechts, Bd. II/1, S. 194 - 202; *K. Gröbing*, Die Stellung der Gewerkschaften in der Rechtsordnung der BRD, S. 16 - 57. — Ferner *D. Völpel*, Rechtlicher Einfluß von Wirtschaftsgruppen auf die Staatsgestaltung, S. 73 - 130.

Aus neuerer Zeit ist vor allem die — in ihrer Wirkungsweise allerdings unterschiedliche — Mitwirkungsbefugnis im Rahmen der „konzertierten Aktion" zu nennen; vgl. § 3 StabG v. 8. 7. 1967 (BGBl I, 582).

[13] *Hirsch*, S. 14.

[14] Vgl. *ders.*, S. 61 f. Hirsch bezieht allerdings nicht nur bereits institutionalisierte, sondern auch programmatisch angestrebte Mitwirkungsrechte in sein Resumé ein.

[15] Ähnlich auch *Hueck / Nipperdey*, S. 194.

Im einzelnen ergibt die Bestandsaufnahme von Drewes, daß die unmittelbare Beteiligung der Gewerkschaften an staatlichen Entscheidungen in den meisten Fällen sich auf ein Anhörungsrecht beschränkt: so bei der Besetzung bestimmter Richterämter in der Arbeitsgerichtsbarkeit[16] sowie vor der Bestellung von Vorsitzenden verschiedener Ausschüsse[17]; bei Organisationsakten im Bereich der Arbeitsgerichtsbarkeit[18] und von größerer Bedeutung vor Erlaß von Rechtsverordnungen[19] und allgemeinen Verwaltungsvorschriften[20]. Nur in Einzelfällen sind intensivere Formen direkter gewerkschaftlicher Beteiligung festzustellen: die Einräumung von Initiativrechten, durch die Verwaltungshandeln[21] oder Gerichtsverfahren[22] ausgelöst werden können; von singulärem Charakter ist die Befugnis, die gesetzliche Arbeitszeit durch Tarifvertrag zu verlängern[23].

Neben den Anhörungsrechten bilden die Vorschlagsrechte zur Besetzung von Ehrenämtern einen weiteren Schwerpunkt unmittelbarer gewerkschaftlicher Mitwirkungsbefugnisse. Wegen des Grundsatzes der staatlichen Personalhoheit existieren im staatlichen Bereich keine Entsendungsrechte, sondern aus einer von den Gewerkschaften eingereichten Liste werden die Vertreter ausgewählt. Eine Bindung an die Reihenfolge der Liste, was praktisch einem Entsendungsrecht gleichkommt, ist der Ausnahmefall: von Bedeutung ist vor allem die Bestellung der Arbeitnehmervertreter in die Organe der Bundesanstalt für Arbeitsvermittlung und Arbeitslosenversicherung[24]. Zum Teil ist den Behörden eine Auswahlmöglichkeit dadurch gesichert, daß die Zahl der vorzuschlagenden Vertreter die Zahl der zu ernennenden Beisitzer überschreiten soll[25]. — Unverbindliche gewerkschaftliche Vorschlagsrechte bestehen vor allem bei der Bestellung der ehrenamtlichen Richter im Bereich der Arbeits- und Sozialgerichtsbarkeit, bei der Berufung von Ausschußmitgliedern und Vertretern in ministeriellen Beiräten, sowie bei der Besetzung von Aufsichtsratsgremien verschiedener Bundesanstalten und -behörden[26]. Hinzu kommt das Recht, Wahl-

---

16 §§ 18, 36 ArbGG.

17 Einzelne Nachweise bei *Drewes*, S. 187 f.

18 Vgl. §§ 14, 17, 35 ArbGG.

19 § 33 Abs. 1 HAG; vor allem § 23 GGO II.

20 § 15 Abs. 1 ArbGG; § 33 Abs. 2 HAG.

21 z. B. § 5 Abs. 1 TVG.

22 Von Bedeutung vor allem für betriebsverfassungsrechtliche Beschlußverfahren (vgl. §§ 10 ArbGG, 19 Abs. 2, 23 Abs. 3 BetrVerfG).

23 Vgl. § 7 AZO.

24 Vgl. § 13 Abs. 2 AVAVG (Abweichung allerdings hinsichtlich nachrückender Vertreter; vgl. § 9 Abs. AVAVG).

25 Vgl. § 14 Abs. 1 SGG; § 7 PostVerwG v. 24. 7. 1953 (BGBl I, 676).

26 Einzelne Nachweise bei *Drewes*, S. 198.

vorschlagslisten einzureichen; so insbesondere für die Wahlen der Organe der Sozialversicherungsträger[27].

Außerhalb des Bereichs staatlicher Verwaltung sind die Vorschlagsrechte zur Benennung von Rundfunksratsmitgliedern vor allem zu erwähnen, die allerdings hinsichtlich der Auswahltechniken bei den einzelnen Rundfunkanstalten variieren[28]. —

Die indirekte Mitwirkung der Gewerkschaften durch die staatlicherseits ernannten Vertreter ist ebenfalls von unterschiedlicher Intensität. Dominierend ist die Tätigkeit in einer Vielzahl von beratenden Ausschüssen und Beiräten, während die Beteiligung gewerkschaftlicher Vertreter in Gremien mit Entscheidungskompetenzen seltener ist: vor allem die ehrenamtlichen Richter in der Arbeits- und Sozialgerichtsbarkeit und Teilen der Finanzgerichtsbarkeit, verschiedene Ausschüsse im Bereich der Arbeitsverwaltung und die gewerkschaftlichen Aufsichtsratsmitglieder in den Verwaltungsräten von Bundesbahn und Bundespost. —

In der Literatur und Rechtsprechung wird meistenteils auf die Unterscheidung von unmittelbarer Teilnahme durch den Gewerkschaftsverband und mittelbarer Teilnahme durch Gewerkschaftsvertreter verzichtet, vielmehr pauschal von Mitwirkungsbefugnissen der Gewerkschaften gesprochen. Gegen eine solche Vereinfachung ist wenig einzuwenden, wenn nur die Expansion gewerkschaftlicher Tätigkeit aufgezeigt werden soll; sie erscheint allerdings dann problematisch, wenn hieraus weitergehende Schlußfolgerungen gezogen werden, insbesondere aus den zahlreichen Beratungs- und Entscheidungsbefugnissen gewerkschaftlich vorgeschlagener Gremienmitglieder auf einen entsprechenden politischen Machteinfluß der Organisation geschlossen wird[29]. Derlei Vorstellungen können nur dann Anspruch auf

---

27 Vgl. § 7 Abs. 2 SelbstverwG (i. d. F. v. 23. 8. 1967, BGBl I, 917). Da bei Einreichen nur einer Vorschlagsliste diese als gewählt gilt (vgl. § 7 Abs. 7), kann theoretisch das Recht auf Kandidatenaufstellung einem Entsendungsrecht gleichkommen.

28 Die Vertreter der Gewerkschaften werden entweder von den Gewerkschaften selbst gewählt oder auf Vorschlag der Organisation ernannt. Für die Gewerkschaftsvertreter im Rundfunkrat des Hessischen Rundfunks (vgl. § 5 Abs. 3 G über den Hessischen Rundfunk), des Süddeutschen Rundfunks (§ 4 Abs. 3 Satzung des SDR), des Südwestfunks (§ 11 Staatsvertrag über SWF) besteht das Prinzip der Gruppenwahl; für den Fernsehrat des ZDF (vgl. § 14 Abs. 2 Staatsvertrag), den Programmbeiräten des NDR und WDR (Art. 22 Abs. 2 Satzung des NDR, § 20 Satzung des WDR) besteht ein Recht der Organisation, Vertreter vorzuschlagen, die teilweise ernannt (ZDF) oder vom Rundfunkrat gewählt werden.

Einzelne Nachweise über die Quellen der Rundfunkgesetze und Satzungen bei *G. Herrmann*, Rundfunkgesetze.

29 Vgl. *F. Kübler*, Rechtsfähigkeit und Verbandsverfassung, S. 18, demzufolge die zahlreichen Mitwirkungsbefugnisse im staatlichen Bereich die Gewerkschaften zu unmittelbaren Herrschaftsträgern gemacht haben sollen.

Plausibilität erheben, wenn den Gewerkschaftsverbänden eine Einflußnahme auf ihre Vertreter rechtlich wie faktisch jederzeit möglich wäre und gegebenenfalls eigenwillige gewerkschaftliche Repräsentanten durch ihre Organisation ohne Schwierigkeiten ersetzt werden könnten. Die Rechtsstellung der Gremienmitglieder müßte mithin den zivilrechtlichen Auftragsverhältnissen weitgehend angeglichen sein oder faktisch zumindest eine ähnliche Abhängigkeit erreicht werden können.

Die rechtliche Unabhängigkeit und die hieraus resultierende Weisungsfreiheit ist einmal den Vertretern in den verschiedenen Kollegialgremien mit Entscheidungskompetenzen gewährleistet. Soweit der Grundsatz des „freien Mandats“ gesetzlich nicht ausdrücklich normiert ist[30], läßt er sich aus der Funktion des ausgeübten Amts entnehmen: so vor allem die Unabhängigkeit der ehrenamtlichen Richter. Die rechtliche Garantie der Unabhängigkeit gewerkschaftlicher Vertreter erschöpft sich allerdings nicht nur in der Proklamation eines freien Mandats, sondern wird durch anderweitige institutionelle Vorkehrungen abgesichert, die zusätzlich eine Kontrolle der Organisation über die Tätigkeit ihrer Vertreter weitgehend ausschließen. Hierzu sind vor allem die Verschwiegenheitspflicht, das Beratungsgeheimnis und die Nichtöffentlichkeit der Sitzungen zu zählen.

Hinzu treten gruppenpsychologische und -dynamische Mechanismen, die eine Mediatisierung des Verbandsstandpunktes begünstigen. In Gremien, die sich aus ehrenamtlichen Beisitzern und professionellen Vorsitzenden zusammensetzen, ist zudem die mit Fachkenntnis verbundene intellektuelle Dominanz für nicht zu gering einzuschätzen.

Der Grundsatz des freien Mandats ist zwar insofern nicht immer bis zur letzten Konsequenz durchgeführt worden, als zum Teil die Mandatsausübung an die Gruppenzugehörigkeit gebunden ist[31]. Angesichts der erwähnten vagen Kontrollmöglichkeiten erscheint aber die Wahrscheinlichkeit eines Verbandsausschlusses wegen gewerkschaftsschädigenden Verhaltens in einem Ausschuß mehr theoretischer Art, abgesehen von den Schwierigkeiten seiner rechtlichen Durchsetzbarkeit.

Die Weisungsfreiheit gewerkschaftlicher Vertreter ist nicht nur für Entscheidungsgremien innerhalb des staatlichen Bereichs, sondern für

---

[30] Vgl. § 10 Abs. 4 BundesbahnG v. 13. 9. 1961 (BGBl I, 955): „Die Mitglieder haben ihr Amt nach bestem Wissen und Gewissen zum Nutzen des deutschen Volks, der deutschen Wirtschaft und der Deutschen Bundesbahn zu versehen. Sie sind an keinerlei Aufträge und Weisungen gebunden.“

[31] Vgl. § 8 Abs. 4 PostVerwG; unklar § 10 Abs. 7 Satz 3 BundesbahnG; § 16 AVAVG. In all diesen Fällen dürfte der Verlust der Verbandsmitgliedschaft aber nicht einen Mandatsverlust nach sich ziehen, wenn auch die gesetzliche Formulierung nicht immer klar ist.

die zahlreichen beratenden Ausschüsse und ministeriellen Beiräte[32] gesetzlich verankert. — Schon Drewes hat darauf hingewiesen[33], daß der Grundsatz des freien Mandats für die Verbandsvertreter in diesen Gremien mit rein beratendem Charakter in krassem Widerspruch zur rechtspolitischen Konzeption und Legitimation dieser Einrichtungen steht, in denen die Interessen spezifischer durch den Verband repräsentierter Bevölkerungsschichten zum Ausdruck gebracht werden sollen und nicht die Einzelmeinungen von Außenseitern[34].

Der rechtlichen Unabhängigkeit gewerkschaftlicher Vertreter stehen gegenläufige Mechanismen gegenüber, die eine völlige Ablösung von der Verbandsmeinung praktisch ausschließen. Hierzu zählt vor allem das Recht der Organisation, die Kandidaten für die jeweiligen Ehrenämter weitgehend selbst auszuwählen, so daß die Präsentation möglichst zuverlässiger Gewerkschaftsmitglieder gewährleistet ist. Diesen werden durch gewerkschaftliche Schulungskurse nicht nur Fachkenntnisse, sondern auch verbandspolitische Zielsetzungen vermittelt, so daß insoweit eine „Sozialisation" im gewerkschaftlichen Sinn möglicherweise erreicht wird; dieser letzte Faktor dürfte allerdings für die konkrete Entscheidungspraxis nur eine untergeordnete Rolle spielen. Wesentlicher erscheint die ökonomische Abhängigkeit der hauptamtlichen Verbandsvertreter, die eine offene Nichtbefolgung der Verbandspolitik

---

32 Vgl. § 62 GGO I.

33 *Drewes*, S. 248 ff. Zu Recht empfiehlt er daher die Einführung des imperativen Mandats, das er allerdings im Recht der Kandidatennominierung schon realisiert sieht (vgl. S. 251). Diese Schlußfolgerung erscheint nur dann gerechtfertigt, wenn innerhalb des Verbands eine ausreichende Anzahl von Mitgliedern sich um die vorhandenen Ämter bewirbt und somit eine Auswahlmöglichkeit praktisch besteht. Für bestimmte Ämter, die eine hohe Qualifikation erfordern, scheint diese Voraussetzung nur begrenzt gegeben.

34 Die mit der Konstruktion des freien Mandats angestrebte „Entpolitisierung" zugunsten einer „Versachlichung" der Beratungsatmosphäre mag zur Kompromißfähigkeit bei der Entscheidungsfindung dieser Gremien beitragen. Das ist aber wiederum insofern problematisch, als diese beratenden Gremienvertreter nicht die politische Entscheidung präjudizieren, sondern die politischen Instanzen mit Material für die Entscheidung nur versorgen sollen. Mit der Einräumung eines freien Mandats wird also eine verfassungsrechtlich fragwürdige Entscheidungspräjudizierung begünstigt und die Entscheidungsfindung auf politisch nicht legitimierte Organe übertragen. — Zuzugeben ist allerdings, daß andernfalls der Ministerialbürokratie weitgehend die inhaltliche Entscheidungsvorbereitung allein überlassen bliebe.

Aus ähnlichen Gründen wie hier lehnt auch *H. Föhr*, Willensbildung in den Gewerkschaften und Grundgesetz, S. 195 f. ein freies Mandat für die Vertreter „in den unter berufsständischen Gesichtspunkten zusammengesetzten Gremien, in denen der Interessenpluralismus gerade seinen Ausdruck finden soll", ab und fordert ein Abberufungsrecht für den entsendenden Verband. Zu Recht weist er auch darauf hin, daß nach der legislatorischen Konzeption nicht unabhängige Sachverständige, sondern sachkundige Interessenvertreter herangezogen werden sollen, die bestimmte Bevölkerungsschichten repräsentieren.

zum Arbeitsplatzrisiko und insofern unwahrscheinlich macht. Schließlich werden attraktive und einflußreiche Ämter vornehmlich von hohen Gewerkschaftsfunktionären besetzt, bei denen eine weitgehende Übereinstimmung von persönlicher Meinung und offizieller Verbandspolitik zu vermuten ist. — Inwieweit diese Faktoren zugunsten einer Durchsetzung des Verbandswillens seitens der gewerkschaftlichen Vertreter die oben dargestellten vorwiegend, aber nicht ausschließlich institutionell begründeten Möglichkeiten zur Verselbständigung der Gremienmitglieder kompensieren, kann hier nicht entschieden werden. Es sollte nur aufgezeigt werden, daß aus der Mitwirkung gewerkschaftlicher Vertreter nicht automatisch ein Machtzuwachs der Organisation folgen muß.

Unabhängig vom Verhältnis der Vertreter zu ihrer Organisation sind einem Verbandseinfluß in den Gremien mit Entscheidungskompetenzen schon dadurch enge Grenzen gesetzt, daß in den meisten Fällen eine Bindung an ein gesetzlich vorgegebenes Entscheidungsprogramm besteht, dessen Befolgung durch Rechtsaufsicht oder Rechtsmittel kontrollierbar ist. Wenn auch der interpretative Spielraum gesetzlicher Entscheidungsprogramme nicht unterschätzt werden darf, scheint es doch wenig realistisch, von ehrenamtlichen Beisitzern eine Gesetzesinterpretation zugunsten eines verstärkten Verbandseinflusses zu erwarten[35].

Eine einseitige Durchsetzung gewerkschaftlicher Politik über die gesetzlich institutionalisierten Mitwirkungsbefugnisse muß vor allem daran scheitern, daß in keinem Fall nur gewerkschaftliche Vertreter, sondern immer auch Vertreter anderer Interessengruppen in den entscheidenden oder beratenden Gremien beteiligt sind. Innerhalb der Arbeits- und Sozialverwaltung besteht ein numerisches Gleichgewicht zwischen den Vertretern von Arbeitnehmer- und Arbeitgeberorganisationen, während in anderen Bereichen die gewerkschaftlichen Vertreter regelmäßig neben den Vertretern anderer Interessenverbände zahlenmäßig sich in der Minderheit befinden[36]. Aufgrund der Divergenz der vertretenen Interessen ist insofern eher die Neutralisierung des Gewerkschaftseinflusses als eine reale Durchsetzungsmöglichkeit zu vermuten, da die Entscheidungsfindung eher vom jeweiligen Interes-

---

[35] Die Kontroverse um die Auslegung des § 116 AFG im Verwaltungsrat der Bundesanstalt für Arbeit dürfte insoweit einen Ausnahmefall darstellen.

[36] Siehe *Drewes*, S. 211. Vgl. ferner die — allerdings nicht anderweitig veröffentlichte — Paralleluntersuchung von *W. Masberg*, Die Unternehmerverbände in der öffentlichen Verwaltung, S. 51 ff. Angesichts des vorgelegten Materials ist nicht ganz ersichtlich, wie *W. Weber* zu der Schlußfolgerung gelangt, „daß die Beteiligung der Gewerkschaften — im ganzen gesehen — dichter zu sein scheint als die der Unternehmer und ihrer Organisationen" (Die Sozialpartner in der Verfassungsordnung, S. 211).

senstandpunkt als von argumentativer Überzeugungskraft abhängen wird.

Insgesamt ist es angesichts der Verselbständigungsmöglichkeiten der Gremienmitglieder, ihrer Bindung an gesetzliche Entscheidungsprogramme sowie der neutralisierenden Wirkung durch Beteiligung gegenläufiger Interessengruppen kaum gerechtfertigt, eine hohe positive Korrelation zwischen den zahlreichen Mitwirkungsbefugnissen unterschiedlicher Intensität und qualitativem Machtzuwachs der Organisation zu unterstellen. Die personelle Präsenz der Gewerkschaften läßt vielmehr nur bedingt Rückschlüsse auf den Grad ihrer politischen Einflußnahme zu; auch hier gilt, daß Quantität nicht in Qualität umschlagen muß. — Methodisch muß eine quantitative Analyse durch Summierung der gewerkschaftlichen Beteiligungsrechte für den Nachweis effektiven gewerkschaftlichen Einflusses daher als weitgehend unergiebig angesehen werden. Die Effizienz gewerkschaftlicher Gremienpolitik kann allenfalls in qualitativen Analysen überprüft werden, in denen die politisch verbindlichen Entscheidungen am Maßstab gewerkschaftlicher Forderungen und Interessen gemessen werden[37]. Wenn auch eine umfassende Analyse dieser Art bisher fehlt, so ist doch zu erkennen, daß die Mitarbeit von Gewerkschaftsvertretern in staatlichen Gremien nicht zu einer grundsätzlichen politischen Veränderung bzw. zur Durchsetzung gewerkschaftspolitischer Programmatik führt. Vielmehr scheint diese Form politischer Mitwirkung die Bindung der Gewerkschaften an die bestehende Ordnung zu begünstigen[38].

II. Die politische Funktion der Interessenverbände und ihre verfassungsrechtliche Gewährleistung

Während die Mitwirkung der Vertreter von Gewerkschaften und anderen Verbänden in Gremien mit Entscheidungskompetenzen nach ihrer rechtspolitischen Konzeption nicht zur Durchsetzung von Verbandszielen bestimmt ist[1] und hierzu regelmäßig auch nur geringe Möglich-

---

[37] In dieser Richtung die Rspr.-Analyse von *W. Däubler*, Das soziale Ideal des Bundesarbeitsgerichts, S. 424, der die Urteilspraxis des BAG daraufhin untersucht, „welche Interessen ... gestärkt, welche Interessen ... zurückgedrängt oder mißachtet“ werden und hierzu eine Spezifizierung der Interessen von Arbeitnehmern und Arbeitgebern vornimmt.

[38] Vgl. *R. Steinberg*, Die Interessenverbände in der Verfassungsordnung, S. 39 f., der darauf hinweist, daß „möglicherweise ... auch unter diesem Gesichtspunkt die revisionistische Entwicklung der deutschen sozialistischen Parteien und Gewerkschaften zu erklären (ist), die, sobald ihnen die Möglichkeit der Mitwirkung eingeräumt wurde, ihre revolutionären Ziele zugunsten eines reformistischen Kurses aufgaben“.

[1] Vgl. *Drewes*, S. 246 f.

keiten bietet, sollen die Verbände in den Ausschüssen und Beiräten mit beratender Funktion die Interessen bestimmter Bevölkerungsschichten zum Ausdruck bringen. Neben diesen institutionalisierten Einflußmöglichkeiten spielt die freie Interessendarstellung, die vornehmlich an die öffentliche Meinung und an die Parteien adressiert ist, eine große Rolle, was die zahlreichen Stellungnahmen der Verbände zu politischen Tagesfragen zeigen. Bei den Gewerkschaften wird diese Interessenverbandsfunktion vor allem durch ihre Dachorganisation wahrgenommen, während die Tarifpolitik Domäne der Einzelgewerkschaften geblieben ist.

Die politische Einflußnahme durch Interessenverbände, unter denen die Gewerkschaften sich auf Grund ihrer hohen Mitgliederzahl und des Anteils der von ihnen repräsentierten Bevölkerungsschicht abheben, ist von verschiedenen Wissenschaftsdisziplinen unter unterschiedlichen Gesichtspunkten behandelt worden. Von politologischer Seite wurde vor allem der Einfluß der Verbände im politischen Entscheidungsprozeß analysiert[2], während seitens der Rechtswissenschaft mehr die rechtliche Legitimation der verbandsförmigen Interessendarstellung untersucht worden ist[3]. — Mit den folgenden Ausführungen, die die kontroversen Positionen der juristischen Diskussion nur kurz andeuten können, soll vor allem die Grundlage für rechtliche Konsequenzen aus der Tätigkeit der Gewerkschaften als Interessenverband hinsichtlich ihres inneren Verbandsaufbaus geschaffen werden.

1. Zur juristischen Diskussion des Verbandseinflusses

Die rechtliche Beurteilung des Verbandswesens — oder allgemeiner: der pluralistischen Gesellschaft — ist von den unterschiedlichen Vorstellungen über das Verhältnis von Staat und Gesellschaft geprägt[4]. Diese zentrale Vorfrage wird allerdings nur teilweise explizit thematisiert; vielmehr wird nicht selten eine bestimmte Zuordnung von „Staat“ und „Gesellschaft“ als der Verfassung objektiv vorgegeben hingestellt, die in Wirklichkeit nur Ausdruck des jeweiligen staatstheoretischen Verständnisses ist und älteren staatsrechtlichen Traditionen folgt, aber insofern nur bedingt auch als Resultat verfassungsrechtlicher Analysen

---

[2] Nachweise bei *K. v. Beyme,* Interessengruppen in der Demokratie, S. 216 bis 228.

[3] Von juristischen Monographien seien erwähnt *J. Kaiser,* Die Repräsentation organisierter Interessen; *G. Wittkämper,* Grundgesetz und Interessenverbände; weitere Literaturhinweise bei *R. Scholz,* Koalitionsfreiheit als Verfassungsproblem, XVII FN 1.

[4] Ähnlich auch *H. Föhr,* Willensbildung in den Gewerkschaften und Grundgesetz, S. 104. — Zur Kritik dieser Kategorien vor allem *H. Ehmke,* „Staat“ und „Gesellschaft“ als verfassungstheoretisches Problem.

verstanden werden kann. Dies ist vor allem gegen die dualistische Betrachtungsweise in ihrer idealistischen wie positivistischen Version zu betonen, die den „Staat“ als neutrale politische Einheit oder als Hüter des Gemeinwohls der von partikularen Interessen gekennzeichneten gesellschaftlichen Vielfalt gegenüberstellt sowie beide Bereiche — bis auf die Parlamentswahlen — voneinander abzuschirmen sucht.

Um eine verfassungsrechtliche Einordnung der Verbände, insbesondere der Gewerkschaften und Arbeitgeberorganisationen, hat sich *W. Weber* in verschiedenen Aufsätzen und Vorträgen bemüht[5]. Er sieht die Verbände gegenüber den traditionellen staatlichen Institutionen als die eigentlichen politischen Potenzen an, die zwar „ein(en) Pluralismus (d. h. eine ungeordnete Vielzahl) oligarchischer Herrschaftsgruppen“[6] bildeten, aber „keinen Staat mit anerkannter Obrigkeit, sondern nur ein lockeres Gefüge mit einer Mehrheit ungeordneter rivalisierender Herrschaftsprätendenten“[7] konstituierten und daher „in einer überhöhenden Einheit aufzuheben“[8] seien. Dieses — von idealistischer Staatsphilosophie beeinflußte — staatstheoretische Wunschbild eines die Gesellschaft überwölbenden und von ihren Einzelinteressen abgelösten souveränen Staates scheint W. Weber, offenbar nicht zuletzt aufgrund des formalen Aufbaus des Grundgesetzes in Grundrechtsteil und Staatsorganisation, als von der „geschriebenen Verfassung“ übernommen anzusehen. Jedenfalls ist nur dann die behauptete Spannung von geschriebenem Verfassungsrecht und dem realen politischen Kräftesystem[9] nachvollziehbar, die sich aus der Mitwirkung der der Gesellschaft zugeordneten Koalitionsverbände bei der Durchführung staatlicher Aufgaben ergeben soll. Dieses Spannungsverhältnis verliert aber weitgehend seine Bedeutung, wenn Weber selbst einräumt, daß „alle diese Mitwirkungspositionen ... sich *neben* der Verfassung entwickelt (haben), nicht von ihr gefordert, freilich auch nicht von ihr verboten“[10]. Diese Einsicht, daß das Grundgesetz der ‚Verbandsdemokratie‘ weder positiv noch negativ, vielmehr dieser Entwicklung offen gegenübersteht,

---

[5] Vgl. vor allem die auch anderweitig publizierten Beiträge in „Spannungen und Kräfte im westdeutschen Verfassungssystem“: Der Einbruch politischer Stände in die Demokratie, S. 36 ff.; Die Teilung der Gewalten als Gegenwartsproblem, S. 152 ff.; Die Sozialpartner in der Verfassungsordnung, S. 198 ff.; Die Bundesrepublik und ihre Verfassung im dritten Jahrzehnt, S. 345 ff. — Weiterhin: Die Arbeiter- und Arbeitgeberorganisationen in der Verfassung.

[6] *Weber*, Der Einbruch politischer Stände in die Demokratie, S. 44.

[7] Ebd., S. 56.

[8] Ebd., S. 56.

[9] *Weber*, Die Sozialpartner in der Verfassungsordnung, S. 198 f.

[10] Ebd., S. 217.

bleibt allerdings in der abschließenden Bemerkung Webers unberücksichtigt, daß „der Bestand des politischen Gemeinwesens als aktionsfähiger Einheit ... nur darin verläßlich bewahrt werden (kann), daß die politischen Strukturen der geschriebenen Verfassung mit ihren klaren Konturen verfaßter Staatlichkeit unangetastet bleiben“[11]. Damit wird dem Grundgesetz als der „geschriebenen Verfassung“, die sich sozialen und politischen Entwicklungen gegenüber angeblich verschließt, ein einseitig statischer Charakter zugesprochen; auf eine nähere verfassungsrechtliche Begründung, daß das Grundgesetz von einem derartigen Verfassungsbegriff ausgeht, verzichtet Weber hingegen. Ebensowenig gelingt ihm der verfassungsrechtliche Nachweis, daß die Trennung von staatlicher und gesellschaftlicher Sphäre vom Grundgesetz bestätigt worden ist: aus der grundrechtlichen Verbürgung der Verbände und ihrer Zuordnung zur Gesellschaft läßt sich eine Beschränkung des Aktionsbereichs auf die gesellschaftliche Sphäre nur dann annehmen, wenn die Grundrechte ausschließlich als Garantien eines staatsfreien Raumes aufzufassen wären und die grundgesetzliche Bedeutung der Grundrechte sich in dieser Abwehrfunktion erschöpfte. Weber bewertet selbst diese negative Funktion der Grundrechte nur als „primär“[12], ohne aber die weiteren Grundrechtsfunktionen zu explizieren oder in seiner späteren Argumentation zu berücksichtigen. Dieses bewußt einseitige Grundrechtsverständnis, mit dem allein sich die Trennung von Staat und Gesellschaft begründen läßt, verbietet aber, die Webersche Pluralismuskritik als die allein mögliche Interpretation des Grundgesetzes zu verstehen[13].

Ähnliche, aber auch anderweitige staatstheoretische Prämissen liegen den Auffassungen zugrunde, die die Verbände aufgrund ihrer Verfolgung partikularer Interessen als gesellschaftliche ‚Besonderheiten‘ der am Gemeinwohl orientierten staatlichen ‚Allgemeinheit‘ gegenüberstellen. Dieser Klassifizierung zufolge soll das Wirken der Verbände auf die gesellschaftliche Sphäre beschränkt bleiben und ihnen die Qualität „als verfassungsrechtlich relevante Integrationsfaktoren“[14]

---

[11] *Weber*, Arbeitnehmer- und Arbeitgeberorganisationen in der Verfassung, S. 149; ähnlich auch in ‚Die Sozialpartner in der Verfassungsordnung‘, S. 223 f.: „Aber was sich in der politisch-sozialen Wirklichkeit an Entwicklungen anbahnt und vollzieht, ist noch nicht handliche Entscheidung und Norm für die Daseinsbewältigung im verfaßten Staatswesen ... Der Staatsrechtslehre obliegt aber, deutlich zu machen, daß wir hic et nunc unser politisches Gemeinwesen in Ordnung zu halten haben“ (S. 224).

[12] Sozialpartner, S. 201.

[13] Ein mit Weber weitgehend übereinstimmendes staatstheoretisches Vorverständnis enthält auch der Vortrag von *H. H. Rupp*, Die „öffentlichen“ Funktionen der Verbände, S. 1252 ff., ohne daß allerdings auf die mögliche Differenz von Staatstheorie und Verfassungsinterpretation explizit hingewiesen wird.

nicht zukommen; umgekehrt wird den Verbänden der Zugang zum staatlichen Bereich gestattet und Integrationsfähigkeit zugesprochen, soweit sie — mehr oder weniger unter Leugnung ihrer Identität[15] — die Verfolgung ihrer Interessen durch „Selbstberichtigung" mit den Anforderungen des „Gemeinwohls"[16] verbinden. — Erscheint diese Fortführung idealistischer Staatsphilosophie angesichts der geschichtlichen Erfahrung ihrer politischen Pervertierbarkeit[17] schon im Rahmen einer ‚Allgemeinen Staatslehre' als wenig verständlich, so ist eine hierauf basierende Interpretation des gegenwärtigen Verfassungsrechts erst recht nicht gerechtfertigt. Die Idee vom ‚Staat' als über den partikularen Interessen der Gesellschaft stehende Einheit[18] mag zu Zeiten der konstitutionellen Monarchie noch theoretisch einsichtig gewesen sein, auch wenn sie praktisch nie eingelöst wurde und historisch gesehen zu Recht nach Radbruchs bekannter Formulierung als ‚die Lebenslüge des Obrigkeitsstaates' apostrophiert werden muß. Als Interpretationsschema für den demokratischen Staat, „der nichts anderes oder besseres sein kann und ist als das Produkt der ihn hervorbringenden gesellschaftlichen Kräfte, eben deshalb keine über den Parteien, Klassen und ihren Gegensätzen stehende Größe ist"[19], scheinen die idealistischen Kategorien von Besonderem und Allgemeinem in ihrer dichotomischen wie dialektischen Version auch theoretisch zur verfassungsrechtlichen Analyse kaum mehr geeignet. Die Zuflucht zu vergangenen Vorstellungshorizonten muß dann gerade zwangsläufig zu Diskrepanzen zwischen solchermaßen interpretiertem Verfassungsrecht und der politischen Wirklichkeit sowie zu fragwürdigen Therapievorschlägen führen. So berechtigt daher die schlichte definitorische Verortung der Verbände in die gesellschaftliche Sphäre als Befürwortung einer „Vogel-Strauß-Politik"[20] umschrieben worden ist, so wenig kann die verlangte Orientierung der Verbände am ‚Gemeinwohl' als Bedingung ihres legitimen Wirkens im politischen Bereich als einzige verfassungsrechtliche Alternative angesehen werden. Dieser Vorschlag übersieht, daß in einem sich

---

[14] *G. Leibholz,* Staat und Verbände, S. 25. Die Ausschaltung der Verbände aus dem politischen Prozeß ist bei L. eine Konsequenz seiner Projektion des plebiszitären Demokratiemodells Rousseaus auf das GG, indem er die Parteien mit dem Volkswillen identisch setzt. — Kritisch auch *Föhr,* S. 110 f.

[15] Ähnlich auch *Leibholz,* S. 24; *E. Denninger,* Staatsrecht 1, S. 52.

[16] So *H. Krüger,* Allgemeine Staatslehre, S. 400 f.

[17] Vgl. auch die Kritik von *Denninger,* S. 67 f.

[18] Vgl. *W. Wertenbruch,* Die rechtliche Einordnung wirtschaftlicher Verbände in den Staat, S. 629; ähnlich auch *Rupp,* S. 1262, dessen Verbandskritik die Vorstellung vom organisierten Staat „als Hort des Gemeinwohls" zugrundeliegt.

[19] *Denninger,* S. 68. Vgl. auch *U. Scheuner,* Politische Repräsentation und Interessenvertretung, DÖV 1965, 577.

[20] *Krüger,* S. 399.

als ‚freiheitliche Demokratie' verstehenden politischen System ein material verstandenes Gemeinwohl nicht existieren kann[21], sondern seine Formulierung und gesetzesförmige Verbindlichmachung erst auf den verschiedenen Stufen des politischen Auseinandersetzungsprozesses erfolgt[22].

Das distanzierte Verhältnis eines Teiles der deutschen Staatsrechtslehre gegenüber den Verbänden — nicht unähnlich ihrer Einstellung zu den Parteien während der Weimarer Zeit — ist also vor allem in der weitgehend unhistorischen[23] und auf fragwürdig gewordenen idealistischen Staatstheorien sowie Begrifflichkeiten basierenden Gegenüberstellung von ‚Staat' und ‚Gesellschaft' begründet[24]. Im Unterschied zu diesen Versuchen, die verfassungsrechtliche Bedeutung der Verbände auf der Grundlage eines in das Grundgesetz projizierten Begriffs- und Kategorienapparats zu ermitteln, sollen hier zunächst ihre Genese und Funktionen innerhalb des politischen Systems anhand einiger Ergebnisse der Politikwissenschaft zu bestimmen versucht werden. Anschließend ist dann das Wirken der Verbände auf seine Vereinbarkeit mit den in der Verfassung normierten „Leitprinzipien, nach denen politische Einheit sich bilden und staatliche Aufgaben wahrgenommen werden sollen"[25] zu überprüfen[26], insbesondere also eine Zuordnung und Abgrenzung der Verbände gegenüber anderen Trägern des demokratischen Meinungs- und Willensbildungsprozesses vorzunehmen.

2. Die Funktion der Verbände im politischen Prozeß

Der politische Prozeß im Sozialstaat ist — im Unterschied, aber doch in Fortsetzung[27] des liberalen Rechtsstaats des 19. Jahrhunderts oder gegenwärtigen politischen Systemen mit noch liberaler Wirtschafts-

---

[21] Ausführlich hierzu *Scholz*, S. 307 ff.

[22] „Gemeinwohlbindung" als an die Verbände adressiertes Postulat kann daher inhaltlich allenfalls als Loyalität zu dem Minimum an verfassungsrechtlich fixierten Wertorientierungen sowie Respektierung des vom GG vorgeschriebenen Verfahrens der Meinungs- und Willensbildung und der auf seiner Grundlage ergangenen staatlichen Entscheidungen, also Bindung an die Grundprinzipien der verfassungsmäßigen Ordnung, verstanden werden.

[23] Zur Notwendigkeit eines geschichtlichen Staatsverständnisses näher *K. Hesse*, Grundzüge des Verfassungsrechts, S. 5 ff. m. w. Nachw.

[24] So auch *R. Steinberg*, Pluralismus und öffentliches Interesse als Problem der amerikanischen und deutschen Verbandslehre, AöR 1971, 465 (491; vgl. auch 476 ff., 488 ff.).

[25] *Hesse*, S. 11.

[26] Ähnlich im methodischen Ansatz wie hier *R. Steinberg*, Die Interessenverbände in der Verfassungsordnung, PVS 1973, 27 f.

[27] Vgl. *J. Habermas*, Strukturwandel der Öffentlichkeit, S. 244; *Denninger*, S. 31.

ordnung[28] — gekennzeichnet durch die „Politisierung der Gesellschaft, d. h. die tendenzielle Möglichkeit der politischen Gestaltung fast aller Bereiche der Gesellschaft“[29], wie durch eine vielfältige Einwirkung der vor allem verbandsförmig organisierten Gesellschaft auf die verschiedenen staatlichen Entscheidungsinstanzen[30].

Die verbliebenen Residuen gesellschaftsautonomen Handelns (vor allem die Produktionssphäre mit ihren Annexen des Waren- und Arbeitsmarkts), deren Konflikts- und Bedürfnisregelung sich nach dem Marktmechanismus vollziehen soll, sind allerdings nur begrenzt politischer Regelung entzogen: der staatsfreie Konkurrenzprozeß wird durch staatlich gesetzte und kontrollierte Verfahrensmodalitäten strukturiert, die offensichtliche Ungleichgewichtigkeiten auf dem Waren- und Arbeitsmarkt vermeiden sollen; tatsächlich aber wird schon durch die justizförmige Kontrollierbarkeit des Auseinandersetzungsprozesses mittels Auslegung und Aufstellung von Verfahrensregeln die gesellschaftliche Konfliktsbewältigung weitgehender staatlicher Beeinflußbarkeit als der Herstellung von Gleichgewichtslagen zugänglich gemacht[31]. Darüber hinaus wird der Aktionsrahmen rechtlich autonomer Subsysteme durch ihre wirtschaftliche Verflechtung mit staatlichen Verantwortungsbereichen eingeengt[32].

Die Ursache für die umfangreiche Staatstätigkeit ist vor allem in der kapitalistischen Produktionsweise und den hieraus resultierenden gesellschaftlichen Konflikten zu sehen, zu deren Auflösung der Marktmechanismus schon wegen des fehlenden Gleichgewichts zwischen den divergierenden Interessen nur unzureichend taugte und in den bestehenden Bereichen gesellschaftlich-marktförmiger Konfliktsregulie-

---

[28] Die Interdependenz von Staatsinterventionismus und wachsender Verbandstätigkeit werden durch Untersuchungen im Rahmen der politischen Systemvergleichung bestätigt. Hierzu *F. Naschold*, Zur Theorie der Verbände, S. 222; ferner *R. Steinberg*, Die Interessenverbände in der Verfassungsordnung, S. 46 f.

[29] *F. Naschold*, Organisation und Demokratie, S. 17; ausführlich *Habermas*, S. 157 ff., 242 ff.

[30] Auf die verschiedenen Techniken des Verbandseinflusses und ihre unterschiedlichen Adressaten soll hier nicht eingegangen werden. Hierzu *K. v. Beyme*, Interessengruppen in der Demokratie, S. 85 - 164.

[31] Tendenzen zu weitergehenden ordnungspolitischen Vorstellungen sind in der Rspr. des BAG zum Arbeitskampfrecht unverkennbar. Auf die damit verbundenen schwerwiegenden Konsequenzen hat *B. Rüthers*, Tarifautonomie und gerichtliche Zwangsschlichtung, S. 35 f. aufmerksam gemacht.

[32] Die naiven Formen staatlicher Beeinflussungsversuche durch Maßhalteappelle sind weitgehend zugunsten institutioneller Vorkehrungen wie die „Konzertierte Aktion“ (§ 3 StabG v. 8. 7. 1967, BGBl, 582) und Sachverständigengutachten (vgl. Gesetz über die Bildung eines Sachverständigenrats zur Begutachtung der gesamtwirtschaftlichen Lage v. 14. 8. 1963, BGBl I, 685) zurückgetreten.

rung durch staatliche Verfahrens- und Lenkungsmaßnahmen funktionsfähig zu halten versucht wird. Der hiervon nicht absorbierte Konfliktsstoff wird durch staatliche Leistungen entschärft, denen somit vorwiegend die Funktion zukommt, die aus der Produktionssphäre herrührenden gesellschaftlichen Ungleichheiten soweit auszugleichen, daß eine eruptive systembedrohende Konfliktentladung unwahrscheinlich wird. Da sich staatliches Handeln insoweit auf die Vermeidung von Krisen konzentriert (allerdings nicht reduziert), reagiert es weitgehend nur auf solche gesellschaftlichen Interessen und Konflikte, die politische Krisen hervorzurufen imstande sind, während konfliktsungeeignete Lebensbereiche vom staatlichen Leistungssystem ohne systemgefährdendes Risiko vernachlässigt werden können. Diese Allokation knapper Ressourcen auf Krisenherde erweist sich somit vom Systemüberlebensinteresse zumindest mittelfristig als ‚optimal', vom Anspruch „rationaler Bedürfnisbefriedigung" wohl weniger: staatliche Sozialpolitik gerinnt zum staatlichen Krisenmanagement.

In diese hier weitgehend nach C. Offe[33] referierte analytische Perspektive läßt sich die Beobachtung einfügen, die die Entstehung der Verbände auf die Isoliertheit und Machtlosigkeit des einzelnen im politischen Prozeß zurückführt: erst durch die Organisierung und der damit verbundenen sozialen Macht sei eine Chance zur politischen Beeinflussung gegeben[34]. Die weitgehende Aussichtslosigkeit des Individuums, seinen Interessen Gehör zu schaffen und sich politisch wirksam zu beteiligen[35], weist aber auf die weitere Tatsache hin, daß die traditionellen Institutionen repräsentativ-demokratischer Systeme nicht ausgereicht haben, die gesellschaftliche Interessenvielfalt[36] zum Ausdruck zu bringen und im politischen Entscheidungsprozeß zu berücksichtigen. Dies gilt einmal für die allgemeinen Wahlen, in denen aufgrund der zur Auswahl gestellten typisierten und generalisierten Pro-

---

[33] *C. Offe*, Politische Herrschaft und Klassenstrukturen, S. 152 ff.

[34] Vgl. *E. Stein*, Staatsrecht, S. 77 f., 151 f.; *K. Loewenstein*, Verfassungslehre, S. 372 f. Das gilt natürlich nicht nur für Interessenverbände, sondern allgemein für die Notwendigkeit kollektiver Organisierung zur politischen und sozialen Emanzipation (vgl. auch *H. Krüger*, Allgemeine Staatslehre, S. 394 ff.).

[35] Das Petitionsrecht nach Art. 17 GG ist heute weniger ein Mittel zur Parlamentsbeeinflussung als eine bescheidene Möglichkeit gesellschaftlicher Verwaltungskontrolle. Vgl. *Stein*, S. 239 f.; *K. Hesse*, Grundzüge des Verfassungsrechts, S. 187. Ferner *J. Agnoli*, Transformation der Demokratie, S. 64 f.

[36] Dieser Interessenpluralismus sollte allerdings nicht darüber hinwegtäuschen, daß „die große Wasserscheide in der pluralistischen Schichtung ... immer noch die zwischen Kapital und Arbeit, Betriebsführung und Arbeitnehmerschaft" darstellt (*Loewenstein*, S. 413 f.). Vgl. auch *Agnolis* These vom Pluralismus als Verschleierungmechanismus dieses Basiskonflikts (aaO, S. 23 ff.).

grammalternativen sich nur unzulänglich ein differenziertes Interessenpotential artikulieren kann[37]. Hinzu kommt die 5 %-Klausel des Wahlrechts, die zwar zur Stabilität des politischen Systems beiträgt, die parteimäßige Interessenspezialisierung und ihre parlamentarische Repräsentation aber faktisch stark reduziert. Der hiermit auch legislativ begünstigte Wandel vom Typus der Interessenpartei zur Volkspartei[38] ist mit einem Verlust an spezifischer Interessenvertretung verbunden, der auch durch das Verfassungsgebot nach innerparteilicher Demokratie nur unvollkommen auszugleichen ist: die innerparteiliche Artikulation und Diskussion divergierender Interessen wird nicht unerheblich durch ‚Image'-Erfordernisse, nach außen geschlossen und geeint gegenüber der Wähleröffentlichkeit aufzutreten, nicht nur zu Wahlkampfzeiten erschwert[39].

Aus diesen Schwierigkeiten gezielter Interessenberücksichtigung erklärt sich auch, daß Interessenverbände nur teilweise über das Medium der politischen Parteien auf den Entscheidungsprozeß einwirken und oftmals den ‚direkten' Weg zur Exekutive, bei der auch der Schwerpunkt der Gesetzesinitiative liegt, vorziehen. — Schließlich ist auch das Parlament von seinem Anspruch wie organisatorischen Möglichkeiten gerade nicht auf spezifische Interessendarstellung angelegt[40], sondern letzte, wenn auch oft nur formelle Entscheidungsinstanz, die durch anderweitige Mechanismen schon reduzierte gesellschaftliche Komplexität endgültig zu koordinieren und selektieren, sowie in politische Handlungsanweisungen und Entscheidungsprogramme umzusetzen.

Soweit daher die Verbände als Medium angesehen werden können, schon innerverbandlich aggregierte und zu politischen Forderungen

---

37 Diese Einsicht darf als weitgehend unbestritten angesehen werden. Vgl. *F. Scharpf*, Demokratietheorie zwischen Utopie und Anpassung, S. 79 f., der betont, daß „aus dieser Situation des Wählers heraus ... das Wahlergebnis als eine inhaltlich kaum spezifizierte Delegation von Führungsvertrauen interpretiert werden" muß. Ähnlich *N. Luhmann*, Legitimation durch Verfahren, S. 164 f.: „Die politische Wahl eignet sich nicht für den Ausdruck konkreter Interessen, sowenig, wie für die Entscheidung konkreter Konflikte." Da mit der Wahl nur eine abstrakte Kommunikation zustande komme, seien „die Gewählten nicht mehr an spezifische Interessen gebunden" (ebd.). Ähnlich auch *Steinberg*, S. 48.

38 Näher hierzu *G. Mayer*, Die Parteiendemokratie der Bundesrepublik, S. 3 f.

39 Dahingestellt mag bleiben, ob dieser — eine offene und öffentliche innerparteiliche Meinungs- und Willensbildung beeinträchtigende — Zwang zur Geschlossenheit auf tatsächliche demokratische Defizite im Wählerbewußtsein zurückzuführen ist oder nicht nur zum taktischen Arsenal der Parteiführung gegenüber oppositionellen Gruppen gehört. Vgl. auch *B. Zeuner*, Innerparteiliche Demokratie, S. 106 f.; *S.* u. *W. Streek*, Parteiensystem und Status quo, S. 40 ff.

40 Ähnlich auch *J. Hirsch*, Die öffentlichen Funktionen der Gewerkschaften, S. 126 f.

verarbeitete gesellschaftliche Interessen in den Willens- und Entscheidungsprozeß einzubringen, erweisen sie sich als Korrektiv zu den herkömmlichen Institutionen der repräsentativen Demokratie, die diese Aufgabe — wie gezeigt — nur beschränkt wahrzunehmen imstande sind und andererseits allein auf individueller Basis unmittelbar nicht mehr geleistet werden kann. —

Anhand einiger Ergebnisse der Verbandsforschung ist aber noch zu überprüfen, ob die politische Rolle der Verbände sich auf die Darstellung spezifischer Interessen beschränkt oder weitergehenden Einfluß auf den politischen Entscheidungsprozeß ausübt.

Von der älteren amerikanischen Gruppentheorie[41] wurden — unter Zugrundelegung eines weitgefaßten und in seinen Klassifikationen relativ unscharfen Gruppenbegriffs, der zum Teil auch die staatliche Administration einschloß[42] — die ‚pressure groups' als die zentralen Determinanten im politischen Prozeß angesehen. Politik wurde zum Kampf der konkurrierenden Gruppen um die Verteilung des Bruttosozialprodukts reduziert, die von den politischen Institutionen entsprechend dem jeweiligen Kräfteverhältnis lediglich vollzogen wurde (cash-register-theory). Staatliche Leistungen und Entscheidungen wurden insofern interpretiert als „Ausdruck eines mechanischen Parallelogramms der gemeinschaftlichen Kräfte, dessen Ausdruck die staatlichen Organe lediglich notifizieren und bei deren Austrag ihnen allenfalls die Rolle des Schiedsrichters zur Wahrung der Verfahrensregeln zukommt"[43]. Die Konsistenz des politischen Systems trotz seiner divergierenden Gruppeninteressen wurde mit einem Gleichgewicht zwischen den gesellschaftlichen Gruppen erklärt, zu dessen Ausbalancierung neben der Möglichkeit neuer Gruppenbildung im Falle eines Ungleichgewichts die individuelle Mitgliedschaft in mehreren Gruppen (overlapping membership) und das latente, aber im Konfliktsfall mobilisierbare Interesse an der Aufrechterhaltung der pluralistischen Ordnung (potential group) beitrage. Mit diesen Annahmen wurde dem Gruppenmitglied eine „Schlüsselrolle"[44] im politischen Prozeß zugewiesen: einmal werde die Politik der Gruppe durch ihre Mitglieder bestimmt, zum anderen durch ihr Verhalten die Funktionsfähigkeit des politischen Systems gewährleistet. Unter diesen Voraussetzungen schienen die normativen Ansprüche klassischer Demokratie-

---

[41] Zum folgenden vor allem *Naschold*, Zur Theorie der Verbände, S. 206 ff.; *Scharpf*, S. 29 ff.; *R. Steinberg*, Pluralismus und öffentliches Interesse als Problem der amerikanischen und deutschen Verbandslehre, AöR 1971, 465.

[42] Vgl. *Scharpf*, S. 29 (FN 51).

[43] *Steinberg*, Interessenverbände, S. 35; vgl. auch *Naschold*, S. 216.

[44] So *Scharpf*, S. 31.

theorien eingelöst, wie ihre Vereinbarkeit mit Stabilitätsinteressen nachgewiesen worden zu sein.

Die hier in ihren Grundannahmen wiedergegebene ältere Pluralismustheorie, die den — auf die Distributionssphäre beschränkten — politischen Prozeß mit Hilfe eines Faktors zu erklären versuchte[45], hat sich in mehrfacher Hinsicht als nicht mehr haltbar erwiesen, so daß ihr heute nur noch wissenschaftsgeschichtliche Relevanz zukommt[46]. Ausgehend von verschiedenen empirischen Untersuchungen mit rollen- und kommunikationstheoretischen Forschungsansätzen wurde eine relative Autonomie der Legislative wie Administration gegenüber den Verbänden festgestellt[47]. Nach der neueren (funktionalistischen) Verbandstheorie soll den Verbänden vor allem die Funktion der Interessenartikulation im politischen System zufallen: Durch innerverbandliche Aggregationen wie Selektionen der individuellen Interessen werden diese zu politischen Alternativen verarbeitet und den Regierungsstellen zugeleitet[48]. Dieser Kommunikationsprozeß verläuft aber nicht einseitig in dem Sinne, daß allein Informationen über die Interessen der Mitglieder an die staatlichen Instanzen vermittelt werden; vielmehr bedienen sich diese ihrerseits der vorhandenen Kommunikationskanäle, um politische Maßnahmen der Gesellschaft über das Medium der Verbände plausibel zu machen und anhand der Reaktionen die Loyalität zum politischen System zu prüfen[49]. Sieht man die staatliche Politik vornehmlich als „präventives crisis management“[50], so läßt sich die Funktion der Verbände im spätkapitalistischen System darin erblicken, ein-

---

45 Als monokausale Gesellschaftstheorie ähnelt sie insofern dem Marxismus, von dem sie sich aber dadurch grundsätzlich unterscheidet, daß Verteilungsprobleme isoliert von der Produktionssphäre erklärt werden.

46 So *Naschold*, S. 210. Ihre Referierung ist aber nicht nur zum Verständnis der folgenden Kritik erforderlich, sondern ihre Hypothesen von der Omnipotenz der Verbände scheinen bereitwillig von deutschen Pluralismuskritikern etatistischer Provenienz rezipiert worden zu sein (vgl. die oben bei FN 6 zitierte Äußerung von *W. Weber*).

47 Nachweise bei *Naschold*, S. 224 ff. über anglo-amerikanische Untersuchungen. Vgl. auch das Resumé zum Verbandseinfluß während des Gesetzgebungsverfahrens zum Personalvertretungsgesetz bei *Stammer* u. a., Verbände und Gesetzgebung, S. 226: „In dieser Einzelfallstudie wird bestätigt, was in der Verbändeforschung längst erkannt wurde: Von einer ‚Herrschaft der Verbände‘, einer unausweichlichen Beeinträchtigung der Prärogative des Parlaments, einer Verminderung der Aktionsfähigkeit der Parteien und einer Ausschaltung der politisch interessierten Öffentlichkeit kann — zumindest im politischen Prozeß der Gesetzgebung — nicht die Rede sein.“ Effektiver scheint allerdings der Verbandseinfluß bei Fehlen konkurrierender Verbände oder nicht-kontroversen politischen Entscheidungen zu sein. Vgl. *Stammer*, S. 227 sowie *Steinberg*, Interessenverbände, S. 31 f.

48 Vgl. *Steinberg*, S. 29 f.

49 Ebd., S. 40 f.

50 *Offe*, S. 158.

mal Konfliktspotentiale frühzeitig den politischen Instanzen zu melden, die hiermit Zeit zur Ausarbeitung von Vermeidungsstrategien gewinnen[51]; zum anderen lassen sich die Verbände bei der Vermittlung staatlicher Politik und ihrer Umformulierung in politischen Konsens einsetzen[52].

Neben der Überschätzung des politischen Einflusses von Verbänden hat sich aber noch eine weitere zentrale Annahme der älteren Verbandstheorie, nämlich die verbandsförmige Organisationsfähigkeit aller Interessen[53], als zu optimistisch erwiesen. Mit der Erkenntnis, daß nur „Spezialbedürfnisse einer sozialen Gruppe"[54] organisierbar sind, während allgemeine und nicht eindeutig bestimmten Statusgruppen und Funktionsträgern zuzuordnende Interessen nicht organisationsfähig sind, waren die pluralistischen Gleichgewichtsannahmen, aber auch die Relevanz der Verbände als Medium gesellschaftlicher Interessen- und Bedürfnisartikulation einzuschränken. Hinzu kommt, daß nur konfliktsfähige Gruppen, die „eine systemrelevante Leistungsverweigerung glaubhaft anzudrohen"[55] imstande sind, politischen Einfluß auszuüben vermögen, soweit sie sich auf kompromißfähige Verhandlungsziele beschränken. — Aber auch die demokratietheoretischen Annahmen der älteren Pluralismustheorie, die von einer aktiven Teilnahme der Verbandsmitglieder ausgingen, sind durch umfangreiche Untersuchungen widerlegt worden: zum einen wurde eine weitgehende politische Apathie der Mehrheit der Mitglieder festgestellt, sowie die Konzentration der politisch aktiv Beteiligten auf Angehörige der Oberschicht, die überdies weitaus öfter als Unterschichtsangehörige verbandsförmig organisiert sind[56].

---

[51] Dieser Aspekt kommt bei *Offe* zu kurz, der zu sehr auf die Funktion der Verbände und der Parteien als Transformatoren staatlicher Politik abstellt und auch die Möglichkeit innerverbandlicher Interessenselektion zu überschätzen scheint. Dennoch lassen sich von seinem analytischen Ansatz die Verbände als ein für die staatlichen Instanzen überschaubares ‚Warnsystem sozialer Konfliktsherde' interpretieren. Eine zu starke innerverbandliche Interessenselektion mit der Folge außerverbandlicher Konfliktseruption führt insoweit zur Intransparenz sozialer Konflikte und entsprechend höheren Anforderungen an staatliche Krisenmaßnahmen. Daher muß auch vom Standpunkte der Systemstabilisierung eine zu weitgehende Disziplinierung der Verbandsmitglieder als kurzsichtig angesehen werden.

[52] Näher hierzu *Offe*, S. 162; vgl. auch *Steinberg*, S. 41 f.

[53] Nachweise bei *Steinberg*, Pluralismus, S. 468.

[54] *Offe*, S. 146; ferner *M. Olson*, Die Logik des kollektiven Handelns, S. 163 f.

[55] *Offe*, S. 146. Nach *Hirsch*, S. 133 wird eine neue Art von ‚Klassengegensatz' ... hier sichtbar: der Gegensatz zwischen organisierten und durch Organisationen repräsentierten und nichtorganisierten und nichtrepräsentierten Staatsbürgern."

[56] Einzelne Nachweise bei *Scharpf*, S. 34, 44 f.; *Steinberg*, S. 42; vgl. auch *Stein*, S. 77 f.

Diese Ergebnisse haben eine tiefgreifende Diskrepanz zwischen den normativen Ansprüchen der Pluralismustheorie und der Realität offengelegt. Wählt man nicht den von der amerikanischen Theorie zunächst eingeschlagenen Weg[57], die ursprünglichen Normativanforderungen aufzugeben und an die Realität anzupassen[58], so bleibt zunächst, den Stellenwert der Verbände in anspruchsvolleren Demokratiekonzepten einzugrenzen: Aus der Einsicht, daß allgemeine Interessen und Bedürfnisse nicht verbandsförmig zu organisieren sind, resultiert, daß Verbände nur partiell und einseitig zu Interessen- und Bedürfnisartikulationen taugen[59]. Zur Erfüllung jener Aufgabe sind daher andere Medien zu entwickeln, die sich allgemeiner und fundamentaler Bedürfnisse annehmen[60].

3. Die verfassungsrechtliche Garantie politischer Teilnahme für Verbände

Für die verfassungsrechtliche Beurteilung der politischen Einflußnahme durch Verbände ist zunächst festzustellen, daß die verbands-

---

57 Übersicht über die „reduktionistischen" bzw. „empirischen" Demokratietheorien bei *Scharpf*, S. 35 ff. Schlagwortartig lassen sie sich dahin zusammenfassen, daß das Postulat der Herrschaft *durch* das Volk, in Herrschaft (der vom Volk ausgewählten Eliten) *für* das Volk umformuliert wurde.

58 Dieser Schritt wurde noch dadurch erleichtert, daß die Apathieforschung eine positive Korrelation von Krise und hoher politischer Partizipation aufzeigte, so daß Apathie als funktionale Bedingung für Systemstabilität sich herausstellte und als Indiz politischer Zufriedenheit interpretieren ließ. Vgl. *F. Naschold,* Die systemtheoretische Analyse demokratischer Systeme, PVS 1970, Sonderheft 2, S. 7.

59 „Linke" und „rechte" Pluralismuskritik stimmen also insoweit überein, als Verbände nur ‚besondere', nicht ‚allgemeine' Bedürfnisse zum Ausdruck bringen. Vgl. *E. Forsthoff,* Rechtsstaat im Wandel, S. 203 f. „Die Chance für ein Interesse, befriedigt zu werden, wächst mit der sozialen Mächtigkeit des gesellschaftlichen Patrons (Verbandes), der dieses Interesse vertritt ... Es gibt Interessen, die so allgemein sind, daß sie nicht nur keinen gesellschaftlichen Patron finden können, sondern sogar die gesellschaftlichen Patrone entgegenstehender partikularer Interessen gegen sich haben." (Beispiel industr. Umweltverschmutzung.)

Diese Konvergenz, die auch in der Parlamentarismuskritik zu beachten ist, endet freilich fundamental mit den Therapievorschlägen: umfassende Partizipation des Volkes an wirtschaftlichen und politischen Entscheidungen einerseits, Stärkung der Souveränität des Staats andererseits.

60 In diese Richtung geht *Scharpfs* Konzept für eine ‚komplexe Demokratietheorie' (S. 52 f., 66 ff.). Die Bedeutung einer ‚aktiven Öffentlichkeit' (Dahrendorf) als Mechanismus der Problemsensibilisierung dürfte sich aber weitgehend auf die Artikulationsfunktion beschränken, während die politisch folgenreiche Verarbeitung in absehbarer Zeit zumindest für Reformen mit hohen finanziellen Kosten, die in anderen Bereichen abzuziehen wären, wenig Erfolg verspricht. Insoweit lassen sich die Fortschritte ‚billiger' Justizreformen, die Stagnation der ‚teuren' Bildungsreformen erklären. — Die begrenzten Möglichkeiten eines von den Verbänden unabhängigen Artikulationsforums werden auch von *Scharpf*, S. 91 f. anerkannt.

förmige Vertretung spezieller Interessen[61] im vorparlamentarischen Raum nicht mit den Funktionsbereichen anderer grundgesetzlich verbürgter Institutionen des demokratischen Meinungs- und Willensbildungsprozesses konfligiert. Dies gilt einmal hinsichtlich der allgemeinen Parlamentswahlen, durch die allenfalls pro futuro die politische Gesamtrichtung bestimmt, nicht aber eine gezielte und konkrete inhaltliche Einflußnahme zum Ausdruck gebracht werden kann. Die Bedeutung der Wahlen scheint zudem eher in der Billigung oder Ablehnung vorangegangener als in einem Auftrag für die Gestaltung künftiger Regierungspolitik zu liegen, also vorwiegend retrospektiven Charakter zu haben. — Parteien und Verbände unterscheiden sich durch ihren einerseits mehr integrativen, andererseits mehr disjunktiven Charakter[62]: die Parteien bestehen ihrerseits schon aus verschiedenen Interessengruppen und orientieren ihre Politik schon an gesamtgesellschaftlichen Interessen, während den Verbänden vor allem die Vertretung der speziellen Interesse ihrer Mitglieder obliegt[63]. Hinzu kommt natürlich, daß allein die Parteien an Wahlen und der Regierungsbildung teilnehmen. Aufgrund dieser unterschiedlichen Funktionen sind Parteien und Verbände keine Konkurrenzorgane im politischen Prozeß, sondern stehen in einem Ergänzungsverhältnis zueinander[64].

Die verbandsförmige Einflußnahme auf die politische Willensbildung ist also nicht notwendigerweise mit einem Funktionsverlust anderer im Grundgesetz gewährleisteten Formen politischer Mitwirkung verbunden; vielmehr vermögen die Verbände komplementäre Aufgaben zu erfüllen, die durch Wahlen und über Parteien nur unzureichend zu realisieren sind, aber auch auf individueller Basis nicht mehr unmittelbar geleistet werden können. Letzteres gilt insbesondere für die Mei-

---

[61] Es kann hier offenbleiben, ob die Tätigkeit der Interessenverbände als politische Repräsentation aufzufassen ist. Angesichts der Vieldeutigkeit des Repräsentationsbegriffs scheint die hierüber geführte Diskussion eher zur Verwirrung als zur Klärung der verfassungrechtlichen Stellung der Interessenverbände beigetragen zu haben. Darüber hinaus ist zu bezweifeln, ob die Kategorie der Repräsentation noch geeignet ist, „die organisationstheoretischen Probleme analytisch zu erfassen, welche die Willensbildungsprozesse hochkomplexer Organisationen aufgeben". (So *Denninger,* S. 59; kritisch auch *Steinberg,* Interessenverbände, S. 29.)

[62] Zu dieser Unterscheidung *H. Eckstein,* Pressure Group Politics, S. 162.

[63] Aufschlußreich ist in diesem Zusammenhang auch das Selbstverständnis der Gewerkschaften, wie es in einem „Spiegel"-Interview mit H. O. Vetter formuliert wurde: „Gewerkschaft und Partei ist für uns etwas tiefgreifend Unterschiedliches. Jede Partei will die Interessen der Gesellschaft total umfassen. Wir als Gewerkschaften beziehen uns zunächst einmal ausschließlich auf unsere Mitglieder, danach auf alle Arbeitnehmer und danach auf die Gesellschaft." („Der Spiegel", Nr. 45 v. 30. 10. 1972, S. 60; zitiert nach *W. Thiele,* Politische Betätigung der Gewerkschaften, BB 1973, 1 [4].)

[64] So auch *U. Scheuner,* Politische Repräsentation und Interessenverbände, DÖV 1965, 577 (580); vgl. auch *Stein,* S. 77.

nungsfreiheit, die individuell ausgeübt regelmäßig keine reale Möglichkeit politischer Artikulation mehr darstellt. Weitgehend nur über die Verbände sind die staatlichen Instanzen sowie Parteien und öffentliche Meinung zu erreichen und politisch zu beeinflussen.

Die politische Tätigkeit der Verbände läßt sich aber nicht nur gegenüber anderen Faktoren politischer Willensbildung abgrenzen, sondern ist insoweit auch durch das Grundgesetz geschützt. Wie das Bundesverfassungsgericht wiederholt bemerkt hat, ist „die freie Darstellung organisierter Gruppeninteressen gegenüber Staat und Parteien ... Bestandteil der Betätigungsfreiheit, die Art. 9 GG ... Vereinigungen gewährleistet“[65]. Die inhaltliche Reichweite ergibt sich vor allem aus den Verbotstatbeständen in Art. 9 Abs. 2, 18 GG; diese Vorschriften belegen aber zugleich, daß die politische Teilnahme auf kollektiver Basis innerhalb dieser Grenzen grundgesetzlich garantiert ist, politische Betätigung sich also nicht auf den Wahlakt und Parteimitgliedschaft zu beschränken braucht[66].

---

[65] BVerfG 20, 56 (107); ähnlich für die Koalitionsfreiheit BVerfG 28, 295 (305). Vgl. auch *K. Hesse*, Grundzüge des Verfassungsrechts, S. 166, demzufolge „die Freiheit der Bildung und der Tätigkeit der Verbände, ihr Einfluß auf die öffentliche Meinung und ihr Anteil an der ‚Vorformung des politischen Willens‘ ihre Grundlage und ihren Schutz in Art. 9 GG“ finden.

[66] Insofern bedarf es zur Begründung politischer Betätigung durch Verbände keines Umkehrschlusses aus Art. 21 Abs. 1 GG, der von der *Mitwirkung* der Parteien an der politischen Willensbildung spricht. Selbst die restriktive Auslegung des Begriffs der politischen Willensbildung auf Teilnahme an Wahlen schließt jedenfalls andere Formen politischer Betätigung nicht aus, die für politische Vereinigungen direkt durch Art. 9 GG gewährleistet wird.

Das ist inzwischen weitgehend anerkannt; vgl. z. B. *A. Hamann*, Gewerkschaften und Sozialstaatsprinzip, S. 13 ff.; *Maunz-(Dürig-Herzog)*, Rdz. 13 ff. m. w. Nachw. zu Art. 9 GG; BVerfG 20, 56 (98 f.). —

Neuerdings aber wieder anders *Rupp*, S. 1254 ff., demzufolge nach dem GG der politische Einfluß der Aktivbürgerschaft sich auf die Teilnahme an Wahlen und Mitwirkung über die Parteien zu beschränken habe: die Interessenverbände seien nolens volens „in jenen Bereich öffentlicher Aufgaben und politischer Einflußnahmen hinein(gewachsen), die das Grundgesetz an sich den politischen Parteien vorbehalten hat.“ (S. 1256). — Der angeblich von der Verfassung gewollte Ausschluß der Verbände von politischer Teilnahme erscheint aber zu vordergründig hergeleitet, wenn Rupp das politische Partizipationsmonopol der Parteien mit dem in Art. 21 Abs. 1 Satz 3, 4 GG explizit statuierten Gebot innerparteilicher Demokratie und öffentlicher Rechenschaftspflicht zu erklären sucht (hierzu ausführlich Zweiter Teil, 1. Kap. III. 3.).

Problematisch ist auch *Rupps* Hinweis (S. 1257 f.), daß allein die Parteien durch ihre Teilnahme an Wahlen über ein politisches Mandat der Aktivbürgerschaft verfügten und dadurch allein eine *politische* Funktion ausübten. Hierbei wird übersehen, daß durch Wahlen die von den Parteien als Kandidaten aufgestellten Abgeordneten, nicht aber die Parteien unmittelbar selbst zur Herrschaft legitimiert werden — im Hinblick auf Art. 38 I 2 GG handelt es sich um eine essentielle Differenz.

Diese Ausführungen sollten nur zeigen, daß die Verbände auch ein verfassungsrechtlich anerkannter Faktor politischer Meinungs- und Willensbildung sind und ihre politische Einflußnahme grundsätzlich durch das Grundgesetz legitimiert ist[67]. Dies trifft auch für die Koalitionen nach Art. 9 Abs. 3 GG zu, da das Koalitionsrecht keine Einschränkung gegenüber Art. 9 Abs. 1 GG bedeutet, vielmehr „über den Schutz der allgemeinen Vereinigungsfreiheit hinaus die Gewährleistung eines gesetzlich geregelten und geschützten Tarifvertrags-

---

Der weitere Einwand gegen die politische Einflußnahme von Verbänden, daß derlei Verbandsaktivitäten in den Verbandssatzungen nicht vorgesehen seien und somit einer Mitgliedermanipulation gleichkämen, scheint kaum aus der Lektüre gewerkschaftlicher Satzungen zu resultieren, in denen regelmäßig ausdrücklich die politische Einflußnahme als Verbandsaufgabe statuiert ist.

[67] Diese Feststellung besagt nicht, daß die zahlreichen gesetzlich eingeräumten Mitwirkungsbefugnisse der Interessenverbände in ihrer konkreten Ausformung durch Art. 9 GG ebenfalls verfassungsrechtlich geschützt sind. — Hinsichtlich der verschiedenen Anhörungs- und Beratungsrechte im Gesetzgebungsverfahren ist allerdings zu beachten, daß ihre Institutionalisierung (z. B. § 23 Abs. 2 GGO II; § 62 GGO I; § 73 GO-BT) nicht zuletzt eine willkürliche und unkontrollierte Kontaktaufnahme zwischen den Verbänden und politischen Entscheidungsträgern zurückdrängen soll. Die Bereitstellung eines formalisierten Kontaktsystems erscheint daher in der Konsequenz des Gebots der Rationalisierung und Transparenz des politischen Prozesses (hierzu *Hesse*, S. 56 f., 62 f.) zu liegen sowie ferner aus dem Gebot politischer Gleichheit zu folgen (so *H. Rittstieg*, Verbände und repräsentative Demokratie, JZ 1968, 411, 414). Für die Konkretisierung und Ausgestaltung eines insoweit verfassungsrechtlich gebotenen Kommunikationsverfahrens zwischen Verbänden und staatlichen Instanzen ist aber ein weitgehendes Ermessen des Gesetzgebers anzunehmen.

Auch die Mitwirkung von Verbandsvertretern innerhalb des staatlichen Organisationsbereichs steht nicht völlig zur freien Disposition des einfachen Gesetzgebers (so aber *W. Weber*, Die Sozialpartner in der Verfassungsordnung, S. 217 und ihm folgend *E. Benda*, Industrielle Herrschaft und sozialer Staat, S. 220; *F. Säcker*, Grundprobleme der kollektiven Koalitionsfreiheit, S. 60). Angesichts der durch das Sozialstaatsprinzip gebotenen Ausweitung staatlicher Tätigkeit auf ehemals autonome gesellschaftliche Bereiche soll nach *Scholz*, Koalitionsfreiheit als Verfassungsproblem, S. 190, dieser gesellschaftliche Funktionsverlust durch einen „Anspruch der Gesellschaft auf Beteiligung an der staatlichen Sozialordnung" kompensiert werden können, ohne eine Verpflichtung zur Mitwirkung beinhalten zu müssen. — Fraglich erscheint allerdings, ob die „Konzertierte Aktion" als eine diesen Kompensationsmechanismus konkretisierende Einrichtung verstanden werden kann (so *Scholz*, S. 258) und nicht eher durch sie in noch formal bestehende gesellschaftlich autonome Handlungsbereiche eingewirkt wird, also staatlicher Einfluß verstärkt wird.

Nach *Hueck/Nipperdey*, Lehrbuch des Arbeitsrechts, Bd. II/1, S. 192 sind diese Beteiligungsrechte „zwar nicht in allen Einzelheiten, wohl aber institutionell gewährleistet". — Vgl. ferner in diesem Zusammenhang den von *P. Häberle*, Grundrechte im Leistungsstaat, S. 80 ff. entwickelten Gedanken, daß grundrechtliche Teilhabeansprüche nicht nur materiellrechtlicher, sondern auch verfahrensrechtlicher Art (status activus processualis) sind.

Ein Recht gesellschaftlicher Kräfte auf Einflußnahme in den Organen der Rundfunkanstalten hat BVerfG 12, 205 (262 f.) aus Art. 5 GG hergeleitet.

systems"[68] umfaßt. Die Verbandsdemokratie stellt somit keinen Widerspruch, sondern eine Ergänzung zur parlamentarischen Demokratie dar, deren legitimes Kind sie — auch historisch gesehen — ist. Die Tätigkeit der Interessenverbände soll aber nicht nur zur Verbesserung der Funktions- und Leistungsfähigkeit des politischen Systems beitragen, sondern auch seine demokratische Legitimationskraft erhöhen[69], indem „die Willensbildung der staatlichen Amtsträger ... durch die näher bei der legitimierenden Basis stehenden Verbände gleichsam an diese zurückgekoppelt"[70] wird.

Diese durchaus erwünschte Rückkoppelung darf sich allerdings nicht ausschließlich auf die Verbände beschränken, da die verbandsförmige Interessendarstellung nur einen Ausschnitt der gesellschaftlich vorhandenen Interessen und Bedürfnisse umfaßt, insgesamt keinesfalls also alle Interessen der Gesellschaft widerspiegelt. Diese Verzerrung, die im Regelfall zu Lasten der Interessen von Unterschichtsangehörigen geht, wird noch dadurch verstärkt, daß innerhalb der Verbände sich weitgehend die Interessen der sozial Stärkeren durchzusetzen vermögen, die auch aufgrund höherer Bildung einen unverhältnismäßig hohen Anteil innerhalb der Verbandsführung stellen[71]. Der Verbandspluralismus begünstigt also mangels der Organisierbarkeit bestimmter Interessen und der sozialen Verschiebung innerhalb der Verbände ein soziales Ungleichgewicht[72], das durch staatliche Maßnahmen zu kompensieren geboten ist. Schon *Scheuner* hat in diesem Zusammenhang darauf hingewiesen, „daß als ein Gebot des Sozialstaats (Art. 20 GG) den staatlichen Organen der Schutz derjenigen Personenkreise obliegt, die nicht

---

[68] *Hesse*, S. 167. Ähnlich auch BVerfG 28, 295 (304): Die Koalitionen „haben von Verfassungs wegen einen Status, der über den der in Art. 9 Abs. 1 GG genannten Vereinigungen hinausgeht". Vgl. auch *G. Schnorr*, Öffentliches Vereinsrecht, S. 241. Ähnlich wie das BVerfG auch schon der Abg. *Zinn* bei den Beratungen zu Art. 9 GG (vgl. JöR 1, 117).

[69] Hierzu auch *Steinberg*, S. 49.

[70] *Rittstieg*, S. 414; zur ‚Rückkoppelungsfunktion' der Verbände näher *Stein*, S. 77 f.

[71] Vgl. *Stein*, S. 77: „So vollzieht sich in den Verbänden eine soziale Verschiebung in dem Sinn, daß von unten nach oben in zunehmenden Maß die oberen gesellschaftlichen Schichten überrepräsentiert sind."

[72] Nicht unproblematisch erscheint daher, daß zahlreiche Ausschüsse paritätisch mit Arbeitnehmer- und Arbeitgeberorganisationen besetzt sind, selbst wenn diesen Gremien regelmäßig nur beratende Funktionen zukommen. Diese Gleichstellung widerspricht eindeutig der Bevölkerungsstruktur und ist schwerlich aus dem Gedanken des Minderheitenschutzes zu rechtfertigen. — Vgl. auch *Rittstieg*, S. 414, der hierin einen „Widerspruch mit dem Prinzip politischer Gleichheit" sieht. Anders allerdings *Hueck / Nipperdey*, S. 192, die die paritätische Heranziehung der Berufsverbände damit rechtfertigen, „daß es sich um die Repräsentation ihrer Mitglieder aus den zwei größten (sic!) Schichten der Bevölkerung, der Arbeitgeber und Arbeitnehmer" handelt.

durch starke und demgemäß wirksame Gruppen vertreten sind. Hier liegt ein Verfassungsgebot vor, das unter Umständen bei Mißachtung zu Verletzungen auch des Gleichheitssatzes führen könnte[73]."

Die disparate Interessenberücksichtigung durch das staatliche Leistungssystem ist allerdings nicht allein auf die Nichtorganisierbarkeit bestimmter, oft kollektiver Interessen, zurückzuführen, sondern durch weitere Faktoren bedingt. Die fehlende Artikulationsmöglichkeit über das Medium eines Verbandes kann zumindest für einige kollektive Interessen durch Mobilisierung der öffentlichen Meinung ausgeglichen werden, der insoweit eine wichtige Komplementärfunktion zur verbandsförmigen Interessenartikulation zukommt. Diese Forderung nach einer Optimierung der Artikulationschancen über die organisierte Interessenvertretung hinaus kommt auch in der verfassungsrechtlich gebotenen „Gleichheit der Chancen beim Prozeß der Meinungsbildung"[74] zum Ausdruck. Eine öffentliche Meinungsbildung, die sich im „geistigen Kampf der Meinungen"[75] und nicht durch den Einsatz wirtschaftlicher Machtmittel vollziehen soll, erweist sich indes nur dann als relevantes Element des politischen Prozesses, wenn die Resultate öffentlicher Diskussion zur Grundlage und zum Maßstab staatlicher Entscheidungstätigkeit werden. Auf die umfassende Thematisierung der unterschiedlichen Bedürfnisse „auch jenseits der verbandspluralistischen Interessenartikulation"[76], wie auf die Herstellung eines unverzerrten Kommunikationsprozesses kann daher verzichtet werden, wenn nicht auch eine inhaltliche Aufeinanderbezogenheit des „freien und offenen Prozeß der Meinungs- und Willensbildung des Volkes"[77] mit dem institutionalisierten Entscheidungsprozeß gewährleistet ist[78].

Auf eine mehr oder weniger automatische Umsetzung der Ergebnisse öffentlicher Diskussion in staatliches Handeln zu vertrauen, besteht jedenfalls angesichts des Faktums, daß primär konfliktsfähige Interessengruppen sich politisch durchzusetzen verstehen[79], wenig Anlaß. Eine Korrektur dieser Politik zugunsten einer vorrangigen Orientierung der Staatstätigkeit an den Ergebnissen freier und öffentlicher Diskussion muß aber solange illusorisch erscheinen, als die staatliche Ent-

---

73 *Scheuner*, S. 580.

74 BVerfG 25, 256 (265).

75 Ebd.

76 *Denninger*, S. 83.

77 So das BVerfG in st. Rspr. (vgl. z. B. 20, 56, 98).

78 Ähnlich auch *Denninger*, ebd. Zu beachten ist allerdings, daß eine Nichtberücksichtigung der öffentlichen Meinung tendenziell um so gerechtfertigter erscheinen muß, je weniger die tatsächliche Meinungsbildung dem Leitbild eines freiheitlichen Kommunikationsprozesses entsprechend zustandekommt.

79 Vgl. oben II 2.

scheidungspraxis primär von den Vermeidungsimperativen präventiver Krisenbewältigung zur Erhaltung der bestehenden Wirtschafts- und Sozialordnung dirigiert wird. Die politische Notwendigkeit, „die Reproduktionsbedingungen des kapitalistischen Prozesses sicherzustellen“[80], folgt schon aus der finanziellen Abhängigkeit staatlicher Reformpolitik von der wirtschaftlichen Produktivität: sozialstaatliche Verteilungsmaßnahmen erfordern hohe Steuereinnahmen, die nur im Falle produktiver und funktionierender wirtschaftlicher Verhältnisse zu erzielen sind. Die Finanzierung kostspieliger Reformen ist aber nicht nur hinsichtlich der Einnahmen vom Wirtschaftsprozeß abhängig, sondern staatliche Ausgabenpolitik ist mit dem konjunkturzyklischen Verlauf zu koordinieren, so daß als notwendig erkannte Investitionen trotz voller Staatskassen oft aus konjunkturellen Gründen nicht vorgenommen werden können oder zumindest hinausgeschoben werden müssen.

Angesichts dieser nicht zu übersehenden ökonomisch bedingten Restriktionen der politischen Entscheidungsfreiheit darf die Relevanz öffentlicher Meinungsbildung als Instanz zur folgenreichen Beeinflussung staatlicher Politik nicht überschätzt werden, soweit ihre Ergebnisse nicht an der Logik marktwirtschaftlichen Verhaltens orientiert sind. Skeptisch ist daher auch der Vorschlag zu beurteilen, daß „die institutionelle Trennung von politischer und wirtschaftlicher Macht ... dem Regierungssystem (einschließlich dessen parlamentarischer Basis) zu der erwünschten höheren Entscheidungsautonomie und zu einem höheren Wertberücksichtigungspotential gegenüber dem organisierten Interessenpluralismus verhelfen kann“[81]. Mit dieser Forderung wird suggeriert, daß die Einengung des politischen Handlungsspielraums primär subjektiver Einflußnahme und Machtwillen der Interessengruppen zuzuschreiben ist und demgegenüber die Tatsache, daß die staatliche Verteilungspolitik zumindest ebensosehr objektiven, aus dem Wirtschaftssystem resultierenden ‚Sachzwängen‘ unterliegt, aus dem Blickfeld gerückt. —

Diese Bemerkungen sollten nicht die Forderung nach einem freien und offenen Meinungs- und Willensbildungsprozeß als irrelevant hinstellen, allerdings auf die Diskrepanzen zwischen verfassungsrechtlich geforderten und real sich vollziehenden Verlauf des politischen Prozesses aufmerksam machen, sowie den liberalen Optimismus hinsichtlich der politischen Funktion öffentlicher Diskussion für die staatliche Entscheidungspraxis relativieren. Zugleich ist aber auch auf den beschränkten Stellenwert der eigenen Untersuchung, die dem Gebot einer dem Mitgliederwillen entsprechenden Darstellung der Verbands-

---

80 *Denninger*, S. 69.

81 *Ders.*, S. 83 f.

interessen nachgeht, hinzuweisen: auch eine optimale Beteiligung der Mitgliedschaft bei der Formulierung der Verbandsmeinung muß nicht notwendig mit einem erhöhten Einfluß des einzelnen auf die staatliche Entscheidungstätigkeit korrespondieren, da die „Vorformung des politischen Willens" nicht allein durch die verfassungsrechtlich legitimierten Meinungs- und Willensbildungsträger erfolgt, sondern zu einem nicht unwesentlichen Teil von den ‚Sachgesetzlichkeiten' des Wirtschaftsprozesses geprägt wird[82].

III. Öffentliche Aufgaben und Rechtsstellung der Gewerkschaften

Aufgrund ihrer Mitwirkungsbefugnisse im staatlichen Bereich, vor allem aber im Hinblick auf ihre Funktion als Tarifvertragspartei, seltener wegen ihrer politischen Betätigung als Interessenverband sind Tätigkeit und Aufgaben der Gewerkschaften als ‚öffentlich' charakterisiert worden[1]. Diese Zuordnung gewerkschaftlichen Wirkens in den Bereich der Öffentlichkeit erfolgte einmal wegen seiner Folgen für die Allgemeinheit, die insbesondere von *W. Weber* eindrucksvoll beschrieben wurden: er wies darauf hin, daß „in den tarifvertraglichen Vereinbarungen über Arbeits- und Lohnbedingungen ... die Sozialpartner bei den heute bestehenden Interdependenzen Entscheidungen (treffen), die sich auf die Verteilung des Sozialprodukts, die Konkurrenzfähigkeit der Wirtschaft auf den Märkten, den Bestand der Währung, den Lebensstandard der Volksgesamtheit und den Stil des Soziallebens maßgebend auswirken"[2]. Derart schon theatralisch anmutende Aussagen dienen allerdings nicht allein einer soziologischen Standortbestimmung koalitionsmäßigen Handelns, sondern bilden regelmäßig nur die Ouvertüre, in deren Anschluß dann spezifische Rechtsfolgen vorgestellt werden.

Als Ansatzpunkt rechtlicher Folgerungen hat zunächst die Rechtsstellung der Gewerkschaften als nichteingetragener Verein des bürgerlichen Rechts gedient, die als unbefriedigend im Hinblick auf die tatsächlich ausgeübten Funktionen empfunden wurde. Schon in der Weimarer Zeit wurde angesichts der Normsetzungsbefugnis der Gewerkschaften im Rahmen der Tarifautonomie ihr Hineinwachsen in

---

[82] Selbstverständlich wird die politische Berücksichtigung der ‚Sachgesetzlichkeiten' auch wieder verbandsförmig vorangetrieben. Ebenfalls sind ‚Sachgesetzlichkeiten' als solche nicht systemspezifisch, nur hat jedes System seine spezifischen Sachgesetzlichkeiten.

[1] Zum folgenden vor allem *W. Martens*, Öffentlich als Rechtsbegriff, S. 159 ff.

[2] *W. Weber*, Die Sozialpartner in der Verfassungsordnung, S. 207; ähnlich auch *Scheuner*, Der Inhalt der Koalitionsfreiheit, S. 67.

die Stellung einer öffentlichrechtlichen Körperschaft vertreten[3], was aber insgesamt kaum auf Zustimmung traf[4]. Mehr Anklang fanden die Konstruktionen des ‚beliehenen Verbandes'[5] und der ‚sozialen Selbstverwaltung'[6], die eine Aufrechterhaltung des privatrechtlichen Charakters ermöglichten, aber schon wegen der fehlenden Staatsaufsicht auf Widerspruch stießen[7].

Entscheidender erscheint allerdings, daß diese Qualifikationen von einer staatlichen Delegation der tarifvertraglichen Normsetzungsbefugnis ausgehen müssen, was aus guten Gründen in letzter Zeit zunehmend angezweifelt wird[8]. Hinsichtlich der Mitwirkungsbefugnisse innerhalb der staatlichen Verwaltung hat schon *Martens* darauf hingewiesen, daß keine staatlichen Kompetenzen auf die durch Vertreter beteiligten Verbände delegiert worden sind und insofern „die von Gruppenvertretern mitbestimmten Beschlüsse ... keine Verbandsakte, sondern Akte staatlicher Willensbildung (sind), die allein dem Staat und nicht etwa den Verbänden zugerechnet werden müssen"[9]. — Der Rückgriff auf traditionelle staatsrechtliche Kategorien hat sich daher zumindest im Zusammenhang mit der Bestimmung der verfassungsrechtlichen Stellung der Koalitionsverbände als problematisch erwiesen; er ist allerdings insofern unschädlich, als die Verwendung dieser Begrifflichkeit mehr der Befriedigung von Klassifizierungs- und Systematisierungsbedürfnissen und weniger der Ableitung weiterer Rechtsfolgen zu dienen scheint.

Damit ist nicht gesagt, daß anderweitige Vorschläge, die auf den Gebrauch herkömmlicher Rechtsinstitute verzichten, zu überzeugenderen Lösungen gelangt sind. Dies gilt einmal von *H. Krügers* Feststellung, „daß die Verbände ein Stück Staat sind"[10]. Zu diesem Ergebnis

---

[3] Nachweise bei *U. Brisch*, Die Rechtsstellung der deutschen Gewerkschaften, S. 56 ff.

[4] Hierzu näher *A. Nikisch*, Arbeitsrecht, Bd. II, S. 68 ff.

[5] Vgl. *E. R. Huber*, Wirtschaftsverwaltungsrecht, Bd. II, S. 376 ff.; ähnlich *Scheuner*, S. 62; *Hueck / Nipperdey*, Lehrbuch des Arbeitsrechts, II/1, S. 193 m. w. Nachw.

[6] Vgl. die Nachweise bei *Bulla*, Soziale Selbstverwaltung der Sozialpartner als Rechtsprinzip, S. 80 sowie *B. Rüthers*, Streik und Verfassung, S. 37 ff.

[7] So insbesondere zur Selbstverwaltung *Scholz*, Koalitionsfreiheit als Verfassungsproblem, S. 167 f. m. w. Nachw. Hinsichtlich der im einzelnen kontroversen Kriterien der Beleihung, vgl. *R. Herzog*, Beliehener Unternehmer, in: Evangelisches Staatslexikon; nach *H. J. Wolff*, Verwaltungsrecht II, § 104 ist die Beleihung mit hoheitlichen Rechtsetzungskompetenzen ausgeschlossen.

[8] Übersicht über den Meinungsstand zur Rechtsnatur der Tarifverträge bei *T. Wagenitz*, Die personellen Grenzen der Tarifmacht, S. 19 ff. sowie *Scholz*, S. 57 ff. FN 54.

[9] *Martens*, S. 163.

[10] *H. Krüger*, Die Stellung der Interessenverbände in der Verfassungswirklichkeit, NJW 1956, 1217 (1218); vgl. auch *ders.*, Allgemeine Staatslehre, S. 399 f.

kommt Krüger aufgrund seines kühnen Umkehrschlusses aus der Bestimmung des Staates als organisiertem Volk: entsprechend sei „überall, wo sich Volk jedenfalls unter irdischen Gesichtspunkten organisiert ... etwas vom Staat"[11]. Aufgrund dieser Verortung in die staatliche Sphäre werden dann einschneidende Beschränkungen für die Arbeitskampffreiheit gefolgert, die schon aufgrund der fragwürdigen Prämisse dieser Argumentationskette wenig überzeugend wirken. — Problematisch erscheint auch der von *G. Scheffler* den Gewerkschaften bescheinigte ‚öffentliche Status' auf der Grundlage eines spezifischen staatsrechtlichen Öffentlichkeitsbegriffs vor allem hinsichtlich seiner Konsequenzen: hiernach sollen die Gewerkschaften prinzipiell dem öffentlichen Recht unterliegen und öffentliche Gewalt im Sinne des Art. 19 Abs. 4 GG ausüben[12]. Zu Recht ist gegen diese Auffassung betont worden, daß der Bereich des Öffentlichen und der Bereich des öffentlichen Rechts nicht identisch zu sein brauchen[13]. —

Ohne die privatrechtliche Rechtsstellung der Gewerkschaften in Frage zu stellen, wird auch von anderen Autoren den Gewerkschaften angesichts ihrer verschiedenen Aufgaben und deren Auswirkungen über die Verbandssphäre hinaus ein ‚öffentlicher Status'[14] oder die Ausübung einer ‚öffentlichen Aufgabe'[15] attestiert. Damit soll aber nicht nur zum Ausdruck gebracht werden, daß „die Koalitionen heute als Träger öffent-

---

[11] Ebd., S. 1220.

[12] *G. Scheffler*, Zum öffentlichen Status der Gewerkschaften, NJW 1965, 849.

[13] Vgl. *F. Ossenbühl*, Der öffentliche Status der Gewerkschaften, NJW 1965, 1561, der sich näher mit Schefflers Thesen auseinandersetzt.

[14] z. B. *P. Lerche*, Verfassungsrechtliche Zentralfragen des Arbeitskampfs, S. 28; *H. Ridder*, Zur verfassungsrechtlichen Stellung der Gewerkschaften im Sozialstaat nach dem Grundgesetz der BRD, S. 3.

[15] z. B. *Scheuner*, S. 62; *Hanau / Adomeit*, Arbeitsrecht, S. 51. — Im Rahmen dieser Arbeit wird der Begriff der „öffentlichen Aufgabe" im Sinne der Definition von *H. Peters*, Öffentliche und staatliche Aufgaben, S. 878 verwandt: „Öffentliche Aufgaben sind solche, an deren Erfüllung die Öffentlichkeit maßgeblich interessiert ist."

Neben der Tätigkeit der Gewerkschaften als Tarifvertragspartei wird hierzu auch die freie wie institutionalisierte Interessenvertretung gezählt (so auch *Fröhler / Oberndorfer*, Körperschaften des öffentlichen Rechts und Interessenvertretung, S. 9 ff.). — Im synonymen Sinn wird auch von „öffentlichen Funktionen" gesprochen; z. B. *J. Hirsch;* BGHZ 42, 210 ff.

In der Literatur ist vielfach die inhaltliche Beliebigkeit des Begriffs der „öffentlichen Aufgabe" kritisiert worden (vgl. *H. H. Rupp*, Die „öffentlichen" Funktionen der Verbände, S. 1252) bzw. seine Verwendbarkeit als Rechtskategorie überhaupt bezweifelt worden (so *H. H. Klein*, Zum Begriff der öffentlichen Aufgabe, DÖV 1965, 755). Auf diese Fragen braucht hier nicht näher eingegangen zu werden (ausführlich hierzu auch *Scholz*, S. 205 ff.), da in dieser Arbeit rechtliche Folgerungen nicht schon aus dem Begriff der „öffentlichen Aufgabe", sondern erst aus der jeweiligen konkret ausgeübten Aufgabe hergeleitet werden. — Zu Recht betonen aber *Fröhler / Oberndorfer*, S. 11, daß „sich die Kategorie der ‚öffentlichen Aufgabe' dann mit hinlänglicher Funktionen im Bereich des Öffentlichen, jenem Zwischenbereich zwischen der staatlichen Organisation und der gesellschaftlichen und privaten Freiheit anzusehen“[16] seien; vielmehr soll mit dem Hinweis, das „eine mehr oder weniger näher definierte öffentliche Verantwortung ... jedem öffentlichen Status immanent“[17] sei, auf eine über ihren Rechtsstatus als Verein des bürgerlichen Rechts hinausgehende Verantwortung der Gewerkschaften bzw. der Koalitionsverbände aufmerksam gemacht werden[18].

Häufig bleibt es allerdings nicht bei dieser Feststellung, daß den Gewerkschaften aufgrund ihres Wirkens in der öffentlichen Sphäre eine gesteigerte Verantwortlichkeit obliege, sondern typische Verantwortungskriterien aus dem staatlichen Bereich werden auch für die Gewerkschaften als verbindlich erachtet. — Methodisch erscheint allerdings die Ableitung einzelner Verantwortungsgrundsätze allein aus dem Öffentlichkeitsbezug gewerkschaftlicher Aufgaben wenig überzeugend zumal die inhaltliche Unbestimmtheit derart festgestellter Verantwortlichkeiten regelmäßig noch weiterer Konkretisierung bedürfen[19]. Vor allem spricht aber die Heterogenität[20] der unter den Be-

licher Genauigkeit rechtsdogmatisch benutzen (läßt), wenn ausgehend von einem konkreten Problembereich durch Präzisierung des jeweils angesprochenen Fragenkomplexes nach Voraussetzungen und rechtlichen Folgerungen der Stellenwert öffentlicher Aufgaben bestimmt wird“.

16 *Scheuner*, S. 68.

17 *Lerche*, S. 29; ähnlich auch *Müller-Thoma*, Der halbstaatliche Verein, S. 60. Vgl. auch *L. Raiser*, Die Zukunft des Privatrechts, S. 23.

18 Auch das Bundesverfassungsgericht hat in verschiedenen Entscheidungen zum Koalitionsrecht ausgeführt, daß die Koalitionen mit der eigenverantwortlichen Regelung der Arbeits- und Wirtschaftsbedingungen eine „öffentliche Aufgabe“ (BVerfG 28, 295, 304) erfüllten, die ihnen „im öffentlichen Interesse“ (BVerfG 18, 18, 27) übertragen worden sei. Zum Ausdruck sollte damit gebracht werden, daß die den Tarifvertragsparteien überantwortete „Aufgabe der Ordnung und Befriedung des Arbeitslebens“ (BVerfG 18, 18, 27) keine Privatangelegenheit, sondern von Bedeutung für die Allgemeinheit sei (vgl. auch BVerfG 28, 295, 306). Bisher ist allerdings nicht ersichtlich, daß das BVerfG über die Feststellung des Öffentlichkeitsbezugs hinaus weitergehende Rechtsfolgen unmittelbar aus dem Öffentlichkeitscharakter abgeleitet hat; ferner ist festzuhalten, daß das BVerfG nicht die Koalitionsverbände, sondern nur ihre Tätigkeit als „öffentlich“ bezeichnet hat, also nicht generell von einem „öffentlichen Status“ der Koalitionen spricht.

19 Dies gilt vor allem hinsichtlich der postulierten ‚Gemeinwohlbindung‘ der Koalitionsverbände. Vgl. hierzu *Lerche*, S. 29 ff.; *Scholz*, S. 220 f.

20 Auf die Pluralität des öffentlichen Bereichs und entsprechender rechtlicher Differenzierung hat eingehend *Scholz*, S. 196 ff. hingewiesen. Vgl. auch *Denninger*, Staatsrecht 1, S. 76, daß die Öffentlichkeit aus „einer Mehrzahl von nebeneinander wirkenden und zum Teil ineinander gestuften Öffentlichkeiten“ besteht. —

Der hier verwandte Öffentlichkeitsbegriff ist zunächst soziologischer Art und als Abgrenzung zur Privatsphäre gemeint, erschöpft sich also im wesentlichen in einer negativen Definition. — Die hier gemachten Bedenken, spezifische Rechtspflichten aus dem Öffentlichkeitscharakter abzuleiten, reich der Öffentlichkeit subsumierbaren Erscheinungsformen dagegen, spezifische Rechtsfolgen schon aus dem Öffentlichkeitscharakter ableiten zu können. So dürfte einleuchtend sein, daß aus dem Öffentlichkeitsbezug von Presse, Wirtschaftsunternehmen, Verbänden und Hochschulen keine inhaltlich gemeinsamen Verantwortungsstandards sinnvollerweise resultieren können, sondern diese anhand der jeweils ausgeübten Aufgaben erst speziell zu entwickeln sind. Nicht ohne weiteres zwingend erscheint auch, daß der Grad der Staatsbezogenheit oder Staatsähnlichkeit einer öffentlichen Aufgabe ein brauchbares Kriterium entsprechend erhöhter Verantwortlichkeit oder erweiterter legislativer Regelungskompetenz[21] darstellt. Vorzugswürdiger erscheint, auf das Ausmaß sozialer Folgenwirkung abzustellen[22]. Auf die öffentlichen Aufgaben der Gewerkschaften angewandt bedeutet dies, daß möglicherweise für den Bereich der Tarifautonomie eine gegenüber der politischen Betätigung als Interessenverband gesteigerte Verantwortung zu verlangen ist, obwohl sich die koalitionsspezifische Tätigkeit staatsferner abspielt[23]. —

Festzuhalten bleibt — und zu mehr sollten diese Ausführungen nicht dienen —, daß die Zuordnung gewerkschaftlicher Aufgaben in den Bereich des Öffentlichen bzw. der den Gewerkschaften zugeschriebene „Öffentlichkeitsstatus" allein noch keine nähere Statuierung spezifischer Rechtspflichten erlauben[23], sondern erst eine nähere Analyse der jeweiligen Aufgabe Aufschluß über die normativ gebotenen Verantwortlichkeitsmerkmale geben kann. — Der Öffentlichkeitscharakter gewerkschaftlicher Aufgaben macht auch nicht die Überführung der Gewerkschaften in eine öffentlich-rechtliche Körperschaft erforderlich, da „bei einem materialen Verständnis des Privatrechts ... Grundsätze der Verantwortlichkeit und Haftung, der demokratischen Infrastruktur

---

gelten nur eingeschränkt, wo ein positiv definierter Öffentlichkeitsbegriff verwendet wird. So vor allem *U. Preuß*, Zum staatsrechtlichen Begriff des Öffentlichen, S. 73 ff., 163 ff., der das Attribut ‚öffentlich' nur den Faktoren zuerkennt, die die politische Ordnung unter dem Grundgesetz begründen und hierzu verfassungsmäßig legitimiert sind. Es handelt sich — im Gegensatz zum hier formell verwandten — um einen materiellen Öffentlichkeitsbegriff, der aber für die jeweiligen Legitimationsbereiche noch näherer Konkretisierung bedarf.

[21] In diese Richtung aber *Scholz*, S. 217.

[22] Das heißt nicht, daß entsprechend erhöhter Verantwortung auch die gesetzgeberische Regelungszuständigkeit wächst. Das Spezifikum der Koalitionstätigkeit liegt gerade darin, daß das GG von der Eigenverantwortung der Koalitionsverbände ausgeht. — Den Öffentlichkeitsbezug eines Lebensbereichs scheint auch *Raiser*, S. 27 f. nicht nach dem Grad der Staatsbezogenheit, sondern seinen — die Privatsphäre der Beteiligten übersteigenden — sozialen Auswirkungen zu bestimmen.

[23] Zu beachten ist auch, daß der Öffentlichkeitsbezug oft schon notwendige Folge der Grundrechtsausübung darstellt und somit schon im Rahmen der Grundrechtsgarantie liegt (status activus). Vgl. auch *Scholz*, S. 216.

und verbandsinternen Öffentlichkeit oder der Integration ... keinen Fremdkörper im Privatrecht"[24] bilden. —

Im folgenden Abschnitt soll indes nicht auf die Suche nach den verschiedenen Verantwortungskriterien gegangen werden, die den Gewerkschaften aufgrund ihrer öffentlichen Aufgaben obliegen mögen, und insofern ihre privatrechtliche Stellung formal zwar nicht aufheben, aber inhaltlich doch modifizieren können. Eine solche Modifikation wird nach überwiegender Meinung innerhalb der Literatur im Hinblick auf die Vereinsautonomie insoweit für verfassungsrechtlich geboten erachtet als „die innere Willensbildung ... nach demokratischen Grundsätzen"[25] zu erfolgen habe; nur dieses Erfordernis soll näher untersucht werden.

[24] *H. Wiedemann*, Die deutschen Gewerkschaften — Mitgliederverband oder Berufsorgan?, RdA 1969, 321 (327); vgl. auch grundsätzlich *Raiser*, S. 24 ff.

[25] *v. Münch*, Bonner Kommentar, Rdz. 149 zu Art. 9 GG. — Nicht einsichtig ist die von *Rupp* beschworene — allerdings nicht näher substantiierte — Gefahr, daß das Erfordernis demokratischer Willensbildung für Interessenverbände sowie andere „Sekundärfolgen" als Preis für die Ausübung öffentlicher Aufgaben „an die Substanz des grundgesetzlichen Systems" (S. 1267) gehen. Zutreffend erscheint, daß diese Sekundärfolgen an die Substanz liberal-dichotomischer Staatstheorien gehen.

Zweiter Teil

Demokratische Willensbildung in Gewerkschaften als Verfassungsgebot

Während im ersten Teil die Frage nach der verfassungsrechtlichen Gewährleistung der politischen Betätigung der Gewerkschaften als Interessenverband im Vordergrund stand, sowie die verfassungsrechtlichen Gründe für die Garantie verbandsförmiger Mitwirkung am Meinungs- und Willensbildungsprozeß zu bestimmen versucht wurden, soll nunmehr untersucht werden, ob die Gewerkschaften aufgrund ihrer politischen Einflußnahme sowie ihrer koalitionsspezifischen Betätigung zu einer innerverbandlichen Willensbildung nach demokratischen Grundsätzen verpflichtet sind.

Zunächst ist auf die verschiedenen in der Literatur geäußerten Begründungen einzugehen — eigene Stellungnahmen der Rspr. zu dieser Frage fehlen praktisch völlig —, die allerdings häufig recht knapp ausgefallen sind und größtenteils die Pflicht zur demokratischen Organisation bejahen. Trotz dieser weitgehenden Einstimmigkeit im Ergebnis sind höchst unterschiedliche Begründungsgesichtspunkte herangezogen worden, die im einzelnen nach Plausibilität und argumentativer Stringenz analysiert werden sollen. Die Darstellung orientiert sich an den Aufgaben der Gewerkschaften als Tarifvertragspartei (I) und politisch agierendem Interessenverband (III, IV). Weitere Begründungsvorschläge, die von anderweitigen Gesichtspunkten ausgehen, werden unter II und V abgehandelt. Abschließend wird auf den Inhalt des Demokratiegebots eingegangen und sollen die für den jeweiligen Betätigungsbereich verbindlichen Maßstäbe herausgearbeitet werden.

Erstes Kapitel

Die einzelnen Vorschläge zur Begründung des Demokratiegebots

I. Herleitungen aus der koalitionsspezifischen Tätigkeit der Gewerkschaften

1. Öffentlichkeitscharakter und fehlende Staatsaufsicht der Koalitionen

Eine rechtliche Verpflichtung der Gewerkschaften, ihre innerverbandliche Willensbildung nach demokratischen Grundsätzen zu organisieren, wird von verschiedenen Autoren aus dem Öffentlichkeitscharakter gewerkschaftlicher Tätigkeit im Bereich der sozialen Selbstverwaltung hergeleitet. Unter Verzicht auf eine ausführlichere Argumentation wird mit der Feststellung, daß die Gewerkschaften hierbei eine „öffentliche Aufgabe" erfüllen[1] und ihre „Tätigkeit weit in den Bereich des ‚Öffentlichen' hineinragt"[2], das Erfordernis innergewerkschaftlicher Demokratie unmittelbar plausibel zu machen versucht. Nach *Lerche* soll die den Tarifvertragsparteien aufgrund ihres Öffentlichkeitsstatus obliegende „öffentliche Verantwortung ... nach innen dem Gebot demokratischer Willens- und Organisationsbildung"[3] entsprechen. Diese Schlußfolgerung überrascht insofern, als Lerche einen Satz vorher noch auf die inhaltliche Unbestimmtheit öffentlicher Verantwortung der Koalitionsverbände hingewiesen hat, allerdings zu Recht auch auf die weitere Konkretisierungsbedürftigkeit des Gebots innerverbandlicher Demokratie aufmerksam macht. Etwas eingehender argumentiert

---

[1] Vgl. *Hanau / Adomeit*, Arbeitsrecht, S. 53.

[2] *B. Rüthers*, Arbeitsrecht und politisches System, S. 106; ähnlich auch *A. Söllner*, Arbeitsrecht, S. 65. Vgl. auch *Hueck / Nipperdey*, Lehrbuch des Arbeitsrechts, Bd. II/1, S. 101 f.: „Die innere Ordnung des Verbandes und seine Willensbildung muß auf demokratischen Grundsätzen beruhen. Das entspricht angesichts der großen Bedeutung der Koalitionen, ihrer Verantwortlichkeit und ihrer Legitimation gegenüber dem Staat und ihren Mitgliedern ... den Grundforderungen des demokratischen und sozialen Rechtsstaates (Art. 20, 28 GG)."

[3] *P. Lerche*, Verfassungsrechtliche Zentralfragen des Arbeitskampfs, S. 29; zust. *Maunz-(Dürig-Herzog)*, Rdz. 91, 121 zu Art. 9 GG.

Scheuner, daß die aus der Ausübung öffentlicher Funktionen resultierende „außerordentliche Machtbildung der Berufsverbände ... nicht durch eine Staatsaufsicht in Schranken gehalten“[4] werde, aber an die verfassungsmäßige Ordnung gebunden bleibe; die Tarifautonomie stehe zum Schutz des Individuums wie der Allgemeinheit „unter der Voraussetzung der Einhaltung der obersten Prinzipien der Rechtsordnung“[5] sowie — neben weiteren Pflichten — der „Erhaltung eines inneren demokratischen Aufbaus“[6].

Mit der Betonung des Öffentlichkeitsbezugs der Koalitionen ist zweifellos ein Kriterium herausgestellt, das die Gewerkschaften und Arbeitgeberverbände von anderen privatrechtlich organisierten Vereinigungen in tatsächlicher Hinsicht unterscheidet und auf das Erfordernis einer rechtlichen Differenzierung hinweist. Auch überschreitet die Tätigkeit der Tarifvertragsparteien wie die der politischen Parteien die Privatsphäre und liegt im Bereich des Öffentlichen[7]. Trotz dieser Gemeinsamkeit erscheint es aber fragwürdig, ohne Bezug auf weitere vergleichbare Funktionsmerkmale allein aus dem Öffentlichkeitscharakter von Parteien und Koalitionsverbänden eine Analogie zum innerparteilichen Demokratiegebot nach Art. 21 Abs. 1 Satz 3 GG zu bejahen. Ein solcher Schluß wäre nur dann gerechtfertigt, wenn die Parteien schon aufgrund ihres Öffentlichkeitsbezugs zur demokratischen Organisation durch diese Vorschrift verpflichtet werden sollten.

Hinsichtlich der von *Scheuner* entwickelten weitreichenden rechtlichen Bindungen der Koalitionen, die vorwiegend mit ihrer staatlich nicht kontrollierten Machtfülle als Folge der Ausübung öffentlicher Funk-

---

4 *U. Scheuner*, Der Inhalt der Koalitionsfreiheit, S. 68. Eine im Pflichtengehalt ähnliche Bindung der Koalitionen betont auch *H. Krüger*, Sinn und Grenzen der Vereinbarungsbefugnis der Tarifvertragsparteien, S. 30 f., der an ihre Stellung in der Verfassungswirklichkeit anknüpft und wie *Scheuner* auf die Rechtsstellung der Parteien verweist.

5 *Scheuner*, ebd.

6 Ebd. Zustimmend *W. Gitter*, Zur Rechtmäßigkeit eines ohne Urabstimmung durchgeführten Streiks, JZ 1965, 197, der in Scheuners Begründung „eine zulässige Sinninterpretation des Art. 9 III GG“ (S. 199) erblickt, aber die Argumentation Scheuners so zu verstehen scheint, daß sie direkt von den öffentlichen Funktionen, insbesondere der Normsetzungsbefugnis der Koalitionen ausgeht.

7 Im Zusammenhang mit dem Öffentlichkeitscharakter der Koalitionen wird von einigen Autoren mehr oder wenig pauschal auf das Demokratiegebot für die Parteien hingewiesen. Vgl. *Hanau / Adomeit*, ebd.; *Hueck / Nipperdey*, ebd.; *Krüger*, ebd. (FN77).

Ähnlich wie hier auch *W. Brohm*, Strukturen der Wirtschaftsverwaltung, S. 153: „Ob sich aber allgemein für einen „öffentlichen Bereich“ einheitliche Grundsätze entwickeln lassen, muß bezweifelt werden. Was für politische Parteien gilt, kann nicht *ohne weiteres* auf die Gewerkschaften übertragen werden“ (Hervorhebung von mir).

tionen begründet werden[8], ist zunächst festzuhalten, daß gesellschaftliche Machtbildung kein Spezifikum der Tarifvertragsparteien darstellt. So ist gesellschaftliche Macht in zumindest gleichstarker Intensität als Resultat der Pressefreiheit und insbesondere der Eigentumsfreiheit anzutreffen; beide Bereiche üben erheblichen Einfluß auf die Allgemeinheit aus und nehmen Aufgaben von öffentlicher Bedeutung wahr: ihr Tätigkeitsfeld ist also ebenfalls der öffentlichen Sphäre zuzurechnen. Die den Koalitionen aufgrund ihrer Macht angesonnenen Rechtspflichten wären also konsequenterweise auch auf diese und weitere Träger öffentlicher Funktionen zu übertragen, die nicht staatlicher Kontrolle unterliegen[9]. Ein entsprechendes Verfassungsgebot ist aber schwerlich zu entdecken.

Damit soll nicht die politische Notwendigkeit der Kontrolle gesellschaftlicher Macht geleugnet oder ihre verfassungsrechtliche Zulässigkeit bestritten werden, allerdings eine von Verfassungs wegen gebotene mehr oder weniger globale und undifferenzierte Bindung gesellschaftlicher Macht an die Legitimationsprinzipien staatlicher Macht in Abrede gestellt werden.

2. Demokratische Legitimation der Tarifvertragsparteien als Voraussetzung ihrer Normsetzungsbefugnis

Die Tarifvertragsparteien unterscheiden sich durch die Befugnis zur Normsetzung im Rahmen tarifvertraglicher Vereinbarungen von anderen Trägern öffentlicher Aufgaben wie den übrigen Vereinigungen. Dieses Merkmal ist unter verschiedenen Gesichtspunkten zur Begründung des Gebots innergewerkschaftlicher Demokratie herangezogen worden. — Vom Standpunkt der Delegationstheorie, die die Rechtsetzungsbefugnis der Koalitionen als von der staatlichen Rechtssetzungsmacht abgeleitet betrachtet, ist nach *Ramm* eine Anknüpfung an Art. 21

---

[8] Ähnlich auch *Föhr*, Willensbildung in den Gewerkschaften und Grundgesetz, S. 132, daß bei mangelnder externer Kontrolle durch die Öffentlichkeit eine interne Kontrolle seitens der Mitglieder verfassungsrechtlich gewährleistet sei.

[9] So *H. Krüger*, S. 29 f., der öffentliche Verbände wie öffentliche Unternehmen gleichermaßen ähnlichen Verpflichtungen zu unterwerfen verlangt, aber aus Produktivitätsgründen eine demokratische Unternehmensverfassung ablehnt (vgl. S. 51 f.). —

Die Aufsichtsbefugnisse des Kartellamts oder anderer staatlicher Aufsichtsbehörden wirtschaftsverwaltungsrechtlicher Art können nicht als Gegenbeispiel herangezogen werden, da durch sie vornehmlich Störungen des Marktgleichgewichts korrigiert werden sollen, ansonsten aber das Marktprinzip als der Machtbegrenzung tauglicher Mechanismus angesehen wird. Dem dient auf dem Arbeitsmarkt schon das Prinzip der Kampfparität zur Vermeidung eines Ungleichgewichts zwischen den Arbeitsmarktparteien; der Tarifautonomie ist insofern definitionsgemäß eine Machtkontrolle vorgegeben.

Abs. 1 Satz 3 Grundgesetz möglich[10]: Das Gebot innerparteilicher Demokratie beruhe im wesentlichen auf der Mitwirkung der Parteien an der Gesetzgebung, die „als Ausdruck des Volkswillens (Art. 20 II GG) nicht dadurch verfälscht werden (dürfe), daß an seinem Zustandekommen undemokratische Organisationen beteiligt"[11] würden. Dieser Gedankengang sei auch auf die staatlich abgeleitete Rechtsetzung durch Tarifvertrag anzuwenden, deren Normsetzungsorgane entsprechend den Parteien zu einem demokratischen Verbandsaufbau verpflichtet seien.

Diese Schlußfolgerung leidet unter dem Mangel, daß nicht schon die Parteien zur Rechtsetzung, sondern erst das vom Volk gewählte Parlament hierzu befugt ist. Wenn auch die Parteien daher keine Legislativorgane sind und insofern der Vergleich mit den Tarifvertragsparteien formal nicht ganz zutreffend ist, so ist die inhaltliche Einflußnahme der Parteien auf die staatliche Gesetzgebung und Entscheidungstätigkeit nicht zu übersehen und das Gebot innerparteilicher Demokratie möglicherweise schon aufgrund dieses Tatbestandes gerechtfertigt. In einem Schluß a fortiori ergäbe sich demnach, daß die Koalitionen als Rechtsetzungsorgane erst recht zu demokratischer Organisation verpflichtet wären. — Unter der — bekanntlich umstrittenen — Voraussetzung einer staatlich delegierten Normsetzungsbefugnis der Tarifvertragsparteien bzw. ihrer Rechtsstellung als „beliehene Verbände" erscheint es allerdings nicht erforderlich, Parallelen zu den politischen Parteien zu suchen, um zu dem Ergebnis eines demokratischen Aufbaus auch für die Koalitionen zu kommen. Die Delegation staatlicher Rechtsetzungsgewalt auf privatrechtliche Verbände kann nicht mit einer Freistellung vom Erfordernis demokratischer Legitimation der Normsetzungsorgane verbunden werden; vielmehr gelten für staatliche wie staatlich abgeleitete Rechtsetzung die gleichen Legitimationsprinzipien, die der gesetzgeberischen Dispositionsbefugnis entzogen sind. Ähnlich hat das Bundesarbeitsgericht im Zusammenhang mit der Bindung der Koalitionen an den Gleichberechtigungsgrundsatz betont, daß „der Bundesgesetzgeber ... die Tarifvertragsparteien nur zur Rechtsetzung unter Innehaltung der gleichen Beschränkungen ermächtigt haben (kann), denen er selbst bei eigener Rechtsetzung unterliegen würde"[12]. Die tarifvertragliche Regelungsmacht ist aber nicht nur in inhaltlicher Hinsicht an die gleichen Schranken wie die staatliche Gesetzgebungsgewalt

---

[10] Vgl. zum folgenden *T. Ramm*, Die Freiheit der Willensbildung, S. 117 f., der aber selbst nicht die Delegationstheorie vertritt. — Zustimmend zu dieser Argumentation, aber im Hinblick auf den politischen Einfluß der Verbände auf die staatliche Gesetzgebung durch Anhörungsverfahren sowie Verbandszugehörigkeit der Abgeordneten, auch *Föhr*, S. 130 f.

[11] S. 118.

[12] BAG 4, 240 (251).

gebunden, sondern unterliegt auch deren formellen Voraussetzungen: der demokratischen Legitimation durch die Normunterworfenen[13]. —

Zu diesem Ergebnis gelangt auch *Biedenkopf*, der die Normsetzungsbefugnis der Tarifvertragsparteien aber nicht auf eine durch § 1 TVG erfolgte staatliche Delegation des einfachen Gesetzgebers zurückführt, sondern unmittelbar durch Art. 9 Abs. 3 GG garantiert ansieht[14]. Er entnimmt unter Hinweis auf das Erfordernis demokratischer Legitimation der Gemeindevertretungen in Art. 28 Abs. 1 Satz 2 GG und des Gebots innerparteilicher Demokratie dem Grundgesetz den allgemeinen und auf die staatliche Gesetzgebung nicht beschränkten Grundsatz, „daß rechtsetzende Organe, die die normunterworfenen Bürger repräsentieren, der Legitimation durch diese Bürger bedürfen"[15]. Auch bei dem Tarifvertrag handele es sich um einen Vorgang der Normsetzung durch Repräsentativorgane, so daß der in Art. 20 GG enthaltene Grundsatz der demokratischen Legitimation auch auf die Tarifvertragsparteien anzuwenden sei. Im Gegensatz zu Dürig[16] hält Biedenkopf diesen Grundsatz nicht auf die hoheitliche Gesetzgebung beschränkt: denn es sei nicht auf die Gesetzeskategorie abzustellen, sondern die beiden Gesetzesarten gleiche Rechtswirkung gegen Dritte sei entscheidend.

Aus diesem verfassungsrechtlich gebotenen Erfordernis demokratischer Legitimation von rechtsetzenden Repräsentativorganen folgert *Biedenkopf* einmal, daß „der Gesetzgeber ... nicht befugt (sei), die Inanspruchnahme zivilrechtlicher Normsetzungsbefugnis durch Gruppen zu billigen oder entsprechende Zuständigkeiten auf sie zu übertragen, wenn die Gruppen durch die Normunterworfenen nicht ausreichend legitimiert sind"[17]. Ferner soll „eine Gewerkschaft, die nicht den Ansprüchen demokratischer Organisation genügt ... nicht tariffähig"[18] sein, woraus die Ungültigkeit eines Tarifvertrags resultieren könne

---

[13] Aus der Rechtsstellung der Gewerkschaften als beliehener Verband folgert auch *W. Wengler*, Die Kampfmaßnahme im Arbeitsrecht, S. 48, die Notwendigkeit einer demokratischen Verbandsverfassung. Ähnlich auch *H. Ridder*, Zur verfassungsrechtlichen Stellung der Gewerkschaften, S. 42.

[14] Vgl. *K. Biedenkopf*, Grenzen der Tarifautonomie, S. 104.

[15] Ebd., S. 48. —
Zustimmend zur weiteren Begründung in seiner Bespr. *Mayer-Maly*, RdA 1965, 430 sowie BAG AP Nr. 6 zu § 19 HAG (Bl. 5); OVG Münster JZ 1974, 262. Offengelassen wurde diese Frage im Heimarbeiter-Urteil des Bundesverfassungsgerichts (vgl. E 34, 307).

[16] Vgl. *(Maunz)-Dürig-(Herzog)*, Rdz. 116 zu Art. 1 GG; ähnlich *W. Herschel*, Sinn und Grenzen der Vereinbarungsbefugnis der Tarifvertragsparteien, D 18.

[17] *Biedenkopf*, S. 52.

[18] Ebd., S. 54; ähnlich *ders.*, Koalitionsfreiheit und Tarifautonomie als Strukturelemente der modernen Demokratie, S. 208 f. (211).

und daher der interne Willensbildungsprozeß von den Gerichten überprüft werden müsse.

Das Gebot demokratischer Legitimation durch die Normunterworfenen ist von *Biedenkopf* vor allem für seine Argumentationsführung im Hinblick auf die personellen Grenzen der tarifvertraglichen Regelungsbefugnis entwickelt worden[19]. Diese soll grundsätzlich auf die Mitglieder der jeweiligen Tarifvertragspartei beschränkt sein, da für die Erstreckung der Tarifmacht auf Außenseiter die erforderliche demokratische Legitimation fehle, von der auch der Gesetzgeber nicht dispensieren könne[20]. Aufgrund dieser Annahme sieht sich Biedenkopf allerdings gezwungen, die Verfassungsmäßigkeit der Allgemeinverbindlichkeitserklärung von Tarifverträgen nach § 5 TVG sowie die Zulässigkeit einer Erstreckung betriebsverfassungsrechtlicher Normen des Tarifvertrags auf Außenseiter nach § 3 Abs. 2 TVG näher zu begründen[21]: Im ersteren Fall soll anscheinend das Anhörungsrecht der nichtorganisierten Arbeitnehmer und Arbeitgeber vor der Allgemeinverbindlicherklärung gemäß § 5 Abs. 2 TVG eine ausreichende Legitimationsgrundlage darstellen; bei § 3 Abs. 2 TVG soll eine nicht durch Art. 9 Abs. 3 GG garantierte besondere „betriebsverfassungsrechtliche Zuständigkeit" vorliegen, die sich im Rechtsgeltungsgrund wie ihrem Inhalt von der tarifvertraglichen Normsetzung unterscheide. — Diese sehr konstruiert anmutende Differenzierung ändert aber nichts an der Tatsache, daß der Außenseiter keinen Einfluß auf die Regelung betriebsverfassungsrechtlicher Normen hat und mangels Legitimation eine Bindungswirkung entfallen müßte, die nach Biedenkopfs eigenen Prämissen auch nicht durch eine gesetzliche Ermächtigung ersetzt werden kann. Zu diesem Ergebnis gelangt Biedenkopf überraschenderweise nicht; vielmehr begnügt er sich, auf den Unterschied von tarifautonomer und betriebsverfassungsrechtlicher Normsetzung hinzuweisen, ohne überzeugende Gründe für den Verzicht auf das Erfordernis demokratischer Legitimation im Rahmen betriebsverfassungsrechtlicher Rechtsetzung anführen zu können[22].

---

[19] Vgl. ebd., S. 53 f., 59 ff. sowie *ders.*, Sinn und Grenzen der Vereinbarungsbefugnis der Tarifvertragsparteien, S. 134 f.

[20] Demgegenüber macht *Biedenkopf*, S. 58 f., die Zulässigkeit der verbandsförmigen Interessendarstellung gegenüber den staatlichen Instanzen nicht vom Erfordernis demokratischer Legitimation abhängig, da es sich hierbei nicht um einen Normsetzungsakt handele.

[21] Vgl. ebd., S. 54 ff., 310 ff.

[22] Kritisch auch *T. Wagenitz*, Die personellen Grenzen der Tarifmacht, S. 37. Allerdings scheint *Biedenkopf* eine Beteiligung der Nichtorganisierten an innerverbandlichen Willensbildungsprozessen wie z. B. Urabstimmung zu erwägen; vgl. Koalitionsfreiheit und Tarifautonomie als Struktuelemente der modernen Demokratie, S. 209 f.

Diese Inkonsequenz berührt allerdings nicht Biedenkopfs allgemeinere Ausgangsthese, daß die Tarifvertragsparteien aufgrund ihrer Normsetzungsbefugnis der demokratischen Legitimation bedürfen. Seine weitergehende Forderung, daß die tarifvertraglichen Normsetzungsorgane durch *alle* Normunterworfenen zu legitimieren seien bzw. die Bindungswirkungen der Tarifnormen sich auf die Koalitionsmitglieder zu beschränken hätten, erscheint indes zu rigide und strengere Anforderungen für die Rechtsetzung durch Tarifvertrag als für die staatliche Gesetzgebungsmacht zu verlangen: diese verpflichtet nicht nur die Aktivbürgerschaft, obwohl nur dieser Teil des Volkes die staatlichen Normsetzungsorgane durch Wahlen legitimieren kann[23].

Biedenkopfs Legitimationsthese ist entgegengehalten worden, daß Art. 9 Abs. 3 GG schon die ausreichende Legitimationsgrundlage darstelle, die die Tarifvertragsparteien zur Normsetzung berechtige[24]. Diesem Einwand liegt möglicherweise ein Mißverständnis zugrunde, da er auf das Verhältnis von staatlicher und tarifvertraglicher Regelungszuständigkeit abstellt, während es Biedenkopf um die Beziehungen der Tarifvertragsparteien zu den Normunterworfenen geht und keinesfalls eine im Kernbereich verfassungsrechtlich gewährleistete und staatlicher Regelungsgewalt entzogene Tarifmacht der Koalitionen bestreitet. Das Gebot demokratischer Legitimation besagt aber nicht, daß im Falle einer Nichtbefolgung die sachliche Regelungszuständigkeit der Tarifvertragsparteien in Frage gestellt wäre, sondern nur, daß die persönliche Tarifgebundenheit der Normadressaten entfällt. Im Ergebnis müßte allerdings eine Regelungskompetenz, die die potentiellen Normunterworfenen nicht binden könnte, leer laufen. —

Die Normsetzungsbefugnis der Tarifvertragsparteien kann aber zur Begründung des Demokratiegebots nicht mehr herangezogen werden, wenn diese als Ausdruck privatautonomer Gestaltungsmacht erklärt wird[25]. Wenn auch der Charakter der tarifvertraglichen Normen als

---

23 Vgl. auch *F. Gamillscheg,* Die Differenzierung nach der Gewerkschaftszugehörigkeit, S. 97 FN 37, der im Hinblick auf die von Biedenkopf gezogene Parallele darauf hinweist, daß „auch Nichtgemeindemitglieder gemeindlicher Normsetzung unterworfen sein können". — Ebenso wie die von Biedenkopf angestellten Vergleiche aus dem staatlichen Bereich müssen aber auch die hier angeführten Parallelen als reichlich problematisch angesehen und insofern ihr argumentativer Wert als gering veranschlagt werden.

Zu denken wäre als Parallele eher an die Stellung des Betriebsrats als gewähltem Organ der Betriebsangehörigen und kraft demokr. Legitimation zum Abschluß von Betriebsvereinbarungen befugt.

24 Vgl. *Gamillscheg,* S. 96 f.; *A. Söllner,* Zu Sinn und Grenzen der Vereinbarungsbefugnis der Tarifvertragsparteien, AuR 1966, 257 (263); *Herschel,* D 18 f.

25 Insbesondere *R. Richardi,* Kollektivgewalt und Individualwillen bei der Gestaltung des Arbeitsverhältnisses, S. 164 f. m. w. Nachw. Nach Richardi soll

objektives Recht durch diese Konstruktion nicht berührt wird, so verbietet diese Qualifikation doch, „die tarifliche Regelung der Arbeitsbedingungen ohne weiteres an sämtliche Beschränkungen zu binden, denen hoheitlich gesetztes Recht unterliegt"[26]. Für die Rechtsgeltung der Tarifvertragsnormen soll nach *Richardi* — im Anschluß an *Zöllner* — ein „privatrechtlicher Sanktionierungsakt" entscheidend sein, den er im Verbandsbeitritt als rechtsgeschäftlichen Unterwerfungsakt unter den Verbandswillen als gegeben und zugleich ausreichende Legitimationsgrundlage ansieht. Entsprechend soll die Regelungsbefugnis der Tarifvertragsparteien, die insoweit auf die Willensmacht der Verbandsangehörigen zurückgeführt wird, sich auf diese beschränken. Die rechtliche Stellung der Mitglieder der Tarifparteien bestimmt sich nach der Satzung, die offensichtlich keinen weitergehenden normativen Schranken als den vom BGB-Vereinsrecht gezogenen Grenzen unterliegt[27].

Diese Konsequenz der sog. Mandatstheorie[28] widerspricht allerdings ihrer Ambition, den Individualwillen vor Kollektivmacht zu schützen. Dieses Ziel mag hinsichtlich der Position der Außenseiter erreicht worden sein, der „in Umkehrung der Verhältnisse ... zum archimedischen Punkt des Tarifrechts"[29] erhoben wird. Die Fixierung auf den Außenseiter hat aber offensichtlich den Blick auf die nicht minder schutzbedürftige Rechtsstellung des Koalitionsmitglieds getrübt, dessen Individualwillen nach den Vorschriften des BGB-Vereinsrechts praktisch unberücksichtigt bleiben kann[30]. Jedenfalls vermag der Hinweis, daß die Unterwerfung unter die Verbandsgewalt freiwillig erfolgt sei, allenfalls die Tarifbindung in rechtsdogmatisch befriedigenderweise erklären, nicht aber schon die Geltung einer jeden nach BGB-Vereinsrecht zulässigen Satzungsgestaltung rechtfertigen. Diese noch zu begründende Annahme berührt allerdings nicht die Stimmigkeit der Mandatstheorie, allenfalls zeigt sich ihr verengter Blickwinkel in ihrer ausschließlichen Konzentration auf die Außenseiter.

Da hier nicht der Streit um die Herkunft tarifvertraglicher Normsetzungsmacht entschieden zu werden braucht, soll auf weitere Lösungsvorschläge eingegangen werden, die nicht auf die Rechtsetzungsbefugnis der Tarifparteien abstellen, sondern an andere Gesichtspunkte anknüpfen, um das Erfordernis demokratischer Verbandsorganisation zu begründen.

---

die Legimitationsthese Biedenkopfs mit dem geltenden Recht nicht vereinbar sein; vgl. S. 164 FN 87.

[26] *Richardi*, S. 165.

[27] Vgl. ebd., S. 163.

[28] Was auch *Nipperdey / Säcker*, Arbeitsrechtsblattei D, Berufsverbände I, Bl. 8 schon betonen.

[29] So treffend *Gamillscheg*, S. 94.

[30] Näher hierzu unten Dritter Teil, III.

3. Demokratische Organisation als Merkmal der Koalitions- bzw. Tariffähigkeit

In der arbeitsrechtlichen Literatur wird das Gebot einer demokratischen Infrastruktur der Gewerkschaften verschiedentlich im systematischen Zusammenhang mit den Voraussetzungen der Koalitions- bzw. Tariffähigkeit[31] abgehandelt[32]. Meistenteils sind aber in den angebotenen Begründungen nähere Erklärungen zu vermissen, die die Notwendigkeit demokratischer Organisation für die Koalitionsfähigkeit plausibel belegen ;vielmehr wird allgemein auf den Öffentlichkeitscharakter der Koalitionstätigkeit abgestellt[33], ohne daß mit diesem Hinweis schon der systematische Bezug von Koalitionsfähigkeit und Einschränkung der Organisationsfreiheit hinreichend deutlich gemacht wäre.

Dieser fehlende Begründungszusammenhang ist aber nicht zufällig, sondern resultiert aus der exerzierten Methode, nach der die normativen Voraussetzungen der Koalitionseigenschaft teilweise bestimmt werden[34]. So wird von *Nipperdey* dezidiert die Ermittlung der normativ relevanten Koalitionsmerkmale „mittels einer rationalistischen Betrachtungsweise“[35] abgelehnt und stattdessen unter Berufung auf Husserl eine am Selbstverständnis der Koalitionen und ihren geschichtlichen Anfängen sich zu orientierende phänomenologische Betrachtungsweise gefordert. Problematisch erscheint vor allem die Fixierung auf die historischen Ursprünge des Koalitionswesens, wodurch die in der

---

31 Auf die Streitfrage, ob die Tariffähigkeit eine notwendige Eigenschaft der Koalitionsfähigkeit darstellt (so insbes. *Hueck / Nipperdey,* S. 105 f., 435 f.) oder die Koalitionsfähigkeit nur eine notwendige Voraussetzung der Tariffähigkeit, also keine Kongruenz vorliegen muß (vgl. *Nikisch,* Lehrbuch des Arbeitsrechts, 2. Band, S. 5), kommt es hier nicht an. Für die im folgenden zitierte Rspr. des BVerfG ist zu beachten, daß in dieser Frage keine einheitliche Linie besteht, letztendlich aber eine Deckungsgleichheit abgelehnt wird (vgl. vor allem BVerfG 20, 312 zur Tariffähigkeit von Handwerksinnungen, die keine Koalitionen sind). Näher hierzu *W. Zöllner,* Die Rechtssprechung des Bundesverfassungsgerichts zu Artikel 9 Abs. 3 GG, AöR 1973, 71 (91 ff.).

32 Vgl. *Hueck / Nipperdey,* S. 101 f.; *Hanau / Adomeit,* S. 53; *F. Säcker,* Grundprobleme der kollektiven Koalitionsfreiheit, S. 62; *M. Löwisch,* Die Voraussetzungen der Tariffähigkeit, ZfA 1970, 295 (306 f.); *Biedenkopf,* S. 54 (vgl. auch oben Zitat zu FN 18). Bei *Söllner,* Arbeitsrecht, S. 65 wird das Erfordernis demokr. Organisation bei den Gewerkschaften, nicht aber direkt im Zusammenhang mit den Koalitionseigenschaften behandelt.

33 Vgl. *Hueck / Nipperdey,* ebd.; *Hanau / Adomeit,* ebd.; *Söllner,* ebd. Daß aus dem Öffentlichkeitscharakter der Gewerkschaften allein noch nicht zwingend das Erfordernis demokr. Organisation resultiert, wurde oben sub 1. nachzuweisen versucht.

34 Zum folgenden auch *Löwisch,* S. 296 ff. m. w. Nachw.

35 *Hueck / Nipperdey,* S. 82. Auch wenn die von N. vorgeschlagene Methode kaum akzeptabel erscheint, so ist anzuerkennen, daß er auf das Abweichen von der üblichen Methode deutlich hinweist.

phänomenologischen Methode liegende Chance, auf sozialen Wandel flexibel zu reagieren, verspielt wird[36]. Widersprüchlich erscheint auch zumindest in der Nipperdeyschen Version dieser Methode das Abstellen auf die geschichtliche Herkunft der Koalitionen einerseits, auf ihr Selbstverständnis zum anderen: bei einem gegenüber der geschichtlichen Ausgangslage gewandelten Selbstverständnis muß offen bleiben, welches Moment normativen Vorzug genießen soll. Soweit zur Auflösung dieses Dilemmas auf die Intentionalität des Koalitionswesens als „Wissen davon, worauf ‚die Dinge aus sind' "[37] verwiesen wird, wird einer rational[38] kaum noch kontrollierbaren Interpretationsfreiheit das Wort geredet und die Möglichkeit eröffnet, Selbstverständnis wie historische Entwicklung der Koalitionen zugunsten politischer Ordnungsvorstellungen des Interpreten unter dem Vorwand des historischen Telos der Koalitionen zu ignorieren. Mag Nipperdey seine phänomenologische Methode vor allem als Absage gegen einen Begriffspositivismus formuliert haben, so muß doch befürchtet werden, daß die vorgeschlagene Therapie das zu bekämpfende Übel nur durch ein andersartiges substituiert.

Mit dieser Kritik soll nicht für eine ahistorische und rein begrifflich operierende Interpretationsweise plädiert werden — dies ist nicht die einzige Alternative zur phänomenologischen Methode —, auch nicht die Berücksichtigung der sozialen Realitäten zum Vorwurf gemacht werden und stattdessen einer — zur Wirklichkeitsferne neigende — Eigenständigkeit des normativen Denkens[39] das Wort geredet werden, was nur eine ebenso fragwürdige Einseitigkeit darstellte. Nicht ein hochgespielter Gegensatz von Faktizität versus Normativität erweckt das Unbehagen an der phänomenologischen Betrachtungsweise, sondern die im Vergleich zu anderen Interpretationsmethoden besonders hohe Gefahr, eigene Wertvorstellungen in das Auslegungsergebnis einzuschleusen[40] und als der geschichtlichen Bestimmung des Koalitionswesens immanent auszugeben[41]. —

---

[36] Vgl. auch *Löwisch*, S. 300: „Ein soziales Phänomen wie die Koalition, welches doch in steter Entwicklung begriffen ist, kann nicht auf einen bestimmten historischen und damit von bestimmten politischen Verhältnissen geprägten Stand fixiert werden."

[37] *Hueck / Nipperdey*, ebd.

[38] Denn selbst wenn die geschichtliche Entwicklung determiniert wäre, bliebe noch das Problem ihrer Erkennbarkeit.

[39] So aber *Richardi*, S. 5.

[40] Daß keine juristische Auslegungsmethode die Einschleusung politischer Vorstellungen auszuschließen vermag, bedarf seit *Rüthers'* Untersuchungen keiner besonderen Betonung mehr (vgl. Die unbegrenzte Auslegung, S. 442 ff.). Es geht daher auch weniger um die völlige Ausschaltung als um die der Kritik zugängliche Offenlegung politischer Ordnungsvorstellungen.

Für die Frage, ob die demokratische Verbandsorganisation zu den von der Verfassung gebotenen unerläßlichen Koalitionseigenschaften zu zählen ist, soll hier — im Anschluß an die vom Bundesverfassungsgericht im Zusammenhang mit dem Merkmal der Arbeitskampfbereitschaft entwickelten Maßstäbe — geprüft werden, ob eine demokratische Verbandsverfassung „generell so wesentlich ist, daß ohne sie die im öffentlichen Interesse den Koalitionen übertragene Aufgabe, im Verein mit dem sozialen Gegenspieler das Arbeitsleben zu ordnen und zu befrieden, nicht erfüllt werden kann“[42].

Die demokratische Organisation muß also eine wesentliche Bedingung für die Erreichung des Koalitionszwecks darstellen, da die Koalitionsfähigkeit nicht „von Umständen abhängig zu machen (ist), die nicht von der Sache selbst, also von der im allgemeinen Interesse liegenden Aufgabe der Ordnung und Befriedung des Arbeitslebens gefordert sind“[43]. — Die hier herausgestellten Grundsätze machen deutlich, daß eine Einschränkung der Vereinsautonomie dann zulässig ist, wenn dies für die Erfüllung einer von der Verfassung zugewiesenen Aufgabe unerläßlich ist und die Aufgabenerfüllung ihrerseits für die Allgemeinheit, im Falle der Koalitionsfreiheit „von großer Bedeutung für die Sozial- und Wirtschaftsordnung des Gemeinwesens“[44] ist. Letztlich legitimiert also das öffentliche Interesse an einer „sinnvollen Ordnung des Arbeitslebens“[45], die Koalitionseigenschaften von solchen Mindestvoraussetzungen abhängig zu machen, die für die Aufgabenerfüllung wesentlich sind. Daß diese Begrenzungen eines Freiheitsrechts nicht allein auf den Bereich des Koalitionsrechts beschränkt sind, sondern auch für die Auslegung anderer Grundrechte — insbesondere für Art. 12 GG — eine entscheidende Rolle spielen, zeigt, daß hier ein allgemeiner

---

41 Die Fragwürdigkeit der phänomenologischen Methode zeigt insbesondere das BAG-Urteil zur Notwendigkeit der Arbeitskampfbereitschaft als Tariffähigkeitsvoraussetzung, wonach „ein notwendiger Sinnzusammenhang zwischen dem Koalitionszweck, der Ablehnung der Zwangsschlichtung und dem Bekenntnis zum Arbeitskampf als ultima ratio“ bestünde. Die Besonderheiten des Hausgehilfinnenverbandes, die die Durchführung von Arbeitskämpfen praktisch nicht gestatten, wurden als Vorwand abgetan, die sozialen Realitäten also zugunsten normativ nicht näher belegter Sinnzusammenhänge unberücksichtigt gelassen. Vgl. BAG AP Nr. 13 zu §2 TVG.

42 BVerfG 18, 18 (27). Ähnlich auch *Säcker,* S. 61.

43 BVerfG, ebd. mit Verweis auf E 4, 96 (107 ff.).

44 BVerfG 28, 295 (306).

45 BVerfG 4, 96 (107). Äußerst problematisch ist der Vorschlag von *Löwisch,* S. 303, daß die Tariffähigkeit nur solchen Vereinigungen zu gewähren sei, die Gewähr für die Beachtung des staatlichen Interesses an einem gesamtwirtschaftlichen Gleichgewicht böten. Hier werden ersichtlich ordnungspolitische Voraussetzungen postuliert, die nicht mehr allein auf „das sinnvolle Funktionieren der Tarifautonomie“ (BVerfG 18, 18, 30) abstellen und insoweit vom Koalitionszweck nicht mehr gedeckt sind.

Grundgedanke zum Ausdruck kommt: dem *Recht* auf Ausübung einer öffentlichen Aufgabe korrespondiert die *Pflicht*, die für ihre Erfüllung notwendigen Voraussetzungen zu erbringen.

Umgekehrt sind den Trägern öffentlicher Aufgaben solche Rechte einzuräumen, die für die Aufgabenerfüllung erforderlich sind, oder gegebenenfalls der einfache Gesetzgeber verpflichtet, die entsprechenden Voraussetzungen zu schaffen. So hat das Bundesverfassungsgericht aus Art. 9 Abs. 3 GG unter Hinweis auf den Zusammenhang von Koalitionszweck und Gesamtvereinbarungen abgeleitet, „daß ein Tarifvertragssystem im Sinne des modernen Arbeitsrechts staatlicherseits überhaupt bereitzustellen ist“[46]; zugleich ist aber im Hinblick auf den Ordnungszweck des Tarifvertragssystems abgelehnt worden, „daß der Gesetzgeber schlechthin jede Koalition zum Abschluß von Tarifverträgen zulassen, also als tariffähig behandeln muß“[47]. — Bei der Frage eines Rechts der Koalitionen auf Wahlwerbung in der Dienststelle wurde hervorgehoben, „daß die Werbetätigkeit vor Personalratswahlen für die Gewerkschaften als wichtiges Mittel zur Wahrung und Förderung der Arbeits- und Wirtschaftsbedingungen anzusehen ist und deshalb vom Schutz des Art. 9 Abs. 3 GG nicht ausgenommen sein kann“[48]. Ähnlich wie für die Festsetzung der für die Koalitionseigenschaft wesentlichen Voraussetzungen soll eine Verletzung dieses verfassungsrechtlich in einem Kernbereich geschützten Rechts dann vorliegen, „wenn der Werbung vor Personalratswahlen Schranken gezogen werden, die nicht von der Sache selbst gefordert werden“[49]. — Schließlich hat das Bundesverfassungsgericht zum verfassungsrechtlich gewährleisteten Betätigungsbereich der Koalitionen das Recht auf Mitgliederwerbung gezählt. In der Begründung wurde dieses Recht einmal als notwendige Konsequenz der Bestandsgarantie angesehen, da die Koalitionen zur Erhaltung ihres Bestandes auf die Werbung neuer Mitglieder angewiesen seien[50]; darüber hinaus wurde argumentiert, daß „die Koalitionen ihrer Aufgabe, durch spezifisch koalitionsgemäße Betäti-

---

[46] BVerfG 4, 96 (106). Vor allem hat das BVerfG aber die Gewährleistung der Tarifautonomie mit dem historischen Sinn der Koalitionsfreiheit begründet. Dieses Argumentationsmuster ist auch für die Koalitionsbetätigungen im Bereich des Personalvertretungswesens herangezogen worden: „Die Koalitiosfreiheit würde ihres historischen Sinns beraubt, wenn nicht die Betätigung der Koalitionen bei der Personalvertretung durch Art. 9 Abs. 3 GG geschützt wäre.“ (BVerfG 19, 303, 319.)

[47] BVerfG 4, 96 (107).

[48] BVerfG 19, 303 (320).

[49] BVerfG 19, 303 (322) mit Beispielen zulässiger Beschränkungen.

[50] Kritisch gegenüber dieser Ableitung aus der Bestandsschutzgarantie, da konsequenterweise der Nachweis der Existenzgefährdung zu erbringen wäre und eine Verabsolutierung des Bestandsschutzes zu Einschränkungen der individuellen Koalitionsfreiheit führen könne, zu Recht *Zöllner*, S. 82 f.

gung die Arbeits- und Wirtschaftsbedingungen zu wahren und zu fördern, um so wirksamer nachkommen (können), je mehr Mitglieder sie haben"[51]. Mit diesem Gesichtspunkt kommt zum Ausdruck, daß nicht erst zur Aufgabenerfüllung unerläßliche Voraussetzungen zum verfassungsrechtlich garantierten Betätigungsbereich gehören, sondern schon solche Betätigungen, die zur effizienteren Aufgabenerfüllung beitragen[52]. Allerdings sollen der Mitgliedswerbung bzw. dem Betätigungsrecht solche Schranken gezogen werden dürfen, „die zum Schutz anderer Rechtsgüter von der Sache her geboten sind"[53].

Diese Beispiele aus der Rechtsprechung des Bundesverfassungsgerichts zum Koalitionsrecht sollen genügen, um zu demonstrieren, daß die Qualifizierung von Grundrechtsfunktionen als „öffentliche Aufgabe" nicht einseitig zur „Verkürzung grundrechtlicher Freiheitsgarantien"[54] führen muß, sondern ebenso zu einer Erweiterung ihrer Rechtsstellung, die nicht schon aus dem Freiheitsstatus resultiert. Allerdings darf es weder zur Einschränkung noch zur Ergänzung von Rechten ausreichen, sich allein auf den öffentlichkeitsbezogenen Charakter eines Grundrechts zu berufen, sondern immer ist im einzelnen genau zu prüfen, ob zur Erfüllung der jeweiligen „öffentlichen Aufgabe" eine Begrenzung oder Erweiterung zum ursprünglichen Rechtsstatus erforderlich ist. Im Vordergrund hat also die spezifische Aufgabe zu stehen, während ihr Öffentlichkeitsbezug für die konkrete Ausformung nur von untergeordneter Bedeutung ist, allerdings überhaupt erst die Legitimation zu aufgabenbezogenen Einschränkungen oder Ergänzungen der grundrechtlichen Position abgibt. Weiterhin ist zu beachten, daß die Aufgabenerfüllung keinen absoluten Wert darstellt und daher keinen Vorrang gegenüber anderen Rechten genießt; vielmehr ist hier wie auch sonst ein Ausgleich zwischen den konfligierenden Rechten anzustreben, allerdings nicht mittels einer einseitigen Güterabwägung, sondern im Sinne „praktischer Konkordanz"[55].

Bevor nun im einzelnen untersucht wird, inwieweit eine Einschränkung der gewerkschaftlichen Organisationsfreiheit zugunsten einer

---

[51] BVerfG 28, 295 (305).

[52] Mit dem Effektuierungsgedanken wurde auch eine korporative Existenzgarantie als notwendige Komplementärgarantie zur individuellen Koalitionsfreiheit maßgeblich begründet; vgl. *B. Rüthers*, Streik und Verfassung, S. 29 ff., der auch auf den funktionalen Zusammenhang von Existenzgarantie und Koalitionsaufgabe hinweist (S. 36).

[53] BVerfG 28, 295 (306).

[54] *R. Scholz*, Koalitionsfreiheit als Verfassungsproblem, S. 208. Seine Kritik richtet sich allerdings vornehmlich gegen die Rspr. des BVerfG zu den staatlich gebundenen Berufen und öffentlich-rechtlichen Zwangsorganisationen.

[55] Vgl. hierzu *K. Hesse*, Grundzüge des Verfassungsrechts, S. 28 f.

demokratischen Verbandsverfassung für die Erfüllung der den Koalitionen in Art. 9 Abs. 3 GG zugewiesenen Aufgaben erforderlich ist, soll noch auf die Kriterien eingegangen werden, die nach der Rechtsprechung des Bundesverfassungsgerichts eine Begrenzung der Organisationsfreiheit rechtfertigen und von deren Vorliegen zulässigerweise die Tariffähigkeit abhängig gemacht werden darf. Eine mittelbare Aushöhlung der Koalitionsfreiheit soll darin liegen, „die von Vereinigungen frei gewählten Organisationsformen schlechthin oder in entscheidendem Umfang bei der Regelung der Tariffähigkeit unberücksichtigt zu lassen“[56]; darüber hinaus sei dem Gesetzgeber verwehrt, die Tariffähigkeit „ausschließlich oder in entscheidendem Maße an solche Organisationsformen und -prinzipien (zu) binden, die von den frei gebildeten Vereinigungen allgemein oder vorwiegend abgelehnt werden“[57]. Mit diesen Aussagen werden also historische Entwicklung wie Selbstverständnis der Koalitionen als Gesichtspunkte angeführt, die bei der Begrenzung der Organisationsfreiheit zu respektieren sind. Diese Begründungsmerkmale erinnern zunächst stark an die phänomenologische Methode. Das Bundesverfassungsgericht verzichtet aber darauf, ordnungspolitische Einschränkungen aus einer nur spekulativ zu ergründenden Entelechie des Koalitionswesens abzuleiten, sondern begnügt sich, die Eliminierung solcher Organisationsformen zuzulassen, aus denen sich „erhebliche Störungen einer sinnvollen Ordnung des Arbeitslebens ... ergeben würden“[58]. Auch eine soziale und politische Veränderungen nicht berücksichtigende Festschreibung historischer Strukturen vermeidet das Gericht, wenn es dem Gesetzgeber konzediert, die Verleihung der Tariffähigkeit an „außergewöhnliche Organisationsformen oder solche, die durch die tatsächliche Entwicklung des sozialen Lebens nahezu völlig oder doch im wesentlichen als überholt gelten dürfen“[59] und zu Störungen im Arbeitsleben führen, zu versagen.

Ebenfalls darf der Gesetzgeber (bzw. der legislatorische Funktionen ausübende Richter) nicht schon aus reinen Zweckmäßigkeitsüberlegungen die Koalitionsfreiheit beschränken. Im Zusammenhang mit der Arbeitskampfbereitschaft hat das Bundesverfassungsgericht betont, daß die Koalitionsfreiheit den Koalitionen „grundsätzlich die Wahl der Mittel (überläßt), die sie zur Erreichung ihres Zwecks für geeignet halten; dem freien Spiel der Kräfte bleibt es überlassen, ob sie mit den

---

[56] BVerfG 4, 96 (108).

[57] Ebd.

[58] Ebd.

[59] Ebd. Es mag dahingestellt bleiben, ob die Ausführungen des LAG Bayern, soweit sie in der Entscheidung des BVerfG 4, 96 (103 f.) zitiert werden, schon diesen Anforderungen genügen. Vgl. auch *Zöllner*, S. 92.

gewählten Mitteln den erstrebten Erfolg erreichen“[60]. Für die Organisationsfreiheit folgt hieraus, daß den Koalitionen nicht das aller Wahrscheinlichkeit nach zweckmäßigste Organisationsmodell oktroyiert werden darf, sondern nur bestimmte Mindestvoraussetzungen verlangt werden dürfen, ansonsten aber eine weitgehende Gestaltungsfreiheit einzuräumen ist[61].

Schon zu weitgehend erscheint es daher, wenn nach dem Bundesverfassungsgericht das gesetzgeberische Ermessen bei der Normierung der Tariffähigkeit erst darin begrenzt sein soll, „daß die freie Entwicklung der Koalitionen und damit auch ihr Entscheidungsrecht über ihre Organisationsform nicht sachwidrig gehemmt oder in ihrem Kern angetastet werden darf“[62]. Damit wäre im Umkehrschluß schon jede sich als zweckmäßig erweisende Organisationsform normativer Fixierung durch den Gesetzgeber zugänglich und eigene Zweckmäßigkeitsüberlegungen der Koalitionen weitgehend ausschaltbar. Im Ergebnis wäre jedenfalls eine Art Beweislastumkehr erreicht: Der Gesetzgeber oder Verfassungsinterpret hätte nur noch darzulegen, daß sein Organisationsmodell nicht sachwidrig sei und nicht den — schwer definierbaren — Kernbereich der Organisationsfreiheit antaste, um die Koalitionen auf ein bestimmtes Organisationsprinzip zu verpflichten.

Der Nachweis, daß eine demokratische Verbandsstruktur für ein sinnvolles Funktionieren der Tarifautonomie nicht unzweckmäßig wäre, müßte demnach schon ausreichen, um die Tariffähigkeit von einer demokratischen Organisation abhängig machen zu dürfen. Eine solch weitgehende Einschränkbarkeit der Organisationsfreiheit, wie sie aus der zitierten Aussage des Bundesverfassungsgerichts sich folgern läßt[63], scheint aber — selbst angesichts der gebotenen Berücksichtigung der historischen Entwicklung des Koalitionswesens als weiterer legislatorischer Schranke — nicht erforderlich, um die Erfüllung des Koalitionszwecks sicherzustellen. Zudem steht eine solche weitreichende Regelungsbefugnis kaum noch in Übereinklang mit den Grundsätzen, die kurz vorher in der gleichen Entscheidung und in der späteren Entscheidung zur Arbeitskampfbereitschaft entwickelt worden sind und nach denen den Koalitionen eine weitgehende Ermessensfreiheit hinsichtlich der von ihnen ausgewählten Mittel zur Erreichung des Koali-

---

[60] BVerfG 18, 18 (32).

[61] Was nicht heißt, daß die Gestaltungsfreiheit aus anderen Rechtsgründen weitergehend eingeschränkt werden kann.

[62] BVerfG 4, 96 (109).

[63] Es hat den Anschein, daß allein diese Begründung die Entscheidung trägt und weniger der Nachweis tatsächlicher Störungen (und nicht nur Schwierigkeiten) des Arbeitslebens.

tionszwecks einzuräumen ist[64]. — Zuzugeben ist allerdings, daß die Einordnung der Mitgliederwerbung in den verfassungsrechtlich geschützten Betätigungsbereich der Koalitionen neben der nicht ganz überzeugenden Ableitung aus der Bestandsschutzgarantie auf Zweckmäßigkeitserwägungen beruht, um eine effektivere Aufgabenerfüllung zu gewährleisten. Es erscheint aber fragwürdig, sich auf den Gedanken einer Symmetrie von Rechten und Pflichten zu berufen und ebenfalls dem Gesetzgeber eine Regelungsbefugnis schon aus Effektuierungsgesichtspunkten zubilligen zu wollen. Wenigstens ist kein verfassungsrechtlicher Grundsatz zu orten, der die symmetrische Verteilung von Rechten und — legislatorisch oder interpretativ begründbaren — Pflichten vorschreibt. Vor allem spricht aber gegen eine solche Gleichstellung, daß „den Koalitionen ... durch Art. 9 Abs. 3 GG die Aufgabe zugewiesen und in einem Kernbereich gewährleistet (ist), die Arbeits- und Wirtschaftsbedingungen in eigener Verantwortung und im wesentlichen ohne staatliche Einflußnahme zu gestalten“[65]. Daraus folgt, daß die Koalitionen zur Aufgabenerfüllung weitergehender Rechte bedürfen und staatlicherseits nicht über die normativen Forderungen der Tariffähigkeit ein zu starker Einfluß ausgeübt werden darf — soll nicht das verfassungsrechtlich geschützte Prinzip der eigenverantwortlichen Aufgabenerfüllung ausgehöhlt werden. —

Für die Frage, ob die demokratische Organisation der Gewerkschaften so wesentlich ist, daß nur dieses Organisationsprinzip eine Gewähr dafür bietet, „das Arbeitsleben ... sinnvoll zu ordnen ... und so letztlich die Gemeinschaft sozial zu befrieden“[66], ist zunächst von den historischen Grundlagen des Koalitionswesens auszugehen[67] und dann deren verfassungsrechtliche Anerkennung zu prüfen.

Mit der Gründung von Koalitionen sollte die soziale und ökonomische Unterlegenheit der Arbeitnehmer überwunden werden, die als isolierte

---

[64] Wenn *Säcker*, S. 61 der Arbeitskampfbereitschaftsentscheidung entnehmen zu können glaubt, daß der Gesetzgeber die Freiheit der Mittelauswahl nicht einschränken dürfe, „auch wenn auf Grund empirisch gesicherter Erfahrung anzunehmen ist, daß eine bestimmte Organisationsform oder der satzungsmäßige Verzicht auf Anwendung von einzelnen spezifisch koalitionsgemäßen Mitteln die Erreichung des Koalitionszwecks erschwert“, so ist diese Aussage kaum auf diese BVerfG-Entscheidung zu stützen. Vielmehr fehlte gerade ein empirischer Nachweis, daß zum Abschluß von Tarifverträgen im hauswirtschaftlichen Bereich die Arbeitskampfbereitschaft erfordelich ist.

[65] BVerfG 28, 295 (304).

[66] BVerfG 18, 18 (28). Dieser Zweck ist im Hinblick auf die Tarifautonomie definiert worden. Entsprechend müssen aber auch die einzelnen Voraussetzungen der Tariffähigkeit diesem Zweck dienen, so daß, was für die Tariffähigkeit insgesamt gilt, auch von ihren verschiedenen Elementen zu verlangen ist.

[67] Vgl. schon oben Erster Teil, I. 1.

einzelne der wirtschaftlichen Übermacht der Produktionsmitteleigentümer hilflos ausgeliefert waren. Die „zum Zweck der Selbsthilfe und Selbstbestimmung sich zusammenschließenden Mitglieder einer Koalition“[68] versuchten, ihre Interessen gemeinsam durch kollektive Gegenmacht durchzusetzen und insgesamt ihre soziale Lage zu verändern. Als ein wesentliches Mittel zur Verbesserung der Arbeitsbedingungen, insbesondere der Lohngestaltung bewährten sich ebenfalls kampfweise durchgesetzte Gesamtvereinbarungen, mit denen die individuelle Unterlegenheit des einzelnen bei der Gestaltung des Arbeitsverhältnisses auszugleichen angestrebt wurde. Durch diese Kollektivverträge sollten also die Interessen der organisierten Mitglieder auf wirksamere Weise als individuell möglich verfolgt werden, ohne daß sich allerdings die gewerkschaftlichen Betätigungen auf den Abschluß von Tarifverträgen zum Zwecke der Lohnerhöhung beschränkten und mehr taktische Überlegungen für die Konzentration auf Lohnverhandlungen ausschlaggebend waren. Wesentlich für den vorliegenden Zusammenhang ist vor allem, daß die Koalitionstätigkeit und insbesondere der Abschluß von Tarifverträgen den Interessen der Mitglieder dienen sollten und ihre optimale Selbstbestimmung zu verwirklichen anvisiert wurde. Historisch gesehen bleibt demnach festzustellen, daß der Regelungsauftrag zum Abschluß tarifvertraglicher Vereinbarungen auf die Koalitionsmitglieder zurückgeht und allenfalls die Ausstattung dieser Regelungen mit Normqualität vom Staat durch Delegation der Normsetzungsbefugnis ermöglicht worden ist[69]. Diese vorwiegend nur rechtstechnische Seite des Tarifvertrags, soweit man sie im Sinne der Mandatstheorie nicht überhaupt für überflüssig hält, darf nicht darüber hinwegtäuschen, daß inhaltlich die Interessen der Mitglieder zum Ausdruck gebracht werden sollen.

Daß dieser historische Sinn des Koalitionswesens auch in Art. 9 Abs. 3 GG seine verfassungsrechtliche Anerkennung gefunden hat, darf als unbestritten gelten. So ist von *Nikisch* definiert worden, daß „die Koalition ... sich die Aufgabe setzen (muß), die spezifischen Arbeitgeber- oder Arbeitnehmerinteressen zu vertreten, ihr Zweck muß in der ‚Wahrung und Förderung der Arbeits- und Wirtschaftsbedingungen‘ ihrer Mitglieder bestehen“[70]. Das Bundesverfassungsgericht hat als eine

---

[68] *Zöllner*, S. 83, der dieses Motiv zu Recht auch auf die Gegenwart bezieht.

[69] Näher hierzu *M. Lieb*, Die Rechtsnatur der Allgemeinverbindlicherklärung von Tarifverträgen als Problem des Geltungsbereichs autonomer Normensetzung, S. 31 ff. Angesichts der historischen Entwicklung unterscheidet Lieb zwischen den „aus dem Willen der Mitglieder abgeleiteten verbandlichen Regelungsauftrag“ (S. 64) und Verleihung der förmlichen Normqualität durch den Staat, die diesem abgetrotzt werden mußte.

[70] *Nikisch*, S. 4.

der unverzichtbaren Mindestvoraussetzungen für die Tariffähigkeit verlangt, daß „die Koalition als satzungsgemäße Aufgabe die Wahrnehmung der Interessen ihrer Mitglieder gerade in ihrer Eigenschaft als Arbeitgeber oder Arbeitnehmer übernehmen“[71] muß. Für das Zustandekommen des konkreten Tarifvertrags hat *Löwisch* dezidiert gefordert, daß „der Wille der Mitglieder ... bei diesem Abschluß möglichst weitgehend zur Geltung kommen“[72] soll. Ohne die vom Bundesverfassungsgericht mehrmals verwendete Formel allzusehr strapazieren zu wollen, ist also auch verfassungsrechtlich geboten, am Charakter der Koalitionen als Selbsthilfeorgane zur Verfolgung der Interessen ihrer Mitglieder festzuhalten, wenn „die in Art. 9 Abs. 3 GG garantierte Koalitionsfreiheit nicht ihres historisch gewordenen Sinnes beraubt werden soll“[73]. Schließlich verlangt das vom Bundesverfassungsgericht immer wieder betonte Ziel, daß die Koalitionstätigkeit, insbesondere das typische Mittel des Tarifvertrags, zur sinnvollen Ordnung des Arbeitswesens und zur sozialen Befriedung der Gemeinschaft beitragen soll, solche Vereinbarungen, die den Interessen der Mitglieder weitgehend entsprechen. Regelungen, die inhaltlich an den Interessen und Bedürfnissen der Koalitionsmitglieder vorbeigehen, werden hingegen zur sozialen Unzufriedenheit und möglicherweise zu Störungen des Arbeitslebens führen, sowie die Mitglieder nach anderen Wegen der Befriedung ihrer Interessen suchen lassen. Insofern kann die den Gewerkschaften verschiedentlich zugeschriebene Rolle als Ordnungsfaktor nur so verstanden werden, daß die Mitgliederinteressen soweit wie möglich durchgesetzt werden.

Wenn aber der verfassungsrechtlich aufgegebene Koalitionszweck darin besteht, die Interessen der Koalitionsmitglieder zu fördern, da nur so die anvisierte soziale Befriedung der Gesellschaft — soweit sie den Koalitionen obliegt — herbeigeführt werden kann, muß gewährleistet sein, daß die Mitgliederinteressen bei der Koalitionstätigkeit Berücksichtigung finden. Zur Erfüllung der Koalitionsaufgabe ist es demnach unerläßlich, daß eine den Mitgliedsinteressen entsprechende Verbands-, vor allem Tarifpolitik realisiert wird. Dieses Erfordernis verlangt allerdings noch nicht zwingend eine aktive Mitwirkungs-

---

71 BVerfG 18, 18 (28). Im Heimarbeiterurteil hat das BVerfG betont, daß „das Zurücktreten des Staates zugunsten der Tarifparteien ... seinen Sinn ebensosehr aus dem Gesichtspunkt (gewinnt), daß die unmittelbar Betroffenen besser wissen und besser aushandeln können, was ihren beiderseitigen Interessen und dem gemeinsamen Interesse entspricht ...“ (BVerfG 34, 307, 317).

72 *Löwisch*, S. 306.

73 BVerfG 4, 96 (106) im Hinblick auf die Gewährleistung eines Tarifvertragssystems; ähnlich BVerfG 19, 303 (319) für die Koalitionsbetätigung bei der Personalvertretung.

möglichkeit der Mitglieder bei der Formulierung der Verbandsmeinung. Unterstellt man nämlich, daß aus der Zugehörigkeit der Gewerkschaftsmitglieder zur Klasse der Arbeitnehmer ein ihnen objektiv gemeinsames Interesse resultiert, so scheint es nicht mehr einer persönlich-individuellen Artikulation der Interessen durch die Mitglieder zu bedürfen. Daß diese Annahme einer nicht nur ganz allgemeinen Interessenübereinstimmung angesichts eines vielfältig in sich differenzierten Arbeits- und Wirtschaftsprozeß fragwürdig geworden ist, kann hier dahingestellt bleiben. Jedenfalls ist nicht allgemein erkennbar, was den objektiven Interessen der Koalitionsmitglieder immer entspricht und keine Instanz sichtbar, die über entsprechende Erkenntniskräfte unbestritten verfügte. Vor allem für komplexe Problemlagen ist eine alternativlose, nur einzig richtige Lösung dessen, was den Interessen der Arbeitnehmerschaft nützt, kaum vorstellbar. Dann aber bleibt nur, daß die Mitglieder die Möglichkeit erhalten, ihre Interessen selbst zum Ausdruck zu bringen, und „auch über die Wahl der leitenden Organe hinaus möglichst weitgehend an der Willensbildung der Vereinigung unmittelbar mitwirken“[74] können[75].

Gegen die Notwendigkeit einer Teilnahmemöglichkeit für die Mitglieder am innerverbandlichen Willensbildungsprozeß kann auch nicht eingewandt werden, daß die Freiwilligkeit des Verbandseintritts ein Einverständnis mit der jeweiligen Verbandspolitik bedeutet. Das mag allenfalls für die globalen und grundsätzlichen Verbandsziele stimmen, nicht aber für konkrete Tarifbewegungen, die für die Mitgliedsinteressen von ebenso großer Bedeutung sind. Zudem läßt sich aus dem freiwilligen Beitritt ebenso schlüssig folgern, daß das eintretende Mitglied seine Interessen wirksamer im Rahmen einer Organisation durchzusetzen anstrebt und zum Ausdruck bringen will — was ihm als einzelner praktisch verwehrt ist —, nicht aber sich bedingungslos der jeweiligen Verbandspolitik zu unterwerfen gesonnen ist. Schließlich kann das Argument des ‚voting by feet‘ nur dort eine gewisse Relevanz beanspruchen, wo ein faktischer Koalitionspluralismus existiert, was aber zumindest im Organisationsbereich der Industriegewerkschaften kaum der Fall ist. Aber auch bei bestehender Konkurrenzsituation ist

---

[74] *Löwisch*, S. 306.

[75] Vgl. in diesem Zusammenhang auch die vom tarifvertraglichen Vereinbarungsmodus ausgehende Argumentation von *F. Roscher*, Vertragsfreiheit als Verfassungsproblem, S. 84 f., der — aus der Einsicht, daß der einzelne bei der Vereinbarung Allgemeiner Geschäftsbedingungen sein verfassungsrechtlich garantiertes Recht auf wirtschaftliche Selbstbestimmung nicht mehr realisieren kann — die Vereinbarung von AGB durch Verbände vorschlägt. Diese müßten allerdings eine demokratische Organisation aufweisen, da „nur diese ... dem Individuum die Chance der Beteiligung zu sichern (vermag), die es auf der Ebene des Individualvertrags nicht hat“ (S. 85).

ein gänzlicher Verzicht auf demokratische Willensbildung nicht gerechtfertigt, sondern allenfalls eine geringere Intensität der Mitwirkungsmöglichkeiten zulässig. Es handelt sich also nicht um die Frage, ob eine demokratische Organisation grundsätzlich geboten ist, sondern um das Problem seiner inhaltlichen Ausgestaltung[76].

Daß „die Gefahr eines Kontaktverlustes zwischen den Tarifgebundenen und Organen der Tarifvertragspartei“[77] nicht nur eine theoretische Spekulation ist, haben insbesondere die spontanen Streiks in den Jahren 1969 und 1973 deutlich gemacht. Gerade diese Vorgänge zeigen, daß für ein sinnvolles Funktionieren der Tarifautonomie im Sinne des Bundesverfassungsgerichts eine demokratische Willensbildung unerläßlich ist, wenn die Koalitionen ihre Aufgabe einer sozialen Befriedung nicht schon im Ansatz verfehlen wollen[78]. Allerdings wäre es zu einfach, diese spontanen Streiks allein auf eine die Mitgliederinteressen unzureichend berücksichtigende Verbandsorganisation zurückführen zu wollen. Die Gefahr einer mitgliedsfernen Tarifpolitik zugunsten einer Orientierung an die staatliche Stabilitätspolitik kann nicht schon durch institutionelle Vorkehrungen ausgeschaltet werden. Umgekehrt schafft die satzungsmäßige Institutionalisierung der innerverbandlichen Willensbildung nach demokratischen Grundsätzen nur die Voraussetzungen für eine an den Mitgliedsinteressen orientierte Verbandspolitik, bedeutet aber noch keine Garantie einer mitgliedsnahen Interessenvertretung. Es hieße die Möglichkeit institutioneller Regelungen weit überschätzen, wenn auch ihr Funktionieren verlangt würde; vielmehr können diese nur die Voraussetzungen für das Funktionieren abgeben[79].

Erweist sich eine demokratische Verbandsorganisation — trotz dieser für rechtliche Regelungen allgemein geltenden Vorbehalte — als eine unerläßliche Bedingung für die Erfüllung des Koalitionszwecks und das Funktionieren der Tarifautonomie, so bleibt nach den vom Bundesverfassungsgericht postulierten Maßstäben für eine Einschränkung der Organisationsfreiheit noch zu klären, ob diese Organisationsform den von den Gewerkschaften in ihrer geschichtlichen Entwicklung gewählten und ihrem Selbstverständnis entsprechenden Organisationsprinzipien

---

76 Zu weiteren Argumenten vgl. noch unten III. 4.

77 *Löwisch,* S. 306.

78 Vgl. auch *Scholz,* S. 315: „Der Kommunikationsprozeß Koalitionsverfahren bedingt den Kommunikationsprozeß Koalitionsbildung nicht nur aus rechtslogischen Gründen. Denn das Koalitionsverfahren kann nicht zur substantiellen Gemeinsamkeit von Arbeitnehmer- und Arbeitgeberschaft vordringen, wenn nicht zuvor Arbeitnehmer- und Arbeitgeberschaft ihre eigenen ‚Allgemeininteressen‘ bestimmt haben.“

79 Näher zu dieser Thematik noch unten Vierter Teil, I. 3.

gerecht wird und keinen Oktroi darstellt. Beide Erfordernisse bedürfen keiner langen Erörterung, da das Bekenntnis zur innergewerkschaftlichen Demokratie ausdrücklich in der Satzung des DGB verankert ist[80] und damit an die gewerkschaftliche Tradition, zumindest in ihren sozialistischen Ursprüngen, angeknüpft wird[81].

Ohne schon hier näher auf den Inhalt des Gebots demokratischer Willensbildung einzugehen, ist die Frage, wie die Mitwirkung der Mitglieder am innerverbandlichen Willensbildungsprozeß im einzelnen zu erfolgen hat, weitgehend der Organisationsfreiheit der Koalitionen zu überlassen. Zumindest über die Voraussetzung der Koalitions- bzw. Tariffähigkeit muß eine gesetzliche Regelung, die keinen Raum für eigene Zweckmäßigkeitsüberlegungen der Koalitionen bei der Ausgestaltung läßt, als Eingriff in den verfassungsrechtlich geschützten Kernbereich der Organisationsfreiheit angesehen werden. —

Abschließend ist noch ein weiterer Gesichtspunkt zu nennen, der ein Mitwirkungsrecht der Mitglieder nahelegt. Nach § 2 Abs. 1 TVG ist den Gewerkschaften ein Monopol zum Abschluß für Tarifverträge auf der Arbeitnehmerseite eingeräumt worden, nach der h. M. soll sogar nur ihnen die Ausübung des Streikrechts zukommen[82]. Eine solche Privilegierung kann aber allenfalls dann als gerechtfertigt angesehen werden, wenn die Gewerkschaften ihrerseits die Mitgliederinteressen umfassend zum Ausdruck bringen und ihre Tarifpolitik nicht von anderen Gesichtspunkten abhängig machen. Denn es ist nicht zu vergessen, daß Tarifverträge dort abgeschlossen werden, wo „der Individualarbeitsvertrag ein unzureichendes Instrument zur Begründung eines sozial angemessenen Arbeitsverhältnisses darstellt"[83]. Diese Schutzfunktion der Tarifverträge verpflichtet aber, die Interessen der Mitglieder zur Grundlage

---

[80] Vgl. §2 Ziff. 2 lit. a: „Der Bund und die in ihm vereinigten Gewerkschaften sind demokratisch aufgebaut."

[81] Problematischer stellt sich die Frage für die Arbeitgeberkoalitionen, auf die hier aber nicht näher eingegangen werden kann. Jedenfalls kann die Stimmverteilung in Entscheidungsgremien der Arbeitgeberverbände nach der Beschäftigtenzahl kaum als Bekenntnis zu dem genuin-demokratischen Prinzip „One man, one vote" aufgefaßt werden. Kritisch wohl auch *Löwisch*, S. 306, der diesen Stimmrechtsmodus nur nicht „qua Voraussetzung der Tariffähigkeit zu beanstanden" für nötig hält.

[82] Vgl. aber LAG Frankfurt, RdA 1950, 427 mit zust. Anm. *Bulla:* „Wäre allein der Gewerkschaftsstreik zugelassen, so würde damit — unbeschadet des Umstandes, daß nur die Gewerkschaften, im Hinblick auf ihre Mitglieder tariffähig sind — aber hinsichtlich des Arbeitskampfmittels Streik die nichtgewerkschaftlich organisierte Arbeitnehmerschaft gegenüber der gewerkschaftlich organisierten Arbeitnehmerschaft schlechter gestellt" (S. 249). — Dieser Aspekt der negativen Koalitionsfreiheit scheint allerdings in der Diskussion um die Rechtmäßigkeit spontaner Streiks in Vergessenheit geraten zu sein.

[83] BVerfG 34, 307 (316).

der tarifvertraglichen Vereinbarungen zu machen und die Mitglieder bei den Tarifbewegungen zu beteiligen, da diesen keine andere legale Möglichkeit als über die Gewerkschaften zur wirksamen Verfolgung ihrer Interessen offensteht[84].

4. Das Individualkoalitionsrecht als Schranke der Organisationsfreiheit

Da es bei der hier vorgenommenen Untersuchung des Gebots demokratischer Willensbildung nicht darum geht, einen bestimmten Lösungsvorschlag als die einzig richtige Begründung zu erklären, vielmehr die verschiedenen Ansätze auf ihre Argumentationsführung hin kritisch zu analysieren und gegebenenfalls weiterzuentwickeln, bleibt noch zu untersuchen, ob nicht schon aus dem individuellen Grundrecht der Koalitionsfreiheit ein Recht auf Teilnahme an der innerverbandlichen Willensbildung folgt.

Unbestritten ist, daß die individuelle Koalitionsfreiheit ein Recht auf Bildung und Beitritt zu einer Koalition enthält, dem allerdings noch nicht eine Aufnahmepflicht der Koalition auf der anderen Seite korrespondieren muß. Darüber hinaus ist vom Bundesverfassungsgericht mehrfach betont worden, daß nicht nur der Koalition als solcher ein Recht auf spezifisch koalitionsgemäße Betätigung zustehe, sondern „Art. 9 Abs. 3 GG ... auch dem Einzelnen das Recht (sichert), an der spezifischen Tätigkeit der Koalition in dem Bereich teilzunehmen, der für die Koalition verfassungsrechtlich geschützt ist“[85]. Trotz dieser sich formelhaft wiederholenden Feststellung ist nicht ganz klar, was mit diesem Diktum zum Ausdruck gebracht werden sollte. Berücksichtigt man den Begründungszusammenhang, in dem diese Äußerungen fallen, so ergibt sich, daß nicht nur der Koalition das Recht eingeräumt ist, vor Personalratswahlen werbend aufzutreten bzw. eine Mitgliederwerbung zu veranstalten, sondern das einzelne Koalitionsmitglied bei der Durchführung dieser Tätigkeit mitzuwirken berechtigt ist.

Zur Herbeiführung dieses Ergebnisses scheint es allerdings kaum der Anerkennung eines eigenen Rechts des Mitglieds auf koalitionsspezi-

---

[84] Das gilt um so mehr als nicht nur ein Gewerkschaftsmonopol zum Abschluß von Tarifverträgen besteht, sondern die Rspr. des BAG auch die Neugründung von Gewerkschaften empfindlich einschränkt, wenn es die Tariffähigkeit schon wegen geringer Mitgliederzahl aus ordnungspolitischen Gesichtspunkten verneint. Vgl. BAG AP Nr. 25 zu § 2 TVG. Die Übereinstimmung dieser Entscheidung mit den in der Arbeitskampfbereitschafts-Entscheidung des BVerfG (E 18, 18, 32 f.) entwickelten Grundsätzen erscheint zweifelhaft. Kritisch auch *Zöllner*, S. 92 m. w. Nachw.

[85] BVerfG 19, 303 (312) mit Verweis auf BVerfG 17, 319 (333); ähnlich auch BVerfG 28, 295 (304).

fische Betätigung zu bedürfen, vielmehr ist die Gewährleistung einer solchen Rechtsposition schon zwingende Folge des Rechts der Koalition auf koalitionsspezifische Betätigung: es ist schwerlich vorstellbar, wie die Koalition als solche die ihr eingeräumten Rechte realisieren könnte, wenn nicht mittels ihrer Mitglieder[86]. Diese Überlegung zeigt aber, „daß es sich inhaltlich um dasselbe Recht, lediglich mit doppelter Zuständigkeit zur Wahrnehmung handelt“[87]. Entscheidend für die vom Bundesverfassungsgericht getroffene Unterscheidung dürften auch weniger materiellrechtliche, als prozessuale Gründe gewesen sein, da bei Ablehnung eines individuellen Grundrechts auf Koalitionsbetätigung die Verfassungsbeschwerden mangels Verletzung eines eigenen Grundrechts der Beschwerdeführer als unzulässig hätten zurückgewiesen werden müssen. Daß vor allem verfahrensrechtliche Gründe für die Übernahme der Lehre vom Doppelgrundrecht, deren Kritik sich zunehmender Beliebtheit erfreut[88], in die Spruchpraxis des Bundesverfassungsgerichts ausschlaggebend waren, zeigt deutlich die erste Entscheidung zum Koalitionsrecht, in der die Zulässigkeit der Verfassungsbeschwerde davon abhing, daß „das Grundrecht der Koalitionsfreiheit nicht nur den einzelnen Mitgliedern der Vereinigung, sondern auch der Koalition als solcher zusteht“[89].

Wenn aber die Anerkennung eines individuellen Grundrechts auf spezifische Koalitionsbetätigung durch das Bundesverfassungsgericht auf prozessuale Gründe zurückgeführt werden muß, so folgt aus diesem Begründungszusammenhang, daß diese Äußerungen nicht als ein Beleg für die hier interessierende Frage herangezogen werden dürfen,

---

[86] Zieht man eine Parallele zur Handlungsfähigkeit juristischer Personen, die über ihre Organe realisiert wird, so bedarf es für diese auch keiner Einräumung eines eigenen Rechts zum Handeln.

[87] *Zöllner*, S. 81.

[88] Grundlegend *Scholz*, S. 62 ff. Zustimmend auch *Zöllner*, S. 77 ff. Soweit *Hanau*, NJW 1971, 1402 in seiner Rezension von Säcker, Grundprobleme der kollektiven Koalitionsfreiheit, meint, daß „die Rspr. (dieses Grundrecht) in die Verfassung hineingezwängt hat“, scheint er den Beitrag der Lehre bei dieser „Einzwängung“ zu vergessen (vgl. die Nachweise bei *H. Galperin*, Inhalt und Grenzen des kollektiven Koalitionsrechts, AuR 1965, 1 f.) und zu übersehen, daß Gründe der Rechtsschutzgewährung im Vordergrund für diese dogmatische Konstruktion standen.

Erst die von *Scholz* vorgeschlagene Unterscheidung in personale Grundrechtsträgerschaft und apersonale Grundrechtssubjektivität (S. 127 ff.) mag zur Lösung dieser verfahrensrechtlichen Schwierigkeiten beitragen und insofern die Lehre vom Doppelgrundrecht überflüssig machen. Daß es zur Berücksichtigung materiell-rechtlicher Fragen nicht notwendigerweise eines eigenständigen Kollektivgrundrechts bedarf, zeigen die Untersuchungen von Scholz, der — mittels der Rechtsfigur des ‚status collectivus‘ und der Unterscheidung von Grundrechtsgewährleistung und -ausübung — im wesentlichen zu den Ergebnissen gelangt, die die h. M. auf der Grundlage der Lehre vom Doppelgrundrecht herbeiführt.

[89] BVerfG 4, 96 (101).

ob das individuelle Koalitionsgrundrecht die Teilnahme an der innerverbandlichen Willensbildung garantiert[90]. Allerdings beruft sich das Bundesverfassungsgericht auch auf *Wengler*, so daß eine mittelbare Stellungnahme doch noch angenommen werden kann, wenn dessen Erörterungen einen Beitrag zum hier behandelten Problem enthalten. Wengler geht davon aus, daß das Koalitionsrecht des einzelnen sich auch auf die Teilnahme an der spezifischen Tätigkeit erstrecken müsse, da andernfalls „eine solche Einengung der Koalitionsfreiheit ... sie praktisch wertlos machen“[91] würde. Inhaltlich soll das aus der Mitgliedschaft notwendigerweise resultierende Betätigungsrecht „die Akte seiner Mitwirkung an denjenigen Willens- und Meinungsäußerungen (umfassen), die als Willens- und Meinungsäußerungen der Gewerkschaft in Erscheinung treten“[92]. Mit diesen Feststellungen will Wengler aber nicht die Organisationsfreiheit der Gewerkschaften in dem Sinne beschränkt wissen, daß die gewerkschaftlichen Satzungen den Mitgliedern zwingend eine unmittelbare Mitwirkung bei der Beschlußfassung einzuräumen hätten. Vielmehr sei es „Sache der Gewerkschaftssatzung zu bestimmen, ob und in welchem Umfang die Gewerkschaft als mittelbare oder unmittelbare Demokratie aufgezogen wird“[93]. Allein der Umstand, daß die Gewerkschaften aufgrund ihrer Eigenschaft als beliehene Verbände demokratisch verfaßt sein müßten, verbiete ihnen, einen Teil der Mitglieder von der inneren Willensbildung gänzlich auszuschließen.

Festzuhalten bleibt, daß Wengler aus der Garantie eines individuellen Betätigungsrechts keine Einschränkung der Satzungsautonomie zugunsten zwingender Mitwirkungsrechte der Mitglieder ableitet. Allerdings soll den Gewerkschaften aufgrund von Art. 9 Abs. 3 Satz 2 GG, also nicht schon aus dem individuellen Koalitionsrecht aus Art. 9 Abs. 3 Satz 1 GG, verwehrt sein, vertraglich mit Dritten über das individuelle Mitwirkungsrecht zu disponieren und sich zu verpflichten, „ihren Mitgliedern diese oder jene Mitwirkungsmöglichkeit einzuräumen oder zu versagen, ganz gleich, ob diese Mitwirkung bereits in der Satzung vorgesehen ist oder nicht“[94]. Noch deutlicher wird diese Argumentation, wenn man sich eines argumentum a fortiori bedient: wenn schon dem einzelnen Mitglied als Träger des Grundrechts auf koalitionsspezifische Betätigung nach Art. 9 Abs. 3 Satz 2 GG keine Verfügungsbefugnis

---

90 Anders wohl *Hamann / Lenz*, GG, Anm. B. 8. b zu Art. 9 (S. 232).

91 W. *Wengler*, Die Kampfmaßnahme im Arbeitsrecht, S. 48.

92 Ebd.; zust. *Hamann / Lenz*, ebd.

93 *Wengler*, S. 48.

94 Ebd., S. 48.

über seine Rechtsposition zusteht, so muß dies erst recht für die Koalition gelten, die nicht Träger dieses Grundrechts ist. Allerdings soll die Gewerkschaft qua Satzungsautonomie nach Wengler das Recht haben, über den Umfang der Mitwirkungsrechte zu disponieren und insofern Art. 9 Abs. 3 Satz 2 GG nicht im Verhältnis zwischen Mitglied und Koalition gelten. — Insgesamt ist Wenglers Ausführungen zu entnehmen, daß sie nicht auf eine Einschränkung der Satzungsautonomie zugunsten der Einräumung zwingender Mitwirkungsrechte des einzelnen Mitglieds als Rechtsfolge seines individuellen Rechts auf koalitionsmäßige Betätigung abzielen. Daher bedeutet die zustimmende Zitierung Wenglers durch das Bundesverfassungsgericht keine positive, allerdings auch keine negative Stellungnahme zum hier vorliegenden Problembereich[95]. —

Sehr zurückhaltend meint *Maunz*, daß „die Koalitionsbetätigung ... in gewissem Umfang durch die Koalitionsfreiheit ihrer Mitglieder gebunden" sei, und „die innere Ordnung der Koalition ... deshalb das koalitionsmäßige Betätigungsrecht der Mitglieder nicht ausschalten"[96] dürfe. Nicht ganz deutlich wird, ob Maunz unter koalitionsmäßigem Betätigungsrecht die Mitwirkung an der innerverbandlichen Willensbildung versteht oder nur das Recht, bei der Durchführung von Koalitionstätigkeiten beteiligt zu werden[97]. Von diesen inhaltlichen Unklarheiten abgesehen, scheint der methodische Ansatz von Maunz auf eine systematische Zuordnung von individuellem und kollektivem Koalitionsgrundrecht im Sinne praktischer Konkordanz hinaus zu laufen.

---

[95] Unklar bleibt, ob die Ausführungen von *Hamann / Lenz*, die sich auf das BVerfG und Wengler berufen, einer Beschränkung der Satzungsfreiheit im oben gemeinten Sinn das Wort reden wollen.

[96] *Maunz-(Dürig-Herzog)*, Rdz. 121 zu Art. 9 GG. Seine Präferenz gilt offensichtlich einer Begrenzung aufgrund des Öffentlichkeitsstatus, was hier als unzureichende Begründung angesehen wird (vgl. oben sub 1.).

[97] Die Kommentierung zum Inhalt der individuellen positiven Koalitionsfreiheit (Rdz. 104) legt aber eine Deutung im Sinne eines Rechts auf Mitwirkung an der innerverbandlichen Willensbildung nahe.

Daß aus der individuellen Koalitionsfreiheit ein Recht des Mitglieds auf Mitwirkung an der innerverbandlichen Willensbildung folgt, läßt sich auch mit dem status-activus-Charakter der Koalitionsfreiheit begründen, demzufolge der einzelne „mitgestaltend und mitverantwortend im politisch-sozialen Bereich tätig werden" soll. So *Gitter*, S. 200, der diesen status activus allerdings „aus dem Sozialstaatsgebot in Verbindung mit demokratischen Grundsätzen" (ebd.) ableitet. Indes wird es dieser Herleitung nicht bedürfen, wenn man Art. 9 Abs. 3 GG schon als eine von der Verfassung selbstvorgenommene Konkretisierung dieses letztlich aus Art. 20 Abs. 1 GG resultierenden Aktivstatus auffaßt.

Auch *W. Martens*, Öffentlich als Rechtsbegriff, S. 168, leitet ein Verfassungsgebot demokratischer Infrastruktur „aus der individuellen Komponente der Koalitionsfreiheit" ab.

Auf der Grundlage dieses Interpretationsprinzips sind beide Grundrechte so einander zuzuordnen, „daß jedes von ihnen Wirklichkeit gewinnt“[98]. Für den Fall einer Kollision kann daher die Lösung nicht so aussehen, daß kollektivem oder individuellem Koalitionsgrundrecht einseitig eine Vorrangstellung eingeräumt wird, sondern „beiden Gütern müssen Grenzen gezogen werden, damit beide zu optimaler Wirksamkeit gelangen können“[99]. Als später noch zu konkretisierender Grundsatz folgt hieraus zunächst, daß die Organisationsfreiheit des Verbandes insoweit zu begrenzen ist, als der Umfang der mitgliedschaftlichen Mitwirkungsrechte nicht zur beliebigen Disposition steht, also die Grenzen der Organisationsfreiheit nicht erst bei völliger Ausschaltung jeglicher Mitwirkung an der innerverbandlichen Willensbildung überschritten sind. Umgekehrt verletzt nicht schon jede Satzungsgestaltung, die eine Veränderung der Mitwirkungsrechte auch in Richtung einer punktuellen Einschränkung zur Folge hat, schon das grundrechtlich geschützte Mitgliedschaftsrecht auf Mitwirkung an der innerverbandlichen Willensbildung[100].

II. Koalitionsfreiheit und Verbandsorganisation bei R. Scholz

1. *Zur Kritik an der Lehre vom Doppelgrundrecht*

Daß sich Kollisionen zwischen individuellem und kollektivem Koalitionsgrundrecht mittels des Interpretationsprinzips der praktischen Konkordanz im Sinne einer optimalen Grundrechtsgeltung beider Grundrechte auflösen lassen, scheint *R. Scholz* in seiner Kritik an der Lehre vom Doppelgrundrecht zu ignorieren. Diese Lehre soll „maßgebend vom entwicklungs- und entstehungsgeschichtlich vorgegebenen Charakter

---

[98] Vgl. *Hesse*, S. 28 m. w. Nachw.

[99] *Hesse*, S. 28 f.

[100] Die Anerkennung zwingender Mitwirkungsrechte des Mitglieds aufgrund seines individuellen Koalitionsrechts ist von hoher praktischer, insbesondere verfahrensrechtlicher Bedeutung für die Durchsetzung des Gebots demokratischer Willensbildung in Gewerkschaften.

Gegen eine Ableitung zwingender Mitwirkungsrechte der Mitglieder am innerverbandlichen Willensbildungsprozeß aus dem Individualgrundrecht des Art. 9 Abs. 3 GG wendet sich *Föhr*, S. 121 f., demzufolge „Art. 9 GG seine Funktion als Aufbauelement des demokratischen Staates erst in Verbindung mit Art. 20 GG erhält“. Diese — allerdings von der Drittwirkungslehre ausgehende — Ansicht übersieht aber, daß es um die Mitwirkung der Mitglieder im koalitionsspezifischen Aufgabenbereich geht, die von Föhrs Begründungsvorschlägen (S. 123 ff.), die ausschließlich an der politischen Interessenverbandsfunktion der Gewerkschaften orientiert sind, nicht erfaßt wird.

der Koalitionsfreiheit"[1] abweichen, nicht dem Wortlaut des Art. 9 Abs. 3 GG entsprechen und auch vom Verfassungsgeber bei der Novellierung dieses Artikels durch Einfügung des Satz 3 im Rahmen der Notstandsgesetzgebung nicht bestätigt worden sein[2]. Vor allem soll aber „die gleichberechtigte Gegenüberstellung von Individual- und Kollektivgrundrecht ... nicht nur die Grundlage für eine freiheitsverstärkende Grundrechtskorrespondenz, sondern auch die Grundlage für eine freiheitsbeschränkende Grundrechtskonkurrenz geschaffen"[3] haben und letztlich eine nicht auflösbare „echte Verfassungsantinomie"[4] zwischen kollektiver und negativer Koalitionsfreiheit bewirken. Als antinomiebegründend erachtet Scholz die Drittwirkungsregelung in Art. 9 Abs. 3 Satz 2 GG, mit der eine absolute Freiheitsgarantie gegenüber Staat wie Gesellschaft beabsichtigt sei. Diese Vorschrift gelte entgegen ihrer historischen Ausrichtung nicht nur im Verhältnis zum sozialen Gegenspieler, sondern mit Ausbildung eines etablierten Koalitionswesens vor allem als Schutznorm des Verbandes gegenüber Mitglied und Außenseiter, sowie in umgekehrter Richtung im Verhältnis individueller positiver und negativer Koalitionsfreiheit gegenüber dem Verbandsgrundrecht. Konsequenterweise muß, was allerdings in der Argumentation nicht klar zum Ausdruck kommt[5], Art. 9 Abs. 3 Satz 2 GG auch zwischen Koalitionsmitglied und Außenseiter, also für das Verhältnis von individueller positiver und negativer Koalitionsfreiheit Drittwirkung entfalten. — Zu Recht betont Scholz, daß mit der gemeinsamen Anerkennung als Grundrecht kein Vorrangverhältnis zwischen Kollektiv- und Individual-

---

[1] *R. Scholz*, Koalitionsfreiheit als Verfassungsproblem, S. 62. Ohne auf weitere Einzelheiten eingehen zu können, wäre zu fragen, ob nicht die in der Weimarer Zeit schon formulierte Lehre vom Doppelgrundrecht (statt aller *F. Neumann*, Koalitionsfreiheit und Reichsverfassung, S. 22 ff., 64 ff. m. w. Nachw.) selbst zur Entwicklungsgeschichte gehört.

[2] Daß der Verfassungsgeber den Satz 3 des Art. 9 Abs. 3 GG einfügte, um den politischen Widerstand der Gewerkschaften gegen die Notstandsgesetzgebung zu beschwichtigen und keinesfalls deren Rechtsstellung antasten wollte, scheint eher gegen Scholz' Argumentation zu sprechen; abgesehen davon, daß die Hektik dieser Verfassungsnovellierung kaum Zeit zu grundrechtsdogmatischen Überlegungen bot.

[3] *Scholz*, ebd.; gemeint ist vermutlich Grundrechts*kollision* (vgl. S. 66, 115 FN 51).

Vgl. auch schon *B. Rüthers*, Streik und Verfassung, S. 32, daß „die Koalition selbst zur Gefahr für die individuelle Freiheit werden (kann). Aus dem Komplementär- wird ein Konträrverhältnis ... Die erregende Dialektik des geschilderten verfassungsrechtlichen Verhältnisses von Individualgrundrecht und Konnexgarantie muß bedacht sein, wenn die Art und Wirksamkeit der verfassungsgesetzlichen Konnexgarantien in Art. 9 Abs. 3 GG erschlossen werden soll."

[4] *Scholz*, S. 66.

[5] Möglicherweise aber später, S. 277.

grundrecht begründet werden kann, vielmehr Individual- und Kollektivgrundrecht prinzipiell gleichrangig seien. Daher scheide auch „eine systematische Eingrenzung der einen *oder* anderen Rechtspositionen"[6] aus; entsprechendes gelte auch für eine systematische Eingrenzung der Drittwirkungsregelung, die wegen der grundrechtlichen Selbständigkeit von Individual- und Kollektivgrundrecht „auch gegenüber Kollisionen ‚innerhalb' des Art. 9 III GG eingreifen" müsse[7]. Wenn daher die Ausübung der individuellen Koalitionsfreiheit die Kollektivkoalitionsfreiheit oder umgekehrt die Ausübung der kollektiven Koalitionsfreiheit die individuelle gefährde, sei immer der Tatbestand des Art. 9 Abs. 3 Satz 2 GG erfüllt und entfalle die Chance zur grundrechtsinternen Antinomielösung.

Wie Scholz selbst betont, wird diese Antinomie weitgehend durch die Drittwirkungsregelung des Art. 9 Abs. 3 Satz 2 GG ausgelöst. Hinzuzufügen ist, daß erst die eigenwillige Interpretation dieser Vorschrift durch Scholz zu der behaupteten Antinomie führt. In Abweichung vom Wortlaut[8], der Entwicklungs-[9] und Entstehungsgeschichte[10] dieser Vorschrift wendet Scholz diese Norm auch im Verhältnis zwischen individueller und kollektiver Koalitionsfreiheit an. Nicht einzusehen ist vor allem, daß eine systematische Abgrenzung zwischen beiden Grundrechten ausgeschlossen sein soll. Diese Annahme muß Scholz schon für das Verhältnis von individueller positiver und kollektiver Koalitionsfreiheit einschränken, um nicht schon Koalitionsbeitritt und Tarifbindung als unzulässige Freiheitsbeschränkung hinstellen zu müssen. An anderer Stelle sieht sich Scholz auch zu einer systematischen Abgrenzung von individueller positiver und negativer Koalitionsfreiheit in dem

---

[6] Ebd., S. 64 (Hervorhebung von mir).

[7] Ebd., S. 65.

[8] Das räumt *Scholz* in späterem Zusammenhang selbst ein, vgl. S. 276.

[9] Vgl. schon Art. 159 Satz 2 WRV.

[10] In den Beratungen zu Art. 9 GG war zunächst eine Sondervorschrift vorgesehen, daß ein Zwang zum Koalitionsbeitritt nicht ausgeübt werden dürfe, die aber nach längerer Diskussion ausdrücklich gestrichen wurde, da die Gewerkschaften immer auf die Freiwilligkeit der Mitgliedschaft Wert gelegt hätten. Andererseits wurde überhaupt nicht daran gedacht, daß die heutige Drittwirkungsregelung in Satz 2 auch als Schutzvorschrift gegen Organisationszwang anwendbar sein könnte. Das geht schon daraus hervor, daß der Schutz der negativen Koalitionsfreiheit neben der Drittwirkungsregelung zunächst in einem Satz stand: „Dieses Recht darf durch keinerlei Abreden und Maßnahmen eingeschränkt oder behindert (und es darf kein Zwang zum Beitritt ausgeübt) werden." Die Streichung läßt aber nur den einen Schluß zu, daß der Verfassungsgeber den heutigen Satz 2 nicht für das Verhältnis Koalition - Außenseiter angewendet wissen wollte, obwohl schon damals ein etabliertes Koalitionswesen bestand. Vgl. zum ganzen JöR 1, 116 ff. Anzumerken bleibt, daß die heutige Diskussion um die negative Koalitionsfreiheit weitgehend die Entstehungsgeschichte ignoriert.

Sinne gezwungen, „daß der Außenseiter grundsätzlich diejenigen Nachteile in Kauf nehmen muß, die aus seiner Nicht-Mitgliedschaft herrühren“[11]. Auffallend ist auch, daß Scholz immer von *Ein*grenzung des einen oder anderen Grundrechts spricht und damit den Anschein erweckt, als ob die Möglichkeit gegenseitiger *Ab*grenzung nicht existierte, um beiden Grundrechten zu optimaler Geltung zu verhelfen. Im Zusammenhang seiner Untersuchungen über Grundrechtskonkurrenzen und -kollisionen[12] wird freilich betont, „daß auch die Lösung von grundrechtlichen Kollisionen das Gebot der optimalen Grundrechtsgeltung und der grundrechtlichen Funktionsgerechtigkeit beachten muß“[13].

Es mag hier dahingestellt bleiben, ob Scholz für Kollisionsprobleme zwischen negativer und kollektiver Koalitionsfreiheit die Anwendbarkeit seiner von ihm selbst herausgearbeiteten Interpretationsgrundsätze übersehen hat. Jedenfalls ist sein Vorwurf gegenüber der Lehre vom Doppelgrundrecht, daß diese eine unauflösbare Verfassungsantinomie herbeiführe, als nicht überzeugend anzusehen. Zumindest aufgrund dieses Scheinproblems besteht kein ernsthafter Anlaß, einer Revision der Lehre vom Doppelgrundrecht das Wort zu reden. Daß allerdings zur Lösung vieler Probleme die Anerkennung eines Doppelgrundrechts dogmatisch nicht erforderlich ist, zeigen die weiteren grundrechtsdogmatischen Untersuchungen von Scholz, auf die aber nicht mehr eingegangen werden kann. Stattdessen sind die von ihm entwickelten Grundsätze, die für die Organisation der Koalitionen bestimmend sein sollen, näher zu überprüfen.

2. Kommunikationsrechtliche Verbandsorganisation der Koalitionen

Nach Scholz sollen die Eigenschaften der Koalitionsfreiheit des Art. 9 Abs. 3 GG als echtes Kommunikationsgrundrecht sowie seine Ausübung im Bereich sozialer Öffentlichkeit die Maßstäbe für die Binnenstruktur der Koalitionsverbände abgeben[14]. Diese für die Verbandsorganisation maßgeblichen Prämissen können hier nur kurz skizziert werden: die Bedeutung des Koalitionsrechts und seine spezifische verfassungsrechtliche Legitimation soll in seiner, der „freiheitlich-sozialen Integration gesellschaftlicher Interessen“[15] dienenden kommunikativen

---

11 *Scholz*, S. 277.
12 Ebd., S. 110 ff. (112 f.).
13 Ebd., S. 116.
14 Ebd., S. 374 ff.
15 Ebd., S. 285.

Funktion liegen. Dieser Kommunikationsprozeß soll aus einem „Verfahren dauernder und vielfältiger Konsensbildung“[16] bestehen und zwischen den Beteiligten „eine Form objektiver ‚Sinn-Allgemeinheit‘ “[17] hervorbringen, die ihrerseits inhaltlich offen ist. Als Ziel der Kommunikation sei daher diese Allgemeinheit anzuvisieren, deren Integrationswirkung „auf der sachlichen Gemeinsamkeit der Individuen und deren Wissen um die Gemeinsamkeit“[18] beruhe.

„Die integrierende Allgemeinheit nennt in diesem Sinne einen Eigenwert, dessen durchgreifende Normativität der Verfassung selbst zugrundeliegt. Das Sinnprinzip der Allgemeinheit hat daher Verfassungsrang“[19]. Derlei aufgegebene Allgemeinheiten, die kraft ihres Verfahrenscharakters zu keinem Stillstand gelangten, würden auf verschiedenen Stufen und Bereichen erzeugt und strebten ihrerseits zu einer „maximalen Allgemeinheit“; in dieser wiederum vereinigten „sich die auseinanderstrebenden Tendenzen der gesellschaftlichen Kommunikationsprozesse zur gemeinsamen und als solche integrierenden Zielsetzung“[20].

Entsprechend diesen Grundsätzen soll auch der innerverbandliche Kommunikationsprozeß zur Formulierung eines verbandlichen Allgemeininteresses führen, was „ein Höchstmaß individualer Teilhabe an der verbandsmäßigen Willensbildung“[21] verlange und nur die aktuell Beteiligten verpflichte, also eine Ausdehnung des Verbandswillens auf Außenseiter verbiete[22]. Daneben gebiete das Prinzip der öffentlichen Allgemeinheit die Gewährleistung innerverbandlicher „Transparenz, Allgemeinzugänglichkeit und Kontrolle durch die Publizität der Entscheidungsvorgänge“[23]. Ähnlich den verfassungsrechtlichen Anforderungen an die Organisationsstruktur der Rundfunkanstalten soll die Koalitionsfreiheit eine Repräsentanz der verschiedenen Interessenrichtungen in den Kollegialorganen, eine offene und plurale Interessen-

---

16 Ebd., S. 289.

17 Ebd., S. 298.

18 Ebd., S. 304.

19 Ebd. Entsprechend definiert Scholz Kommunikationsfreiheit als „verfassungsrechtlich verbürgte Chance freiheitlich-kommunikativer ‚Allgemeinwerdung‘ “, ohne daß aber eine „Pflicht zur Allgemeinwerdung“ bestünde (S. 304 f.).

20 Ebd., S. 312.

21 Ebd., S. 314.

22 Eine konsequente Durchführung dieses Postulats müßte allerdings auch eine Verpflichtung später eintretender Verbandsmitglieder ausschließen, da nach Scholz „ein als ‚Verbandswille‘ präsentierter Mitgliederkonsens grundsätzlich nur die im Augenblick seiner Formulierung im Verband vereinigten, d. h. aktuell kommunikationsbeteiligten Individuen vertreten und verpflichten“ (S. 314) dürfe.

23 Ebd.

diskussion fordern[24]. Vor allem habe jedes Mitglied ein „Recht auf gleiche Teilhabe an innerverbandlicher Kommunikation und verbandsmäßiger Organbildung"[25], was aber nicht im Sinne arithmetischer Gleichheit zu verstehen sei. Vielmehr orientiere sich die Konsensbildung an der sachlichen und nicht an der quantitativen Präsentation der innerverbandlichen Interessen, was allerdings die Ermittlung bestimmter Willensverhältnisse nach dem Mehrheitsprinzip als rein technischer Verfahrensform und nicht im Sinne von Richtigkeitsgewähr zulasse. Hierin soll sich „das System der kommunikationsrechtlichen Verbandsorganisation ... maßgebend vom System der demokratischen Verbandsorganisation im Sinne des Art. 21 I 3 GG"[26] unterscheiden.

Mag diese Feststellung angesichts der aufgeführten Strukturmerkmale überraschen, so ist diese von Scholz mühsam unternommene Gegenüberstellung und Abgrenzung beider Organisationsformen eine Konsequenz seiner eigenwilligen Auslegung des Demokratiegebots für Parteien. — Scholz geht davon aus, daß die Bedeutung des Art. 21 GG „nicht in der Garantie eines potenzierten politischen Kommunikationsprozesses, sondern in der Garantie einer besonderen Form demokratischer Repräsentation"[27] liegt. Die Parteien seien wesentliches Element des realen Repräsentationsvorgangs[28], was insbesondere durch Art. 21 Abs. 1 Satz 3 GG zum Ausdruck komme. Diese Vorschrift wäre überflüssig, beschränkte sich die Aufgabe der Parteien allein auf eine Form politischer Kommunikation; vielmehr solle sie einen besonderen Wirkungszusammenhang zu Art. 38 Abs. 1 Satz 2 GG herstellen, um „auch die Parteien dem System der repräsentativen Demokratie zu verpflichten"[29]: einmal sei die innere Ordnung der Partei auf eine Repräsentativverfassung festgelegt sowie die Tätigkeit der Parteien — im Unterschied zur verbandsförmigen Darstellung partikularer Interessen — am Prinzip der staatlich-politischen Einheit zu orientieren; vor allem sei jedes aktive Parteimitglied zur realen Repräsentation angehalten, da „die in Art. 38 I 2 GG bezeichneten Rechte und Pflichten ... auf Grund der Transformationsnorm des Art. 21 I 3 GG auch im internen Parteibereich"[30] Geltung erlangten. Insgesamt seien die Parteien mit einer

---

[24] Gemeint ist hiermit vor allem eine berufsständische Repräsentation, nicht eine Repräsentation der verschiedenen politischen Richtungen.

[25] Ebd., S. 375.

[26] Ebd., S. 376.

[27] Ebd., S. 173.

[28] Scholz unterscheidet im Rahmen eines konstitutionell verstandenen Repräsentationsbegriffs zwischen realem Repräsentationsvorgang und geistigem Repräsentationszustand; letzterer soll sich allein im Medium des Parlaments vollziehen können.

[29] Ebd., S. 174.

[30] Ebd., S.175.

echten Repräsentationszuständigkeit versehen und damit im Unterschied zu den Koalitionsverbänden nach Art. 9 Abs. 3 GG in das System der repräsentativen Demokratie eingebaut. —

Es ist offensichtlich, daß Scholz eine analoge Anwendbarkeit des Art. 21 Abs. 1 Satz 3 GG auf andere politische Vereinigungen auf der Grundlage seiner Interpretation dieser Vorschrift ablehnen muß. Wenn durch diese Norm eine Verpflichtung der Parteien und ihrer Mitglieder zur ‚realen' Repräsentation statuiert sein soll, so ist ihre Übertragbarkeit auf die politisch agierenden Verbände auszuschließen. Trotz dieser inneren Konsequenz in der Argumentation von Scholz sind aber gegen diese zweifellos originelle Interpretation Bedenken anzumelden. Zunächst ist auffallend, daß der Charakter dieser Vorschrift als Organisationsnorm, die eine Einschränkung der parteiinternen Organisationsfreiheit verfügt, praktisch vollkommen aus dem Blickfeld gerückt wird. Stattdessen wird Art. 21 Abs. 1 Satz 3 GG in eine Transformationsnorm uminterpretiert, durch die nicht etwa die Verbandsverfassung im Sinne organisatorisch-struktureller Homogenität auf die Grundsätze der repräsentativen Demokratie verpflichtet werden soll[31], sondern vor allem die inhaltliche Komponente des Repräsentationsprinzips, die „Herstellung der qualitativen volonté générale"[32] bewirkt werden soll.

Dieses Auslegungsergebnis, das — bei allen Vorbehalten gegen die herkömmlichen Interpretationsmethoden im Bereich des Verfassungsrechts — souverän Wortlaut und Entstehungsgeschichte[33] dieser Vorschrift ignoriert und auf die systematische Stellung von Satz 3 in seinem ‚Wirkungszusammenhang' zur Funktionsbestimmung im Satz 1[34] einzugehen für nicht erforderlich erachtet, übersieht auch, daß die Parteien als ein „modifiziertes Element unmittelbarer Demokratie"[35]

---

[31] Denn es ist nicht ausgemacht, daß „demokratische Grundsätze" im Sinne von Art. 21 Abs. 1 Satz 3 GG schon die Verpflichtung zu einer repräsentativ-demokratischen Verbandsverfassung bedeutet.

[32] Ebd., S. 174.

[33] Durch die Verpflichtung auf eine demokratische Organisationsstruktur sollte nicht zuletzt der Typus hierarchischer Führerparteien ausgeschlossen werden. Vgl. JöR 1, 207. Ansonsten ist zuzugeben, daß die Entstehungsgeschichte zur Interpretation von Art. 21 I 3 GG wenig weiterführt.

[34] Hierzu unten III. 3.

[35] *K. Hesse*, Grundzüge des Verfassungsrechts, S. 60 (3. Aufl. 1969; ohne Einschränkung in der 6. Aufl., S. 62: „... ein weiteres Element unmittelbarer politischer Willensbildung des Volkes ..."). Neben den Parteien qualifiziert Hesse auch die Verbände in dieser Weise, distanziert sich aber zu Recht von Leibholz' Identifizierung der Parteien mit dem Volk. — Eine andere Frage ist, ob Hesses Parteieninterpretation immer seiner eigenen Qualifizierung gerecht wird. Hierzu unten III. 3.

die „äußersten Konsequenzen“[36] eines Repräsentativsystems mit seinen Mediatisierungstendenzen korrigieren sollen. Die Einbindung der Parteien in ein ideengeschichtlich überliefertes Modell repräsentativer Demokratie, wie sie Scholz vorschwebt, wird insofern nicht der demokratischen Ordnung, wie sie im Grundgesetz institutionalisiert ist, gerecht: das Grundgesetz beschränkt sich nicht auf die schlichte Rezeption reiner Modellentwürfe, sondern knüpft an verschiedene Traditionen an, auf deren Grundlage verschiedenartige Elemente in gleichwertiger Weise zu einer eigenständigen demokratischen Ordnung zusammengefaßt sind. Für die Verfassungsauslegung resultiert hieraus, daß die einseitige Orientierung an ideengeschichtlichen Konzepten zu einer Verkürzung des verfassungsrechtlich komplexen Demokratiebegriffs führen muß[37]. Insofern ist Scholz der Vorwurf zu machen[38], durch seine Interpretation einseitig das liberal-repräsentative Demokratieelement zu Lasten der allerdings nicht nur in Art. 21 GG zum Ausdruck kommenden modifizierten Elemente unmittelbarer Demokratie im Grundgesetz zu betonen[39].

Der Einwand zu starker ideengeschichtlicher Orientierung ist auch gegen das von Scholz dem Grundgesetz zugeschriebene Kommunika-

---

[36] Bekanntlich hat das BVerfG im Anschluß an *Leibholz* den Sinn des Art. 38 I 2 GG auch darin gesehen, die „äußerste Konsequenz des Parteienstaats“ abzuwehren (vgl. BVerfG 11, 266, 273). Umgekehrt gilt aber ebenso, daß durch Art. 21 die äußersten Konsequenzen eines Repräsentativssystems zu verhindern sind. Beide Vorschriften enthalten also wechselseitige Beschränkungen und lösen insofern das angebliche Spannungsverhältnis zwischen Parteien- und Repräsentativdemokratie.

[37] Ähnlich auch *Hesse,* S. 52 f. Andererseits führt gerade eine ideengeschichtliche Interpretation der verschiedenen Strukturmerkmale des grundgesetzlichen Demokratiebegriffs erst zu vermeintlichen Spannungsverhältnissen; diese sind weniger dem GG immanent, als von ideengeschichtlich fixierten Interpreten in das GG hineininterpretiert.

[38] Nicht unproblematisch erscheint allerdings auch die von *K. Hesse,* Die verfassungsrechtliche Stellung der politischen Parteien im modernen Staat, S. 31 f. vorgeschlagene Interpretation des Verhältnisses von Art. 21 I 3 und 38 I 2 GG zueinander: die verfassungsrechtliche Funktion des unabhängigen Mandats soll darin liegen, vom Parlament aus, „die innerparteiliche Diskussion voranzutreiben und den Kampf um die innerparteilichen Führungspositionen aufzunehmen. Von hier aus erweist sich Art. 38 I 2 GG als wirksame Sicherung der innerparteilichen Demokratie ...; darin liegt die heute entscheidende Bedeutung der Anerkennung des freien Mandats durch das Grundgesetz.“ Diese Interpretation bezieht — in umgekehrter Richtung wie Scholz — die Bedeutung dieser Vorschrift zu einseitig auf Art. 21 und mißt ihr offensichtlich keine eigenständige Bedeutung mehr zu. — Nuancierter aber die Interpretation des Art. 38 I 2 GG im Lehrbuch, vgl. S. 238 ff.

[39] Daß die Parteien in der Verfassungswirklichkeit kaum noch als auch nur eingeschränkte Elemente unmittelbarer Demokratie aufzufassen sind, ist nicht zuletzt auf die Personalunion zwischen Regierungs- und Parteiämtern zurückzuführen, die innerparteiliche Willensbildungsprozesse zu Akklamationsveranstaltungen zugunsten der Regierungspolitik zu denaturieren drohen.

tionsmodell zu erheben, dessen konstituierendes Strukturprinzip der Allgemeinheit im wesentlichen, wenn auch unter Eliminierung materialer Momente an Traditionen idealistischer Philosophien anknüpft. Unklar bleibt insbesondere, worin die integrationsfördernde sachliche Gemeinsamkeit der interessengespaltenen Gesellschaftsmitglieder konkret liegen soll. Gerade für das von Scholz thematisierte Auseinandersetzungsverfahren zwischen den sozialen Gegenspielern wäre eine nähere Präzisierung der beide Kontrahenten verbindenden sachlichen Gemeinsamkeit wünschenswert gewesen, zumal Scholz selbst allzu vordergründige, die Interessengegensätze verwischende Sozialpartnerschaftsideologien ablehnt[40]. Aufgrund seiner meist in abstrakten Höhen verweilenden Ausführungen, in denen zwar auch zu einigen Sachfragen des Koalitionsrechts Stellung genommen wird und deren — zum Teil neue Einsichten vermittelnde — Lösungen aus seinen kommunikationsrechtlichen Annahmen folgen sollen, bleibt letztlich doch der Verdacht, daß der von Scholz entworfene Kommunikationsprozeß nur auf der Grundlage fragwürdig gewordener Vorstellungen prästabilisierter Harmonie funktionieren kann. Ebenfalls überrascht die Treffsicherheit, mit der aus den abstrakten Prämissen relativ konkrete Aussagen über den verfassungsrechtlich gebotenen Inhalt der Organisationsstruktur der Koalitionsverbände getroffen werden. Der Verzicht auf nähere Begründungen zugunsten mehr oder weniger apodiktischer Feststellungen wirkt allerdings wenig überzeugend und läßt an einer stringenten Herleitbarkeit der einzelnen Ergebnisse aus den aufgestellten Prämissen zweifeln[41].

III. Die politische Betätigung der Gewerkschaften

Während die bisher untersuchten Lösungsvorschläge zur Herleitung des Demokratiegebots vorwiegend von den koalitionsspezifischen Tätigkeiten der Gewerkschaften ausgingen, knüpfen die im folgenden zu behandelnden Begründungen an die politischen Aktivitäten der Gewerkschaften als Interessenverband an. Da die politische Einflußnahme von zahlreichen Verbänden betrieben wird, müssen die am Beispiel der Gewerkschaften gewonnenen Ergebnisse grundsätzlich als auch auf die anderen politisch agierenden Interessenverbände übertragbar angesehen werden.

---

[40] Vgl. *Scholz*, S. 317.

[41] Vgl. auch die Kritik von *Däubler*, RdA 1973, 193 ff.

1. Der gesellschaftsdemokratisierende Effekt des Sozialstaatsgebots

In seiner eingehenden Untersuchung „Zur verfassungsrechtlichen Stellung der Gewerkschaften im Sozialstaat nach dem Grundgesetz für die Bundesrepublik Deutschland" entwickelt *H. Ridder* in einer vor allem auf dem Sozialstaatsprinzip basierenden Interpretation die Verpflichtung der Gewerkschaften zu einem demokratischen Aufbau ihrer Organisation. Darüber hinaus sind seine weitausholenden Erörterungen als ein grundlegender Beitrag zur Klärung des verfassungsrechtlichen Verhältnisses von ‚Staat' und ‚Gesellschaft' zu verstehen, der sich gegen die Projektion eines dualistischen Modells in das Grundgesetz und eine ahistorische Verfassungsinterpretation richtet.

Ridder wendet sich gegen die von *Forsthoff* mehr beiläufig getroffene Feststellung, daß „die gesellschaftlichen Faktoren (insbesondere also die Verbände) als einzige im modernen Staatsgefüge von den Rechtsschranken freigestellt sind, die dem Staat durch die Grundrechte, den Parteien durch die Verpflichtung auf die demokratischen Grundsätze (Art. 21 GG) auferlegt sind"[1]. Demgegenüber weist Ridder darauf hin, daß das Grundgesetz die Erfahrungen aus der Weimarer Zeit, in der ein demokratisch verfaßter Staat dem Ansturm einer weitgehend undemokratischen Gesellschaft nicht standgehalten hat, nicht unberücksichtigt gelassen und daher „die umfassende Harmonisierung der für die Aufrechterhaltung der Freiheitlichkeit notwendigen gesellschaftlichen Strukturen mit den staatlichen zu seinen Grundanliegen"[2] gemacht habe. — Diese historische Erfahrung[3] soll in Ansätzen schon im Bekenntnis zur freiheitlich-demokratischen Grundordnung, endgültig in der Sozialstaatsklausel des Art. 20 Abs. 1 GG zum Ausdruck gekommen sein, durch die „zum ersten Mal in der deutschen Verfassungsgeschichte eine staatliche Verfassung mit dem rechtsverbindlichen Anspruch hervorgetreten (sei), auch die Verfassung gesellschaftlicher Organisationen auf bestimmte Grundprinzipien festzulegen"[4]. Die Einwirkung auf den

---

[1] *E. Forsthoff*, Rechtsfragen der leistenden Verwaltung, S. 20.

[2] *Ridder*, S. 16.

[3] Daß diese Einsicht auch dem Verfassungsgeber bewußt war, dessen therapeutisches Selbstverständnis sich darauf konzentrierte, die „wirklichen oder vermeintlich verfassungsorganisatorischen Unzulänglichkeiten und Unvollständigkeiten" (S. 16) der WRV zu eliminieren, wird auch von Ridder nicht unterstellt, vgl. S. 17; die Berücksichtigung historischer Erfahrung eröffne sich aber, „wenn man bereit ist, Verfassungsgesetze auch als Produkte der Verfassungsgeschichte, die Verfassung der Gegenwart als ‚response' auf den ‚challenge' der Verfassung der Vergangenheit zu begreifen" (S. 5).

[4] *Ridder*, S. 16 f. Neben dieser dritten Dimension des Sozialstaatsgebots sollen die beiden ersten Dimensionen die Sozialpflichtigkeit des Staates (vgl. S. 11) sowie die Unverfügbarkeit politisch-gesellschaftlicher Grundrechte, also ihre zwingende Drittwirkung (vgl. S. 28) umfassen.

gesellschaftlichen Bereich durch den sozialen Staat, „der zwar von der Gesellschaft distanziert ist, sie aber gleichwohl beeinflußt“[5], soll vor allem in einer rechtlichen Bindung der staatsbezogen agierenden freien Gesellschaft an bestimmte demokratische Grundprinzipien bestehen, um auch hier die Gleichheit der Gesellschaftsmitglieder und ihrer Chancen im politischen Prozeß wie im Falle der allgemeinen Wahlen zu gewährleisten. Die „Sicherung der Gleichheit im gesellschaftlich-politischen Prozeß“[6] gebiete innerhalb gesellschaftlicher Gruppen eine Willensbildung von unten nach oben sowie Vorkehrungen gegen eine gleichheitsverzerrende Herrschaft ihrer Organe nach innen; insbesondere bei großen Verbänden mit hoher Mitgliederzahl und damit verbundener Reduzierung des gesellschaftlichen Pluralismus müsse „sich in der Infrastruktur der Organisationen der gleichheitliche Pluralismus der freien Gesellschaft reproduzieren“[7].

Seine Interpretation sieht Ridder durch die in Art. 21 GG getroffene Regelung der Parteien bestätigt: diese Vorschrift erweise sich als „paradigmatischer Vollzug der Sozialstaatsklausel durch das GG selbst, soweit sie den Zweck der Sicherung der freiheitlich-demokratischen Grundordnung durch Demokratisierung der politischen Gesellschaft verfolgt“[8]. Nicht die ganze Gesellschaft — und insofern ist Ridders Formulierung von der Sozialstaatsklausel als „Homogenisierungsbestimmung zwischen Staat und Gesellschaft“[9] mißverständlich —, sondern nur die politisch-gesellschaftliche Sphäre sollen insoweit vom Sozialstaatsprinzip betroffen sein, da „der gesellschaftsdemokratisierende Effekt des Sozialstaatsgebots ... notwendig da seine — rechtsstaatliche — Grenze (finde), wo die Staatsbezogenheit der freien Gesellschaft aufhört“[10]. Entsprechend diesen Grundsätzen sollen „auch die Gewerkschaften ... dem Gebot des demokratischen Aufbaues und der demokratischen Willensbildung (unterliegen), wenn und soweit sie die Wahrung und Förderung der Arbeits- und Wirtschaftsbedingungen im Wege der Einflußnahme auf die Staatsgewalt erstreben[11].

Ridder ist vorgeworfen worden, „mit seiner Auslegung die Grenzen möglicher juristischer Interpretation überschritten und ... in das Feld

[5] Ebd., S. 17.

[6] Ebd., S. 19.

[7] Ebd., S. 19.

[8] Ebd., S. 23.

[9] Ebd., S. 18.

[10] Ebd., S. 24, ähnlich S. 28.

[11] Ebd., S. 29. Hinsichtlich der Funktion der Gewerkschaften als Tarifvertragspartei leitet Ridder das Demokratiegebot aus der delegierten Rechtssetzungsbefugnis ab (vgl. oben I. 1. FN 13).

rechtspolitischer Entwürfe vorgedrungen"[12] zu sein. Diese Angriffe beziehen sich insbesondere auf die dem Sozialstaatsprinzip entnommene Homogenisierung von Staat und politischer Gesellschaft, die „eine so grundsätzlich neuartige Staatskonzeption (bedeute), daß sie im Verfassungstext selbst ihren klaren Ausdruck hätte finden müssen"[13]. Es muß hier dahingestellt bleiben, ob diese Kritik den Eigentümlichkeiten von Verfassungsinterpretation gerecht wird und nicht übersieht, daß „die Verfassung oder der Verfassungsgeber in Wahrheit noch nicht entschieden, sondern nur mehr oder weniger zahlreiche unvollständige Anhaltspunkte für die Entscheidung gegeben"[14] haben — insofern also ein bestimmtes Auslegungsergebnis jenseits des Vorstellungshorizonts des historischen Verfassungsgebers liegen kann und ebensowenig auf einem angeblich präexistenten ‚objektiven Verfassungswillen' basieren muß. Jedenfalls ist durch das einseitige Herausstellen des Homogenitätsgebots, das nur ein Zwischenglied in Ridders Argumentation darstellt und mit dem nicht eine organisatorische Homogenität (wie Art. 28 GG im Verhältnis von Bund und Ländern) gemeint ist[15], ein wesentlicher Grund für die den gesellschaftlich-politischen Organisationen aufzuerlegende Verpflichtung eines demokratischen Verbandsaufbaus aus dem Blickfeld gerückt worden: die Sicherung der Chancengleichheit des einzelnen im politischen Prozeß.

2. Demokratische Willensbildung zur Sicherung der Chancengleichheit im politischen Prozeß

Die Chancengleichheit im politischen Prozeß ist für die traditionell wichtigste politische Beteiligungsmöglichkeit, dem Wahlrecht, ausdrücklich vom Grundgesetz in Art. 38 Abs. 1 durch den Grundsatz der Wahlrechtsgleichheit geregelt worden, dessen Bedeutung vor allem darin liegt, daß „alle Wähler ... mit der Stimme, die sie abgeben, den gleichen Einfluß auf das Wahlergebnis haben"[16] sollen. Die Wahlrechtsgleichheit ist insofern als eine von der Verfassung selbst vorgenommene

---

12 *D. Jesch*, DÖV 1963, 116 (117); zustimmend *W. Gitter*, JZ 1965, 197 (198 f.).

13 *Jesch*, ebd. Demgegenüber wirft *Ramm*, Der Arbeitskampf und die Gesellschaftsordnung des Grundgesetzes, S. 134 FN 21, der Ridderschen Konzeption gerade vor, daß sie noch von einer Trennung von Staat und Gesellschaft ausgehe. — Anders wiederum *R. Scholz*, Koalitionsfreiheit als Verfassungsproblem, S. 184, demzufolge Ridder „das demokratische Engagement des Sozialstaats einseitig zu Lasten des rechtsstaatlichen Prinzips" erhöht habe, da „der soziale Staat ... selbst im Zeichen des demokratischen Prinzips an die vorgegebene (sic!) Unterscheidung von Staatlichkeit und Gesellschaftlichkeit gebunden" sei.

14 K. *Hesse*, Grundzüge des Verfassungsrechts, S. 23.

15 Vgl. auch *Rechtliche Ordnung des Parteiwesens*, S. 157.

16 BVerfG 1, 208 (246).

Konkretisierung des — aus dem demokratischen Prinzip nach Art. 20 Abs. 1 GG resultierenden[17] — allgemeinen Grundsatzes politischer Gleichheit aufzufassen. — Mit der Normierung weiterer Aktivgrundrechte im Grundgesetz, vor allem in den Artikeln 5, 8, 9, 17, 21 und entsprechender Erweiterung politischer Teilnahmemöglichkeiten über die Stimmabgabe hinaus stellt sich auch für diese Formen politischer Einflußnahme die Frage nach der Sicherung politischer Gleichheit. Diese ist allerdings anders als im Falle der Wahlrechtsgleichheit nicht als arithmetische Gleichheit, sondern im Sinne gleicher Teilnahmechancen bei der ‚Vorformung des politischen Willens' zu verstehen, ohne daß der effektive Einfluß im einzelnen feststellbar oder gar meßbar wäre[18].

Für die Verwirklichung rechtlicher Chancengleichheit im öffentlichen Meinungsbildungsprozeß ist die Tatsache zu berücksichtigen, daß diese Form politischer Einflußnahme neben den Massenmedien im wesentlichen von Verbänden und Parteien ausgeübt wird und der einzelne darauf angewiesen ist, über das Medium der organisierten Gruppen seine politische Meinung und seine Interessen geltend zu machen. Dies hat zur Folge, daß die vom Grundgesetz garantierte Beteiligung am politischen Prozeß über den Wahlakt hinaus nur dann realisiert werden kann, wenn eine Teilnahme des einzelnen am innerverbandlichen Willensbildungsprozeß und der Formulierung der Verbandsmeinung gewährleistet ist. Die Mitwirkung an der innerorganisatorischen Willensbildung politischer Vereinigungen erweist sich somit für den politisch sich engagierenden Bürger praktisch als die einzige Chance kontinuierlicher politischer Betätigung, während die Ausübung anderer Aktivgrundrechte wie Demonstrations- oder Petitionsrecht nur eine punktuelle Einflußnahme gestatten. Soweit daher „sich in den politischen Vereinigungen Strukturen heraus(bilden), die eine egalitäre Mitwirkung aller Mitglieder verhindern, so wird die innergesellschaftliche Chancengleichheit der politisch tätigen Bürger zerstört"[19].

Das Gebot der Chancengleichheit im Meinungsbildungsprozeß gilt also nicht nur für die Auseinandersetzung zwischen den verschiedenen

---

[17] Vgl. *Maunz-(Dürig-Herzog),* Rdz. 34 zu Art. 20 GG m. w. Nachw.

[18] Daß die Teilnahme am Meinungsbildungsprozeß noch lange nicht Einfluß auf die staatliche Entscheidungspraxis bedeutet, sondern diese im wesentlichen von anderen Faktoren als den Resultaten öffentlicher Diskussion bestimmt wird, ist schon oben Erster Teil, II. 3. a. E. näher ausgeführt worden. Insofern bedeutet also Einflußnahme auf die ‚Vorformung des politischen Willens' nur bedingt auch Einfluß auf staatliche Willensbildung. — Ebenfalls ist nur noch einmal zu wiederholen, daß eine tatsächliche Chancengleichheit schon wegen der mangelnden Organisations- und Konfliktfähigkeit bestimmter Interessen nicht gegeben ist.

[19] W. *Piepenstock,* Politische Vereinigungen unter dem Grundgesetz, S. 47.

Faktoren politischer Willensbildung im gesamtgesellschaftlichen Rahmen — hier ist insbesondere die Chancengleichheit der Parteien im Sinne von Wettbewerbsgleichheit[20], sowie die Unzulässigkeit ökonomischen Zwangs gegenüber konkurrierenden Teilnehmern[21] bisher erörtert worden —, sondern ist von nicht minderer Bedeutung auf der Ebene innerverbandlicher Meinungsbildung. In beiden Bereichen verlangt Chancengleichheit die Gewährleistung gleicher Mitwirkungschancen im politischen Auseinandersetzungsprozeß[22].

Der Einwand, daß die Möglichkeit parteipolitischer Betätigung schon eine ausreichende Sicherung der Chancengleichheit darstelle und insofern die Garantie verbandsförmiger politischer Einflußnahme nicht mehr erforderlich sei, übersieht die unterschiedlichen Funktionen von Parteien und Verbänden im politischen Prozeß[23]: diese sollen die Interessen der jeweils repräsentierten Bevölkerungsgruppen zum Ausdruck bringen, während die Parteien weniger der Interessenartikulation als der politischen Integration schon im Hinblick auf ihre Wahlchancen verpflichtet sind. Nicht völlig darf auch das soziologische Faktum ignoriert werden, das nur ein auf vier bis fünf Prozent geschätzter Anteil der Bevölkerung in Parteien organisiert ist[24], während ein wesentlich höherer Teil Mitglied von beruflichen und wirtschaftlichen Interessenverbänden ist. Wenn auch hier die spezifische Vertretung der beruflichen Interessen und die diversen Dienstleistungen nicht selten den ausschlaggebenden Grund für den Erwerb der Mitgliedschaft abgeben dürften, so scheint doch die Bereitschaft, über das Medium eines Verbandes politisch tätig zu werden, wesentlich höher zu sein als eine politische Mitwirkung über die Parteien.

3. Analogie zum Gebot innerparteilicher Demokratie

Die Verpflichtung zu einem nach demokratischen Grundsätzen organisierten Aufbau der politisch agierenden Interessenverbände ist vor allem mit einer analogen Anwendbarkeit des in Art. 21 Abs. 1 Satz 3 GG normierten Gebots innerparteilicher Demokratie begründet wor-

---

[20] Vgl. *Hesse*, S. 72 f. mit Nachweisen aus Rspr. und Lit.

[21] Vgl. BVerfG 25, 256 (265). Aus dieser Entscheidung folgt eindeutig, daß das Gebot der Chancengleichheit nicht nur an staatliche Instanzen, sondern allgemein an die am politischen Prozeß beteiligten Kräfte adressiert ist.

[22] Noch weitergehend als hier begründet *F. Knöpfle*, Der Zugang zu den politischen Parteien, Der Staat 1970, 321 (334 ff.), aus dem Gebot politischer Chancengleichheit grundsätzlich einen Aufnahmeanspruch in Parteien.

[23] Vgl. schon oben Erster Teil, II. 2.; *E. Stein*, Staatsrecht, S. 157 f.

[24] Vgl. *O. Masing*, Parteien und Verbände als Faktoren des politischen Prozesses, S. 292 FN 25 m. w. Nachw.

den. — So hat *Ridder* die in Art. 21 Abs. 1 GG aufgeführten Ordnungsprinzipien als auch auf „die um die politischen Parteien herumliegenden Gruppen und Einrichtungen des politischen Prozesses“[25] übertragbar erklärt, was aber schon aufgrund der unterschiedlichen Funktionen der verschiedenen am politischen Prozeß beteiligten Kräfte wenig sachgerecht erscheint und insbesondere an der Verschiedenartigkeit von Presse und Rundfunk einerseits, politischen Vereinigungen und Parteien auf der anderen Seite deutlich wird. Die Anwendung einheitlicher Organisationsprinzipien auf alle Faktoren des politischen Willensbildungsprozesses ist daher als mehr oder weniger willkürliche Gleichbehandlung abzulehnen; vielmehr muß zumindest eine der Tätigkeit der Parteien vergleichbare Funktionsähnlichkeit vorliegen, um eine Übertragung der Organisationsvorschrift in Art. 21 Abs. 1 Satz 3 GG bejahen zu können. — Ebensowenig erscheint es ausreichend, aus dem den Parteien und Verbänden gemeinsamen gesellschaftlichen Status[26] und der nicht unproblematischen Annahme[27], daß „die Gründungs- und Betätigungsfreiheit von Parteien eine Erscheinungsform der allgemeinen Vereinigungsfreiheit ist“[28], schon eine Anwendung von Art. 21 Abs. 1 Satz 3 GG auf alle politischen Vereinigungen annehmen zu können. Die hier angeführten Gemeinsamkeiten sind zu allgemein, um eine Analogie zu dieser Sondervorschrift zu rechtfertigen, und lassen insbesondere kein Abgrenzungskriterium zu den sonstigen, nicht politisch sich betätigenden Vereinigungen erkennen.

Ausgehend von der idealtypischen Unterscheidung in funktionale und politische Organisationen — bei ersteren sollen die Zwecke vorgegeben sein und nur die Mittel zur Zweckerfüllung variabel sein, während bei letzteren auch die Zwecke zur Debatte stünden — stellen nach Ansicht von *M. Kriele*, die Gewerkschaften eine Zwischenstufe dieser beiden Organisationstypen dar, für die „die große Breite nach der Zahl der Mitglieder, nach der ideologischen Herkunft in der Einheitsgewerkschaft und nach der politischen Zielsetzung“[29] kennzeichnend sein soll. Da hiermit „zugleich eine erhebliche politische Macht verbunden (sei),

[25] *Ridder*, Meinungsfreiheit, S. 257. So soll Art. 21 GG als „Haupt- und Grundnorm der institutionellen Meinungsfreiheit ... bedenkenlos in den entsprechenden Versionen auf die politische Presse“ angewendet werden können.

[26] Die Frage, ob den Parteien ein singulärer Öffentlichkeitsstatus zuzuschreiben ist, ist bekanntlich umstritten, für den vorliegenden Zusammenhang aber nicht von Bedeutung.

[27] Nicht unproblematisch erscheint diese Annahme, da die verfassungsrechtliche Betätigungsgarantie die Teilnahme der Parteien an politischen Wahlen umfaßt, was auf die allgemeine Vereinigungsfreiheit nicht zutrifft.

[28] *Piepenstock*, S. 50.

[29] *M. Kriele*, Das demokratische Prinzip im Grundgesetz, S. 77.

die die Verfassungslegitimität wesentlich von der demokratischen Grundhaltung der Gewerkschaften abhängig"[30] mache, soll eine Einschränkung der Satzungsautonomie im Sinne einer demokratischen Struktur gerechtfertigt sein und sich rechtlich aus einer Analogie zu Art. 21 Abs. 1 Satz 3 GG ergeben. — Auch gegenüber dieser Herleitung ist einzuwenden, daß zwar wesentliche Gesichtspunkte genannt werden, die für eine demokratische Organisation von Interessenverbänden sprechen[31], aber die für eine Analogie erforderliche Ähnlichkeit mit den Parteien zumindest zu vage angedeutet ist. Hinzu kommt, daß die im Anschluß an *Luhmann* getroffene Differenzierung in funktionale und politische Organisationen möglicherweise organisationssoziologisch sinnvoll ist, für die verfassungsrechtliche Frage, auf welchen Typus von Vereinigungen das Demokratiegebot neben den Parteien anwendbar ist, aber nicht weiterhilft. Die rechtliche Bedeutungslosigkeit dieser Kategorien hat Kriele zwar auch gesehen, was aber um so mehr am Sinn ihrer Einführung in die juristische Diskussion zweifeln läßt.

Die Fragwürdigkeit dieser Begründungsvorschläge besagt nicht, daß eine Analogie zu Art. 21 Abs. 1 Satz 3 GG schlechthin ausgeschlossen ist. Die hier vorgebrachte Kritik richtet sich auch weniger gegen ihre Ergebnisse, soweit eine Übertragung dieser Organisationsnorm auf politische Vereinigungen angenommen wird, sondern vor allem gegen die Begründungen. So scheint eine allzu leichtfertige Ausdehnung des demokratischen Strukturgebots die systematische Stellung dieser Norm und ihren daraus resultierenden Charakter als Spezialvorschrift zu verfehlen, was das Aufzeigen nicht nur formaler Gemeinsamkeiten notwendig macht. Ebenso unzutreffend erscheint es allerdings, auf dem Wege eines Umkehrschlusses das Gebot demokratischer Verbandsorganisation strikt auf die Parteien beschränken zu wollen[32] oder durch völlige Uminterpretation dieser Organisationsvorschrift in eine Transformationsnorm, durch die die Parteien und ihre Mitglieder auf Beachtung der in Art. 38 Abs. 1 Satz 2 GG normierten Prinzipien verpflichtet würden[33], eine Anwendbarkeit außerhalb der Parteien auszuschließen. Problematisch erscheint auch der Schluß, daß die den Parteien obliegenden Verpflichtungen dann ihre Berechtigung verlören, wenn auch

---

30 Ebd., S. 77.

31 Nach Kriele soll nur „das Faktum der Interessenvertretung gegenüber dem Staat allein ... aus einer funktionalen noch keine politische Organisation" (ebd.) machen, versteht aber offensichtlich unter Interessenvertretung etwas anderes als hier im Text mit Interessenverband bezeichnet wird, da nach Kriele jedenfalls neben Gewerkschaften auch Arbeitgeber-, Vertriebenen- und Bauernverbände zur demokratischen Organisation verpflichtet sein sollen.

32 So *W. Thiele*, Politische Betätigung der Gewerkschaften, BB 1973, 1 f.

33 Vgl. *Scholz*, S. 174 f.

andere Gruppen an der politischen Willensbildung gleichberechtigt teilnähmen, denen diese Verpflichtungen nicht auferlegt seien[34]. Hier scheint im Gegenteil eine Erstreckung dieser Pflichten auch auf diese Gruppen die näherliegende Schlußfolgerung zu sein. —

Insbesondere diese letztgenannte Argumentation läßt den entscheidenden Mangel in der Diskussion um die Übertragbarkeit des Demokratiegebots erkennen: die Verpflichtung auf eine demokratische Verbandsorganisation ist nicht ein mehr oder weniger beliebiges vom Verfassungsgeber statuiertes Rechtsgebot, das möglicherweise isoliert revozierbar wäre, sondern beruht vielmehr auf der Einsicht, „daß die den Parteien durch das Grundgesetz zugewiesenen Funktionen eine bestimmte verfassungsrechtliche Stellung voraussetzen, welche sie in den Stand setzt, ihre Funktion optimal zu erfüllen"[35]. Zu diesem unverzichtbaren Status zählt vor allem die Notwendigkeit einer freiheitlichen inneren Ordnung der Parteien, die durch das Gebot einer demokratischen Verbandsorganisation sichergestellt werden soll. Es ist also der unauflösbare Zusammenhang von verfassungsrechtlich übertragener Funktion und der zu ihrer Erfüllung erforderlichen Verbandsorganisation[36], der zur Einschränkung der Verbandsautonomie bei den Parteien geführt hat. Liegt daher in der Sicherstellung einer funktionsgerechten Erfüllung verfassungsrechtlich zugewiesener Aufgaben, die ihrerseits für das Funktionieren eines freiheitlich-demokratischen politischen Prozesses unerläßlich sind, eine wesentliche Legitimationsgrundlage für die Begrenzung der Organisationsfreiheit, so muß andererseits eine von dieser Zweckbestimmung des Demokratiegebots nicht mehr gedeckte Beschränkung der Verbandsautonomie als verfassungsrechtlich nicht mehr erforderlich angesehen werden[37].

Unbeantwortet ist noch, welches Element der verfassungsrechtlichen Funktion der Parteien eine demokratische Verbandsorganisation ver-

---

[34] Sowohl *W. Grewe*, Zum Begriff der politischen Partei, in: Festgabe für Erich Kaufmann (1950), S. 69 (zitiert nach *K. Hesse*, Die verfassungsrechtliche Stellung der politischen Parteien im modernen Staat, S. 23 FN 35).

[35] *Hesse*, Die verfassungsrechtl. Stellung der politischen Parteien, S. 27.

[36] Vgl. auch *Rechtliche Ordnung des Parteiwesens*, S. 160 f., daß die Beschränkbarkeit der Organisationsfreiheit „mit der funktionellen Aufgabe der Parteien im Verfassungsleben ... in engem Zusammenhang" steht. Ähnlich auch S. 156: Mit dem Demokratiegebot sei beabsichtigt, „die Parteien für die Erfüllung ihrer Aufgabe im Verfassungsleben zu stärken".

Noch deutlicher *U. Preuß*, Zum staatsrechtlichen Begriff des Öffentlichen, S. 180 f.: „Erkennt man Art. 21 Abs. 1 S. 3 und 4 als Normen, die die Parteien als politische Teilnahmeverbände auf organisatorische Mindestbedingungen verpflichten, damit diese Funktion erfüllt werden kann ..." — Ähnlich auch *Knöpfle*, S. 332 sowie *Föhr*, S. 126 f., der dann wie hier untersucht, welche Funktion der Parteien einen demokratischen Aufbau bedingt.

[37] So auch *Rechtliche Ordnung des Parteiwesens*, S. 156 f.

langt, ohne die eine angemessene und den Intentionen der Verfassung entsprechende Aufgabenerfüllung nicht gewährleistet wäre. Sollte nämlich das Demokratiegebot auf der Teilnahme der Parteien an Wahlen basieren, für die Erfüllung der anderen Funktionen aber nicht erforderlich sein, so wäre seine Übertragbarkeit auf die Interessenverbände in Frage zu stellen. — Nach *Hesse* ist es die „Funktion der Parteien als Träger und Mittler eines freien politischen Willensbildungsprozesses"[38], die eine „Sicherstellung des freien politischen Willensbildungsprozesses an seiner Quelle: in den Parteien selbst"[39] durch eine entsprechende innere Verbandsordnung gebietet. Gemeint ist mit dieser Funktionsumschreibung, daß die Parteien einmal in Konkurrenz mit den organisierten Gruppeninteressen bei der Vorformung des politischen Willens mitwirken, ihnen allein aber vorbehalten ist, die Ergebnisse dieses Auseinandersetzungsprozesses „auf der nächsten Stufe, der institutionalisierten Willensbildung im Parlament und Regierung, zur Geltung zu bringen"[40]. Aus dieser knappen Beschreibung der Funktionsweise des politischen Willensbildungsprozesses wird deutlich, daß Parteien und Interessenverbände mit Ausnahme der Präsentationsbefugnis im Parlament[41] streckenweise vergleichbare, wenn auch nicht identische Funktionen ausüben und jedenfalls beide „Kanäle"[42] im Willensbildungsprozeß darstellen, die dem einzelnen eine politische Einflußnahme ermöglichen sollen.

Dieser letzte Aspekt wird insbesondere im *Bericht der vom Bundesminister des Innern eingesetzten Parteienrechtskommission* betont: die

---

[38] *Hesse*, Verfassungsrechtl. Stellung der polit. Parteien, S. 28 und passim. Nicht unproblematisch in dieser Definition erweist sich die den Parteien zugeschriebene Funktion einer *Trägerschaft* der politischen Willensbildung, die zwar den Tendenzen zur Verselbständigung der Parteien in der Verfassungswirklichkeit Rechnung trägt, nicht aber ohne weiteres auch schon verfassungsrechtlich legitimiert ist. Kritisch hierzu auch *Denninger*, Staatsrecht 1, S. 71, der zu Recht diese Qualifikation auf Hesses reduktionistisches Demokratiekonzept zurückführt.

[39] *Hesse*, S. 30.

[40] *Hesse*, S. 23.

[41] Dieser formal nicht unwesentliche Unterschied verliert materiell seine Bedeutung angesichts des Faktums, daß die Parteien ihrerseits durch Personalunion mit den Interessenverbänden verbunden sind. Insofern erscheint es aber unrichtig, wenn Hesse von einem Konkurrenzverhältnis zwischen Parteien und organisierten Interessengruppen spricht; vielmehr handelt es sich um ein arbeitsteiliges Ergänzungsverhältnis zwischen diesen beiden Faktoren des politischen Prozesses.

[42] Wenn demgegenüber *Hesse* (vgl. Zitat zu FN 38) das Bild der Quelle heranzieht, so schlägt sich in seiner Metaphorik auch sein reduktionistisches Demokratiekonzept nieder. Demgegenüber ist daran festzuhalten, daß nach der Konzeption des GG der einzelne die „Quelle" im Willensbildungsprozeß darstellt — mag dieses Idealbild auch der Realität im praktischen Ablauf kaum entsprechen und auch die Möglichkeiten seiner Realisierung fragwürdig erscheinen. — Zur Konzeption des GG vgl. auch BVerfG 5, 85 (197).

Entscheidung des Grundgesetzes zur repräsentativen Demokratie verlange, „eine enge Verbindung zwischen der politischen Führungsschicht und der gesamten Bevölkerung herzustellen“[43] und insofern politische Mitwirkung des einzelnen über die Teilnahme an Wahlen hinaus zu ermöglichen. Innerhalb der Parteien müßte der Bürger einen ständigen Einfluß ausüben und so aktiv am politischen Geschehen teilnehmen können. Diese Zielsetzung erfordere aber „eine Struktur der Parteien, die demokratisch gestaltet ist und darum dem Wähler ständig solche Möglichkeit aktiver Mitwirkung innerhalb der Parteien eröffnet“[44]. Noch klarer als bei Hesse wird hier der funktionale Zusammenhang zwischen verfassungsrechtlicher Aufgabe der Parteien und der zu ihrer Erfüllung unabdingbaren Organisationsstruktur herausgearbeitet; zugleich tritt deutlich in diesen Ausführungen hervor, daß nicht das die Parteien von anderen politischen Vereinigungen unterscheidende Vorrecht, an Wahlen teilzunehmen und auf parlamentarischer Ebene bei der Verbindlichmachung des politischen Willens mitzuwirken, der ausschlaggebende Grund für das innerparteiliche Demokratiegebot darstellt. Vielmehr soll dem Bürger eine aktive Mitarbeit in den Organisationen, denen von der Verfassung eine permanente Teilnahme im politischen Willensbildungsprozeß gewährleistet wird, eröffnet und über diese dem einzelnen die Chance politischer Einflußnahme ermöglicht werden[45].

Auf der Grundlage dieser Bestimmung des Zwecks des Art. 21 Abs. 1 Satz 3 GG muß aber eine analoge Anwendung dieser Vorschrift auf die politisch agierenden Interessenverbände zulässig erscheinen. Der Bürger ist nicht darauf beschränkt, allein über die Parteien die Möglichkeit ständiger politischer Einflußnahme zu realisieren: ein verfassungsrechtlicher Vorbehalt, daß nur über die Parteien politische Betätigung außerhalb der Wahlen legitimiert sei, existiert bekanntlicherweise nicht, da das Grundgesetz den Parteien kein Monopol im gesellschaftlichen Meinungs- und Willensbildungsprozeß eingeräumt hat[46]. Vielmehr gewährleistet auch die Vereinigungsfreiheit eine weitere Möglichkeit politischer Einflußnahme und soll dem einzelnen ein weiteres

---

[43] Rechtliche Ordnung des Parteiwesens, S. 156.

[44] Ebd., S. 156.

[45] Ähnlich formuliert der *Bericht*, daß das Demokratiegebot bezwecke, „in der Mitwirkung der Parteien am Staatsleben und durch ihr Medium hindurch so stark wie möglich weite Schichten der Wählerschaft zu einer aktiven Teilnahme am Staatsleben zu führen“ (ebd.).

[46] Das ist praktisch unumstritten; vgl. *Maunz(-Dürig-Herzog)*, Rdz. 36 zu Art. 21 GG. Strittig ist nur, ob unter dem Begriff der „politischen Willensbildung“ im Sinne von Art. 21 GG nur die spezifische Teilnahmeform der Wahlen zu verstehen ist. Vgl. hierzu *Thiele*, S. 1 f.

Mittel aktiver Teilnahme am politischen Prozeß eröffnen[47]. Aufgrund dieser verfassungsrechtlichen Funktion der Vereinigungen, die sie ebenfalls wie die Parteien zu Mittlern im Willensbildungsprozeß macht, sind auch sie zu einer Verbandsorganisation verpflichtet, die den Mitgliedern die Chance politischer Einflußnahme über dieses Medium ermöglicht[48].

Zur Klarstellung sei betont, daß die politische Betätigung nicht wie bei den Parteien zum notwendigen Begriffsmerkmal der Vereinigungen gehört, diese also nicht zur Mitwirkung im politischen Prozeß verpflichtet sind. Entsprechend ist die Einschränkung der Vereinsautonomie aufgrund politischer Einflußnahme auch nur bei den Vereinigungen gerechtfertigt, die von ihrem Recht auf politische Mitwirkung Gebrauch machen. Wenn das Grundgesetz in Art. 9 eine solche Differenzierung hinsichtlich der jeweiligen Beschränkung der Verbandsautonomie nicht vorgenommen hat, so ist dies nur die logische Konsequenz daraus, daß das Grundgesetz expressis verbis nicht zwischen politischen und unpolitischen Vereinigungen unterschieden hat. Vor allem aber darf auch nicht die verschiedenartige textliche Ausgestaltung von Art. 9 und 21 GG übersehen werden: während für die Parteien „die Betätigungsfreiheit ausdrücklich fixiert"[49] ist und in ihrem Anschluß die unerläßlichen Voraussetzungen, die für ihre spezifische Betätigung und Funktion erforderlich sind, hat sich der Verfassungsgeber in Art. 9 mit der Erwähnung der Gründungsfreiheit begnügt und entsprechend in Abs. 2 — wenn auch in negativer Art — die Bedingungen aufgestellt, von deren Vorliegen die Gründungsfreiheit abhängig zu machen ist. Da bei den Vereinigungen die Betätigungsfreiheit nicht thematisiert worden ist — in Art. 9 Abs. 3 handelt es sich nur um die Herausstellung der Gründungsfreiheit eines spezifischen Vereinigungstypus —, konnten konsequenterweise auch nicht wie in Art. 21 deren einzelne Voraussetzungen aufgeführt werden[50]. Entsprechend ist die nicht ausdrückliche Verpflichtung politischer Vereinigungen auf eine innere Ordnung nach demokratischen Grundsätzen als eine Folge dieser redaktionellen

---

47 Näher hierzu *Stein*, S. 151 f., der die öffentliche Aufgabe der Vereinigungen darin sieht, daß diese „die einzelnen mit dem Staat verbinden".

48 Weitergehend als hier untersucht *Föhr*, S. 127 ff. neben der Willensbildungsfunktion noch weitere vergleichbare Funktionen zwischen Parteien und Verbänden. — Problematisch und überflüssig aber die Anknüpfung an die sog. Verfassungswirklichkeit, um auch die Verbände dem — verfassungsrechtlich nichtssagenden — Begriff der „Beteiligten am Verfassungsleben" zuordnen zu können.

49 *Stein*, S. 158.

50 Selbstverständlich ist die nicht ausdrückliche Erwähnung der Betätigungsgarantie in Art. 9 I, III GG nicht als Nichtregelung zu verstehen; die Betätigungsgarantie läßt sich nur einer Wortlautinterpretation nicht entnehmen.

Gestaltung, nicht aber als bewußter Verzicht jeglicher Einschränkbarkeit der Vereinsautonomie zu verstehen[51].

4. Demokratische Organisation und verfassungsrechtliche Funktion der Interessenverbände

Einer analogen Anwendung des für die Parteien in Art. 21 Abs. 1 Satz 3 GG statuierten Demokratiegebots bedarf es nicht, wenn man die Auffassung akzeptiert, daß mit der Übertragung einer öffentlichen Aufgabe die Auflage ihrer funktionsgerechten Erfüllung verbunden ist, was im einzelnen zu vermehrten Rechten wie Pflichten führen kann[52]. Allerdings scheint dieser allgemeine Grundsatz gerade im Gebot innerparteilicher Demokratie einen konkreten Ausdruck gefunden zu haben, was anhand des notwendigen Zusammenhangs von verfassungsrechtlicher Funktion der Parteien und ihrer Verbandsorganisation zu demonstrieren versucht wurde. Insofern kann diese Vorschrift als exemplarischer Beleg für diesen Rechtsgedanken aufgefaßt werden, der aber im Einzelfall immer noch eine an den Eigentümlichkeiten der jeweiligen Funktion orientierte Konkretisierung erforderlich macht, und nicht in der Weise mißverstanden werden darf, daß jede Ausübung einer öffentlichen Aufgabe eine demokratische Organisation bedingt.

Das Erfordernis einer demokratischen Verbandsorganisation für Parteien wie politisch agierender Verbände wurde im wesentlichen damit begründet, daß beide Medien von ihrer verfassungsrechtlichen Konzeption her über die Wahlen hinaus weitere Einflußmöglichkeiten für den einzelnen auf die politische Gestaltung realisieren sollen und die Erfüllung dieser Aufgabe die Teilnahme am verbandsinternen Willensbildungsprozeß notwendig macht[53]. Durch die Interessenverbände sollen vor allem die speziellen Bedürfnisse der Mitglieder artiku-

---

[51] Wenn hiergegen *Hesse*, S. 30 die Übertragung des Demokratiegebots mit Hinweis auf Art. 9 GG für verfassungswidrig hält, da „bei anderen Vereinigungen ... es für das Verfassungsleben ohne Belang (ist), ob ihre innere Ordnung eine freiheitliche ist", übersieht er entgegen seinen eigenen Ausführungen auf S. 23, daß den organisierten Gruppeninteressen bei der Vorformung des politischen Willens eine wichtige verfassungsrechtliche Funktion zukommt, deren Erfüllung für das Verfassungsleben keinesfalls ohne Belang ist. Daher verbietet sich eine pauschale und undifferenzierte Gleichstellung zwischen nur privat und politisch agierenden Vereinigungen.

[52] Hierzu schon näher oben, I. 3. Text nach FN 43. — Ähnlich auch *Föhr*, S. 149: „Das Grundgesetz verlangt ... Organisationsformen, die die Erfüllung der wahrgenommenen Aufgaben, wie die Teilnahme des einzelnen an der Willensbildung in einem optimalen Maße ermöglichen und garantieren."

[53] Vgl. auch *Preuß*, S. 183, im Hinblick auf die Satzungsgestaltung, daß „den Maßstab für ihren Inhalt ... die Verfassung auch dann ab(gibt), wenn eine den Art. 21 Abs. 1 S. 3 GG entsprechende Vorschrift fehlt, da mit der verfassungsrechtlichen Garantie demokratischer Massenorganisationen gleich-

liert und in den politischen Prozeß eingebracht werden, während die Parteien insbesondere zugunsten ihrer Wahlchancen sich an den Interessen weiterer Bevölkerungskreise orientieren müssen und entsprechend um die Integration unterschiedlicher Interessengruppen bemüht sind. — Innerhalb des Spektrums der Interessenverbände sind hinsichtlich der Anforderungen an den Grad der institutionellen Teilnahmemöglichkeiten für die Mitglieder weitere Differenzierungen geboten. Diese Notwendigkeit abgestufter Beteiligungsrechte wird schon aufgrund der soziologischen Unterschiedlichkeit der einzelnen Interessenorganisationen nahegelegt. Rechtlich folgt das Erfordernis, differenzierte Standards aufzustellen, vor allem aus dem Grundsatz, daß die Begrenzung der Organisationsfreiheit nur soweit gehen darf, als dies zur funktionsgerechten Erfüllung ihrer Aufgabe notwendig ist. Dieser formale Maßstab enthält aber keine inhaltlichen Kriterien, in welchen Fällen ein Mehr oder Weniger an Teilnahmemöglichkeiten für die Mitglieder geboten ist. Im Rahmen dieser Untersuchung können nur einige Gesichtspunkte angedeutet werden, die Maßstäbe für eine Differenzierung zwischen den Interessenvereinigungen enthalten, aber noch nicht zur Erstellung einer rechtlich sinnvollen Verbandstypologie ausreichen können.

Zu vordergründig erscheint es, in der Freiwilligkeit der Verbandsmitgliedschaft schon „eine Art kontinuierlichen Plebiszites“[54] des Mitglieds mit der jeweiligen Verbandspolitik zu erblicken. Eine solche Schlußfolgerung ist gerade bei den Interessenverbänden, die sich politisch betätigen, vor allem aber beachtliche Serviceleistungen für ihre Mitglieder bereitstellen, verfehlt. Nicht selten wird hier mehr das Dienstleistungsangebot der ausschlaggebende Grund für den Verbandsbeitritt sein als die politische Linie des Verbandes[55]. Wenn auch aus dieser Motivationslage zu folgern ist, das die Mitglieder dieses Verbandstypus an der Formulierung der Verbandsmeinung nicht interessiert sind und entsprechend die Verbandsorganisation auf Teilnahmemöglichkeiten für ihre Mitglieder verzichten kann, so bedeutet dies auf der anderen Seite, daß die politische Einflußnahme derlei Verbände nicht durch ein Mandat der Mitgliedschaft legitimiert ist. Poli-

---

zeitig auch jene normativen Anforderungen gestellt sind, die diesen Organisationen überhaupt erst demokratische Selbst-Organisationsfähigkeit verleihen“.

[54] *H. Rittstieg*, Verbände und repräsentative Demokratie, JZ 1968, 411 (412), der aber einräumt, daß dieses Argument fragwürdig wird, „wenn die Entscheidung über die Mitgliedschaft bei einem Interessenverband von zwingenden wirtschaftlichen Überlegungen bestimmt wird“.

[55] Als Beispiel sei auf den ca 3. Millionen Mitglieder zählenden ADAC verwiesen, der ein umfangreiches Serviceprogramm anbietet und zugleich dezidiert zu verkehrspolitischen Fragen Stellung nimmt.

tische Verlautbarungen des Vorstandes im Namen des Verbandes müssen daher als unzulässig angesehen werden, wenn satzungsmäßig nicht die Beteiligung der Mitglieder an der innerverbandlichen Willensbildung institutionalisiert ist oder anderweitig ein ausdrückliches Mandat der Mitgliedschaft vorliegt[56]. Jedenfalls genügt es nicht, die politische Betätigung satzungsmäßig zur Verbandsaufgabe zu erklären, gleichzeitig aber von jeglicher Beteiligungsmöglichkeit der Mitglieder bei der Formulierung der Verbandspolitik abzusehen und allein aufgrund der Freiwilligkeit des Verbandsbeitritts eine Zustimmung zu den politischen Stellungnahmen des Vorstandes zu behaupten.

Etwas anderes dürfte gelten für Vereinigungen, die sich ausschließlich zur Verfolgung eines konkreten politischen Ziels gebildet haben und nicht zur längerfristigen politischen Einflußnahme bestimmt sind (Bürgerinitiativen, single purpose movements). In diesen begrenzten Fällen wird man aus der Mitgliedschaft auf eine Zustimmung zur Politik dieser ad-hoc-Vereinigungen schließen können. Häufig wird bei diesem Typus politischer Vereinigungen aber eine körperschaftlich verfestigte Organisationsstruktur fehlen, so daß sich das Problem einer Institutionalisierung von Teilnahmerechten gar nicht stellen wird.

Hinsichtlich der Intensität mitgliedschaftlicher Beteiligungsrechte wird es von Bedeutung sein, ob eine Konkurrenz mehrerer Verbände mit ähnlichen Zielsetzungen und insofern eine Auswahlmöglichkeit besteht[57]. Hier wird die Freiwilligkeit der Mitgliedschaft als eine Zustimmung zur politischen Gesamtrichtung des Verbandes bewertet werden können, aber noch nicht als bedingungslose Identifikation mit der Verbandspolitik in allen Sachfragen, so daß der Ausschluß jeglicher Beteiligungsmöglichkeit nicht gerechtfertigt ist. Allerdings wird ein geringerer Beteiligungsgrad als bei Verbänden, die in ihrem Organisationsbereich über eine monopolartige Stellung verfügen, ausreichen.

---

[56] Wie hier auch nachdrücklich *Ridder*, S. 28 FN 57, 42 f. Hieran anknüpfend ist von *H. Stindt* vorgeschlagen worden, daß nur den Verbänden ein Anhörungsrecht bei den staatlichen Instanzen (z. B. BT-Hearings) eingeräumt werden dürfe, die „die Erfordernisse demokratischer Verbandsorganisation aufweisen". (Vgl. *H. Stindt*, Verfassungsgebot und Wirklichkeit demokratischer Organisation der Gewerkschaften, S. 32 f.)

Anders *Föhr*, S. 141, nach dem ein privater Verein trotz temporärer politischer Betätigung sich eine undemokratische Satzung geben könne. Nur Verbände von einer gewissen Mächtigkeit, deren „Einflußnahme ... in irgendeiner Weise das Gemeinwohl berühren" müsse, sowie öffentliche Aufgaben erfüllten, seien dem Gebot demokratischer Willensbildung verpflichtet.

[57] Vgl. zum folgenden auch *Stein*, S. 154, der aus der (individuellen?) Vereinigungsfreiheit das Gebot einer pluralen Infrastruktur in Verbänden mit Monopolstellung ableitet.

Mit steigender Verbandskonzentration und monopolistischer Vertretung bestimmter Interessen durch einen einzigen Verband wird als Ausgleich für die nicht bestehende Wahlmöglichkeit der Grad verbandsinterner Teilnahmerechte zur Darstellung der mitgliedschaftlichen Interessen steigen müssen. Der fehlende Verbandspluralismus im gesamtgesellschaftlichen Rahmen ist daher durch eine pluralistische Infrastruktur von Monopolverbänden zu kompensieren, um den verschiedenen Interessenrichtungen die Möglichkeit politischer Einflußnahme zu gewährleisten und die Chancengleichheit im politischen Prozeß zumindest nicht schon im Stadium der organisierten Interessenartikulation scheitern zu lassen. Der Hinweis auf die verfassungsrechtlich garantierte Freiheit zur Gründung einer weiteren Vereinigung wird ebenfalls kaum als ein realitätsbezogenes Argument aufgefaßt werden können, da eine dauerhafte Neugründung praktisch kaum mehr zu verwirklichen ist. — Die begrifflich einfache Gegenüberstellung von konkurrierenden Verbänden und Verbänden mit Monopolstellung darf allerdings nicht darüber hinwegtäuschen, daß die definitorische Bestimmung für eine Monopolsituation im Verbandswesen sicherlich nicht geringere Probleme aufwirft als sie schon aus dem Pressebereich bekannt sind, ohne daß die für die Pressekonzentration entwickelten Kriterien auf die Verbandslandschaft übertragen wären. So existieren neben den im DGB organisierten Industriegewerkschaften bekanntlich noch die christlichen Gewerkschaften, denen allenfalls hier und da eine gewisse regionale Bedeutung zukommt, so daß von einer echten Konkurrenzsituation kaum gesprochen werden kann. Andererseits ist insbesondere im Bereich des öffentlichen Dienstes ein auch die Gerichte beschäftigender Wettbewerb zwischen Gewerkschaften und ständisch organisierten Berufsverbänden festzustellen und insoweit eine auch praktisch relevante Konkurrenzsituation nicht zu leugnen. Diese Hinweise müssen genügen, um auf die Schwierigkeiten für die Ermittlung einer Monopolstellung aufmerksam zu machen, ohne selbst auf weitere Einzelheiten eingehen oder eigene Präzisionsversuche vornehmen zu können. Jedenfalls folgt hieraus, daß hinsichtlich der Intensität der innerverbandlichen Teilnahmerechte für die Mitglieder zwischen Monopol- und sonstigen Verbänden nur ein gradueller, nicht aber ein prinzipieller Unterschied gemacht werden kann. —

Nicht unproblematisch erscheint die von *U. Preuss* vorgeschlagene „dreigliedrige Skala von Verbandsstrukturen"[58] im Bereich politischer

---

58 *Preuß*, S. 179. Neben den im Text beschriebenen Verbandstypen werden noch die Kirchen aufgeführt, denen kraft Art. 140 GG eine Sonderstellung zwischen nur privaten und materiell-öffentlichen Verbänden einzuräumen sei.

Teilnahme nach inhaltlichen Kriterien. Preuss unterscheidet im Anschluß an *Abendroth* zwischen Real- und Willensverbänden: während die Realverbände nur organisatorischer Ausdruck vor allem ökonomisch vermittelter Besitz- und Verfügungsreservate seien und „die politische Macht dieser Verbände nur die Summe der ökonomischen usw. Macht ihrer Mitglieder"[59] darstellte, würde bei Willensverbänden „erst die demokratisch-solidarische Organisation verfügungsunterworfener Individuen politische Macht" konstituieren und nur deren Mitglieder „existentiell auf die Teilnahmerechte des Grundrechtskatalogs des Grundgesetzes angewiesen"[60] sein. Zum Typus der Willensverbände zählt Preuss neben den politischen Parteien vor allem die Gewerkschaften und andere auf bloßer Selbstorganisation ihrer Mitglieder beruhende Verbände. Nur diesen soll ein verfassungsrechtlicher materiell-öffentlicher Status im Sinne eines verfassungsrechtlich gesicherten Rechts auf politische Teilnahme zukommen, während die Realverbände zwar im Bereich soziologisch feststellbarer Öffentlichkeit agierten und „nicht notwendig einen minderen Schutz ... im Bereich der Auseinandersetzungen um die Politisierung von Besitzständen"[61] genössen, aber denen offensichtlich verfassungsrechtlich die politische Teilnahme nicht garantiert sei. Entsprechend scheint Preuss von den Realverbänden keine demokratische Organisation der Willensbildung zu verlangen, während die Verfassung vor allem an die Gewerkschaften demokratische Ansprüche stelle, „deren Erfüllung es den Gewerkschaften erst ermöglicht, ihre demokratischen und sozialstaatlichen Funktionen als Massenorganisation wahrzunehmen und dadurch einen öffentlichen Status zu erlangen"[62].

Während gegen eine soziologische Unterscheidung von Real- und Willensverbänden nichts einzuwenden ist, erscheint es fragwürdig, ob das Grundgesetz ebenfalls von dieser Unterscheidung mit beachtlichen rechtlichen Konsequenzen ausgeht[63]. Auffallend ist, daß Preuss generell die Parteien unter die Willensverbände subsumiert, obwohl Satz 4 des Art. 21 Abs. 1 GG darauf hinweist, daß der Einsatz finanzieller Mittel im Kampf um die politische Macht prinzipiell als verfassungs-

---

[59] Ebd., S. 170. Vgl. schon *F. Neumann*, Ansätze zur Untersuchung politischer Macht, S. 7: „Soziale Macht ergibt sich entweder aus Privateigentum oder wendet sich dagegen."

[60] Ebd.

[61] *Preuß*, S. 172.

[62] Ebd., S. 181.

[63] Das von Preuß für seine These herausgestellte positivrechtliche Beispiel des Aussperrungsverbots in Art. 29 V Hess.Verf. betrifft keinen Fall politischer Teilnahme und kann schon daher als kaum einschlägig betrachtet werden.

rechtlich legitim angesehen werden muß[64]. Darüber hinaus ignoriert Preuss den aus der Parteiensoziologie geläufigen Unterschied von Mitglieds- und Honoratiorenpartei, der annähernd der Gegenüberstellung von Willens- und Realverband spricht. Konsequenterweise müßte dem — aus der politischen Wirklichkeit allerdings praktisch verschwundenen — Typus der Honoratiorenpartei das Recht auf politische Teilnahme abgesprochen werden bzw. die in allen etablierten politischen Parteien agierenden Unternehmerarbeitskreise als zumindest verfassungsrechtlich nicht geschützte Betätigungen aufgefaßt werden. Schließlich wäre auf der Grundlage der Differenzierung von Preuss zu erwägen, ob nicht bestimmten Parteien der bundesrepublikanischen Parteienlandschaft, die die Konservierung bestehender Verfügungsreservate mehr oder weniger deutlich zu ihrem politischen Ziel erklären, überhaupt das verfassungsrechtlich garantierte Recht auf politische Betätigung abzuerkennen wäre, wenn auch diese Parteien aufgrund ihrer Mitgliederstruktur sich nicht ohne weiteres als Realverbände qualifizieren lassen.

Diese Überlegungen mögen gezeigt haben, daß das Grundgesetz die verfassungsrechtliche Garantie auf politische Teilnahme nicht davon abhängig macht, ob der Zusammenschluß der Verteidigung oder Aufhebung ökonomischer Besitzstände dient. Wenn aber der soziologische Unterschied von Honoratioren- oder Mitgliederpartei für das politische Teilnahmerecht verfassungsrechtlich irrelevant ist, so muß dies auch für die Unterscheidung von Real- und Willensverbänden gelten. Entsprechend ist aber auch die weitere Folgerung von Preuss, daß nur Willensverbände vom Grundgesetz zur demokratischen Organisation verpflichtet würden, nicht mehr haltbar, abgesehen vom tautologischen Charakter dieser Forderung. — Abschließend sei noch erwähnt, daß die idealtypische Gegenüberstellung von Willens- und Realverband praktisch auf große Schwierigkeiten stoßen muß[65] und auch für die Gewerkschaften angesichts ihrer regen wirtschaftlichen Aktivitäten durch Tochtergesellschaften eine Klassifizierung als Willensverband nicht als selbstverständlich erscheinen muß.

---

64 Vgl. auch *W. Abendroth*, Das Problem der innerparteilichen und innerverbandlichen Demokratie in der Bundesrepublik, S. 290, daß „Art. 21 Abs. 1 S. 4 GG ... durch den Veröffentlichungszwang hinsichtlich der Herkunft der Mittel der Partei gegen ... Überfremdung der partei-internen Willensbildung (hat) Hilfe bieten wollen, um wenigstens die Parteimitgliedschaft und die Wähler über die Zusammenhänge der Parteifinanzierung und die dadurch entstehenden politischen oder moralischen Bindungen zu orientieren".

65 So die Kritik von *Denninger*, S. 75.

IV. Die institutionalisierten Mitwirkungsbefugnisse der Gewerkschaften

Als weiterer Anknüpfungspunkt zur Begründung des Gebots innergewerkschaftlicher Demokratie sind von einigen Autoren die gesetzlich institutionalisierten Mitwirkungsbefugnisse im staatlichen Bereich herangezogen worden[1]. So ist von *F. Kübler* mit Nachdruck festgestellt worden, daß die „weitreichende Integration der Gewerkschaften in die Apparaturen der politischen und ökonomischen Administration ... sie unmittelbar zu Trägern einer Herrschaft (macht), die sich von Verfassungs wegen durch Publizität und demokratische Organisation zu legitimieren hat"[2]. Diese Begründung, die unbefangen von einem erheblichen Machtzuwachs der Gewerkschaften im Gefolge ihrer zahlenmäßig umfangreichen Mitwirkungsrechte ausgeht, muß zumindest dann als wenig überzeugend erscheinen, wenn man den schon früher angestellten Überlegungen zustimmt[3], daß aus der Mitarbeit gewerkschaftlicher Vertreter in Gremien mit Entscheidungs- wie beratendem Charakter nur eingeschränkt auf einen Machtgewinn der Organisation geschlossen werden kann: einmal verbieten die verschiedenen institutionellen Vorkehrungen die Vorstellung, daß den Gremienvertretern nur die Rolle eines seitens der Organisation lenkbaren Werkzeugs zukommt; vor allem aber ist der machtneutralisierende Effekt nicht zu übersehen, der durch die Mitwirkung von Vertretern gegenläufiger Interessen in den verschiedenen Gremien bewirkt wird.

Stellt man hingegen weniger auf nur schwer fixierbare Folgeerscheinungen der Mitwirkungsbefugnisse ab und blickt stattdessen auf das rechtspolitische Ziel und die verfassungsrechtliche Legitimationsgrundlage dieser Beteiligungsrechte, so folgt schon hieraus das Erfordernis einer demokratischen Verbandsorganisation: „Wenn die Gewerkschaften dazu berufen werden, durch Beratung und Beschlußfassung an der Gesetzgebung teilzunehmen, wenn die von ihnen benannten oder bestellten Vertreter in gerichtlichen und in Verwaltungsbehörden mitwirken, so müssen Garantien dafür bestehen, daß die

---

1 Vgl. den Überblick oben Erster Teil, I. 2.

2 *Kübler*, Rechtsfähigkeit und Verbandsverfassung, S. 18; ähnlich offenbar auch *H. Galperin*, Die Stellung der Gewerkschaften im Staatsgefüge, S. 39 f., demzufolge u. a. die „Mitwirkung an wichtigen Verwaltungsentscheidungen" einen „organisatorischen Aufbau, der an den Leitgedanken des Grundgesetzes orientiert ist", erforderlich macht.

Vor allem *O. Kahn-Freund*, Rechtliche Garantien der innergewerkschaftlichen Demokratie, S. 338 und passim hat aus den gewerkschaftlichen Beteiligungsrechten im staatlichen Bereich die Notwendigkeit innergewerkschaftlicher Demokratie hergeleitet.

3 Vgl. oben Erster Teil, I. 2. a. E.

Sprecher der Gewerkschaften den Willen und die Interessen der Mitglieder repräsentieren"[4]. Für die institutionalisierten Mitwirkungsbefugnisse treffen also die gleichen Begründungsgesichtspunkte wie für die freie Interessendarstellung zu: durch die Organisation des innerverbandlichen Willensbildungsprozesses muß sichergestellt sein, daß die Interessen der Mitgliedschaft in die geäußerte Verbandsmeinung eingehen und so eine politische Einflußnahme ermöglicht.

Praktisch ist allerdings nicht zu verkennen, daß eine aktive Stellungnahme der Mitglieder zu Themen gerade im Bereich der institutionalisierten Mitwirkung schon wegen des Spezialisierungsgrades der verschiedenen Gremien auf schwer überwindbare Hindernisse stößt. Selbst eine Wahl der Gremienmitglieder durch die Mitgliedschaft wird wegen der zahlreich zu besetzenden Posten kaum als realisierbar angesehen werden müssen, abgesehen davon, daß mehrere Kandidaten wegen des erforderlichen Spezialwissens zumindest für die ministeriellen Beiräte innerhalb des Verbandes nicht immer zur Verfügung stehen werden. Insofern ist zu bezweifeln, ob durch die satzungsmäßige Einräumung von Beteiligungsrechten schon ein effektiver Mitgliedereinfluß auf die Verbandspolitik ermöglicht werden kann. Diese praktischen Schwierigkeiten berühren zwar nicht das verfassungsrechtliche Gebot demokratischer Verbandsorganisation, zeigen aber, daß die größeren Probleme innergewerkschaftlicher Demokratie erst jenseits der satzungsmäßigen Institutionalisierung von mitgliedschaftlichen Mitwirkungsrechten liegen[5].

Einschränkend gegenüber *Kahn-Freund* ist zu betonen, daß nur bestimmte Beteiligungsfunktionen den Mitgliederwillen zum Ausdruck bringen sollen und demgemäß die Notwendigekit eines demokratischen Verbandsaufbaus nur auf diese Beteiligungsrechte gestützt werden darf. Hierunter fallen regelmäßig die Mitwirkungsbefugnisse, die nur mit beratendem Charakter ausgestattet sind. Demgegenüber sollen die meisten Vertreterfunktionen mit Entscheidungskompetenzen keinen sachlichen Einfluß der Mitgliedschaft ermöglichen, sondern erfordern im Gegenteil die sachliche Unabhängigkeit der Verbandsvertreter. Am Beispiel der ehrenamtlichen Beisitzer in der Arbeits- und Sozialgerichtsbarkeit wird deutlich, daß bei diesen Mitwirkungsbefugnissen ein Mitgliedereinfluß nicht nur nicht ermöglicht werden soll, sondern auszuschließen ist. Entsprechend wären innerverbandliche Willensbildungsprozesse, die über konkret zu entscheidende Rechtsfälle eine Verbandsmeinung herzustellen beabsichtigen, als problematischer Beeinflus-

---

[4] *Kahn-Freund*, S. 340.

[5] Hierzu näher unten Vierter Teil, I. 3.

sungsversuch zu bewerten. Demgemäß können aber diese auf die sachliche Unabhängigkeit der Vertreter abstellenden Beteiligungsfunktionen nicht einen legitimen Rechtsgrund für eine demokratische Verbandsorganisation abgeben. —

Soll durch die Mitwirkung der Mitglieder im innerverbandlichen Willensbildungsprozeß einer vom Mitgliederwillen abgelösten Mediatisierung der Verbandspolitik entgegengesteuert werden, so wären bei konsequenter Durchführung dieses Rechtsgedankens weitere Personenkreise zu beteiligen. Die zur Beratung staatlicher Instanzen herangezogenen Verbandsvertreter sollen nämlich regelmäßig nicht nur den Willen der Mitglieder, sondern darüber hinaus die Interessen bestimmter Bevölkerungsschichten zum Ausdruck bringen. So werden die Gewerkschaften häufig zur Vertretung der Interessen der Arbeitnehmerschaft, zum Teil auch der Verbraucherinteressen herangezogen. Diese über den Mitgliedschaftsbereich hinausgehende Repräsentationsfunktion entspricht auch dem Selbstverständnis der Gewerkschaften, die sich nicht nur als Mitgliedsverband, sondern als Vertreter der Interessen der gesamten Arbeitnehmerschaft verstehen[6]. Auch für die Normsetzung im Rahmen der Tarifautonomie soll den Gewerkschaften die Aufgabe obliegen, „die Gesamtinteressen der eigenen Seite, für die Gewerkschaft also der Arbeitnehmerschaft im ganzen, einheitlich zur Geltung zu bringen, sie, wenn man so will, zu repräsentieren"[7]. Die den Gewerkschaften zugedachte Repräsentationsaufgabe im Tarifvertragsrecht muß aber insofern fragwürdig erscheinen, als ihnen andererseits eine Regelungsbefugnis auch nur indirekter Art für die Gesamtheit unter Hinweis auf die negative Koalitionsfreiheit oder fehlende demokratische Legitimation abgesprochen wird[8]. *Biedenkopf* versucht diesen

---

[6] Vgl. § 2 Zf. 1 lit. b der Satzung des DGB vom 1. 7. 1971: „Der Bund und die in ihm vereinigten Gewerkschaften vertreten die gesellschaftlichen, wirtschaftlichen, sozialen und kulturellen Interessen *der Arbeitnehmer*." (Hervorhebung von mir.)

[7] *W. Zöllner*, Tarifvertragliche Differenzierungsklauseln, S. 50; vgl. auch *F. Gamillscheg*, Die Differenzierung nach der Gewerkschaftszugehörigkeit, S. 36 ff.

[8] So pointiert *Zöllner*, S. 51: „Die Verbände haben zwar nicht die Regelungslegitimation, wohl aber eine Regelungsaufgabe für die Gesamtheit." Gegen diese Inkongruenz von Normsetzungslegitimation und Repräsentationsfunktion insbesondere *Gamillscheg*, S. 46 f. und passim.

Auf den Wertungswiderspruch der h. M., die den Gewerkschaften im Arbeitskampfrecht auch die Nichtmitglieder berührende ordnungspolitische Aufgaben zubilligt, im Tarifvertragsrecht aber versagt, hat *H. Wiedemann*, Die deutschen Gewerkschaften — Mitgliederverband oder Berufsorgan?, RdA 1969, 321 (325 f.), hingewiesen. Durch die den Gewerkschaften eingeräumte Repräsentationsbefugnis im Bereich der politischen Interessenvertretung wird dieser Widerspruch noch deutlicher.

Das weitere Problem, daß die Gewerkschaften sich in einem „ständigen Zielkonflikt" befänden, da sie „als Mitgliedsverband die Interessen der

Widerspruch mit der Überlegung aufzulösen, daß die Repräsentationsbefugnis im Bereich der organisierten Interessenvertretung anders als im Falle tarifvertraglicher Normsetzung die Repräsentierten nicht verpflichten könne, was den Verzicht auf demokratische Legitimation rechtfertige; vielmehr sei „zur Legitimation einer solchen Repräsentanz ... die Vermutung, daß es sich um typische Interessen handele oder ein öffentliches Interesse bestehe, ebenso ausreichend wie der demoskopische Nachweis der Interessenidentität"[9].

Diese Annahme einer Interessenidentität von Verbandsmitgliedern und nichtorganisierter Arbeitnehmerschaft erscheint allerdings nur dann aufrechterhaltbar, wenn die Sozialstruktur der Gewerkschaften ihrerseits annähernd der Zusammensetzung der repräsentierten Bevölkerungsgruppe entspricht. Demgegenüber dürfte für die Repräsentativität weniger der quantitative Organisationsgrad entscheidend sein, so daß aus der Mitgliederzahl noch keine unmittelbaren Schlüsse auf die Legitimation zur Repräsentation sinnvollerweise gezogen werden können[10]. Problematisch erscheint jedenfalls allein aus der Arbeitnehmereigenschaft eine Interessenidentität folgern zu wollen — zumindest, soweit nicht näher mit dem Arbeitsverhältnis in Berührung stehende Fragen zur Debatte stehen[11]. — Insgesamt muß aber jede Form demokratisch nicht legitimierter Repräsentation als wenig zufriedenstellend erscheinen, auch wenn eine nur „faktische Repräsentation"[12] der Nichtorganisierten immer noch ihrer völligen Nichtrepräsentation vorzuziehen ist. Die mit diesem Problemkreis verbundenen Rechtsfragen sind jedoch nicht mit organisatorischen Maßnahmen innerhalb des Verbandsbereichs zu lösen, so daß auf eine weitergehende Erörterung verzichtet werden muß. Allerdings wird sich sagen lassen, daß für jede Repräsentationsbefugnis so viel demokratische Legitimation wie möglich zu fordern ist. Wenn daher schon nicht alle Repräsen-

---

Verbandsangehörigen, als Repräsentanten des Berufsstandes die Interessen der Berufsangehörigen und möglichst auch das Gemeinwohl berücksichtigen" (*Wiedemann*, S. 328) müßten, kann zu Recht nicht einseitig zu Lasten der Mitglieder gelöst werden.

[9] *K. Biedenkopf*, Grenzen der Tarifautonomie, S. 58 f.

[10] Ähnlich auch *H. Rittstieg*, Verbände und repräsentative Demokratie, JZ 1968, 411 (412).

[11] Ablehnend gegenüber der von den Gewerkschaften unterstellten Interessensolidarität aller Arbeitnehmer aufgrund gemeinsamer Klassenzugehörigkeit *J. Hirsch*, Die öffentlichen Funktionen der Gewerkschaften, S. 129 ff. Seine Kritik richtet sich vor allem gegen die von den Gewerkschaften angestrebte Institutionalisierung eines paritätisch besetzten Bundeswirtschaftsrats.

[12] Mit diesem Begriff kennzeichnet *Hirsch* eine nur auf vermutete Interessenidentität basierende, nicht aber demokratisch legitimierte Repräsentationsbefugnis. — Gegen die Zulässigkeit nur „faktischer" Repräsentation *Föhr*, S. 134 f., ohne aber wohl die Problematik der mitrepräsentierten Nichtmitglieder zu berücksichtigen.

tierten bei der Formulierung der Interessen mitwirken können, so ist zumindest durch eine demokratische Verbandsorganisation zu gewährleisten, daß die repräsentierten Verbandsmitglieder ihren Willen zum Ausdruck bringen können.

V. Demokratische Organisation als Schutz gegen Vereinsgewalt

Von dem allgemeinen und nicht an spezifische Funktionen anknüpfenden „Aspekt der Schutzbedürftigkeit des Individuums gegen die Vereinigung als Träger sozialer Macht“[1] kommt *Ramm* zu dem verfassungsrechtlichen Gebot eines demokratischen Aufbaus *aller* Vereinigungen. Zwar betont Ramm, daß „die Erfüllung wichtigster Aufgaben durch die Koalitionen in der bestehenden Gesellschaftsordnung ... sich auch auf ihren inneren Aufbau“[2] auswirkt, berücksichtigt diese Besonderheit aber nicht als Abgrenzungskriterium gegenüber anderen Vereinigungen[3], sondern verzichtet bewußt auf die Möglichkeit einer Differenzierung[4].

Als gemeinsames Merkmal aller Vereinigungen — vom Kegelverein bis zur Aktiengesellschaft — sieht Ramm ihre soziale Macht gegenüber den Mitgliedern, die in der Unterwerfung unter das Organisationsstatut zum Ausdruck kommen soll und eine freie Gestaltung der Rechtsbeziehungen nicht erlaube. Das einzelne Mitglied befinde sich insoweit „in einer Situation, die der des Bürgers in seinem Verhältnis zum Staate gleicht. Ebenso wie für den staatlichen Bereich die Schutzbedürftigkeit des Bürgers gegenüber der Staatsmacht ihren Ausdruck durch die entsprechende Organisation der Staatsgewalt gefunden hat, ist daher auch im Bereich der Gesellschaft der einzelne gegen die soziale Macht der Personenvereinigung durch die Gestaltung ihres Rechtes zu schützen[5].“ Diese zweifelfrei zutreffend gesehene soziologische Ähnlichkeit von staatlicher und gesellschaftlicher Macht in ihren Auswirkungen auf den einzelnen soll auch eine Anwendung des demokratischen Prinzips auf beide Bereiche gebieten. Zur Begründung ver-

---

[1] *T. Ramm*, Die Freiheit der Willensbildung, S. 113.

[2] Ebd., S. 117.

[3] Allerdings scheint auch *Ramm* davon auszugehen, daß die Ableitung des Gebots demokratischer Verbandsorganisation für die Gewerkschaften aus der Normsetzungsbefugnis, die er hilfsweise entwickelt hat (vgl. oben I. 2.), seinem eigenen Lösungsvorschlag überlegen ist; dieser berührt die Streitfrage um die Rechtsnatur der Tarifnormen nicht, wäre also auch mit der Delegationstheorie vereinbar.

[4] So lehnt Ramm ausdrücklich die Unterscheidung *Ridders* zwischen staatsbezogen agierenden und nur in der Privatsphäre wirkenden Vereinigungen ab. Vgl. *Ramm*, Der Arbeitskampf und die Gesellschaftsordnung des Grundgesetzes, S. 134 FN 21.

[5] *Ramm*, Einführung in das Privatrecht, Bd. III, G 715.

weist Ramm einmal auf das Sozialstaatsprinzip, das offenbar den Gesetzgeber verpflichten soll, „ein Sozialrecht zu schaffen, das auch die Rechtsbeziehungen zwischen Individuum und Vereinigungen einschließt“[6]. Trotz der mehrfachen Betonung der Sozialstaatsklausel wird allerdings seine Bedeutung für die Argumentationsführung wenig deutlich. Als konkreteren Anknüpfungspunkt führt Ramm das Gebot innerparteilicher Demokratie nach Art. 21 GG an, das die Parteien als Träger politischer Macht zur demokratischen Organisation verpflichtet, „um eine sonst gegebene Gefährdung der Gesamtordnung wie der individuellen Interessen durch einen Mißbrauch der Macht zu vermeiden“[7]. Dieser Grundsatz sei aber auch auf die Vereinigungen anwendbar, da „zwischen Macht auf politischem Gebiet und Macht auf sozialem Gebiet ... höchstens ein gradueller, jedoch kein prinzipieller Unterschied“[8] bestehe. Daß das Grundgesetz keine scharfe Trennung zwischen politischem und sozialem Bereich ziehe, soll nach Ramm aus Art. 1 Abs. 2 GG folgen, wonach die Menschenrechte Grundlage jeder menschlichen Gemeinschaft seien und sich nicht auf die staatliche Gemeinschaft beschränkten; die geschichtliche Verbindung der Menschenrechtsidee mit dem demokratischen Prinzip lege es nahe, zum Schutz vor der Vereinsgewalt allgemein eine demokratische Verfassung der Vereinigungen anzunehmen[9].

Gegen diese von Ramm behauptete verfassungsrechtlich gebotene Verpflichtung aller körperschaftlichen Vereinigungen, ihre Willensbildung nach demokratischen Grundsätzen zu organisieren, ist schon auf die praktische Undurchführbarkeit einer solchen Rechtspflicht hingewiesen worden[10]. Hiervon abgesehen muß aber vor allem die dogmatische Beweisführung als kaum zwingend angesehen werden, die vor allem auf allgemeinen Grundsätzen und ideengeschichtlichen Assoziationen basiert. Die von Ramm angeführten positivrechtlichen Anknüpfungspunkte stellen schwerlich eine ausreichende Grundlage dar, um eine derart weitgehende Ausdehnung des demokratischen Prinzips auf alle Personenvereinigungen zu rechtfertigen. Dies gilt einmal für das Gebot eines demokratischen Aufbaus der Parteien,

---

[6] Die Freiheit der Willensbildung, S. 114. Vgl. auch S. 119: „Die soziale Macht ist ähnlich bedrohlich wie die politische, und der Grundsatz des sozialen Rechtsstaats (Art. 20, 28 GG) gebietet eine Anwendung des demokratischen Prinzips als Schutz gegen ihren Mißbrauch.“

[7] Ebd., S. 119.

[8] Der Arbeitskampf und die Gesellschaftsordnung des Grundgesetzes, S. 134.

[9] Vgl. ebd. sowie Einf. in das Privatrecht, Bd. III, G 715.

[10] So *Gitter*, Zur Rechtmäßigkeit eines ohne Urabstimmung durchgeführten Streiks, JZ 1965, 197 (198); allgemein (und nicht speziell gegen Ramm) auch *Maunz(-Dürig-Herzog)*, Rdz. 56 zu Art. 9 GG.

dessen Erstreckung auf Geselligkeitsvereinigungen, auch wenn sie soziale Macht gegenüber ihren Mitgliedern auszuüben imstande sind, schon aus systematischen Gesichtspunkten fragwürdig erscheinen muß. Diese ersichtlich als Sondervorschrift konzipierte Regelung[11], die an die politische Betätigung der Parteien anknüpft, läßt sich nur auf solche Vereinigungen noch anwenden, die „rechtlich vergleichbare Funktionsmerkmale“[12] wie die Parteien aufweisen, also in ähnlicher Weise wie diese bei der politischen Willensbildung mitwirken. Wenn der Verfassungsgeber alle Vereinigungen ohne Rücksicht auf ihre Zielsetzungen zu einem demokratischen Aufbau hätte verpflichten wollen, so hätte eine entsprechende Regelung im Zusammenhang mit Art. 9 GG nahegelegen. Die bewußte Verortung bei den Parteien im Anschluß an ihre Funktion im politischen Prozeß deutet zudem darauf hin, daß das Grundgesetz hinsichtlich der normativen Anforderungen an den inneren Aufbau vor allem von der jeweils ausgeübten Funktion ausgeht, deren Erfüllung eine beliebige Verbandsverfassung nicht zuläßt. So soll das Gebot innerparteilicher Demokratie vor allem eine Willensbildung von unten nach oben sicherstellen, um so die normativ aufgegebene Funktion der Parteien als Transmissionsriemen zwischen Volk und Staatsorganen zu gewährleisten[13]. Demgegenüber spielt der von Ramm in den Mittelpunkt seiner Überlegungen gerückte Aspekt der Schutzbedürftigkeit des einzelnen gegenüber der Vereinsgewalt keine zentrale Rolle für die Statuierung des demokratischen Aufbaus der Parteien. Schon daher müssen seine weiteren Ableitungen aus dem Gedanken des Machtmißbrauchs als problematisch angesehen werden, soweit sie von Art. 21 Abs. 1 Satz 3 GG ausgehen.

Ebensowenig resultiert aus der von Ramm zu Recht betonten Tatsache, daß das Grundgesetz nicht scharf zwischen politischer und sozialer Sphäre trennt, schon zwingend, eine uneingeschränkte Geltung des demokratischen Prinzips für beide Bereiche annehmen zu können, was kaum den ideengeschichtlichen Traditionen entspricht. Wenn auch für den einzelnen kein prinzipieller Unterschied bestehen mag, ob er staatlicher oder sozialer Macht unterliegt, so bedeutet dies noch nicht, daß auch eine rechtliche Differenzierung entfallen muß. Jedenfalls erscheint es wenig überzeugend, schon aus der soziologischen Ähnlichkeit bestimmter Erscheinungsformen auf ihre rechtliche Gleichstellbarkeit zu schließen, soweit die Vergleichbarkeit auf inhaltlich so wenig konturierten Begriffen wie ‚Macht‘ oder ‚Öffentlichkeit‘ basiert.

---

11 Ähnlich wie hier auch *Gitter*, ebd.; ausführlich hierzu schon oben III. 3.

12 So *P. Lerche*, Verfassungsrechtliche Zentralfragen des Arbeitskampfes, S. 27.

13 Vgl. hierzu § 1 Abs. 2 ParteienG v. 24. 7. 1967 (BGBl I, 773).

Zweites Kapitel

Zum Inhalt des Gebots demokratischer Willensbildung

Die rechtswissenschaftliche Diskussion hat sich bisher weitgehend auf die Begründung des Gebots demokratischer Willensbildung für die Gewerkschaften konzentriert, während auf seinen Inhalt meist nur beiläufig eingegangen wurde und nur die Frage, ob vor einem Streik die Durchführung einer Urabstimmung rechtlich geboten ist, näher erörtert wurde. Nicht zu Unrecht haben daher *Nipperdey/Säcker* darauf hingewiesen, daß „die Wirksamkeit (nicht der Geltungsanspruch) des Gebots verbandsinterner demokratischer Infrastruktur gehemmt (sei), solange detaillierte berufsverbandrechtliche Regelungen, über die Modi seiner Realisierung (Martens) fehlen"[1]. Ebenfalls hat *H. Stindt* auf die fehlende Gebotskonkretisierung hingewiesen und für dieses Vorhaben eine Orientierung an der Gewerkschaftspraxis empfohlen[2]. Methodisch erscheint ein solches Vorgehen allerdings insofern nicht unproblematisch, als es zunächst einer Erarbeitung der rechtlich relevanten Kriterien bedarf, auf deren Grundlage dann Satzungsinhalte und Gewerkschaftspraxis zu analysieren sind. Stindt formuliert allerdings eingangs die Hypothese, daß „das Gebot demokratischer Organisation ... zwingend eine möglichst breite und entscheidende Beteiligung der Verbandsmitglieder am Gesamtgeschehen der Koalition"[3] verlange, die er im Anschluß an seine empirische Analyse auch normativ näher begründet[4].

Für die hier vorgenommene Untersuchung sollen zunächst die Stellungnahmen in der Literatur herangezogen und die maßgeblichen Grundsätze herausgearbeitet werden, die von Verfassungs wegen bei

---

1 *Nipperdey / Säcker*, Geschichtliche Entwicklung, Begriff und Rechtsstellung der Berufsverbände, Bl. 8. Diese zitierte Äußerung von *Martens*, Öffentlich als Rechtsbegriff, S. 168 ist allerdings auf das Gebot verbandsinterner Publizität bezogen, das Martens aus dem Verfassungsgebot demokratischer Infrastruktur abzuleiten scheint.

2 *H. Stindt*, Verfassungsgebot und Wirklichkeit demokratischer Organisation der Gewerkschaften, S. 34 ff.

3 Ebd., S. 5. Entsprechend legt Stindt für seine Untersuchungen der Satzungen „das entscheidende Gewicht darauf, den Einfluß des Mitglieds in allen Stufen der Organisation nachzuweisen und den Strom der Legitimation und Willensbildung zu verfolgen" (S. 38).

4 Ebd., S. 207 ff.

der Organisation des innerverbandlichen Willensbildungsprozesses zu beachten sind (I). Abschließend soll anhand dieser Maßstäbe auf die kontroverse Frage eingegangen werden, ob die Urabstimmung zum Inhalt des verfassungsrechtlichen Gebots demokratischer Willensbildung zu zählen ist (II).

I. Grundsätze für die innerverbandliche Willensbildung

Im Zusammenhang mit der Frage, ob die Gewerkschaften aufgrund des Gebots demokratischer Willensbildung zur Durchführung einer Urabstimmung von Streiks verpflichtet sind, hat *W. Gitter* die These aufgestellt, daß „die Willensbildung der Koalitionen ... nicht ‚demokratischer' zu sein (braucht) als die grundgesetzliche Regelung der Staatswillensbildung"[1]. Da seinerseits „der Grundgesetzgeber sich eindeutig für die repräsentative Demokratie entschieden und dem Volke nur in sehr begrenztem Umfang unmittelbare Mitwirkungsrechte eingeräumt"[2] habe, sei — im Anschluß an *Wengler*[3] — den Gewerkschaften freizustellen, ob sie sich mehr im Sinne einer repräsentativen Demokratie oder in stärkerem Maße als unmittelbare Demokratie organisierten. — Zunächst ist festzustellen, daß die von Gitter im Hinblick auf die demokratische Ordnung des Grundgesetzes gemachte Aussage möglicherweise den historischen Willen des Verfassungsgebers korrekt wiedergibt[4], ansonsten aber wesentliche Elemente der im Grundgesetz normierten demokratischen Ordnung übersieht und daher eine verkürzte Analyse des verfassungsrechtlichen Demokratiebegriffs darstellt.

Es ist zwar richtig, daß das Staatsvolk nur ausnahmsweise bei der unmittelbaren staatlichen Willensbildung mitzuwirken befugt ist, andererseits enthält das Grundgesetz aber mit der Einräumung von Aktivgrundrechten, insbesondere zur Bildung einer öffentlichen

---

[1] *W. Gitter*, Zur Rechtmäßigkeit eines ohne Urabstimmung durchgeführten Streiks, JZ 1965, 197 (199) unter Berufung auf *Maunz(-Dürig-Herzog)* FN 2 bei Rdz. 70 zu Art. 21 GG, der im Anschluß an die Frage nach der Stellung des Parteivorsitzenden eine ähnliche starke Position, wie sie durch das GG dem Bundeskanzler in der Regierung eingeräumt wird, für zulässig hält und allgemein meint, „daß die innere Parteigestaltung niemals ‚demokratischer' zu sein braucht als die grundgesetzliche Staatsgestaltung".

[2] *Gitter*, ebd.

[3] Die Kampfmaßnahme im Arbeitsrecht, S. 48; zustimmend zu dem Ergebnis, daß ein formaldemokratischer Aufbau der Gewerkschaften im Sinne einer Repräsentativverfassung genüge, auch das Urteil des ArbG Düsseldorf v. 21. 8. 1972 (7 Ca 1959/71) DB 1973, 876 in einem Rechtsstreit über die Erforderlichkeit einer Urabstimmung vor einem Streik.

[4] Vgl. hierzu näher *F. Fromme*, Der Demokratiebegriff des Grundgesetzgebers, DÖV 1970, 519 (520 f.).

Meinung und der Vorformung des politischen Willens durch Verbände und Parteien, „stärkere Elemente unmittelbarer Demokratie ... als es bei vordergründiger Betrachtung den Anschein hat“[5]. Diese Modifizierung der repräsentativ-demokratischen Ordnung durch das Grundgesetz wird allerdings auch von Gitter gesehen, wenn er in späterem Zusammenhang selbst auf den status activus des einzelnen im politisch-sozialen Bereich hinweist. Da Gitter anscheinend aber den engen Zusammenhang von Aktivgrundrechten und demokratischer Ordnung nicht bemerkt[6], entgeht ihm auch, daß seine spätere Erkenntnis im Widerspruch zur These vom praktisch rein repräsentativen Charakter der grundgesetzlichen Demokratie steht.

Dieser Kritik hätte es nicht bedurft, wenn diese nicht nur von Gitter formulierte These nicht ein symptomatisches Mißverständnis in der Diskussion um den Inhalt der für Parteien und Verbände verbindlichen demokratischen Grundsätze widerspiegelte: statt auf die Gründe, die für die Herleitung des Demokratiegebots ausschlaggebend waren, einzugehen und diese entsprechend auch zur Grundlage für die Konkretisierung des Demokratiegebots heranzuziehen, wird nicht selten die Bestimmung der demokratischen Grundsätze abstrahiert von dem jeweiligen spezifischen Begründungszusammenhang vorgenommen. Diese Ablösung des Inhalts des Demokratiegebots von seiner verfassungsrechtlichen Funktion kommt auch in dem Vorschlag zum Ausdruck, daß „sich aus dem Begriff der Demokratie, wie er in Art. 20 geprägt ist, ergeben“[7] müsse, was mit demokratischen Grundsätzen gemeint sei. Nicht unproblematisch erscheint auch die Forderung, daß „mindestens für Massenorganisationen ... nach dem Modell des generellen Verhältnisses von Gesellschaft und Staat in der freiheitlichen Demokratie dessen verbandsinterne Reproduktion vonnöten“[8] sei. Trotz dieser Bekundungen, die vom methodischen Ansatz auf eine mehr oder weniger schematische Übertragung der für den politischen Entscheidungsprozeß geltenden demokratischen Grundsätzen auf den verbandsinternen Willensbildungsprozeß hinauslaufen, ist auffallend, daß die Präzisierungs-

[5] *K. Hesse*, Grundzüge des Verfassungsrechts, S. 59 (3. Aufl. 1969. Etwas anders 6. Aufl., S. 61: „... gibt es dem — pluralistisch differenzierten — Volk größeres Gewicht, als es bei vordergründiger Betrachtung den Anschein hat.“).

[6] Dies, obwohl *Gitter* selbst den Aktivstatus auf das Sozialstaatsgebot i. V. m. demokratischen Grundsätzen zurückführt (vgl. S. 200).

[7] *Maunz(-Dürig-Herzog)*, Rdz. 58 zu Art. 21 GG. — Ähnlich auch *Föhr*, S. 144, daß „demokratische Grundsätze innerhalb von Verbänden ... nur vor dem Hintergrund der freiheitlich demokratischen Grundordnung des Grundgesetzes entwickelt werden“ könnten. Zu Recht wird aber später betont, daß sich Unterschiede aus der spezifischen Funktion der Verbände ergeben (vgl. S. 148 ff.).

[8] *Ridder*, Zur verfassungsrechtlichen Stellung der Gewerkschaften, S. 19.

vorschläge sich dann doch auf eine Auswahl beschränken, ohne allerdings die hierfür maßgeblichen Kriterien zu benennen.

Mag ein solch intuitives Vorgehen oft zu akzeptablen Ergebnissen führen, so widerspricht es doch wissenschaftlichem Begründungszwang. Gerade die Aufstellung normativer Anforderungen, die zu einer Begrenzung der Vereinsautonomie führen, verbietet nicht nur, daß „leichtfertig Freiheitsgarantien aus dem staatlichen Bereich übertragen werden“[9], sondern gebietet allgemein eine nähere Begründung für die jeweilige Einschränkung. Abzulehnen ist daher einmal, daß „von einem gemeinsamen staatsrechtlichen Demokratiebegriff ausgegangen werden kann“, vor allem aber, daß „dieser ... solange (gilt), bis die Gebotsunterworfenen ‚beweislastpflichtig‘ zwingende Ausnahmen dargetan haben“[10]. Im Gegenteil: die Beweislast[11] obliegt dem, der eine Beschränkung der Vereinsautonomie fordert — zumindest, soweit diese nicht schon ihrerseits durch ein gleichwertiges Recht, insbesondere der individuellen Vereinsfreiheit, begrenzt wird. —

Eine Anwendung des staatsrechtlichen Demokratiebegriffs erscheint noch am ehesten gerechtfertigt, wenn das Demokratiegebot für Gewerkschaften auf die Staatsähnlichkeit der von ihnen ausgeübten Funktionen zurückgeführt wird, insbesondere also auf die Normsetzungsbefugnis im Rahmen der Tarifautonomie[12]. Daß dieser Schluß aber nicht zwingend ist, folgt schon daraus, daß staatlicher und tarifvertraglicher Normsetzungsvorgang sich grundlegend unterscheiden und die Ähnlichkeit sich in der Bindungswirkung für die Normunterworfenen erschöpft: während staatliche Rechtsetzung ihrem Anspruch nach auf Rationalität und Publizität angelegt ist, wird man dies noch nicht einmal theoretisch vom ‚bargaining‘ der Arbeitsmarktparteien verlangen können, für das Druck und Gegendruck konstitutives Auseinandersetzungsprinzip sind. Eine Ähnlichkeit besteht allerdings inso-

---

9 *Stein*, Staatsrecht, S. 154.

10 *Stindt*, S. 33; diese ‚Beweislastverteilung‘ ist allerdings in sich schlüssig, da Stindt von einem Regel-Ausnahme-Verhältnis auszugehen scheint, das hier aber abgelehnt wird. Nuancierter seine später entwickelte ‚Stufentheorie‘ (vgl. S. 208 f.): Grundsätzlich sei der staatsrechtliche Demokratiebegriff auch „Inhalt des Verfassungsgebots ‚demokratischer‘ Organisation der Koalitionen“, bei den verschiedenen Merkmalen sei aber die Anwendbarkeit auf die Koalitionen im einzelnen zu überprüfen. Weiterhin seien die Vorschriften des Parteiengesetzes verbindlich, „soweit die Gewerkschaften sich mit den Parteien vergleichen lassen“.

11 Die hier vorgeschlagene ‚Beweislastverteilung‘ bezieht sich nur auf die Übertragbarkeit der für den staatlichen Bereich geltenden demokratischen Prinzipien, nicht allgemein für die Anwendung des Demokratiegebots.

12 So meint *Biedenkopf*, Grenzen der Tarifautonomie, S. 53, daß „der umfassende Regelanspruch der Verbände ... nach einer Legitimation durch die Normunterworfenen (verlange), die dem Verhältnis von Parlament und Bürger entspricht“.

weit, daß für staatliche wie tarifvertragliche Rechtsetzung der Wille der Normunterworfenen weitgehend verwirklicht werden soll, wenn auch nicht zu übersehen ist, daß Art. 38 Abs. 1 Satz 2 GG die Zulässigkeit eines Übergehens des Willens der Normbetroffenen durch die Normsetzungsorgane ausdrücklich anerkennt. Diese Ähnlichkeit in der Zielsetzung wird aber mit kaum vergleichbaren Mitteln zu erreichen versucht, so daß nähere Parallelen zum staatlichen Rechtsetzungsprozeß zumindest als problematisch angesehen werden müssen. Allerdings ist eine Parallele insoweit gerechtfertigt, als die Normsetzungsorgane von den Normunterworfenen gewählt sein müssen und diese auch inhaltlichen Einfluß auf die Normsetzung auszuüben berechtigt sind, also die Mitglieder ähnlich wie die Verbände im politischen Prozeß ihre Interessen zum Ausdruck bringen können. Bei der konkreten Ausgestaltung sind aber die Eigentümlichkeiten des tarifvertraglichen Normsetzungsvorgangs zu berücksichtigen, so daß eine detailgetreue Übertragung in jedem Fall auszuschließen ist.

Wird das Demokratiegebot der Koalitionen mit ihrer staatlich unkontrollierten Macht begründet — ein Gesichtspunkt, der hier schon wegen Abgrenzungsschwierigkeiten abgelehnt wurde[13] —, so erscheint es hingegen ausreichend, daß die Macht der Verbandsführung durch Wahl der für die Bestellung des Vorsitzenden zuständigen Organe legitimiert wird. Auch zur Begründung staatlicher Macht und ihrer Ausübung durch besondere Organe wird deren Wahl vom Grundgesetz in Art. 20 Abs. 2 als genügend angesehen, allerdings zugleich auch eine Bindung der Gewalten institutionalisiert. Es wäre insofern zumindest überlegenswert, ob nicht auch die weiteren Legitimitätsprinzipien staatlicher Macht wie Gewaltenbalancierungsmechanismus und Grundrechtsbindung auf die Koalitionen zu übertragen wären. —

Grundsätzlich erscheint aber den Vorschlägen, das Verhältnis Bürger-Staat auch auf die Rechtsbeziehungen von Mitglied und Verband zu übertragen, die Vorstellung zugrunde zu liegen, daß die Verbände ein gegenüber dem politischen System abgeschlossenes Handlungssystem darstellen und aufgrund der Funktionsähnlichkeit eine Reproduzierung der für den politischen Bereich gültigen Prinzipien geboten sei. Die hier interessierende Problematik liegt im Bild der Abgeschlossenheit, das mit der Ausübung öffentlicher Aufgaben durch die Gewerkschaften nicht mehr übereinstimmt. Vielmehr bedeutet die Durchführung öffentlicher Aufgaben von Verbänden, daß eine Verbindung zwischen verschiedenen Handlungssystemen hergestellt ist und spezifische Leistungen für das Gesamtsystem erbracht werden. Während die Tarifautonomie aufgrund ihrer verfassungsrechtlichen Bestimmung

[13] Näher oben 1. Kap. I. 1.

noch formell ein relativ eigenständiges Handlungssystem darstellt und das politische System entlastet, ist die politische Tätigkeit der Verbände zur Einbringung der speziellen Bedürfnisse und Interessen ein wesentliches Element im politischen Prozeß und keinesfalls ein in sich abgeschlossenes Handlungssystem. Zumindest für diesen Aufgabenbereich verbietet sich die Vorstellung einer Übertragung der für die Staatswillensbildung geltenden Strukturprinzipien auf den Prozeß der Vorformung des politischen Willens, wenn auch beide eng ineinander verschränkt sind[14]. Schließt man sich der Auffassung an, daß die Verbände als modifizierte Elemente unmittelbarer Demokratie den Integrationsdefiziten und Mediatisierungstendenzen von Parlament und Regierung entgegenwirken sollen[15], deren Ursachen im wesentlichen in der Repräsentationsstruktur begründet sind[16], so muß es als Widerspruch zur verfassungsrechtlichen Funktion der politisch agierenden Verbände erscheinen, sich mit der Reproduktion einer Repräsentativverfassung als Strukturprinzip innerverbandlicher Willensbildung in dem Sinne zu begnügen, daß mit der Wahl der Verbandsführung bzw. Ausschaltung des Führerprinzips[17] schon dem Gebot innerverbandlicher Demokratie nachgekommen sei. Die Beschränkung auf diese Minimalanforderung würde im Ergebnis nicht nur der verfassungsrechtlichen Aufgabe der Verbände, die Interessen der Mitglieder in den politischen Entscheidungsprozeß zu vermitteln, zuwiderlaufen, sondern eine Verstärkung der Mediatisierungstendenzen bewirken und die Integrationsschwächen des politischen Systems nicht korrigieren[18].

Wenn aber die verfassungsrechtliche Aufgabe und Legitimation der Verbände für ihre politische Tätigkeit darin liegt, die sich verbandsförmig zusammengeschlossenen einzelnen mit der politischen Entscheidungsapparatur zu verbinden, darf die Mitwirkung der Mitglieder nicht auf die Wahl der Verbandsorgane beschränkt werden, sondern

---

14 Vgl. BVerfG 20, 56 (98 f.).

15 Vgl. *Hesse*, S. 61.

16 Hierzu näher oben Erster Teil, II. 2. Text nach FN 34.

17 Offensichtlich im Anschluß an das SRP-Urteil wird von verschiedenen Autoren die Gestaltungsfreiheit im wesentlichen nur dadurch eingeschränkt gesehen, daß eine Installierung des Führerprinzips unzulässig sei. Vgl. *Gitter*, S. 199; *Hueck / Nipperdey*, Lehrbuch des Arbeitsrechts, Bd. II/1, S. 101 neben anderen Kriterien. — Dabei wird übersehen, daß das BVerfG nur feststellte, daß schon vor Erlaß eines Parteiengesetzes das Gebot innerparteilicher Demokratie insoweit gilt, als „der Aufbau der Partei von unten nach oben erfolgen muß, die Mitglieder also nicht von der Willensbildung ausgeschlossen sein dürfen ...“ (BVerfG 2, 40; vgl. auch S. 14).

18 Wenn in der politischen Praxis diese Defekte zu registrieren sind, so ist zu bedenken, daß die meisten Interessenverbände nach dem Repräsentationsprinzip organisiert sind. Nicht ohne Grund entwickeln sich daher neue Organisationen (z. B. Bürgerinitativen), wo eine Interessenartikulation über die etablierten Verbände nur noch unzureichend zu realisieren ist.

die Willensäußerungen des Verbandes müssen den Willen der Mitglieder zum Ausdruck bringen. Entsprechend muß die innerverbandliche Willensbildung so organisiert werden, daß die Voraussetzungen für eine „Willensbildung von unten nach oben"[19] vorliegen bzw. die Möglichkeit einer optimalen (nicht maximalen!) Mitgliederbeteiligung bei der Formulierung der Verbandsmeinung gewährleistet ist. —

Daß diese Anforderung nicht nur aus der politischen Betätigung der Gewerkschaften erfolgt, sondern ebenso für die koalitionsspezifische Tätigkeit zutrifft, ergibt sich aus den Begründungen des Demokratiegebots aufgrund des individuellen Koalitionsrechts sowie vor allem daraus, daß die Erfüllung der den Koalitionen zugewiesenen Aufgabe eine optimale Berücksichtigung der Mitgliedsinteressen verlangt. Wenn insoweit für die koalitionsspezifische wie politische Betätigung gleichermaßen eine Willensbildung von unten nach oben zu verlangen ist, so folgt aus dieser Übereinstimmung des für die Organisation des innerverbandlichen Willensbildungsprozesses maßgebenden Grundsatzes nicht schon, daß den Mitgliedern für beide Aufgabenbereiche identische Mitwirkungsmöglichkeiten einzuräumen wären. Vielmehr ist zu berücksichtigen, daß koalitionsspezifische und politische Betätigung unter unterschiedlichen Umweltbedingungen stehen, die bei der Strukturierung des verbandsinternen Willensbildungsprozesses einzubeziehen sind und im einzelnen unterschiedliche Regelungen der Beteiligungsrechte erforderlich machen können.

Die nähere Ausgestaltung der Teilnahmemöglichkeiten für die Mitglieder ist weitgehend als eine Zweckmäßigkeitsfrage anzusehen und dem Ermessen des Verbandes überlassen, dessen Organisationsfreiheit nur insoweit eingeschränkt ist, als die elementaren Grundsätze zur Sicherstellung einer Willensbildung von unten nach oben zu beachten sind. Wenn auch daher die Frage, *ob* den Mitgliedern eine Beteiligung an der Willensbildung einzuräumen ist, der Regelungsbefugnis des Vereins entzogen ist, so steht es der Organisationsfreiheit im wesentlichen offen, *wie* die Beteiligung zu erfolgen hat. Die Aufstellung von Mindestregelungen verstößt aber dann nicht gegen die in Art. 9 GG garantierte Satzungsautonomie, „wenn lediglich ein Rahmen abgesteckt wird, der

[19] Vgl. *Ridder*, S. 19. Nach *U. Müller*, Die demokratische Willensbildung in den politischen Parteien, S. 104 entspricht dem innerverbandlichen Gebot der Willensbildung von unten nach oben das demokratische Prinzip der Volkssouveränität (ähnlich auch *Föhr*, S. 150). — Die Problematik dieses Vergleichs unter Berücksichtigung des GG zeigt sich darin, daß sich mit der Volkssouveränität nur die personelle Auswahl der Verbandsführung durch die Mitglieder, nicht aber ein inhaltlicher Einfluß der Mitglieder auf die Verbandspolitik begründen läßt. Diese Schwierigkeiten ergeben sich nicht für den hier vertretenen funktionellen Ansatz, der auf Vergleiche aus dem Bereich staatlicher Willensbildung verzichtet.

der freien Satzungsgestaltung genügend Spielraum läßt und die funktionalen Zweckmäßigkeiten nicht behindert"[20]. Allerdings darf nicht schon aus organisationspolitischen Zweckmäßigkeitsgründen die Mitwirkung der Mitglieder an Willensbildungsprozessen praktisch gänzlich ausgeschaltet werden: sollte sich die Verkürzung eines bestimmten Mitwirkungsrechts als sinnvoll erweisen, so muß als funktionales Äquivalenz in einer anderen Phase des Willensbildungsprozesses ein gleichwertiges Mitwirkungsrecht eingeräumt und nicht eine ersatzlose Streichung vorgenommen werden. —

Im näheren ist nun der Frage nachzugehen, welche Grundsätze zur Sicherung einer Willensbildung von unten nach oben als so elementar angesehen werden müssen, daß sie als unverzichtbare Bestandteile der Satzungsgestaltung angesehen werden müssen[21].

Während eine periodisch wiederkehrende *Wahl des Vorstands* zumindest durch eine seinerseits aus Wahlen der Mitglieder hervorgegangene Vertreterversammlung schon als eine Selbstverständlichkeit aufzufassen ist, muß die Frage eines Kooptationsrechts zur Ergänzung des Vorstandes bzw. eine ex-officio-Mitgliedschaft im Vorstand als weitaus delikater beurteilt werden. Die Ersetzung eines ausgefallenen Vorstandsmitglieds bis zum nächsten ordentlichen Gewerkschaftstag dürfte als zulässig angesehen werden. Wünschenswert, aber nicht unbedingt verfassungsrechtlich geboten, wäre die Zustimmung des Interimsorgans auf jeden Fall für zentrale Vorstandspositionen wie Vorsitzender oder Stellvertreter. — Hinsichtlich einer *ex-officio-Mitgliedschaft,* die auch über dem in § 11 Abs. 2 Satz 2 Parteiengesetz festgesetzten Quorum liegen mag, ist wenig einzuwenden, wenn diese Mitglieder ihr Amt oder Mandat aus einer Wahl erhalten haben (so § 11 Abs. 2 Satz 1 ParteiG). Als verfassungsrechtlich äußerst problematischer Grenzfall wäre aber die Zugehörigkeit zum Vorstand von solchen Vorstands-

---

20 *M. Kriele,* Das demokratische Prinzip im Grundgesetz, S. 77.

21 Vgl. hierzu auch *O. Kahn-Freund,* Rechtliche Garantien der innergewerkschaften Demokratie. Da dieser Beitrag im wesentlichen auf Probleme der anglo-amerikanischen Gewerkschaftsszene eingeht, ist allerdings eine Berücksichtigung seiner Erörterungen und Vorschläge kaum möglich: so stellt sich die Frage nach einer Aufnahmepflicht aufgrund des closed-shop-Prinzips ebensowenig wie die Zulässigkeit der gewerkschaftlichen Unterstützung politischer Parteien bei faktischem Beitrittszwang oder das in den USA relevante Problem der Wahlfälschungen für das hiesige Gewerkschaftsrecht.

Der hierdurch notwendige Verzicht auf eine problemorientierte Rechtsvergleichung ist um so bedauerlicher, als der Diskussionsstand um ‚trade-union-democracy' im anglo-amerik. Bereich unvergleichbar fortgeschrittener als in der BRD ist. —

Detailliertere und zum Teil weitergehende Vorschläge als hier sind inzwischen von *Föhr,* S. 153 - 197 entwickelt worden.

mitgliedern zu bewerten, die ein nicht durch Wahl zu besetzendes Amt ausüben. Mag auch die Bedeutung des Amtes eine Mitgliedschaft im Vorstand rechtfertigen, so sind andererseits keine sachlichen Gründe ersichtlich, daß diese Ämter ihrerseits ohne jeglichen Mitgliedereinfluß besetzt werden müssen, zumal wenn die Amtsinhaber die Interessen der Mitgliedschaft im Vorstand vertreten sollen. Jedenfalls wäre eine solch offensichtliche Abweichung von den Vorschriften des Parteiengesetzes, die bewußt gegenüber den Praktiken bestimmter Parteien eingefügt worden sind, ausführlich zu begründen, da eine solche Kooptationspraxis sich vom Leitbild der Willensbildung von unten nach oben sehr weit entfernt[22].

Der *Grundsatz gleichberechtigter Beteiligung aller Mitglieder an Abstimmungen und Wahlen* bedarf keiner längeren Begründung, da er nur eine Folge des schon im bürgerlichen Vereinsrecht geltenden Gebots gleichmäßiger Behandlung der Mitglieder darstellt[23]. Als zulässig muß aber angesehen werden, die Ausübung des Stimmrechts von der Beitragszahlung abhängig zu machen (vgl. auch § 10 Abs. 2 Satz 2 ParteienG[24]); allerdings erscheint es unverhältnismäßig, schon geringfügige Beitragsrückstände zum Anlaß für den Entzug dieses elementaren Mitgliedsschaftsrechts zu nehmen. Nicht vertretbar sind aber weitergehende Regelungen, die die Ausübung jeglicher Mitgliedschaftsrechte an die pünktliche Betragszahlung binden wollen, soweit hiervon nicht nur Leistungsrechte, sondern auch Aktivrechte des Mitglieds wie Versammlungsbesuch betroffen werden. Wenn auch grundsätzlich ein erheblicher Beitragsrückstand als fingierte Austrittserklärung oder Ausschlußgrund interpretiert werden darf, so dürfen andererseits kleine Unregelmäßigkeiten nicht schon zu einem praktischen Ausschluß von der Meinungs- und Willensbildung benutzt werden. — Als gerechtfertigt erscheint es, das passive Wahlrecht von einer nach Funktionsart differenzierenden Mitgliedschaftsdauer abhängig zu machen, soweit nicht unverhältnismäßige Wartezeiten auferlegt werden, die mit organi-

---

[22] Nach *Föhr*, S. 193 ist die ex-officio-Mitgliedschaft eines Amtsinhabers höherer Stufe im Vorstand einer unteren Gliederung unzulässig, da hierdurch deren Autonomie beschränkt werde; zur notwendigen Information und Kommunikation sei ein Beratungsrecht ausreichend. — Zu Recht weist Föhr ferner darauf hin, daß die ex-officio-Mitgliedschaft von Minderheitsgruppenvertretern zulässig ist.

[23] Vgl. weiter *Föhr*, S. 173, demzufolge der Grundsatz der Stimmrechtsgleichheit gebiete, daß bei Vertreterversammlungen auf jeden Delegierten die gleiche Anzahl von Mitgliedern fallen müsse, allerdings im Hinblick auf kleine Verwaltungsstellen die Mitgliederzahl pro Delegierter nicht zu hoch angesetzt werden dürfe.

[24] Hierzu auch *F. Knöpfle*, Der Zugang zu den politischen Parteien, Der Staat 1970, 321 (341 f.), der zu Recht darauf hinweist, daß die Beitragsleistung die wirtschaftlichen Möglichkeiten des Mitglieds zu berücksichtigen hat.

sationspolitischen Notwendigkeiten nicht zu begründen sind[25]. Im einzelnen werden sich aber keine eindeutigen Regeln aus dem Gebot der Willensbildung von unten nach oben entnehmen lassen.

Wesentlich für eine demokratische Willensbildung ist die *Einräumung von Antragsrechten an untere Organisationseinheiten* sowie aus Gründen des Minderheitenschutzes (vgl. auch § 15 Abs. 3 Satz 1 ParteiG) an spezifische Gruppen für die Beratungen des beschlußfassenden Organs auf der höchsten Ebene, das über die Grundsätze der Organisationspolitik zu entscheiden hat und deren Ausführung dem Vorstand obliegt. Welcher Organisationsgliederung im einzelnen ein Antragsrecht zukommen soll, ist vor allem eine Frage des jeweiligen Organisationsaufbaus und abstrakt nur soweit zu entscheiden, als möglichst mitgliedsnahen Organisationseinheiten ein Antragsrecht eingeräumt werden muß. Hinsichtlich der *Besetzung der Antragskommission* ist zu beachten, daß nicht nur Vertreter des Vorstandes, sondern auch Vertreter aus dem Kreise der Delegierten heranzuziehen sind und institutionell für ein ausgewogenes Verhältnis gesorgt wird[26]. Von weiterer Bedeutung ist, daß der *Tagungsturnus von Mitglieder- und Vertreterversammlungen*[27] von vornherein festgelegt wird, nicht in zeitlich zu großen Abständen getagt wird und den Delegierten die Beratungsthemen und Anträge rechtzeitig zur Vorbereitung unterbreitet werden. Schließlich ist auch auf Verlangen einer näher zu qualifizierenden Minderheit eine *außerordentliche Versammlung der Vertreterorgane* einzuberufen. —

Nach § 15 Abs. 3 Satz 3 ParteiG dürfen die Delegierten für Wahlen und Abstimmungen nicht an die Beschlüsse anderer Organe gebunden werden. Der mit dieser Bestimmung institutionalisierte *Grundsatz des freien Mandats* verpflichtet also die Parteien auf ein wesentliches Strukturmerkmal der Repräsentativdemokratie, was möglicherweise mit der Nähe der Parteien zur staatlichen Willensbildung begründet

---

[25] Weitergehend *Föhr*, S. 171 f., der generell das Vorschreiben einer bestimmten Mitgliedschaftsdauer für die Ausübung des passiven Wahlrechts für verfassungwidrig hält und darauf hinweist, daß den Wählern allein ein Urteil über die sachliche Qualifikation der Kandidaten vorzubehalten ist.

[26] Weitergehend *Föhr*, S. 187, daß „die Mitglieder dieser Kommission sich nur aus Delegierten des Gewerkschafts- bzw. Bezirkstages zusammensetzen und auch nur von den Delegierten bzw. dem sie entsendenden Organ ausgewählt werden (dürfen). Eine Auswahl durch den Vorstand greift unzulässig in die Befugnisse des Mitgliederorgans ein".

[27] Näher hierzu weist *Föhr*, S. 189 ff. darauf hin, daß ein zu hoher Anteil an hauptamtlichen Delegierten zu einer Verfälschung des Mitgliederwillens führen kann, sowie eine ex-officio-Mitgliedschaft des Vorstands in Delegiertengremien unzulässig ist, für Minderheiten aber geboten sein kann. Weiterhin seien — wie auch im ParteienG vorgesehen — die Delegierten nur für 2 Jahre und möglichst auf Ortsebene zu wählen.

werden kann und die Konsequenz einer systematischen Interpretation des Art. 21 Abs. 1 und Art. 38 Abs. 1 Satz 2 GG darstellen mag, aber zwingend kaum aus der verfassungsrechtlichen Funktion der Parteien als modifizierte Elemente unmittelbarer Demokratie folgt, wenn nicht sogar dieser Funktion widerspricht[28]. Jedenfalls kann für die Willensbildung der Verbände die Institutionalisierung einer unabhängigen Stellung der Delegierten nicht als verfassungsrechtlich geboten angesehen werden, da die Gewerkschaften nicht in den Bereich konstitutioneller Repräsentation einbezogen sind. Es bleibt also der Organisationsfreiheit der Gewerkschaften überlassen, wie die Rechtsstellung der Delegierten näher zu regeln ist.

Nach *Ridder* ist „vor allem die Unantastbarkeit der Oppositions- und Meinungsfreiheit"[29] auch für den innerverbandlichen Willensbildungsprozeß zu gewährleisten. Das *Recht der Mitglieder auf freie Meinungsäußerung* im Verband muß als elementar angesehen werden, da die verfassungsrechtliche Gewährleistung der Vereinigungsfreiheit seinen wesentlichen Grund darin hat, dem einzelnen ein Medium zur Darstellung seiner Meinung einzuräumen und daher die Vereinigungsfreiheit in seiner komplementären Funktion zur Meinungsfreiheit gesehen werden muß[30]. Weniger dieser Grundsatz als die aus ihm resultierenden Konsequenzen bereiten aber einige Schwierigkeiten. Während die Äußerung von Meinungen, die im Gegensatz zur offiziellen Verbandsmeinung stehen, im Rahmen der verbandsinternen Diskussionen prinzipiell nicht begrenzbar ist, muß eine Beschränkung oppositioneller Äußerungen gegenüber der Öffentlichkeit als zulässig angesehen werden, um überhaupt die Darstellung einer einheitlichen Verbandsmeinug zu ermöglichen[31]. Diese *Einschränkung der Meinungsfreiheit nach außen* dürfte aber nur für solche Themenbereiche gelten, zu denen nach der Satzung ordnungsgemäße Beschlußfassungen vorliegen, also eine innerverbandliche Meinungs- und Willensbildung schon stattgefunden hat bzw. ein Grundsatzprogramm verabschiedet worden ist. Soweit die Meinungsbildung aber noch nicht durch entsprechende Beschlüsse abgeschlossen worden ist, erscheint es nicht gerechtfertigt, dem Vorstand ein Monopol zur Meinungsäußerung einzuräumen, vielmehr muß es auch

---

28 Kritisch auch *G. Stuby*, Die Macht der Abgeordneten und die innerparteiliche Demokratie, Der Staat 1969, 309 (319 f.). Auch *Föhr*, S. 191 betont, daß „ein völlig freies Mandat der Delegierten ... nicht demokratischen Grundsätzen" entspricht.

29 *Ridder*, S. 19.

30 Vgl. näher oben Erster Teil, II. 2. 3.

31 Vgl. auch *Maunz(-Dürig-Herzog)*, Rdz. 67 zu Art. 21 GG zur Zulässigkeit einer Parteidisziplin nach außen. Das heißt aber nicht, daß ein generelles Verbot zulässig ist, in der Öffentlichkeit Kritik zu üben (so auch *Föhr*, S. 174).

dem Mitglied gestattet sein — allerdings nur in seinem Namen —, gegenüber der Öffentlichkeit Stellungnahmen abzugeben.

Diesem Recht, über verbandsexterne Medien Einfluß auf die innerverbandliche Willensbildung zu nehmen, kommt um so größere Bedeutung zu, als der Vorstand seinerseits sich zur Darstellung seiner Meinung weitaus effektiver als die sonstigen Mitglieder der verbandseigenen Kommunikationsmittel bedienen kann. Wenn auch den Mitgliedern ein *Recht auf Meinungsdarstellung in der Verbandspresse* einzuräumen ist, das inhaltlich nicht an die engen Grenzen des presserechtlichen Gegendarstellungsanspruchs gebunden ist, so ist nicht zu übersehen, daß damit noch nicht eine nur annähernde Chancengleichheit zwischen dem amtierenden Vorstand und oppositionellen Gruppen für die verbandsinterne Meinungsbildung hergestellt ist. Im einzelnen sind aber hier noch viele Fragen klärungsbedürftig, wie die im Grundsatz verbürgte Chance der Minderheit einmal Mehrheit zu werden, institutionell abzusichern ist. Zumindest wird sich verfassungsrechtlich ein *Recht auf formelle Fraktionsbildung* nach politischen Gesichtspunkten schwerlich begründen lassen, auch wenn die Institutionalisierung eines innerverbandlichen Zweiparteiensystems die Funktionsfähigkeit eines demokratischen Willensbildungsprozesses gegenüber oligarchischen Tendenzen wesentlich begünstigen soll. Da aber die Umweltsbedingungen bei der Organisation der verbandsinternen Willensbildung zu berücksichtigen sind[32] und in einer Kampfsituation wie bei Tarifverhandlungen und Streiks ein nicht geschlossen auftretender Verband seine Verhandlungsposition schwächt oder wenigstens innerverbandliche Kontroversen als Schwäche interpretiert werden, erscheint es ausgeschlossen, eine verfassungsrechtlich geschütztes Recht auf innerverbandliche Fraktions- oder Parteibildung aus dem Gebot der Willensbildung von unten nach oben herleiten zu wollen[33].

---

[32] Ähnlich wie hier auch *Föhr*, S. 175, daß „die Grenzen innergewerkschaftlicher Meinungs- und Oppositionsfreiheit ... nicht für immer und für alle Gewerkschaften unabhängig von den Umweltbedingungen festgelegt werden (können). Sie sind in einer Zeit der weitgehenden öffentlichen Anerkennung weiter zu stecken, als in der Aufbau- und Gründungsphase".

[33] So auch *Maunz*, Rdz. 58 zu Art. 21 GG für die Parteien. — Nicht ganz klar ist, ob *Stein*, Staatsrecht, S. 154, für Verbände mit Monopolstellung ein Recht auf Fraktionsbildung im hier beschriebenen Sinn meint, wenn er „aus der Vereinigungsfreiheit ein Recht auf die Organisation der einzelnen Gruppierungen innerhalb der Vereinigung" folgert und eine pluralistische Infrastruktur als Voraussetzung für eine Willensbildung von unten nach oben zur Bekämpfung oligarchischer Tendenzen in Monopolverbänden hält. — Zu Recht hat *Kahn-Freund*, S. 337 darauf hingewiesen, daß „in einer Kampforganisation ... Parteibildung drohende Spaltung (bedeutet), und eine Art Verrat, dies ganz besonders, wo es einen sozialen ‚Gegenspieler' gibt, der oft geneigt sein wird, sich solcher Parteibildung für seine Zwecke zu bedienen".

Nicht zu verwechseln hiermit ist die von mehreren Autoren geforderte *plurale Infrastruktur* der Koalitionen nach berufsständischen Gesichtspunkten[34], durch die den verschiedenen Interessengruppierungen innerhalb der Koalition eine Darstellung ihrer spezifischen Interessen ermöglicht werden soll. Zu Recht hat *Löwisch* eine solch verstandene plurale Infrastruktur auf den Gedanken des Minderheitenschutzes zurückgeführt und darauf hingewiesen, daß „bei aller Betonung des Solidaritätsgedankens diejenigen, deren Interessen es angeht, ihre Vorstellungen bei etwaigen Aktionen der Gewerkschaft, insbesondere bei sie betreffenden Tarifvertragsabschlüssen zur Geltung bringen können"[35]. — Eine Grenze gebotener Pluralisierung ergibt sich allerdings aus dem Industrieverbandsprinzip, dessen Aufhebung zugunsten des sich organisationspolitisch als fragwürdig erwiesenen Berufsverbandsprinzips nicht unter der Forderung nach pluraler Infrastruktur betrieben werden darf. —

Auch ist zu beachten, daß die Kampfkraft der Gewerkschaften durch eine überzogene Gruppenzersplitterung geschwächt wird und in den Entscheidungsphasen der Tarifvertragsverhandlungen der Darstellung von Geschlossenheit Vorzug einzuräumen ist, während bei der Formulierung der Tarifforderungen diesem Aspekt weniger Bedeutung zukommt. Grundsätzlich müssen aber Maßnahmen, die Mitwirkungsrechte der Mitglieder zugunsten der Verbandsdisziplin einschränken, mit organisationspolitischen Erfordernissen in den verschiedenen Phasen der Tarifauseinandersetzungen näher begründet werden. Als nicht ausreichend und zu undifferenziert ist jedenfalls der pauschale Hinweis auf den Charakter der Gewerkschaften als Kampforganisation anzusehen[36], da die Intensität der Kampfsituation im einzelnen recht unterschiedlich ist und daher abgestufte Mitwirkungsmöglichkeiten zuläßt.

Ebensowenig ist aus der *Freiwilligkeit des Verbandseintritts* auf einen freiwilligen Verzicht der Mitwirkung an der innerverbandlichen Willensbildung zugunsten einer Unterwerfung unter die Verbandsdisziplin zu folgern[37]: nicht schon die freiwillige Verbandszugehörigkeit rechtfertigt Maßnahmen einer Verbandsdisziplin nach außen, sondern nur die angestrebte Erfüllung der Verbandsaufgabe. Immer ist aber

---

[34] Vgl. *Löwisch*, Die Voraussetzungen der Tariffähigkeit, ZfA 1970, 295 (307); *Scholz*, Koalitionsfreiheit als Verfassungsproblem, S. 375 unter Anlehnung an die Rundfunkorganisation.

[35] *Löwisch*, insbesondere im Hinblick auf die ÖTV.

[36] So *Galperin*, Inhalt und Grenzen des kollektiven Koalitionsrechts, AuR 1965, 1 (2).

[37] Vgl. *Galperin*, ebd.; *Maunz(-Dürig-Herzog)*, Rdz. 67 zu Art. 21 GG. Ablehnend wie hier auch *Föhr*, S. 174.

vom Grundsatz der Willensbildung von unten nach oben auszugehen, der nur ausnahmsweise zugunsten einer ansonsten nicht zu realisierenden Aufgabenerfüllung eingeschränkt werden darf. Dieses Regel-Ausnahme-Verhältnis gebietet, daß Einschränkungen der Mitwirkungsrechte im einzelnen mit organisationspolitischen Zweckmäßigkeitserwägungen zum Ziele einer besseren Aufgabenerfüllung zu begründen und möglichst kompensatorische Teilnahmebefugnisse einzuräumen sind, damit der Ausnahmetatbestand nicht zum Regelfall avanciert.

Von nicht zu unterschätzender Bedeutung ist das formale Erfordernis, daß die *Rechte der Mitglieder bei der innerverbandlichen Willensbildung auch satzungsmäßig zu verankern sind* und insoweit das einzelne Mitglied sich über seine Rechtsposition informieren kann (vgl. § 6 Abs. 2 Ziff. 2 - 4 ParteienG)[38]. Soweit die Art und Weise der Mitwirkungsbefugnisse der satzungsmäßigen Disposition unterliegt, muß die Änderungsbefugnis dem höchsten beschlußfassenden Gremium vorbehalten bleiben. Wenn auch entsprechend § 9 Abs. 3 ParteienG die Kompetenz von Satzungs-, Beitrags-, Schiedsgerichtsordnungsänderungen grundsätzlich dem Gewerkschaftstag zustehen sollte[39], so wird eine Ausnahme zugunsten des Interimsorgans für eng begrenzte und in der Satzung zu bezeichnende Fälle als noch zulässig angesehen werden müssen, sofern diese nicht die Rechtsstellung der Mitglieder im innerverbandlichen Willensbildungsprozeß berühren. — Schließlich folgt aus dem Demokratiegebot die *Pflicht zur verbandsinternen Publizität der innerverbandlichen Meinungs- und Willensbildung*[40]. Grundsätzlich wird sich sagen lassen, daß die Mitglieder „die Möglichkeit haben müssen, ihre eigenen Vorstellungen zu Gehör zu bringen sowie sich ausreichende Beurteilungsgrundlagen für die jeweils anstehenden Personal- und Sachentscheidungen zu verschaffen; zu den dazu erforderlichen Informationen gehört nicht zuletzt ein Rechenschaftsbericht der Parteiführung über die geleistete Arbeit und die Verwertung der finanziellen Mittel“[41]. Weiterhin gehört hierzu, daß den Mitgliedern Zutritt zu den Versammlungen ihrer Delegierten einzuräumen ist, so-

---

[38] Auch *Föhr,* S. 151 fordert, daß „eine möglichst große Vollständigkeit der Satzungen im Interesse der Rechtssicherheit des einzelnen Mitglieds anzustreben“ ist.

[39] Ausführlich zur Kompetenzverteilung zwischen Mitgliedern bzw. Vertreterversammlungen und Vorstand *Föhr,* S. 183 ff.

[40] Davon zu unterscheiden ist die hier nicht zu behandelnde Frage, welche Publizitätsansprüche gegenüber der Allgemeinheit zu erfüllen sind. Vgl. hierzu *F. Kübler,* Rechtsfähigkeit und Verbandsverfassung, S. 16 ff.; *Scholz,* S. 220.

Grundsätzlich dürfte eine Pflicht der Koalitionen gegenüber der Allgemeinheit Rechenschaft abzulegen aus dem Gedanken herleitbar sein, daß die Allgemeinheit ein Informationsrecht hat, ob die den Koalitionen im öffentlichen Interesse zugewiesene Aufgabe erfüllt wird.

wie daß den Mitgliedern die für sie verbindlichen Beschlußfassungen der Vereinsorgane zur Kenntnis gebracht werden. —

Die Gewerkschaften nehmen zwar nicht wie die Parteien an politischen Wahlen teil, beteiligen sich aber an verschiedenen anderen Wahlen durch Aufstellung eigener Listen, insbesondere bei *Betriebsratswahlen* und den *Wahlen für die Organe der Sozialversicherung.* Da der Mechanismus dieser Wahlen grundsätzlich dem Ablauf einer politischen Wahl entspricht, indem die Wahlberechtigten ihre Stimme einer Liste geben, ist entsprechend §§ 22, 28 Bundeswahlgesetz in Verbindung mit § 17 ParteienG[42] zu verlangen, daß die gewerkschaftlichen Listenkandidaten und ihre Reihenfolge von den Mitgliedern selbst oder von den Mitgliedern gewählten Vertreterorganen ausgewählt werden, die ihrerseits berechtigt sind, an den Wahlen teilzunehmen. Für die Betriebsratswahlen folgt hieraus, daß die im Betrieb tätigen Gewerkschaftsmitglieder oder die von ihnen gewählten Vertrauensleute der aufgestellten Liste zustimmen müssen.

Literarisch ausführlich behandelt ist schon die Frage nach einem *Aufnahmeanspruch in die Gewerkschaften,* worauf hier nur kurz eingegangen werden soll, da es sich mehr um eine Vorstufe des hier interessierenden Problembereichs der Mitwirkung an der innerverbandlichen Willensbildung handelt. Allerdings ist nicht zu übersehen, daß das Gebot demokratischer Willensbildung weitgehend leerlaufen müßte, wenn die Aufnahme in das freie Ermessen der Gewerkschaften gestellt bliebe, so daß inhaltlich die Frage nach Aufnahme und Mitwirkung in den Gewerkschaften zweifellos eng zusammen gehören. — Als dogmatischer Ansatzpunkt für einen Aufnahmeanspruch sind allgemein ein Kontrahierungszwang aufgrund Monopolstellung nach § 826 BGB herangezogen worden[43], sowie der Gleichheitsgrundsatz[44]. In einem metho-

---

[41] *W. Martens,* Öffentlich als Rechtsbegriff, S. 157 f. im Hinblick auf die Parteien. Es sind keine Gründe ersichtlich, daß diese Grundsätze nicht auch auf die Verbände übertragbar sind (vgl. *Martens,* S. 167 unter Hinweis auf die weitere Konkretisierungsbedürftigkeit). Ähnlich auch *Scholz,* S. 374 f.; *Föhr,* S. 188. — Nicht ausgeschlossen erscheint es auch, daß dem Vereinsmitglied ähnlich wie dem Aktionär nach § 131 AktG ein Auskunftsrecht einzuräumen ist.

[42] Die Kandidatenaufstellung durch die Mitglieder wird als einer der ganz zentralen Punkte innerparteilicher Demokratie aufgefaßt. Vgl. *Maunz(-Dürig-Herzog),* Rdz. 74 f. zu Art. 21 GG, insbesondere FN 1 m. w. Nachw. Die zitierten Vorschriften des BundeswahlG werden daher als ein Bundesgesetz im Sinne des Art. 21 III, nicht des Art. 38 III GG aufgefaßt. — Ähnlich wie hier auch *Föhr,* S. 154 f.

[43] Vgl. hierzu *H. Henrici,* Aufnahmepflicht für Koalitionen, S. 8 ff.; *R. Birk,* Der Aufnahmezwang bei Vereinen und Verbänden, JZ 1972, 343 (allerdings unter bewußter Ausklammerung der Koalitionen) jeweils m. w. Nachweisen.

[44] *Henrici,* S. 75 ff. Methodisch nicht unproblematisch wägt H. zwischen der Handlungsfreiheit der Koalition nach Art. 2 I GG (Art. 9 III GG soll nicht

disch ähnlichen Ansatz wie hier für die Begründung des Gebots demokratischer Willensbildung ist weiterhin ein Aufnahmeanspruch aus der den Koalitionen übertragenen zweckgerichteten Aufgabe hergeleitet worden, die die Satzungsautonomie zugunsten der Erfüllung ihres Verfassungsauftrags einschränke[45]: einmal bedürfe der einzelne eines organisatorischen Zusammenschlusses zu seiner sozialpolitischen Entfaltung, zum anderen werde die Koalition durch Aufnahme neuer Mitglieder gestärkt und ihr damit die Wahrnehmung ihrer Aufgaben erleichtert. Zugleich soll aber die Koalitionsaufgabe das Recht auf Aufnahme beschränken können, „sofern die von einem einzelnen angestrebte Mitgliedschaft eine Beeinträchtigung des Verfassungsauftrags der Koalitionen zur Folge haben kann"[46]. — Ohne auf Einzelfragen näher eingehen zu können, muß es angesichts der politischen Betätigung der Gewerkschaften als gerechtfertigt erscheinen, Bewerber politischer Gegnerorganisationen eine Mitgliedschaft zu versagen, ähnlich wie Parteien solchen Bewerbern, die schon Mitglied einer anderen Partei sind, die Aufnahme verweigern dürfen[47]. Zwar ließe sich eine Beschränkbarkeit der Mitwirkungsrechte für politische Gegner auf den koalitionsspezifischen Bereich vorstellen bzw. nur ein Ausschluß für die politische Willensbildung — eine solche Trennung würde aber übersehen, daß sich koalitionsspezifische und politische Funktion der Gewerkschaften zwar formal unterscheiden lassen, aber inhaltlich enge Wechselbeziehungen zwischen beiden Bereichen bestehen. Problematisch ist aber zweifellos, was im politischen Bereich als eine Gegnerorganisation zu verstehen ist, da eine formale Definition wie bei den Parteien oder dem koalitionsrechtlichen Gegnerbegriff, dessen Konturen allerdings auch immer flüssiger werden, nicht möglich ist[48].

---

berührt sein) und den Interessen des Bewerbers ab und kommt unter Berücksichtigung des Sozialstaatsprinzips grundsätzlich zu einem Vorrang der Bewerberinteressen (vgl. S. 121).

[45] *A. v. Stechow,* Die Frage des Rechts auf Aufnahme in Koalitionen, S. 69 ff. — Methodisch ähnlich auch *Föhr,* S. 164.

[46] Ebd., S. 76. Auch die Beschränkung des Aufnahmerechts aufgrund der Koalitionsaufgabe entspricht methodisch weitgehend dem hier vertretenen Vorschlag, daß Mitwirkungsrechte insoweit begrenzbar sind, als andernfalls eine effektive Aufgabenerfüllung nicht möglich ist. — Ähnlich auch *Knöpfle,* S. 332 ff., der — in seiner Kritik des § 10 I ParteiG — aus der „Funktion der politischen Parteien als Bindeglied zwischen Staatsvolk und verfaßten Staatsorganen" sowie dem „verfassungsrechtlichen Gebot zur Gewährung gleicher politischer Rechte und Chancen" (S. 334) grundsätzlich zu einem Aufnahmeanspruch gelangt und aus der Funktion auch seine Grenzen bestimmt.

[47] Vgl. *Knöpfle,* S. 342.

[48] Näher hierzu *Föhr,* S. 166 f., demzufolge „Grenze der Toleranz ... die Funktionsfähigkeit sein" (S. 168) muß und der weiterhin für das Aufnahmeverfahren verlangt, daß die Ablehnung eines Aufnahmeantrags schriftlich zu begründen ist und hiergegen ein Einspruchsrecht zu einem vorstandsunabhängigem Gremium vorgesehen ist.

Ein noch engerer Zusammenhang und von praktisch großer Bedeutung besteht zwischen dem Recht auf Mitwirkung an der innerverbandlichen Willensbildung und dem *Ausschluß aus der Organisation* oder einem temporären Funktionsverbot. Während die Regelung des Parteiengesetzes zur Aufnahme als äußerst problematisch angesehen werden muß, erfüllen die Vorschriften über Ordnungs- und Ausschlußmaßnahmen in § 10 Abs. 3 - 5, 14 Parteigesetz in hohem Maß rechtsstaatliche Ansprüche an ein faires Verfahren, so daß eine Anwendung der hier normierten Grundprinzipien auf die Gewerkschaften als ausreichender Schutz des Mitglieds gegen Verbandswillkür angesehen werden kann. Andererseits ist kein Grund ersichtlich, der eine Abweichung der im Parteiengesetz aufgestellten prinzipiellen Anforderungen rechtfertigen könnte. Entsprechend müssen die materiellen Ausschlußgründe erschöpfend und hinreichend bestimmt in der Satzung geregelt werden[49], sowie den vom Ausschluß bedrohten Mitglied elementare rechtsstaatliche Verfahrensgarantien wie rechtliches Gehör, Begründung der Ausschlußentscheidung, Berufung an ein vorstandsunabhängiges Schiedsgericht, Ablehnungsrecht eines Schiedsgerichtsmitglieds wegen Befangenheit, satzungsmäßig eingeräumt werden[50]. —

Wenn auch die hier postulierten Grundsätze zur Sicherung einer demokratischen Willensbildung von unten nach oben nach dem sozialwissenschaftlichen Erkenntnisstand als nicht ausreichend anzusehen sind, so kann andererseits nicht angenommen werden, daß die noch im Stadium abstrakter Diskussion befindlichen und praktischer Erprobung noch harrenden sozialwissenschaftlichen Organisationsvorschläge sich zum Verfassungsgebot schon verdichtet haben. Insofern erscheint es zu optimistisch, von der Seite der Sozialwissenschaften positive Regelungsvorschläge erwarten zu können, die einen funktionsfähigen demokratischen Willensbildungsprozeß garantieren. Dies um so weniger, als sozialwissenschaftliche Untersuchungen den begrenzten Stellenwert institutioneller Reformen für die Verwirklichung innerverbandlicher Demokratie aufgezeigt haben und anderen Faktoren weitaus größere Relevanz zuschreiben[51].

---

49 Nach *Föhr*, S. 179 f. setzt ein Ausschluß in jedem Fall ein subjektiv vorwerfbares Handeln voraus, um den pönalen Charakter eines Ausschlusses gerecht zu werden.

50 Zu Recht hält *Föhr*, S. 182 gewerkschaftliche Satzungsvorschriften, die den Vorstand in bestimmten Fällen zum Ausschluß ohne Verfahren ermächtigen, für nichtig und nur eine Suspendierung der Mitgliedschaftsrechte bis zur endgültigen Entscheidung für zulässig.

51 Hierzu näher Vierter Teil, I.

II. Das Gebot demokratischer Willensbildung und die Pflicht zur Durchführung einer Streikurabstimmung

Zur Verdeutlichung der hier vorgeschlagenen methodischen Grundsätze für die Konkretisierung des Gebots demokratischer Willensbildung von unten nach oben soll die Frage näher untersucht werden, ob hieraus eine Rechtspflicht zur Durchführung einer Urabstimmung vor einem Angriffsstreik resultiert. Nicht behandelt wird hingegen, ob andere Rechtsgründe, insbesondere Grundsätze des Arbeitskampfrechts[1] oder das Recht am Arbeitsplatz[2], die Gewerkschaften zur Durchführung einer Streikurabstimmung verpflichten; ebensowenig interessieren Schadensersatzfolgen aufgrund eines ohne vorherige Urabstimmung durchgeführten Arbeitskampfes.

Zur Lösung der Frage sind in der Literatur zunächst Parallelen zum staatlichen Bereich gezogen worden. So hat *Ridder* bezweifelt, daß das allgemeine Mandat des Vorstandes auch das Recht zur konkreten Streikanordnung enthalte. Ähnlich wie gute Gründe „für die Herausnahme der Entscheidungskompetenz über allerwichtigste Lebens- und Schicksalsfragen der Nation aus dem ‚normalen' Mandat einer parlamentarisch-demokratischen Staatsregierung ins Feld geführt worden sind"[3], sprächen die möglicherweise einschneidenden Folgen eines Streiks für die Arbeitnehmerschaft für die Durchführung einer Urabstimmung. Dieser Vergleich zum politischen Willensbildungsprozeß läßt aber nur den Schluß zu, daß Ridder eine Streikurabstimmung für wünschenswert, aber nicht rechtlich geboten hält — wenn auch eine explizite Stellungnahme fehlt —, da eine Volksabstimmung vom Grundgesetz mit Ausnahme des Artikel 29 nicht vorgesehen ist. — Methodisch ähnlich argumentiert *Gitter*, daß die Koalitionen nicht demokratischer als die Staatswillensbildung organisiert sein brauchten. Da das Grundgesetz sich für eine repräsentative Demokratie entschieden habe, könne von den Gewerkschaften eine Organisation im Sinne unmittelbarer Demokratie und entsprechend die Pflicht zur Durchführung einer Urabstimmung nicht verlangt werden[4]. — Auf die Fragwürdigkeit einer

---

[1] Vgl. hierzu *R. Heßler*, Sind Kampfmaßnahmen ohne Urabstimmung dem Tarifpartner gegenüber rechtswidrig?, S. 34 ff., 47 ff.; *Hueck / Nipperdey*, Lehrbuch des Arbeitsrechts, Bd. II/2, S. 1025 f.; *J. Adams*, Streik ohne Urabstimmung, S. 118 ff.

[2] Vgl. *T. Ramm*, Die Freiheit der Willensbildung, S. 113 ff.

[3] *Ridder*, Zur verfassungsrechtlichen Stellung der Gewerkschaften, S. 43.

[4] Vgl. *Gitter*, Zur Rechtmäßigkeit eines ohne Urabstimmung durchgeführten Streiks, JZ 1965, 197 (199); zustimmend *Adams*, S. 27 ff.; *Heßler*, S. 23 f.; ArbG Düsseldorf (Urteil vom 21. 8. 1972 — 7Ca 1959/71) DB 1973, 876; *M. Winter*, Die Rechtsfolgen eines Streiks, der ohne die satzungsmäßig erforderliche Urabstimmung durchgeführt wird, S. 6.

pauschalen Übertragung der für den staatlichen Bereich geltenden demokratischen Grundsätze auf die Willensbildung der Gewerkschaften wurde schon oben näher hingewiesen, da diese Verfahrensweise zu einer Abnabelung des innerverbandlichen Demokratiegebots von seinem Begründungszusammenhang führt und insbesondere die funktionale Bedeutung des Demokratiegebots für die verfassungsrechtliche Funktion der Verbände übersieht[5].

Im Verlauf seiner weiteren Ausführungen prüft Gitter, ob der verfassungsrechtlich eingeräumte Aktivstatus des einzelnen, im politisch-sozialen Bereich mitgestaltend und mitverantwortend tätig werden zu dürfen, eine Satzungsänderung verbietet, durch die das Recht der Mitglieder auf Veranstaltung einer Urabstimmung aufgehoben wird und die Durchführung einer Urabstimmung dem Ermessen des Vorstandes eingeräumt wird. Zu Recht geht Gitter davon aus, daß nicht schon jede die mitgliedschaftlichen Mitwirkungsrechte einschränkende Satzungsänderung als unzulässig angesehen werden dürfe, sondern die verbandliche Satzungsgewalt Einschränkungen erlaube und hierfür „zwischen den Mitgliederinteressen und den Verbandsinteressen abzuwägen"[6] sei. Wie auch sonst für die Methode der Güterabwägung typisch verzichtet Gitter allerdings auf eine nähere Begründung der von ihm vorgenommenen Abwägung und begnügt sich, das Ergebnis mitzuteilen, daß „man nur diejenigen Beschränkungen des Mitgliedschaftsrechts als unzulässig (wird) erklären können, die nicht aus überwiegend sachlich gerechtfertigten Verbandsinteressen vorgenommen worden sind und die willkürliche Bevormundung des Mitglieds durch den ‚Apparat' zum Ziele haben"[7]. Auffallend ist, daß die Einschränkbarkeit der mitgliedschaftlichen Mitwirkungsrechte zum Regelfall erklärt wird, indem schon überwiegend sachlich gerechtfertigte Verbandsinteressen ausreichen sollen. Wird schon hiermit den Mitgliedern die ‚Beweislast' aufgebürdet, sachlich nicht legitimierte Verbandsinteressen als Grund für die einschränkende Satzungsänderung darzutun, so wird durch das weitere subjektive Element, daß die Satzungsänderung eine willkürliche Bevormundung beabsichtigen müsse, im Ergebnis einer prak-

---

[5] Vgl. oben I. — Darauf hinzuweisen ist noch, daß der Vergleich mit Volksabstimmungen im staatlichen Bereich insofern unzutreffend ist, als der Vorstand auch bei positiver Urabstimmung nicht zum Streikausruf verpflichtet ist, während ein Volksentscheid die Staatsorgane bindet.

[6] *Gitter*, S. 200. Gemeint ist wohl eine Abwägung zwischen den Mitwirkungsrechten der Mitglieder und dem Interesse an effektiver Erfüllung der Verbandsaufgabe. Jedenfalls ist die verfassungsrechtliche Anerkennung eigenständiger und den Mitgliederinteressen konträrer Verbandsinteressen abzulehnen, so daß eine Abwägung zwischen Verbands- und Mitgliedsinteressen verfassungsrechtlich nicht diskutabel ist.

[7] Ebd., S. 200.

tisch unbegrenzten Beschränkbarkeit der Mitgliedschaftsrechte das Wort geredet. Jedenfalls ist kaum vorstellbar, daß ein Mitglied dem satzungsgebenden bzw. -verändernden Organ jemals eine solche Absicht wird nachweisen können[8].

Für das konkrete Problem bedurfte es allerdings entgegen Gitters Annahme nicht dieses subjektiven Erfordernisses ,da ein Streik ohne vorherige Urabstimmung die Aktionsfähigkeit der Gewerkschaften erhöhen und eine schnellere Reaktion auf Herausforderungen seitens der Arbeitgeber ermöglichen kann. Gegebenenfalls kann also ein ohne Urabstimmung durchgeführter Streik, wie auch Gitter betont, für die Erfüllung der den Gewerkschaften zugewiesenen Aufgabe erforderlich sein, die Arbeits- und Wirtschaftsbedingungen ihrer Mitglieder wirkungsvoll zu fördern. Zu Recht weist auch Gitter darauf hin, daß ein ohne Verlautbarungen und langwierige Prozeduren eingeleiteter Arbeitskampf den Arbeitgeberverbänden schon immer möglich war; hinzuzufügen ist, daß trotz der vielbeschworenen Waffenparität ein solches Vorgehen der Arbeitgeber nicht als eine Verletzung arbeitskampfrechtlicher Grundsätze angesehen wird. — Entgegen seinen zuvor aufgestellten Prämissen scheint Gitter auch eine Ausschaltung jeder Mitwirkungsrechte der Mitglieder zugunsten einer effektiveren Aufgabenerfüllung nicht als zulässig anzusehen, sondern die Erhaltung einer Mitwirkungsmöglichkeit zu verlangen. Allerdings begnügt sich Gitter mit der Minimalforderung, daß die Mitglieder nicht völlig entrechtet werden bzw. nicht zum Objekt des Handelns der Organe gemacht werden und ihnen noch eigene Entscheidungsfreiheit bleibt. Dieses Erfordernis sei dadurch gewahrt, daß die Mitglieder den Streikaufruf des Vorstandes tatsächlich noch nachkommen müßten und „damit ... eine ‚tätige' Abstimmungsmöglichkeit gegeben"[9] sei. Zwar räumt Gitter ein, daß die Entscheidungsfreiheit dadurch beeinträchtigt sei, daß das Mitglied bei Nichtbefolgung des Streikaufrufs seinen Ausschluß riskiere, meint aber, daß eine solche Maßnahme irreal sei, wenn eine große Mitgliederzahl nicht am Streik teilnähme. Zudem müsse sich der Vorstand vorher vergewissern, daß die Mitglieder den Streik billigen, um nicht durch einen Streikzusammenbruch sich zu desavouieren.

Gitter ist entgegengehalten worden[10], daß den Mitgliedern keine freie Entscheidung wegen der weitreichenden Konsequenzen einer

[8] Kritisch auch *Heßler*, S. 20, der zu Recht darauf hinweist, daß es nicht auf das Ziel, sondern die Wirkung der Satzungsänderung ankommt. Allerdings ist nicht ganz klar, ob Gitter die beiden von ihm angeführten Voraussetzungen für eine unzulässige Satzungsänderung im kumulativen oder alternativen Sinn versteht.

[9] *Gitter*, S. 200.

[10] Vgl. *Adams*, S. 35 ff.

Nichtbeachtung des Streikaufrufs verbleibe: neben der Gefahr eines Ausschlusses habe das nicht streikbereite Mitglied den Fortfall der Streikunterstützung hinzunehmen, sowie den Verlust des Arbeitsplatzes und damit die Gefährdung seiner Existenzgrundlage zu befürchten, zumal auch eine staatlicheArbeitslosenunterstützung während des Streiks nicht gezahlt werde. Infolgedessen könne es sich bei der Befolgung des Streikaufrufs nicht um eine tätige Abstimmung mit Entscheidungsspielraum, sondern nur um eine abgenötigte Einwilligung handeln, der keine unmittelbare Kontrollfunktion des Vorstandes durch die Mitglieder zukomme. Da aber Kontrollbefugnisse die unbedeutenste Form einer Mitwirkung darstellten, entfalle jede direkte Mitwirkungsmöglichkeit der Mitglieder. Wenn auch eine mittelbare Mitwirkung bzw. Kontrolle des Vorstandes durch Delegierte als ausreichend angesehen werden müsse, so könne doch das nur alle 3 Jahre tagende höchste Delegiertengremium für eine konkrete Streikbeschlußfassung keine wirksame Kontrolle ausüben und auch die Einberufung eines außerordentlichen Gewerkschaftstages wegen des hohen Quorums und der langen Einberufungszeit keine ernsthafte Kontrollalternative darstellen. — Abgesehen davon, daß einige der genannten Rechtsfolgen auch bei Durchführung einer positiv verlaufenden Urabstimmung ausgelöst werden können[11], ist Adams zuzustimmen, daß allein ein „voting by feet“ nicht als ausreichende Mitwirkungsmöglichkeit angesehen werden kann. Auch Gitter scheint allerdings die Erhaltung sonstiger Mitwirkungsrechte zu fordern und speziell nur die Zustimmung der Mitglieder zum Streikbeschluß nicht zu verlangen, stattdessen eine tätige Abstimmung genügen zu lassen.

Auffallend ist, daß in der ganzen Diskussion um die Erforderlichkeit einer Urabstimmung — mit Ausnahme von Adams — nicht erörtert worden ist, ob den Mitgliedern andere Mitwirkungsrechte im Rahmen der Tarifbewegungen eingeräumt sind. Mit der Fixierung auf die Urabstimmung wird die Tatsache übergangen, daß die Tarifbewegung aus einem mehrphasigen Prozeß besteht, in dem allerdings der Streikbeschluß insofern eine Zäsur darstellt, als er den Übergang zu Kampfmaßnahmen markiert. Von nicht minderer Bedeutung ist aber die Formulierung der Verhandlungsforderungen, zu deren Durchsetzung bei Scheitern der Tarifverhandlungen Streikmaßnahmen erforderlich sein können. Schließlich ist auch die Billigung des Tarifabschlusses durch die Mitglieder ein wichtiger Faktor im Rahmen der Tarifbewe-

---

[11] Vgl. die Kritik des ArbG Düsseldorf, aaO, daß der Arbeitsplatzverlust auch den überstimmten Mitgliedern wie Nichtorganisierten droht. Konsequenterweise müßte der Streikbeschluß von sämtlichen Arbeitnehmern unterstützt werden, was im Ergebnis auf ein Streikverbot hinausliefe.

gung. Ohne auf weitere Einzelheiten hier eingehen zu können, bleibt festzuhalten, daß die Urabstimmung nur ein Element des innerverbandlichen Willensbildungsprozesses im Verlauf von Tarifauseinandersetzungen ausmacht. — Die Konzentration auf die Urabstimmung mag insofern noch verständlich sein, als sie historisch gesehen ein traditionelles Mitwirkungsrecht der Mitglieder darstellt und auch in der Öffentlichkeit weitgehend Beachtung findet. Dennoch ist überraschend, daß in der juristischen Diskussion um die Erforderlichkeit einer Urabstimmung weitgehend unbeachtet blieb, daß das *Bundesarbeitsgericht* in der Entscheidung zum schleswig-holsteinischen Metallarbeiterstreik der Urabstimmung eine praktisch bedeutungslose Rolle für die Willensbildung beimaß. Nach höchstrichterlicher Erkenntnis sollen „die Rechtswirklichkeit, die Tatsachen und Erfahrungen des Arbeits- und des Soziallebens ergeben, daß eine Gewerkschaft, die bewußt und mit entsprechendem Eifer den Mitgliedern empfiehlt, für die Ablehnung des Arbeitgeberangebots und für den Streik zu stimmen, nicht nur regelmäßig die erforderliche Mehrheit für ihre Empfehlung erzielt, sondern dann auch praktisch danach handelt ...“[12]. Es mag hier dahingestellt bleiben, ob dieses vom BAG gezeichnete Bild von der Irrelevanz der Urabstimmung als eigenständigen Willensbildungsfaktor der Realität entspricht — statt sich auf Ergebnisse der empirischen Sozialforschung zu stützen, begnügt sich das Gericht freilich mit der Zitierung einer nicht nur deskriptiv zu verstehenden Literaturmeinung. Hier interessiert vor allem, daß getreu der phänomenologischen Methode aus der behaupteten Wirklichkeit auch normativ bedeutsame Konsequenzen gezogen werden: „Nicht nur die Urabstimmung ... sondern bereits ihre Anordnung, ohne die es nicht zur Urabstimmung kommen konnte, sind adäquate Bedingungen für die Streikanordnung und für den Streik selbst und damit für den gesamten durch ihn entstandenen Schaden[13].“ Hätte das BAG der Urabstimmung eine eigenständige normative Funktion im Willensbildungsprozeß eingeräumt und rechtlich nicht nur eine akklamative Rolle beigemessen, wäre die Annahme, daß der Beschluß zur Durchführung einer Urabstimmung schon eine für den späteren Streikschaden adäquate Ursache darstellt, schlechterdings nicht möglich gewesen. Auf dem Boden dieser — vor allem von *Ramm* kritisierten — Rspr. muß es daher widersinnig erscheinen, die Durchführung einer Urabstimmung als unverzichtbares demokratisches Mitwirkungsrecht der Mitglieder zu verlangen, da die Mitglieder keine eigene Entscheidung mehr treffen werden, sondern sich doch nur den Empfehlungen anderer Beschlußorgane ohne nähere Überlegung anschließen werden.

---

[12] BAG 6, 321 (354).
[13] BAG 6, 321 (373).

Die Institutionalisierung von Mitwirkungsrechten aber, die nur den Charakter einer Pseudo-Beteiligung aufweisen, wird man jedenfalls kaum als verfassungsrechtlich geboten ansehen können.

Mag diese in der Konsequenz des BAG-Urteils liegende Qualifizierung der Urabstimmung als rechtlich bedeutungslosen Vorgang angesichts der Fragwürdigkeit der phänomenologischen Methode kaum als zutreffend und mögen auch die rechtstatsächlichen Prämissen des BAG in dieser rigiden Weise zweifelhaft erscheinen[14], so ist doch nicht zu verkennen, daß die tatsächliche Funktion der Urabstimmung vorwiegend organisationspolitischen Charakter hat: einmal als Test über die Streikbereitschaft der Mitglieder[15], zum anderen eine psychologische Verpflichtung der Mitglieder, den selbst bejahten Streik auch aktiv zu unterstützen. Nicht zuletzt trägt die Urabstimmung auch dazu bei, dem sozialen Gegenspieler und auch der Öffentlichkeit die Geschlossenheit und Kampfbereitschaft der Organisation zu demonstrieren. Folgt hieraus auch nicht ohne weiteres die rechtliche Irrelevanz für die Durchführung einer Urabstimmung, so ist doch ihre normative Bedeutung als mitgliedschaftliches Mitwirkungsrecht in dem Sinne zu relativieren, daß es als zulässig erscheinen muß, auf die Durchführung einer Urabstimmung zu verzichten, wenn hierdurch die Aktionsfähigkeit der Gewerkschaften erhöht und damit eine effektivere Aufgabenerfüllung erreicht wird. Da aber andererseits das verfassungsrechtliche Gebot demokratischer Willensbildung zur Einräumung von Mitwirkungsrechten verpflichtet und auch der Aspekt effektiver Aufgabendurchführung nicht zur Ausschaltung jeglicher Mitwirkungsrechte führen darf[16], muß den Mitgliedern auf jeden Fall eine anderweitige Beteiligungsmöglichkeit bei der Durchführung von Tarifbewegungen verbleiben oder eingeräumt werden. Die Gewerkschaften brauchen daher nicht an historisch überlieferten Beteiligungsformen festzuhalten, falls

---

[14] Zumindest für die letzten Jahre wird sich kaum sagen lassen, daß die Streikbereitschaft von der Gewerkschaftsführung erst stimuliert werden mußte; vielmehr scheinen die Vorstände eher den Streikwillen zu bremsen. — Als Ausnahme, aber auch gegen die These des BAG sprechend, ist die knapp gescheiterte Urabstimmung hessischer Lehrer anzusehen, die vom GEW-Hauptausschuß Hessen angeordnet wurde; vgl. Erziehung und Wissenschaft 1974, Nr. 4, S. 7.

[15] Problematisch erscheint daher die Interpretation von *Löwisch*, Die Voraussetzungen der Tariffähigkeit, ZfA 1970, 295 (307), der die hohe Zustimmungsquote auf den Gedanken des Minderheitenschutzes zurückführt, was zumindest dem organisationspolitischen Sinn nicht entspricht.

[16] Die auch in anderen Zusammenhängen behauptete Antinomie von Effizienz und Demokratie muß insofern fragwürdig erscheinen, als nicht ausgemacht ist, daß die angebliche Effizienz auch den Interessen und dem Einverständnis der Betroffenen entspricht; abgesehen davon, daß derlei Überlegungen den Selbstwert von Beteiligung als Moment der Selbstverwirklichung völlig übergehen. — Hierzu auch Vierter Teil, I. 3. 4.

diese sich als organisationspolitisch aufgrund veränderter Umweltbedingungen als nicht mehr sinnvoll erweisen sollten, müssen aber als Ausgleich für die Institutionalisierung neuer Mitwirkungsrechte sorgen.

Diesen Ansatz verfolgt auch *Adams*, wenn er statt der Durchführung einer Urabstimmung eine anderweitige Kontrolle des zum Streikbeschluß zuständigen Vorstandes genügen läßt. Problematisch erscheint aber seine Einschätzung eines Kontrollrechts als geringste Form eines Mitwirkungsrechts, da auch den den Vorstand rechtlich nicht bindenden Einflußmöglichkeiten grundsätzlich der Charakter eines Mitwirkungsrechts zuzusprechen ist. Zudem begrenzt Adams seine Untersuchung auf eine Kontrollmöglichkeit der Mitglieder für die Streikbeschlußfassung des Vorstandes, beschränkt sich also auf nur eine Phase der Tarifbewegung statt den gesamten Verlauf der Tarifbewegung nach Beteiligungsmöglichkeiten der Mitglieder zu analysieren[17]. Entgegen dieser punktuellen Betrachtungsweise ist aber davon auszugehen, daß nicht in jeder Phase der Tarifbewegungen ein Mitwirkungsrecht bestehen muß, sondern nur eine entscheidende Beteiligung im gesamten Tarifauseinandersetzungsprozeß zu gewähren ist. Muß daher schon der von Adams gewählte analytische Rahmen als unzulässig verkürzt erscheinen, so ist weiterhin seine Beschränkung auf eine Untersuchung der Satzung der IG Chemie, Papier, Keramik als unzureichend anzusehen, da weniger die Satzungen als Richtlinien des Vorstandes über Tarifarbeit Auskunft über die Mitwirkungsmöglichkeiten der Mitglieder im Rahmen der Tarifvereinbarungen geben. Allerdings zeigt sich hierin die völlig unbefriedigende gewerkschaftliche Praxis, daß wesentliche Teilnahmebefugnisse nicht in der Satzung institutionalisiert, sondern nur in Richtlinien geregelt sind. — Wenn auch insofern die Untersuchungsmethode von Adams im einzelnen abzulehnen ist, so ist doch seinem Ergebnis zuzustimmen, daß der Gewerkschaftstag den Mitgliedern keine ausreichenden Mitwirkungsmöglichkeiten bei Tarifbewegungen bietet. Eine nähere Analyse über die in der Gewerkschaftspraxis den Mitgliedern eingeräumten Teilnahmebefugnisse soll an dieser Stelle

---

17 Ähnlich wie Adams auch *Föhr*, S. 186, daß „die Mitglieder ... in irgendeiner Weise an dieser Entscheidung (dem Streikbefehl) teilhaben (müssen), wobei die Gewerkschaften die Modalitäten der Mitwirkung, sei es Urabstimmung, Beschluß eines außerordentlichen Gewerkschaftstages oder des Beirates, soweit dieser ein den Vorstand kontrollierendes Gremium ist, bestimmen können". Demgegenüber wird hier vom gesamten Verlauf einer Tarifbewegung, nicht nur der Streikphase ausgegangen. — Empfehlenswert erscheint jedenfalls, bei Nichtdurchführung einer Urabstimmung wenigstens die Tarifkommission institutionell an der Beschlußfassung über einen Streikausruf zu beteiligen.

Methodisch ist aber Föhr zuzustimmen, „daß bei der Frage, ob demokratisch oder nicht, nicht nur ein Einzelelement der Organisation ins Auge gefaßt, sondern der Gesamtkomplex gesehen wird" (S. 150).

aber noch nicht vorgenommen werden, sondern mit diesen Ausführungen sollten erst die normativ relevanten Grundsätze und damit ein analytischer Bezugsrahmen für eine Untersuchung der Gewerkschaftspraxis entwickelt werden.

III. Zusammenfassung des Zweiten Teils

Die kritische Untersuchung der in der Literatur bisher vorgebrachten Begründungen des verfassungsrechtlichen Gebots demokratischer Willensbildung in Gewerkschaften hat gezeigt, daß die Qualität der einzelnen Vorschläge im Hinblick auf Plausibilität und Überzeugungskraft als recht unterschiedlich anzusehen ist. Es genügt daher nicht, die verschiedenen Begründungen nur zusammenzustellen und ohne nähere Überprüfung sowie Systematisierung schon aufgrund der Quantität der Begründungsgesichtspunkte von der verfassungsrechtlichen Verbindlichkeit des Gebots demokratischer Willensbildung für Gewerkschaften auszugehen.

Als unzulänglich stellten sich bei der Analyse der einzelnen Begründungen vor allem die an inhaltlich vage Topoi anknüpfenden Argumentationen heraus. So erschienen die Herleitung des Demokratiegebots aus dem Öffentlichkeitscharakter oder aus der staatlich unkontrollierten Machtfülle der Gewerkschaften schon insofern fragwürdig, als diese „Kriterien" keine Abgrenzung zu ganz andersartigen machtvollen Gebilden im Öffentlichkeitsbereich erlaubten.

Wesentlich ergiebiger waren hingegen die Vorschläge, die von einzelnen Aufgaben der Gewerkschaften ausgingen oder die Verbindung des innerverbandlichen mit dem politischen Willenbildungsprozeß aufzeigten. Wenn auch nicht in allen Einzelfragen überzeugend, vermochten doch die Ableitungen aus der Normsetzungsbefugnis der Gewerkschaften als Tarifvertragspartei, vor allem aber aus der Funktionsähnlichkeit der Interessenverbände mit den politischen Parteien sowie der Bedeutung demokratischer Willensbildung in Verbänden für die politische Chancengleichheit das Demokratiegebot im ganzen gesehen zufriedenstellend zu begründen. — Als Mangel dieser Vorschläge ist allerdings festzuhalten, daß diese nur jeweils anhand einer speziellen von den Gewerkschaften ausgeübten Aufgabe entwickelten Begründungen stillschweigend davon ausgingen, allgemein die Verbindlichkeit des Demokratiegebots für die gewerkschaftliche Willensbildung auch im Hinblick auf die anderen Aufgabenbereiche erklärt zu haben. So wurde aus dem Nachweis des Demokratiegebots aufgrund der politischen Betätigung ohne weiteres auf seine Geltung im koalitionsspezifischen Bereich der Tarifverhandlungen geschlossen oder umgekehrt aus der zu demokratischer Willensbildung verpflichtenden Normsetzungsbefugnis entsprechende Anforderungen für die Interessenverbandstätigkeit verlangt, ohne daß näher die Vergleichbarkeit beider Aufgabenbereiche dargetan wurde.

Demgegenüber wurde hier die Notwendigkeit betont, das Demokratiegebot für Koalitions- und Interessenverbandstätigkeit zunächst getrennt zu erarbeiten, wobei es sich als ausreichend herausstellte, an vorhandene Vorschläge anzuknüpfen und diese zu vertiefen. Darüber hinaus wurde ein für beide Aufgabenbereiche zutreffendes Begründungsmerkmal in der Überlegung gesehen, daß die verfassungsrechtliche Zuweisung einer öffentlichen Aufgabe eine ihrem Zweck entsprechende Erfüllung verlangt, was zu vermehrten Rechten wie Pflichten führen kann. Als exemplarische Konkretisierung dieses Rechtsgedankens ist die Vorschrift des Art. 21 Abs. 1 Satz 3 GG anzusehen, die zum Ausdruck bringt, daß die Parteien die ihnen zugewiesene Aufgabe im politischen Prozeß nur auf der Grundlage einer demokratischen Willensbildung erfüllen können. — Für die von den Gewerkschaften wahrgenommenen öffentlichen Aufgaben folgt hieraus, daß die Organisationsfreiheit bzw. Satzungsautonomie durch das Erfordernis zweckgerechter Aufgabenerfüllung begrenzt wird. Unter Zugrundelegung des Sinns der verfassungsrechtlichen Garantie der Interessenverbands- wie Koalitionsfunktion, nämlich die politische Einflußlosigkeit bzw. die wirtschaftliche Unterlegenheit auf individueller Basis durch kollektiven Zusammenschluß der einzelnen mit ähnlichen Interessen zu überwinden, wurde nachzuweisen versucht, daß die Erreichung dieses für die politische und soziale Ordnung bedeutsamen Zwecks eine von den Mitgliedern ausgehende Willensbildung von unten nach oben verlangt. Zwecks Erfüllung der ihnen zugewiesenen Aufgaben sind die Gewerkschaften daher zu einer entsprechenden Organisation der Willensbildung verpflichtet, die hier mehr zur Abkürzung als „demokratisch" bezeichnet wird.

Positivrechtlich verankert ist das Gebot demokratischer Willensbildung unmittelbar in Art. 9 Abs. 1 bzw. Abs. 3 GG, wobei hier davon augegangen wird, daß die nicht koalitionsspezifische Interessenverbandsfunktion der allgemeinen Vereinigungsfreiheit nach Abs. 1, die Tarifverbandsfunktion der Koalitionsfreiheit nach Abs. 3 zuzuordnen ist. Noch einmal ist darauf hinzuweisen, daß die textliche Ausgestaltung des Art. 9 GG nicht erlaubte, wie in Art. 21 GG die für die Aufgabenerfüllung funktionsbezogenen Anforderungen ausdrücklich zu normieren. Überflüssig erscheint es, das Recht der Interessenverbände auf politische Teilnahme sowie das hieraus resultierende Gebot demokratischer Willensbildung als in Art. 9 in Verbindung mit Art. 20 GG normiert anzusehen, da die grundrechtlich verbürgte Garantie der Teilnahme am politischen Prozeß in Art. 9 Abs. 1 GG schon eine von der Verfassung selbst vorgenommene Konkretisierung des in Art. 20 GG statuierten Demokratieprinzips darstellt. Auch hinsichtlich der traditionellen Abwehrfunktion der Grundrechte ist es nicht üblich, noch einmal ausdrücklich auf das Rechtsstaatsprinzip zurückzugreifen.

Für die inhaltliche Konkretisierung des Gebots demokratischer Willensbildung wurde die in der Literatur bisher ganz überwiegend praktizierte Methode abgelehnt, mehr oder weniger pauschal die für die staatliche Willensbildung geltenden demokratischen Grundsätze auf die innerverbandliche Willensbildung zu übertragen, da dieses Vorgehen die spezifische Funktion der Interessenverbände in dem vom GG institutionalisierten politischen Willensbildungsprozeß verkennt. Vielmehr wurden die für die innerverbandliche Willensbildung maßgebenden Grundsätze aus dem für die zweckgerechte Erfüllung der Interessenverbands- wie Koalitionsaufgabe gleichermaßen zutreffenden Erfordernis einer von den Mitgliedern ausgehenden Willensbildung von unten nach oben entwickelt. — Hinsichtlich der einzelnen verfassungsrechtlichen verbindlichen Grundsätze handelt es sich nur um Mindestanforderungen, die der Satzungsautonomie oft noch genügend Raum zur näheren Konkretisierung überlassen. Dies gilt insbesonders für die mitgliedschaftlichen Mitwirkungsrechte bei der inhaltlichen Bestimmung der Verbandspolitik, weniger für die personelle Auswahl der Verbandsorgane. Für die Gestaltung des Mitgliedereinflusses auf Sachfragen ist der Verband von Verfassungs wegen nicht an historisch überlieferte Mitwirkungsrechte gebunden, sondern kann auf diese verzichten, sofern den Mitgliedern anderweitig ein funktional äquivalentes Mitwirkungsrecht eingeräumt wird. Insofern verbieten die verfassungsrechtlichen Direktiven für die innerverbandliche Willensbildung nicht eine Umstrukturierung der Mitgliedschaftsrechte, wenn dies der besseren Aufgabenerfüllung angesichts veränderter Umweltbedingungen dient.

Inhaltlich entsprechen die hier für verfassungsrechtlich geboten erachteten Mindestanforderungen an die Willensbildung in Gewerkschaften vielfach den für die politschen Parteien verbindlichen Grundsätzen. Dies ist insofern naheliegend, als auch für das Gebot innerparteilicher Demokratie der Maßstab einer Willensbildung von unten nach oben gilt. Verfehlt erscheint es allerdings, global die im Parteiengesetz von 1967 oder gar im SRP-Urteil des Bundesverfassungsgerichts im Jahre 1952 statuierten Anforderungen auch für die innergewerkschaftliche Willensbildung als verfassungsrechtlich verbindlich anzusehen. Ein solches Vorgehen wäre mit einem Verfassungsverständnis nicht vereinbar, das die historische Entwicklung und Erfahrung bei der Verfassungsinterpretation einbezieht und daher nicht zu zeitlos gültigen Ergebnissen gelangen kann bzw. frühere Auslegungsergebnisse nicht unbesehen auf eine veränderte Umwelt übertragen kann. So können sich die verfassungsrechtlichen Mindestanforderungen an die innerverbandliche Willensbildung aufgrund der steigenden Bedeutung der Verbände im politischen Prozeß inhaltlich ändern oder auch erhöhen.

Diese inhaltliche Relativität des Demokratiegebots in zeitlicher Dimension läßt es nicht völlig unproblematisch erscheinen, mit den verfassungsrechtlichen Mindestanforderungen nicht übereinstimmende Satzungsvorschriften für verfassungswidrig zu erklären. Unter Berücksichtigung der inhaltlichen Wandelbarkeit des Demokratiegebots erscheint es daher angemessen, den jeweiligen Mindestanforderungen widersprechende Satzungsbestimmungen nur ex nunc für nichtig zu erklären. Diese Einschränkung kann allerdings nicht für Vorschriften gelten, die noch nicht einmal den im SRP-Urteil und dem Parteiengesetz aufgestellten Anforderungen entsprechen. — Nicht gangbar erscheint hingegen, in Anlehnung an die sich in letzter Zeit häufenden Appell-Praxis des Bundesverfassungsgerichts, das satzungsgebende Organ zu verpflichten, eine den verfassungsrechtlichen Anforderungen genügende Satzung in bestimmter Zeit zu verabschieden. Einmal entspricht ein solches Vorgehen nicht der individualschützenden Funktion der Zivilgerichtsbarkeit, die zunächst im Einzelfall über die Verfassungsmäßigkeit einzelner Satzungsbestimmungen zu entscheiden hat; zum anderen besteht bei einer bloßen Aufforderung an den Satzungsgeber die Gefahr, daß die unmittelbar verpflichtende Kraft des Grundgesetzes zugunsten einer unverbindlichen Programmatik unterlaufen wird.

Dritter Teil

Demokratische Willensbildung und BGB-Vereinsrecht

Die Gewerkschaften sind als nichteingetragene Vereine des bürgerlichen Rechts organisiert. Im Hinblick auf ihre öffentlichkeitsbezogene Tätigkeit ist diese Rechtsstellung vielfach als unbefriedigend angesehen worden. — In diesem Abschnitt soll daher vorrangig untersucht werden, ob diese Rechtsform speziell oder das BGB-Vereinsrecht allgemein schon zu einer demokratischen Willensbildung entsprechend den im Zweiten Teil entwickelten Grundsätzen verpflichtet oder diese ihrerseits nur noch eine eingeschränkte Anwendbarkeit des BGB-Vereinsrechts zulassen. —

Der vom BGB-Gesetzgeber getroffenen Unterscheidung in rechtsfähigen und nicht rechtsfähigen Verein korrespondieren nicht soziologisch unterschiedliche Vereinstypen; vielmehr ist diese dogmatische Gegenüberstellung vorwiegend aus vereinspolizeilichen Gründen erfolgt. Zunächst sollen daher die rechtspolitischen Motive der Vereinsgesetzgebung nachgezeichnet werden, da das BGB-Vereinsrecht und die spätere Rechtsentwicklung nicht ohne Kenntnis dieses politischen Hintergrunds zu verstehen sind (I). Im weiteren soll unter Betonung des Vereinsverfassungsrechts die Angleichung beider Vereinsformen durch Rspr. und Lehre dargestellt werden, um die Frage zu klären, ob der Vereinsform heute noch eine Bedeutung bei der Gestaltung der verbandsinternen Willensbildung zukommt: also ob die von den Gewerkschaften gewählte Rechtsform des nichteingetragenen Vereins eine von den für die eingetragenen Vereine geltenden Vorschriften abweichende Ausgestaltung der inneren Willensbildung zuläßt. Darüber hinaus soll untersucht werden, ob eine rechtliche Gleichstellung der Vereinsformen nicht für weitere Rechtsfragen zu bejahen ist (II). Schließlich sollen die BGB-Vorschriften zum Vereinsverfassungsrecht bzw. ihre Auslegung durch die Rechtspraxis daraufhin analysiert werden, ob die für die Gewerkschaften geltenden verfassungsrechtlichen Grundsätze demokratischer Willensbildung berücksichtigt werden können oder eine modifizierte Anwendung des bürgerlichen Vereinsrechts notwendig machen (III).

I. Die Kontroversen über das Vereinsrecht bei den Beratungen für das BGB

1. Die Regelung der privatrechtlichen Stellung idealer Vereine auf reichseinheitlicher Basis war schon vor Aufnahme der Beratungen über das BGB durch die „Erste Kommission" im Jahre 1881[1] mehrfach im parlamentarischen Gesetzgebungsverfahren gescheitert[2]. Ein von *Schulze-Delitzsch* 1869 in den Reichstag des Norddeutschen Bundes eingebrachter Entwurf, der die Erlangung der Rechtsfähigkeit für alle Idealvereine auf der Grundlage des Systems der Normativbestimmungen vorsah und in Sachsen und Bayern schon Gesetz geworden war, wurde vom Reichstag angenommen, während es zu einem Beschluß des Bundesrates wegen des Kriegsausbruchs nicht mehr kam. Der ab 1871 erneut mehrfach im Deutschen Reichstag vorgelegte und beratene Entwurf scheiterte vor allem am Widerstand der norddeutschen Bundesregierung im Bundesrat[3] aus den gleichen politischen Gründen, die auch bei den Beratungen und den schließlich verabschiedeten vereinsrechtlichen Vorschriften des BGB von zentraler Bedeutung waren: der Erwerb der Rechtsfähigkeit für politische und religiöse Vereine sowie für Gewerkschaften ohne staatlichen Genehmigungsvorbehalt wurde als unvereinbar mit sicherheitspolitischen Bedürfnissen angesehen.

2. Bei den Beratungen der *Ersten Kommission*[4] wurde unter Hinweis darauf, „daß dem Staate an einem gesunden, blühenden Vereinsleben gelegen sein muß"[5], grundsätzlich die Notwendigkeit anerkannt, Vereinen mit idealen Tendenzen[6] den Erwerb selbständiger Rechtsfähigkeit zu ermöglichen. Von den drei juristischen Wegen, die Rechtspersönlichkeit zu erlangen: dem System der freien Körperschaftsbildung, dem System der Normativbestimmungen und dem Konzessionssystem wurden nur die beiden letzteren ausführlicher diskutiert. Im Gegensatz zum System der freien Körperschaftsbildung, das von der

---

1 Allgemein zur Entstehungsgeschichte des BGB *F. Wieacker*, Privatrechtsgeschichte der Neuzeit, S. 468 ff. — Eingehend zur Entstehungsgeschichte des BGB-Vereinsrechts und den damaligen politischen Verhältnissen jetzt die zwischenzeitlich erschienene monographische Untersuchung von *P. Kögler*, Arbeiterbewegung und Vereinsrecht, in der auch bisher unbekanntes Quellenmaterial ausgewertet wird.

2 Vgl. hierzu Motive I, S. 86 f.; *U. Brisch*, Die Rechtsstellung der deutschen Gewerkschaften, S. 27 ff., der speziell die zahlreichen Initiativen für eine berufsvereinsrechtliche Gesetzgebung nachzeichnet.

3 Allerdings hatte die vom Reichstag eingesetzte Kommission schon eine Sonderbehandlung religiöser und politischer Vereine befürwortet; vgl. Prot. I, S. 563.

4 Vgl. zum folgenden Motive I, S. 82 - 93 (= Mugdan I, S. 395 ff.).

5 Ebd., S. 88.

6 Auf die Sonderproblematik der wirtschaftlichen Vereine soll hier nicht eingegangen werden.

Praxis des Gemeinen Rechts teilweise akzeptiert worden war, wurde dem Normativsystem bescheinigt, der Verkehrssicherheit voll Rechnung zu tragen. Als Vorzüge gegenüber dem Konzessionssystem wurden hervorgehoben, daß das richterliche Registrierungsverfahren den Staat neben administrativem Arbeitsaufwand auch vom Verdacht willkürlicher Genehmigungsverweigerung entlaste und schließlich von der zumindest moralischen Verantwortlichkeit für die Solidität des Vereins im Falle der Genehmigung freistelle. Gegen diese primär auf den Schutz des Rechtsverkehrs bedachte Argumentation wurde zugunsten des staatlichen Konzessionssystems betont, daß im Unterschied zu den wirtschaftlichen Vereinen, für die das Gewinninteresse das Endziel ihrer Bestrebungen bilde, die Vereine mit idealen Tendenzen, „dazu bestimmt, der bürgerlichen Gesellschaft die freie Betätigung der Lösung öffentlicher Aufgaben zu ermöglichen, ... sich in einer das Gemeinwohl unmittelbar berührenden Sphäre"[7] bewegten. Durch den Erwerb der Vermögensfähigkeit[8] seien sie „einer Machtentfaltung fähig, die sich im voraus nicht ermessen"[9] lasse; im Vergleich zu den Anforderungen des allgemein gehaltenen und die unterschiedlichen Zielsetzungen der Vereine nicht berücksichtigende Normativsystems biete allein das Konzessionssystem durch „die Prüfung eines jeden Vereines auf sein Verhältnis zum Gemeinwohl ... eine Gewähr"[10], gemeinwohlschädliche Vereine rechtzeitig zu erkennen und schon präventiven Schutz der Gesamtheit zu ermöglichen.

Mit dem Bekenntnis, daß die Bedenken gegen das Normativsystem „vorwiegend sozial-politischer Natur"[11] seien und der von allen politischen Systemen zur Rechtfertigung autoritärer Ziele verwendbaren leerformelhaften Begründung, daß „die Förderung der Einzelinteressen ... nur insoweit das Ziel der Gesetzgebung sein (könne), als das Gesamtwohl es gestattet"[12], entschied sich die Erste Kommission gegen das System der Normativbestimmungen. Allerdings wurde mit Rücksicht auf das in Bayern und Sachsen geltende Normativsystem eine reichseinheitliche Einführung des Konzessionssystems abgelehnt; vielmehr sollte der Erwerb und Verlust der Rechtsfähigkeit landesrecht-

---

7 Ebd., S. 89.

8 Mit Erwerb der Rechtsfähigkeit oder der juristischen Persönlichkeit war während aller Beratungen zum Vereinsrecht die konkrete Eigenschaft der Vermögensfähigkeit, nicht die abstrakte Qualität als Zurechnungssubjekt von Rechten und Pflichten gemeint: „Das Wesen der juristischen Persönlichkeit besteht für das bürgerliche Recht darin, daß die an sich nur den natürlichen Personen zustehende Vermögensfähigkeit kraft positiver Satzung einem Personenverein ... beigelegt ist" (Motive I, S. 78).

9 Ebd., S. 90.

10 Ebd., S. 90.

11 Ebd., S. 90.

licher Regelung vorbehalten bleiben. — Die Rechtsstellung der nichtrechtsfähigen Vereine wurde in den Beratungen der Ersten Kommission nicht behandelt.

3. Der Verzicht auf eine reichseinheitliche Regelung der Rechtsstellung der Vereine wurde in der Öffentlichkeit scharf kritisiert, so daß dieser Themenkomplex von der 1890 zusammengetretenen *Zweiten Kommission* noch einmal ausführlich beraten wurde[13]. Zur Debatte standen 3 Anträge: Antrag A, der maßgeblich von *Rudolf Sohm* beeinflußt war[14], stellte sich auf das Prinzip der freien Körperschaftsbildung für alle nach landesrechtlichen Vorschriften rechtsmäßigen Vereine (nur die Grundbuchfähigkeit sollte aufgrund sachenrechtlicher Publizitätsgebote von einer auf dem Normativsystem basierenden Registereintragung abhängig gemacht werden). Begründet wurde dieser Antrag mit der — in der anschließenden Diskussion allerdings bestrittenen — Praxis des deutschen Rechtslebens und als Konsequenz der nach öffentlichem Recht gewährten Vereinsfreiheit. Gegenüber den politischen Bedenken wurde geltend gemacht, daß für die Macht der sozialdemokratischen Fachvereine der Erwerb der Rechtsfähigkeit kaum erheblich sei — eine Prophezeiung, die von der späteren Entwicklung bestätigt wurde. Hinsichtlich der Gewerkschaften wurde betont, „daß die Gerechtigkeit fordert, wie den Arbeitgebern gerade so auch den Arbeitern das Kampfmittel der Organisation, ohne irgend welche kleinlichen Hindernisse, von Rechtswegen zu gewähren“[15]. Allgemein wurde darauf hingewiesen, daß es „Aufgabe des öffentlichen Vereinsrechts, nicht Aufgabe des Zivilgesetzbuchs“ sei, „die bürgerliche Gesellschaft vor den Gefahren zu schützen, welche möglicherweise mit dem Prinzipe der freien Vereinsbildung verbunden sein können“[16].

Von Antrag B wurde für alle zugelassene Vereine mit wirtschaftlicher wie idealer Zweckverfolgung die Einführung des Normativsystems befürwortet, das die Interessen der Mitglieder hinreichend schütze und durch die Eintragungspflicht für den Erwerb der Rechtsfähigkeit den Erfordernissen der Rechtsklarheit gerecht werde. Abgelehnt wurde ein Einspruchsrecht der Verwaltung gegen die Eintragung ebenso wie eine Sonderregelung für Berufsverbände, „da die Berufs- und Fachvereine vielmehr dazu angetan (seien), die Arbeitsbevölke-

---

12 Ebd., S. 91.

13 Zum folgenden vgl. Protokolle I, S. 476 ff. (insbes. S. 490 - 497, 560 - 565, 578 - 580) = Mugdan I, S. 593 ff.

14 Das ist den Bemerkungen des sozialdemokratischen Reichstagsabgeordneten *Stadthagen* während der 2. Plenumsberatung zu entnehmen, abgedruckt bei Mugdan I, S. 993 f.

15 Prot. I, S. 478 f.

16 Ebd., S. 493.

rung den sozialdemokratischen Utopien zu entreißen und für die bestehende Staats- und Gesellschaftsordnung zu gewinnen"[17].

Durchgesetzt hat sich in der Kommission schließlich der von vornherein als Kompromißvorschlag konzipierte Antrag C, der zwischen dem von der preußischen Regierung unter Hinweis auf ein fehlendes reichseinheitliches öffentliches Vereinsrecht vertretenen Konzessionssystem und der liberalen Haltung der meisten Kommissionsmitglieder vermitteln wollte. Dieser Antrag ging für alle Idealvereine grundsätzlich vom System der Normativbestimmungen aus, gewährte aber der Verwaltung ein Einspruchsrecht gegen die für den Erwerb der Rechtsfähigkeit konstitutive Registrierung bei nach öffentlichem Recht unerlaubten oder verbotenen Vereinen. Vor allem aber wurde der Verwaltung gegen Vereine, die politische oder religiöse Zwecke verfolgten (dieser Katalog wurde im Verlaufe der Beratungen noch um die sozialpolitischen Vereine verlängert), ein ermessensfreies Vetorecht gegen die Eintragung konzediert, so daß für diese Vereine es „sachlich bei einer dem Konzessionssysteme gleichartigen Gestaltung"[18] blieb. Angefochten sollte der Einspruch im Verwaltungsstreitverfahren oder nach Vorschriften der Gewerbeordnung werden können. — Mit diesem mehrheitlich akzeptierten Entwurf der Zweiten Kommission hatten sich die obrigkeitlichen Interessen gegen juristisch-dogmatische Argumente und gegen politische Zweifel[19] an der Wirksamkeit, polizeirechtliche Ziele mit Mitteln des privaten Vereinsrechts zu realisieren, durchgesetzt. Die vereinspolizeilichen Intentionen des Entwurfs wurden dadurch abgesichert, daß ein Zwang zum Erwerb der Rechtsfähigkeit — und damit die Möglichkeit staatlicher Kontrollen — durch Anwendung des unpassenden Gesellschaftsrechts und zusätzlicher Haftungsvorschriften[20] auf die nichtrechtsfähigen Vereine ausgeübt werden sollte. Dieser juristische Kunstgriff — verbunden mit dem Glauben, „daß die Einsicht in die Notwendigkeit der Registrierung der Vereine sich immer mehr einbürgere"[21], bedeutete für die Rechtsstellung der nichtrechtsfähigen Vereine eine Verschlechterung gegenüber der bestehenden Rechtspraxis, die in mehreren Entscheidungen[22] den nichtrechtsfähigen „erlaubten Privatgesellschaften" des ALR die aktive Parteifähigkeit und Vermögensfähigkeit in bestimmten Beziehungen eingeräumt hatte[23].

---

[17] Ebd., S. 496.

[18] Ebd., S. 562.

[19] So wurde von der Kommissionsmehrheit ausdrücklich offengelassen, ob aus dem Erwerb der Rechtsfähigkeit ein gefährlicher Machtzuwachs — wie von der preußischen Regierung vorgetragen — resultiere; vgl. Prot. I, S. 563.

[20] Vgl. § 54 S. 2 BGB; §§ 50 Abs. 2, 735 ZPO; § 213 KO; § 108 VerglO.

[21] Mugdan I, S. 640 = Prot. II, S. 458.

[22] Vgl. RGZ 27, 183 (185 f.).

4. Der Entwurf der Zweiten Kommission wurde vom Bundesrat in seinen vereinsrechtlichen Bestimmungen hinsichtlich des Anfechtungsverfahrens bei Einsprüchen der Verwaltung gegen die Registrierung und durch Erweiterung des Einspruchsrechts auch gegen Vereine zu Unterrichts- und Erziehungszwecken abgeändert und zusammen mit einer Denkschrift des Reichsjustizamtes[24] dem Reichstag zugeleitet. In der *Ersten Beratung im Reichstagsplenum* wurde die Regelung des Vereinsrechts wegen seiner „polizeilichen Verschnörkelungen"[25] überwiegend abgelehnt und ein Rechtsfortschritt bezweifelt. Der vom Reichstag zur nochmaligen Behandlung besonders strittiger Punkte des BGB-Entwurfs eingesetzten Kommission lagen 3 Anträge vor, die inhaltlich weitgehend den 3 Vorlagen für die Beratungen der Zweiten Kommission entsprachen. Trotz eindeutiger Drohungen seitens des Staatssekretärs des Reichsjustizamtes und der Vertreter der verbündeten Regierungen im Falle der Nichtberücksichtigung der vereinspolizeilichen Interessen mit einer Herausnahme des privaten Vereinsrechts aus dem BGB rechnen und auf seine Regelung bis zum Erlaß eines reichseinheitlichen Vereinsgesetzes warten zu müssen, verzichtete der Reichstagsausschuß in seiner Ersten Lesung auf die Sanktionierung des „verschleierten Konzessionssystems"[26] für die Registrierung politischer und religiöser Vereine. Der Umschwung auf die Regierungslinie erfolgte allerdings in der Zweiten Lesung: die Zentrumspartei honorierte die Berücksichtigung katholischen Gedankenguts im persönlichen Eherecht mit Konzessionen zugunsten der Regierungsvorschläge im Vereinsrecht. Inhaltlich wurde durch diesen Handel der Vorschlag der Reichstagskommission weitgehend dem Entwurf der Zweiten Kommission und einer von *Enneccerus* initiierten Resolution des Deutschen Juristentags angeglichen[27]. Erneute Vorstöße zur Liberalisierung der vereinsrechtlichen Vorschriften während der Zweiten Beratung im Reichstagsplenum blieben erfolglos, so daß sich schließlich im BGB ein Vereinsrecht durchsetzte, das „Skat-, Kegel-, Sauf- und Rauchvereinen"[28] den Erwerb der Rechtsfähigkeit bedenkenlos ermöglichte, politische und religiöse Vereine in ihren Entfaltungsmöglichkeiten aber

---

23 Über die — im Gegensatz zur Ersten Kommission — ausführlichen Beratungen der Zweiten Komission zur Rechtsstellung der nichtrechtsfähigen Vereine zum Teil im Zusammenhang mit dem Gesellschaftsrecht, vgl. Prot. I, S. 554 ff., 593 f.; Prot. II, S. 452 - 460; Prot. VI, S. 206 f. sowie *H. Stoll*, Gegenwärtige Lage der Vereine ohne Rechtsfähigkeit, S. 52 f.

24 Abgedruckt bei Mugdan I, S. 821 ff. (826 - 831).

25 So der Abg. *Kauffmann*, Mugdan I, S. 879; ähnlich auch die Abg. *Rintelen* (S. 858 f.), *Schröder* (S. 871), *Dziembowski / Pomian* (S. 873), *Förster* (S. 920); verteidigend im wesentlichen *Planck* (S. 894) und *Sohm* (S. 910) als Regierungsvertreter und der Abg. *Enneccerus* (S. 928).

26 So schon die Formulierung im Reichstagsausschuß, S. 952.

27 Vgl. Verhandlungen des 23. DJT. (1895), 2. Bd., S. 65 f.

einschneidend zu behindern oder staatlicher Kontrolle zu unterwerfen suchte.

II. Zur rechtlichen Stellung der nichteingetragenen Idealvereine in Rechtspraxis und Lehre

Die Gewerkschaften wie die sozialdemokratische Partei, aber auch zahlreiche unpolitische Geselligkeitsvereine, insgesamt die weitaus überwiegende Zahl der Vereine lehnten aus unterschiedlichen Motiven eine Registrierung und damit den Rechtsstatus einer juristischen Persönlichkeit für ihre Organisation ab. Die fehlende Rechtsfähigkeit konnte den gefürchteten Machtzuwachs durch Vermögenserwerb nicht hindern, sondern allenfalls bremsen; die traditionelle Solidarität innerhalb der Gewerkschaften ermöglichte vielmehr, den Mangel der Vermögensfähigkeit des Verbandes durch anderweitige juristische Konstruktionen (wie treuhänderische Vermögensübertragung auf Gewerkschaftsmitglieder oder der Gründung von Gesellschaften mit beschränkter Haftung sowie von Aktiengesellschaften[1]) zu ersetzen. — War somit das rechtspolitische Kalkül des BGB-Gesetzgebers nicht aufgegangen, so bedeutete diese Niederlage obrigkeitlichen Bevormundungsstrebens für die wirtschaftlichen Entwicklungsmöglichkeiten der nichteingetragenen Vereine insgesamt gesehen doch kaum mehr als einen Pyrrhussieg. Der Gesetzesbefehl des § 54 Satz 1 BGB, der die strikte Anwendung des Gesellschaftsrechts auf die nichtrechtsfähigen Vereine vorschrieb[2], sowie die Verweigerung der aktiven Parteifähigkeit im Zivilprozeß (§ 50 ZPO) stellten erwartungsgemäß ein starkes Hindernis dar, eine der körperschaftlichen Organisationsform und deren praktischen Bedürfnissen sachgerechte juristische Lösung bei Konflikten vereinsinterner Art zwischen Verein und Mitglied, vor allem aber vereinsexterner Art zwischen Verein und Dritten zu ermöglichen. Die Fülle literarischer Äußerungen[3] zu Rechtsfragen des nichteingetragenen Vereins kann daher kaum als Beleg dienen, daß es sich bei diesem

---

[28] So der Abg. *Stadthagen*, der im Anschluß an *Sohm* die Furcht vor der Sozialdemokratie als bestimmendes rechtspolitisches Motiv für das verabschiedete BGB-Vereinsrecht hervorhob; vgl. Mugdan I, S. 995.

[1] Hierzu *U. Brisch*, Die Rechtsstellung der deutschen Gewerkschaften, S. 43 f. Ausführlich zur wirtschaftlichen Betätigung der Gewerkschaften *K. Hirche*, Die Wirtschaftsunternehmen der Gewerkschaften.

[2] Der in der Zweiten Kommission eingebrachte Antrag, auf nichtrechtsfähige Vereine das Gesellschaftsrecht nur entsprechend anzuwenden, wurde mehrheitlich abgelehnt, da eine solche Bestimmung die unerwünschte freie Körperschaftsbildung eröffne. Vgl. Mugdan I, S. 642 f.

[3] Vgl. die ausführlichen Hinweise bei *Enneccerus / Nipperdey*, Allg. Teil des Bürgerlichen Rechts, Bd. I/1, S. 690 FN 1; *G. Boehmer*, Grundlagen der Bürgerlichen Rechtsordnung, Bd. II/2, S. 167 f.; *Soergel / Schultze-v. Lasaulx*, § 54 BGB; *H. Schumann*, Zur Haftung der nichtrechtsfähigen Vereine, VII f.

Problembereich vorwiegend um eine immergrüne dogmatisch-esoterische Spielwiese handelt. Vielmehr ist sie — wie die ebenso zahlreich ergangenen Gerichtsentscheidungen beweisen — beredter Ausdruck, die normativen Anforderungen einer die sozialen Realitäten bewußt verleugnenden „ursprünglichen gesetzlichen Fehlentscheidung“[4] in ihrer Rigidität zu mildern und den körperschaftlichen Strukturerfordernissen der nichteingetragenen Vereine entgegenzukommen. Die von Rspr. und Lehre im Verlauf von Jahrzehnten vollzogene Rechtsentwicklung, die zu einer nach Sachfragen unterschiedlich weitgehenden Annäherung der nichtrechtsfähigen Vereine an die Rechtsstellung der rechtsfähigen Vereine führte, soll hier nur in Grundzügen und ohne Anspruch auf Vollständigkeit skizziert werden. Ihre Darstellung konzentriert sich auf die hier untersuchte Frage, ob der Wahl der Rechtsform auch heute noch eine Bedeutung in dem Sinne zukommt, daß unterschiedliche normative Ansprüche für das Vereinsverfassungsrecht und damit der vereinsinternen Willensbildung bei eingetragenen und nichteingetragenen Vereinen bestehen.

1. Angleichung zwischen eingetragenem und nichteingetragenem Verein im Vereinsverfassungsrecht

Die Verweisung auf die Vorschriften des Gesellschaftsrechts stellte sich — anders als für das Außenverhältnis — für die Regelung vereinsinterner Rechtsbeziehungen als ein weitgehend überwindbares Hindernis heraus. Schon in den Beratungen der Zweiten Kommission[5] und während der Reichstagsdebatte[6] wurde darauf hingewiesen, daß die Dispositivität zahlreicher gesellschaftsrechtlicher Normen die Berücksichtigung körperschaftlicher Bedürfnisse der nichtrechtsfähigen Vereine erlaube. Das Reichsgericht hat in mehreren Entscheidungen[7] die charakteristischen Merkmale, die den nichtrechtsfähigen Verein von der Gesellschaft unterscheiden sollen, herausgearbeitet[8] und betont, „daß ... nachgiebige Vorschriften des Gesellschaftsrechts, falls sie für einen Verein nicht passen, durch die Satzung auch stillschweigend ausgeschlossen werden können“[9]. Statt gesellschaftsrechtlicher Normen

[4] *Boehmer*, S. 167.

[5] Vgl. Mugdan I, S. 642.

[6] So *R. Sohm*, vgl. Mugdan I, S. 910.

[7] Vgl. RGZ 60, 94 (98); 74, 371 (372 f.); 113, 169 (170). Die Abgrenzung des nichtrechtsfähigen Vereins von der Gesellschaft war vor allem für die Frage der passiven Parteifähigkeit der Vereinigung rechtserheblich.

[8] Nach der Definition in RGZ 143, 212 (213) war der nichtrechtsfähige Verein „eine auf die Dauer berechnete Verbindung einer größeren Anzahl von Personen zur Erreichung eines gemeinsamen Zweckes, die nach ihrer Satzung körperschaftlich organisiert ist, einen Gesamtnamen führt und auf einen wechselnden Mitgliederbestand angelegt ist“.

sollten „insoweit ... auf die nichtrechtsfähigen Vereine die die körperschaftliche Verfassung der rechtsfähigen Vereine betreffenden Vorschriften entsprechende Anwendung“[10] finden[11].

Entsprechend diesen vom Reichsgericht verkündeten Auslegungsregeln wurde der Abfindungsanspruch des ausscheidenden Gesellschafters[12] nach § 738 BGB sowie die Haftungsprivilegierung der Gesellschafter[13] nach § 708 BGB als mit der körperschaftlichen Struktur der nichtrechtfähigen Vereine unvereinbar angesehen und daher für den Regelfall ihr stillschweigender Ausschluß durch die Satzung angenommen. Auch in anderen Fragen ging die Rspr. des Reichsgerichts davon aus, daß die auf dem persönlichen Charakter des Gesellschaftsverhältnisses beruhenden Vorschriften und Gesellschafterrechte für die vom Mitgliederwechsel unabhängigen nichtrechtsfähigen Vereine nicht anwendbar seien. — Diese Anerkennung des körperschaftlichen Charakters der nichteingetragenen Vereine führte zu folgenden Ergebnissen: Die Gesellschafterrechte werden durch Mitgliederrechte abgelöst, deren Adressat nicht mehr Einzelmitglieder, sondern nur noch die Gesamtheit der Mitglieder sein können[14]. Das Vereinsvermögen wird allerdings nicht rechtlich verselbständigtes Sondervermögen, sondern bleibt Gesamthandsvermögen der Mitglieder. Ebensowenig wie aber ein Auseinandersetzungsanspruch des ausgetretenen Mitglieds besteht — vielmehr sein Vermögensanteil den verbliebenen Mitgliedern anwächst[15] —, ist eine Übertragung oder Pfändung des Mitgliedsanteils am Vereinsvermögen zulässig. Somit steht „unabhängig vom Mitgliederwechsel ... das Vereinsvermögen in seiner körperschaftlichen Bindung dauernd dem Vereinszweck zur Verfügung“[16] und erlangt praktisch die Eigenschaft eines Sondervermögens zumindest für die vereinsinternen Vermögensbeziehungen.

---

[9] RGZ 212 (213); ähnlich schon RGZ 113, 125 (135).

[10] RG LZ 1922, 22 (23).

[11] Der Vereinssatzung wurde allerdings für die Regelung der Rechtsbeziehungen unter den Mitgliedern die gleiche rechtliche Funktion zugesprochen wie dem Gesellschaftsvertrag für die Rechtsverhältnisse unter Gesellschaftern; vgl. RGZ 78, 52 (53), das für die Vorstandsbestellung Gesellschaftsrecht anwandte.

[12] Vgl. RGZ 113, 125 (135).

[13] Vgl. RGZ 143, 212 (215).

[14] Vgl. RGZ 143, 212 (214). Entsprechend stehen Mitgliedschaftsrechte „gegen den Verein nicht Pflichten einzelner, sondern Vereinsverpflichtungen gegenüber ..., deren Träger jedem einzelnen gegenüber immer die Mitgliedergesamtheit ist“ (ebd.). Aufgrund der körperschaftlichen Eigenschaft der Mitgliedsrechte wurde weiterhin die Zulässigkeit der „actio pro socio“ verneint, so RGZ 78, 101 (106) für nichtvermögensrechtliche Streitigkeiten.

[15] RGZ 113, 125 (135).

[16] *Soergel / Schultze-v. Lasaulx*, Rdz. 30 zu § 54 BGB.

Mißverständlich war die reichsgerichtliche Rspr. zum Austritt aus einem nichtrechtsfähigen Verein: der gesellschaftsrechtliche Begriff der Kündigung des Gesellschaftsverhältnisses wurde zwar durch Austritt ersetzt, ansonsten aber die Vorschriften der §§ 723, 724 BGB zugrundegelegt und eine von der Satzung vorgesehene sachliche Beschränkung des Austritts als Verstoß gegen § 723 Abs. 3 BGB beurteilt[17]. Demgegenüber wird in der Literatur die analoge Anwendung des § 39 BGB vertreten[18]. Andererseits behandelte das Reichsgericht ein aus einem nichtrechtsfähigen Verein ausgeschlossenes Mitglied nicht wie einen nach § 737 BGB ausgeschlossenen Gesellschafter, der die sachliche Berechtigung seines Ausschlusses von den Gerichten voll nachprüfen lassen kann; vielmehr beschränkte sich das Gericht unter Berufung auf die personenrechtlichen Rechtsbeziehungen der Vereinsmitglieder und der staatlich anerkannten Vereinsautonomie im Regelfall auf eine formelle Nachprüfung des Ausschlußverfahrens und wandte die zum Ausschluß aus einem rechtsfähigen Verein entwickelten Grundsätze an[19].

Hinsichtlich der Vereinsorgane und deren Aufgaben hat die Rechtsentwicklung ebenfalls zu einer wesentlichen Gleichstellung der beiden Vereinsformen geführt: Geschäftsführung und Vertretung obliegen dem Vereinsvorstand, für den die vereinsrechtlichen Vorschriften der §§ 26 f. BGB gelten[20]. Die Mitgliederversammlung ist oberstes Vereinsorgan, die zur wirksamen Beschlußfassung ordnungsgemäß einzuberufen ist[21] und deren Willensbildung sich grundsätzlich nach dem Majoritätsprinzip vollzieht[22].

---

17 So RGZ 78, 134 (136). Nicht einschlägig ist die von *Stoll*, Gegenwärtige Lage der Vereine ohne Rechtsfähigkeit, S. 58 und *Boehmer*, S. 174 zitierte Entscheidung RGZ 108, 160, in der im Gegenteil das satzungsmäßige Austrittsverbot während eines Ehrengerichtsverfahrens als unvereinbar mit § 39 BGB angesehen wird.

18 Vgl. *Enneccerus / Nipperdey*, S. 700 m. Nachw.

19 So RG JW 1937, 1548; diese Rspr. wurde vom BGH bestätigt, vgl. BGHZ 13, 5 (10 f.). Weiterhin wurde der nichtrechtsfähige Verein hinsichtlich der Formbedürftigkeit von Schiedssachen nach §§ 1027, 1048 ZPO dem rechtsfähigen Verein gleichgestellt; vgl. RGZ 165, 140 (143).

20 Umstritten ist allerdings die gerichtliche Bestellung eines Notvorstands nach § 29 BGB, die von RGZ 78, 52 (55) — mit dem Massenorganisationsprobleme ignorierenden Hinweis auf die Grundregel des § 709 BGB (gemeinschaftliche Geschäftsführung aller Gesellschafter) — abgelehnt worden ist. Für die Anwendung des § 29 BGB auch auf nichtrechtsfähige Vereine sprechen sich *Soergel / Schultze-v. Lasaulx*, Rdz. 22 zu § 54 m. w. Nachw. und *Habscheid*, Der nichtrechtsfähige Verein zwischen juristischer Person und Gesellschaft, AcP 155, 375 (393 ff.) aus; letzterer folgert aus der Korporationsgarantie des Art. 9 GG, daß „der Staat seine Körperschaftsfürsorge nicht mehr auf eingetragene Vereine beschränken" dürfe (S. 398).

21 Vgl. RG LZ 1922, 22 (23). Auch hier ist strittig, ob die gerichtliche Einberufung der Mitgliederversammlung nach § 37 Abs. 2 BGB auch beim nichtrechtsfähigen Verein zulässig ist. Zum Meinungsstand *Soergel / Schultze-v. Lasaulx*, Rdz. 5 zu § 37 BGB.

Insgesamt läßt sich nach diesem Überblick feststellen, daß für den Inhalt der Mitgliedschaftsrechte und der rechtlichen Stellung der Vereinsorgane, also für das gesamte Vereinsverfassungsrecht der Rechtsform des Vereins keine spezifische Bedeutung mehr zukommt[23]. Die im BGB normierten Vorschriften für die vereinsinterne Willensbildung gelten also gleichermaßen für die eingetragenen wie nichteingetragenen Vereine. —

Diese Rechtsentwicklung, die von *Boehmer* als Beispiel richterlicher Rechtsfortbildung gegen den Willen des Gesetzgebers ausgewählt wurde[24], kann hier auf ihre rechtsmethodischen Voraussetzungen nicht untersucht werden. Es sei nur hinzugefügt, daß die Verfolgung vereinspolizeilicher Zwecke durch privatrechtliche Mittel des BGB mit der Verabschiedung des reichseinheitlichen Vereinsgesetzes vom 19. 4. 1908[25] weithin überflüssig wurde: nach seinem § 3 mußten politische Vereine ungeachtet ihrer Rechtsform der Polizei Satzung und Verzeichnis des Vorstandes sowie deren Veränderungen anzeigen. Durch die Weimarer Verfassung wurde schließlich gemäß Art. 124 Abs. 2 WRV das staatliche Einspruchsrecht gegen die Registrierung politischer, sozialpolitischer und religiöser Vereine nach § 61 Abs. 2 BGB beseitigt.

Die politische Einstellung des Staates zum Vereinswesen hatte sich also innerhalb 20 Jahren nach Verabschiedung des BGB grundlegend geändert, was hinsichtlich der Gewerkschaften noch durch den die Koalitionsfreiheit garantierenden Art. 159 WRV besonders zum Ausdruck kam[26]. Angesichts dieser gewandelten politischen Verhältnisse und Verfassungslage, deren legislative Verarbeitung durch entsprechende Gesetzesreformen allerdings weitgehend ausblieb, erscheint es — auch unter Berücksichtigung der damals herrschenden positivistischen Rechtsauffassung — kühn, diese Rechtsprechung zum nichtrechtsfähigen

[22] So schon RGZ 60, 94 (97 f.).

[23] Zu ähnlichen Ergebnissen kommen mit Einschränkungen schon die Untersuchungen von *Stoll*, S. 58; *Boehmer*, S. 174; *Habscheid*, S. 393. Vgl. auch die detaillierte Aufzählung der BGB-Vorschriften über den rechtsfähigen Verein, die auf den nichtrechtsfähigen Verein entsprechend anwendbar sind, bei *Soergel / Schultze-v. Lasaulx*, Rdz. 9 f. zu § 54 BGB.

[24] *Boehmer*, S. 166 f.

[25] RGBl. 1908, S. 151. Weiterhin erhielt gemäß § 22 VereinsG der § 72 BGB seine noch heute gültige Fassung.

[26] Als entscheidenden Wendepunkt im Verhältnis des Staates zu den Gewerkschaften wird zu Recht von *Brisch*, S. 21 f. das „Hilfsdienstgesetz" vom 5. 12. 1916 (RGBl., S. 1333) bezeichnet, das erstmalig aktive gewerkschaftliche Mitarbeit in staatlichen Gremien vorsah. Schon vor dieser staatlichen Anerkennung der Gewerkschaften war eine Novellierung des Vereinsgesetzes („Auslegungsgesetz" vom 26. 6. 1916 — RGBl., S. 635) erfolgt, dem ein § 17 a eingefügt wurde, wonach die Berufsverbände von den politischen Vereinen ausgenommen wurden. Hierzu auch *G. Schnorr*, Öffentliches Vereinsrecht, S. 25, der aber irrtümlicherweise die Einfügung des § 17 a als Konsequenz des HilfsdienstG ansieht.

Verein als „revolutionäre richterliche Tätigkeit“[27] hinstellen zu wollen. Denn die richterliche Gehorsamsverweigerung, zu der die Gerichte von der Literatur[28] ermuntert werden mußten, richtete sich zwar gegen den Wortlaut des Gesetzes und den historischen — inzwischen aber, wie gezeigt, durch Ausformung des öffentlichen Vereinsrechts überholten — gesetzgeberischen Willen, keinesfalls aber gegen die herrschenden politischen und rechtlichen Anschauungen zur Zeit dieser Entscheidungspraxis.

2. *Zur Rechtsstellung des nicht-eingetragenen Vereins im Rechtsverkehr*

Wesentlich langwieriger und widersprüchlicher vollzog sich die rechtliche Annäherung der nichtrechtsfähigen Vereine an die Rechtsstellung der rechtsfähigen Vereine hinsichtlich der vereinsexternen Rechtsbeziehungen. — Während die Rspr. des Reichsgerichts die Gleichstellung beider Vereinsformen im Vereinsverfassungsrecht weitgehend zum Abschluß gebracht hatte, war sie für die Außenbeziehungen des nichteingetragenen Vereins von diesem — die herkömmlichen Grenzen juristischer Rechtsfindung allerdings überschreitenden und kaum noch als Rechtsanwendung im traditionellen Sinn zu legitimierenden — Ziel weit entfernt geblieben. Erwies sich insofern „die Gesetzestreue des deutschen Richtertums doch stärker als alle Lockungen der oft recht stürmischen Theorie“[29], so war die Jurisdiktion des Reichsgerichts und der Oberlandesgerichte nach dem auf kritischer Analyse dieser Rspr. bis Anfang 1928 beruhenden Urteils von *Stoll* „von keinem gemeinsamen Gedanken getragen“[30], und entsprach insgesamt „der gegenwärtige Rechtszustand des Vereins ohne Rechtsfähigkeit trotz der Fortbildung des gesetzten Rechtes in der Praxis weder den Interessen der Allgemeinheit noch des Verkehrs, noch des Vereins wie seiner Mitglieder“[31]. Mag dieses Verdikt insofern zu pauschal ausgefallen sein, als auch das Vereinsverfassungsrecht einbezogen wurde, so dürfte es doch für die spätere Rspr. des Reichsgerichts zum nichtrechtsfähigen Verein ebenfalls noch zutreffen. Die anschließende Rechtsentwicklung nach dem Krieg hat dann zu einer weitergehenden Annäherung — insbesondere der Gewerkschaften — an die Rechtsstellung der eingetragenen Vereine geführt, ohne daß allgemein die Unterscheidung zwischen beiden Rechtsformen aufgehoben und durch Richterrecht das System

---

27 So *Boehmer*, S. 166, dessen weitere Ausführungen diese Einschätzung aber selbst widerlegen (vgl. insbesondere sein Resumé auf S. 186).

28 Vor allem durch *Gierke*, Vereine ohne Rechtsfähigkeit, S. 45 (1902).

29 *Stoll*, S. 57.

30 Ebd., S. 57.

31 Ebd., S. 59.

der freien Körperschaftsbildung für Idealvereine — wie etwa ausdrücklich im schweizerischen Recht[32] — eingeführt worden wäre.

In der Doktrin ist vor allem von Vertretern der Interessenjurisprudenz die Annäherung beider Vereinsformen vorangetrieben worden. Die legislatorischen Gründe für das Normativsystem wurden als noch gültig betrachtet und entsprechend die Anwendbarkeit vereinsrechtlicher Normen auf den nichteingetragenen Verein grundsätzlich von Schutzbedürfnissen des Rechtsverkehrs abhängig gemacht; einschränkend wurde die Grenze zulässiger Rechtsfortbildung diesseits zwingender verfahrensrechtlicher Vorschriften gezogen[33], sowie eine analoge Anwendung der vereinsrechtlichen Bestimmungen, „die sich aus dem Besitz ... der Eigenschaft der Rechtsfähigkeit ergeben“[34], abgelehnt. Eine Aufhebung der privatrechtlichen Vereinsformen aufgrund Art. 9 GG wurde überwiegend als verfassungsrechtlich nicht geboten erachtet, da die der Rechtsklarheit und Rechtssicherheit dienende Eintragung „nicht mit einer demokratischen Staatsordnung, welche die Vereinigungsfreiheit verfassungsrechtlich besonders schützt, schlechterdings für unvereinbar zu bezeichnen“[35] sei.

An die Ergebnisse der Interessenjurisprudenz anknüpfend, aber mit einem methodisch unterschiedlichen Ansatz, wurde in jüngerer Zeit die Rechtsstellung des nichteingetragenen Idealvereins von *Fabricius* untersucht[36]: Das legislatorische Konzept sei von einem funktionellen Zusammenhang von Vermögensträgerschaft der Mitglieder, gesamtschuldnerischer Haftung und mangelnder Parteifähigkeit, die im Verhältnis von Grund und Folge stünden, ausgegangen. Indem durch die Rechtsentwicklung das Vereinsvermögen dem Vereinszweck, nicht mehr den Mitgliedern zugeordnet werde, sei die Haftungsbeschränkung auf das Vereinsvermögen nur sinnvolle Folge; dann aber sei nicht mehr einzu-

---

[32] Vgl. Art. 60 f. ZGB.

[33] So *Boehmer*, S. 184 f. Diese Beschränkung legitimer richterlicher Rechtssetzung auf Fortbildung des dispositiven Gesetzesrechts ist zu Recht von *F. Fabricius*, Relativität der Rechtsfähigkeit, S. 206, als rechtlich nicht geboten zurückgewiesen worden. Vgl. auch den „Soraya-Beschluß“ des BVerfG (JZ 1973, 662), demzufolge die an § 253 BGB sich nicht mehr gebunden fühlende BGH-Rechtspr. des BGH zum Geldersatz für immaterielle Schäden verfassungsrechtlich nicht zu beanstanden ist.

[34] *Schumann*, S. 51; ähnlich *Stoll*, S. 68 f.

[35] *Fabricius*, SAE 1969, 110 (112). Ähnlich *Habscheid*, aaO; a. A. *Ramm*, Einführung in das Privatrecht, Bd. III, G 711 f., 717 ff. Aus Art. 9 I, 19 III GG soll folgen, daß „die körperschaftlich organisierte Personenvereinigung als solche rechtsfähig“ ist und „der Erwerb der Rechtsfähigkeit ... nicht von weiteren rechtlichen Voraussetzungen abhängig gemacht werden“ darf (G 718). Die Registrierung sei insofern nicht mehr Voraussetzung des Rechtfähigkeitserwerbs, bleibe aber Voraussetzung für die Haftungsbefreiung; vgl. G 723.

[36] *Fabricius*, Relativität der Rechtsfähigkeit, S. 186 ff.

sehen, dem nichtrechtsfähigen Verein die aktive Parteifähigkeit zu versagen, zumal Prozeßkosten im Falle einer abgewiesenen Klage wegen der Haftungsbeschränkung nur gegen den Verein geltend gemacht werden könnten. — Auf die von Rspr. und Lehre bisher vertretenen Abgrenzung beider Vereinsformen eingehend, derzufolge die die Rechtsfähigkeit voraussetzenden Bestimmungen auf den nichtrechtsfähigen Verein unanwendbar sein sollen[37], weist Fabricius mit dem von ihm vertretenen „Begriff der Rechtsfähigkeit ... als Fähigkeit eines Zuordnungssubjekts, sich rechtlich wirksam zu verhalten“[38], anhand der Haftungsbeschränkung eine Teilrechtsfähigkeit des nichteingetragenen Vereins im allgemeinen Rechtsverkehr nach. Es sei daher nicht nur wegen des funktionellen Zusammenhangs von Haftungsbeschränkung und Parteifähigkeit letztere zu bejahen, sondern angesichts der Teilrechtsfähigkeit sei „dann ... die in § 50 Abs. 1 ZPO aufgestellte Voraussetzung erfüllt, daß parteifähig ist, wer rechtsfähig ist“[39].

Den Angelpunkt dieser letzten Argumentation bildet der von Fabricius eingeführte Begriff der Rechtsfähigkeit. So rechtstheoretisch überzeugend diese Definition sein mag — es erscheint doch fraglich, ob diese Begriffserklärung das Verständnis des Gesetzgebers[40] und die Verwendung in der juristischen Diskussion zum nichtrechtsfähigen Verein trifft. Wenn die herrschende Lehre eine Angleichung beider Vereinsformen bejaht, „soweit für die Anwendung der §§ 25 ff. nicht die Rechtsfähigkeit des Vereins vorausgesetzt wird“[41], scheinen hier mit „Rechtsfähigkeit“ die vom BGB konkretisierten Rechtsfolgen der Eintragung und nicht die abstrakte Zurechnungsqualität gemeint zu sein. Ähnlich wird in diesem Sinn „nichtrechtsfähiger“ und „nichteingetragener“ Verein synonym verwandt — auch Fabricius spricht durchgängig vom „nichtrechtsfähigen“ Verein, obgleich er ihm Teilrechtsfähigkeit bescheinigt[42]. Diese doppeldeutige Verwendung des Begriffs „rechtsfähig“[43] läßt es fragwürdig erscheinen, ob mit dem Nachweis der

---

[37] Vgl. die Nachweise in FN 34.

[38] *Fabricius*, S. 203.

[39] Ebd., S. 208.

[40] Die Erlangung der Rechtsfähigkeit wurde mit Erwerb der Vermögensfähigkeit gleichgesetzt; vgl. § 41 des 1. Entwurfs zum BGB: „Personenvereine und Stiftungen können die Fähigkeit haben, als solche selbständig Vermögensrechte und Vermögenspflichten zu haben (juristische Persönlichkeit).“ Vgl. auch schon oben I., FN 8.

[41] *Soergel / Schultze-v. Lasaulx*, Rdz. 8 zu § 54 BGB.

[42] „Der nichtrechtsfähige Verein ist insoweit rechtsfähig kraft ‚sozialtypischen Verhaltens‘“ (S. 207).

[43] Zur Vermeidung von Mißverständnissen empfiehlt es sich daher, zwischen abstrakter Rechtsfähigkeit (Zurechnungsqualität eines Rechtssubjekts) und einem „genormten Tatbestand der Rechtsfähigkeit“ (so *Reinhardt*, Gesellschaftsrecht, S. 31) als Rechtsfolge der Eintragung zu unterscheiden.

Teilrechtsfähigkeit der nichteingetragenen Vereine auch ihre Parteifähigkeit zu bejahen ist. Fabricius kann sich zwar auf den Wortlaut von § 50 Abs. 1 ZPO berufen, verfehlt aber zumindest dessen rechtspolitischen Sinn, demzufolge nur der durch Eintragung oder Konzessionierung erworbenen Rechtsfähigkeit auch Parteifähigkeit zugestanden werden sollte. Nach Fabricius' abstrakten Rechtsfähigkeitsbegriff müßte sich schon aus § 50 Abs. 2 ZPO die aktive Parteifähigkeit ergeben, da die passive Parteifähigkeit, wie Fabricius selbst betont[44], die Teilrechtsfähigkeit (im abstrakten Sinn) des nichteingetragenen Vereins belegt. — Diese Unstimmigkeiten bei der Verwendung des Rechtsfähigkeitsbegriffs berühren allerdings nicht die von Fabricius mittels des funktionellen Ansatzes gewonnenen Einsichten, daß materiell-rechtliche Änderungen entgegen dem ursprünglichen Gesetzgeberwillen sich auch verfahrensrechtlich auswirken und ihre Fortsetzung finden müssen — entsprechend dem legislatorischen Konzept, das die materielle Rechtsstellung des nichteingetragenen Vereins durch prozeßrechtliche Vorschriften abzusichern suchte. Demgegenüber hat die Interessenjurisprudenz materielle und verfahrensrechtliche Fragen in Verkennung ihrer funktionellen Verknüpfung isoliert behandelt. —

Die Rspr. zeigte sich sehr zurückhaltend, die für die eingetragenen Vereine geltenden Rechtsvorschriften auch auf die Stellung des nichteingetragenen Vereins im Rechtsverkehr anzuwenden, wie der folgende Überblick über die Rechtsentwicklung zeigen soll:

Relativ bald wurde vom Reichsgericht die Schutzwürdigkeit des Vereinsnamens unter Berufung auf den Wortlaut und Sinn verschiedener gesetzlicher Vorschriften sowie der Definitionsmerkmale des nichtrechtsfähigen Vereins anerkannt[45]. Weniger entgegenkommend zeigte sich die Rspr. bei der Eintragung von Immobiliarrechten auf den Vereinsnamen in das Grundbuch, die sie aus sachenrechtlichen Publizitätsgrundsätzen ablehnte[46]; zu Recht ist dieser Argumentation vorgehalten worden, daß die vom Reichsgericht verlangte Eintragung aller Vereinsmitglieder mit jedem Mitgliedswechsel zur Grundbuchunrichtigkeit und damit erhöhter Rechtsunklarheit führen müsse[47]. Diese Rechtspraxis ist aber nicht nur dogmatisch angreifbar, sondern auch wegen ihrer Folgen für den Rechtsverkehr und das Vereinsleben. Da sich die Vereine mangels Grundbuchfähigkeit zur Übertragung des Immobiliarvereinsvermögens auf Treuhänder oder Gesellschaften gezwungen

---

[44] *Fabricius*, S. 10 ff.

[45] RGZ 78, 101 (102 f.).

[46] RGZ 127, 309 (311 f.).

[47] So *Boehmer*, S. 175 f. Die Grundbuchfähigkeit des nichtrechtsfähigen Vereins wird von einem Teil der Literatur bejaht; vgl. *Fabricius*, S. 209 f.; *Soergel / Schultze-v. Lasaulx*, Rdz. 32 f. zu § 54 BGB m. w. Nachw.

sehen, wird einmal der Gläubigerschutz erschwert[48]; zum anderen läßt sich die Treuhänderposition eines Vereinsmitgliedes bei vereinsinternen Konflikten als Machtmittel einsetzen und schließlich wird durch die juristische Kompliziertheit der Vermögensverwaltung eine wirksame Kontrolle seitens der Mitglieder erschwert, was die „innerorganisatorische Hierarchie ... in mehrfacher Hinsicht stabilisiert"[49]. Demgegenüber erscheint die Erbfähigkeit von der Rspr. anerkannt und nur noch die dogmatische Konstruktion umstritten zu sein[50], während die Wechsel- und Scheckfähigkeit des nichteingetragenen Vereins trotz Befürwortung eines Teils der Literatur abgelehnt wird[51]. Insgesamt haben diese vermögensrechtlichen Erschwernisse aber — wie schon eingangs festgestellt — der Entwicklung der nichtrechtsfähigen Vereine keinen Abbruch getan; vielmehr läßt sich aus der nur spärlichen Rspr. in der letzten Zeit zu diesem Sachkomplex vermuten, daß die nichteingetragenen Vereine sich inzwischen zufriedenstellend zu helfen wissen.

Weitere Unterschiede zwischen beiden Vereinsformen sind in haftungsrechtlichen Fragen zu verzeichnen[52]. Zwar hat die Rspr. des RG schon wenige Jahre nach Verabschiedung des BGB für rechtsgeschäftliche Vereinsschulden eines nichtrechtsfähigen Idealvereins im Grundsatz die Zulässigkeit der Mitgliederhaftung auf ihren Anteil am Vereinsvermögen bejaht[53]; uneinheitlich blieben aber die Voraussetzungen für die Haftungsbeschränkung und ihre dogmatische Begründung[54]. Das RG leitete die auf das Vereinsvermögen beschränkte Mitgliederhaftung nicht schon aus der körperschaftlichen Struktur des nichteingetragenen Vereins ab, anerkannte aber, daß „die Vollmacht des Vorstandes ... nach dem Willen der Mitglieder auf deren Verpflichtung mit ihren Anteilen am Vereinsvermögen beschränkt sein"[55] könne. Eine solche Haftungsbeschränkung sollte einmal „als Regel anzunehmen"[56] sein, während später wiederum „eine Vermutung zugunsten

[48] Bei der Einziehung des KPD-Vermögens hat der BGH allerdings die rechtliche Selbständigkeit von Grundstücksvermögen als irrelevant angesehen; vgl. BGHZ 43, 316.

[49] So *Kübler*, Rechtsfähigkeit und Verbandsverfassung, S. 20 f., der diese Gefahren allerdings allein auf die Nichtregistrierung zurückführt und nicht auch einer fragwürdigen Gerichtspraxis zuschreibt.

[50] Nachweise bei *Soergel / Schultze-v. Lasaulx*, Rdz. 35 zu § 54 BGB; *Fabricius*, S. 212 f.

[51] Vgl. *Erman / Westermann*, Rdz. 8 zu § 54 BGB; *Fabricius*, S. 211 f. m. w. Nachw.

[52] Ausführlich hierzu *Schumann*, der dem methodischen Ansatz der Interessenjurisprudenz folgt.

[53] RGZ 63, 62 (64 f.).

[54] Einzelheiten bei *Schumann*, S. 15 ff.

[55] RGZ 74, 371 (374).

[56] Ebd.

der Haftungsbeschränkung der Mitglieder"[57] verneint und eine Prüfung des Einzelfalls verlangt wurde. In einer Entscheidung des BGH[58] schließlich wurde — allerdings die zwischenzeitlich auftretenden nicht unwesentlichen Nuancen übersehend — zustimmend davon ausgegangen, daß für die nichteingetragenen Idealvereine „in Rechtslehre ... und Rspr. ... allgemein anerkannt (ist), daß eine Beschränkung der Haftung der Vereinsmitglieder auf ihren Anteil am Vereinsvermögen in der Regel als gewollt anzusehen ist oder sogar gewohnheitsrechtlich anzuerkennen ist"[59].

Ein ähnlich weitgehender Konsens von Rspr. und Lehre, wie er inzwischen für den regelmäßigen Ausschluß der persönlichen Mitgliederhaftung für Vereinsschulden vorliegt, ist für die Haftung des für den nichtrechtsfähigen Verein Handelnden gemäß § 54 Abs. 2 BGB festzustellen: sie soll im Regelfall als nicht ausgeschlossen gelten[60]. Diese Einmütigkeit ist insofern überraschend, als durchaus gesehen wird[61], daß diese Vorschrift als ein Mittel zur Durchsetzung der erwünschten Registrierung gedacht war und nur sekundär der Rechtsverkehr geschützt werden sollte[62]. Mit letzterem begründet jetzt die gegenwärtig herrschende Meinung vor allem ihr Festhalten an § 54 Abs. 2 BGB, ohne allerdings wie bei der Mitgliederhaftung zwischen nichtrechtsfähigen Vereinen mit idealer oder wirtschaftlicher Zielsetzung zu differenzieren. Soweit nicht auf den angeblich zwingenden Charakter dieser im BGB einzigartigen Haftungsbestimmung verwiesen wird[63], wird sie sachlich damit gerechtfertigt, „daß der Außenstehende beim Fehlen jeder Registrierung die Zuständigkeiten innerhalb des

---

57 RGZ 90, 173 (177). Demgegenüber wurde in RGZ 143, 212 (216) diese Frage ausdrücklich offengelassen.

58 BGH LM Nr. 11 zu § 31 BGB.

59 Ebd., Bl. 2 f.

60 Vgl. RGZ 82, 294 (298 f.): im Regelfall kein stillschweigender Haftungsausschluß; RG JW 1937, 392 (393): nur das Vorliegen besonderer Umstände rechtfertigt Annahme eines Haftungsausschlusses, ähnlich BGH LM Nr. 11 zu § 31 BGB (Bl. 3 f.). Nachweise aus der Lit. bei *Schumann*, S. 27 ff. Nach *Fabricius*, S. 214 soll die Haftung nach § 54 Satz 2 „das einzige Unterscheidungsmerkmal gegenüber dem rechtsfähigen Verein kraft Eintragung bleiben, ein Unterscheidungsmerkmal, das auch innerlich begründet ist". Diese lapidare Feststellung mit Verweis auf Schumann ist wenig befriedigend, zumal der von Fabricius vertretene funktionelle Ansatz durchaus eine Haftungsbeschränkung nahegelegt hätte.

61 Vgl. *Schumann*, S. 27; *Soergel / Schultze-v. Lasaulx*, Rdz. 42 f. zu § 54 BGB; *Stoll*, S. 52.

62 Vgl. *Mugdan* I, S. 641.

63 So *Soergel / Schultze-v. Lasaulx*, der zu Recht die für § 41 Abs. 1 Satz 2 und § 11 Abs. 2 GmbhG maßgebenden Schutzgründe nicht auf § 54 Satz 2 BGB überträgt (Rdz. 43). Widersprüchlich ist es aber, wenn einerseits die zwingende Natur von § 54 Satz 2 BGB betont wird (Rdz. 42), andrerseits aber ihre rechtsgeschäftliche Ausschließbarkeit (Rdz. 48) bejaht wird.

Vereins und die Vertretungsmacht des Handelnden viel schwerer feststellen kann als beim eingetragenen Verein"[64]. Diese Argumentation trifft aber nur für den Vorstand des rechtsfähigen Vereins zu, der nach § 64 BGB namentlich in das Vereinsregister einzutragen und dessen Änderung zur Eintragung anzumelden ist (§ 67 BGB). Demgegenüber brauchen die gemäß § 30 BGB bestellten organschaftlichen Sondervertreter nicht namentlich in das Register eingetragen zu werden und unterliegen daher auch nicht dem Publizitätsschutz nach § 68 BGB[65]. Darüber hinaus sind vom Vorstand mit rechtsgeschäftlicher Vollmacht ausgestattete Vertreter der Registeröffentlichkeit völlig entzogen. Die Vertretungsverhältnisse in einem eingetragenen Verein können also für den Rechtsverkehr durchaus recht unübersichtlich gestaltet sein, so daß hierin nicht notwendigerweise ein wesentlicher Unterschied zum nichteingetragenen Verein liegen muß.

Die Rspr. und der überwiegende Teil der Literatur haben zwar den Begriff des „Handelnden" restriktiv ausgelegt und insbesondere die Anwendbarkeit der zur Handlungshaftung der Vorgesellschaft entwickelten Grundsätze verneint[66], weitergehende Einschränkungen des § 54 Satz 2 BGB mit Rücksicht auf den Verkehrsschutz aber abgelehnt. Da der Rechtsverkehr indes im Umgang mit dem im Namen eines eingetragenen Vereins Auftretenden nicht wesentlich besser gestellt ist — wie soeben hervorgehoben wurde —, reicht der Verkehrsschutz nach Wegfall des primären rechtspolitischen Motivs als Begründung für die Aufrechterhaltung der persönlichen Haftung des dem Namen eines nichteingetragenen Vereins Handelnden schwerlich aus. Wenn die herrschende Meinung für den Regelfall der Beschränkung der Mitgliederhaftung auf ihren Anteil am Vereinsvermögen das Wort redet und insoweit den Schutz des Rechtsverkehrs zurücktreten läßt, so erscheint es inkonsequent, bei der Frage der Handlungshaftung diese Wertung umzukehren. Mag diese doppelte Haftung von Vertretenen und Vertreter immerhin noch auf den inzwischen obsoleten rechtspolitischen Grund dieser Vorschrift zurückführbar sein, die aktives Handeln für die sich der Eintragung entziehenden Vereine mit haftungsrechtlichen Sanktionen zu unterbinden trachtete, so sind weitere aus § 54 Satz 2 BGB gezogene Konsequenzen rational kaum noch erklärbar[67].

---

[64] *Schumann*, S. 27, der wiederum die Undurchsichtigkeit der Vermögensverhältnisse (so die Kommissionsbegründung) als keine Eigentümlichkeit des nichteingetragenen Vereins ansieht. Das stimmt zumindest, wenn für die Auflösung des nichtrechtsfähigen Vereins die analoge Anwendung von § 47 BGB bejaht wird; vgl. *Fabricius*, S. 191 m. w. Nachw.

[65] So auch *Palandt / Danckelmann*, Anm. 1 zu § 30 BGB.

[66] Vgl. BGH, Bl. 3 f. mit umfangreichen Nachweisen zum Meinungsstand.

[67] Wie *Boehmer*, S. 180 berichtet, hat *Beseler* diese Bestimmung als „irrationelle Norm" bezeichnet.

Dies trifft insbesondere auf die behauptete Spezialität dieser Bestimmung zu den insoweit verdrängten allgemeinen Vorschriften über vollmachtloses Handeln nach §§ 177 ff. BGB zu[68]. Nach dieser Auffassung ist eine Haftung des Handelnden auch bei Kenntnis des Dritten von seiner Vollmachtlosigkeit entgegen § 179 Abs. 3 BGB zu bejahen. Dieses Ergebnis läßt sich allerdings weder mit legitimen Verkehrsschutzinteressen noch mit der vom BGB-Gesetzgeber beabsichtigten Schlechterstellung des nichtrechtsfähigen Vereins — der von einem vollmachtlosen Vertreter nicht verpflichtet werden kann — rechtfertigen und auch anderweitig nicht sinnvoll erklären. Insgesamt ist daher eine restriktive Auslegung des § 54 Satz 2 BGB geboten und der Ausschluß der persönlichen Haftung des im Namen eines nichtrechtsfähigen Idealvereins Handelnden zu vermuten[69]. —

Hinsichtlich der Deliktshaftung für die Organe eines nichteingetragenen Vereins lehnte die Rspr. des RG[70] eine analoge Anwendung des § 31 BGB ab und beurteilte die Haftung des Vereins für deliktische Handlungen des Vorstandes oder anderer Vereinsbeauftragter allein nach § 831 BGB. Diese Nichtanwendung von § 31 BGB auf die nichtrechtsfähigen Vereine war für die Gewerkschaften im Hinblick auf die Arbeitskämpfe lange Zeit der maßgebliche Grund, auf den Erwerb der Rechtsfähigkeit zu verzichten und zugunsten einer vermeintlichen deliktischen Haftungsprivilegierung Unannehmlichkeiten im Rechtsverkehr in Kauf zu nehmen[71]. Daß die Möglichkeit des Entlastungsbeweises in der Rechtspraxis zu keiner deliktsrechtlichen Besserstellung der Gewerkschaften führte und das gewerkschaftliche Festhalten an ihrer privatrechtlichen Rechtsform zumindest aus haftungsrechtlichen Erwägungen sachlich nicht gerechtfertigt war, hat *Stoll* anhand der ergangenen Rspr. eingehend dargetan[72]: Für die Frage des Auswahlverschuldens wurde der Mehrheitsbeschluß der Mitgliederversammlung bei der Vorstandsbestellung als entscheidend angesehen und die Schuldlosigkeit der überstimmten Minderheit nicht als Exkulpationsgrund für

---

[68] So *Schumann*, S. 28, 30; *Soergel / Schultze-v. Lasaulx*, Rdz. 42 zu § 54 BGB. Unter besonderen Umständen soll eine Berufung des Dritten auf § 54 Satz 2 gegen Treu und Glauben verstoßen können (Rdz. 44).

[69] Im Ergebnis ähnlich wie hier *Boehmer*, S. 181; *Denecke*, Zur Haftung des nichtrechtsfähigen Vereins, JR 1951, 742 (743): Ausschluß der persönlichen Haftung, soweit ausdrücklich oder offensichtlich nur für den Verein abgeschlossen wurde. — Stillschweigender Haftungsausschluß für Tarifverträge wird von *A. Nikisch*, Arbeitsrecht, II. Band, S. 188 bejaht; anders RGZ 73, 92 (104), wonach der Unterzeichner eines Tarifvertrags für Schäden aus TV-Bruch haftet.

[70] Vgl. die Übersicht bei *Schumann*, S. 46.

[71] Vgl. *Brisch*, S. 37 ff.; *Stoll*, S. 64 m. w. Nachw. Die deliktische Haftung der Berufsverbände war auch ein Thema des 34. DJT (1926) mit Gutachten von *Nipperdey* und Referaten von *Sinzheimer* und *Nikisch*.

[72] *Stoll*, S. 64 ff.

den ganzen Verein akzeptiert[73]; der Mehrheit wurde praktisch die Exkulpationsmöglichkeit abgeschnitten, wenn die schädigende Handlung der Willensrichtung der Vereinsmehrheit entsprach[74].

In der Literatur wurde ebenfalls lange Zeit die alleinige Anwendbarkeit von § 831 BGB von einer Mehrheit vertreten und zunächst nur von einer Minderheit — unter Verweis auf die körperschaftliche Struktur — § 31 BGB als Rechtsgrundlage für die deliktische Haftung des nichtrechtsfähigen Vereins befürwortet[75]. Inzwischen hat sich allerdings ein grundlegender Meinungswandel vollzogen und die analoge Anwendbarkeit von § 31 BGB auf nichteingetragene Idealvereine kann als herrschende Literaturmeinung bezeichnet werden[76]. Von der BGH-Rspr. ist diese Rechtsauffassung in dieser allgemeinen Form noch nicht übernommen, sondern bisher ausdrücklich offengelassen worden[77].

Allerdings zeichnet sich schon anhand dieser Rechtsfrage die Entwicklung zu einem — vom allgemeinen Recht der nichtrechtsfähigen Vereine abgelösten — Sonderrecht der Gewerkschaften ab. Diese Tendenz beginnt mit einem Urteil des LAG Frankfurt[78], in der die entsprechende Anwendung von § 31 BGB auf Gewerkschaften bejaht wird. In den Entscheidungsgründen wird auf die besondere Stellung der Gewerkschaften im öffentlichen Leben verwiesen und hervorgehoben, „daß die Gewerkschaften nicht nur tatsächlich, sondern auch in einer von der Rechtsordnung anerkannten Weise selbständige und eigenständige Körperschaften sind"[79]. Ungeachtet ihrer privatrechtlichen Rechtsform müsse daher „als Haftungsregel der Satz gelten ..., das Handeln ihrer Organe unmittelbar der Gewerkschaft selbst zuzurech-

[73] Das Einzelmitglied konnte allerdings seine persönliche Haftung ausschließen, wenn es den Entlastungsbeweis führen konnte; vgl. RG JW 1933, 423, wonach hinsichtlich der Überwachungspflicht keine allzuhohen Anforderungen an das Mitglied zu stellen sind. Die Haftung des Vereins bleibt aber unabhängig bestehen, was z. T. in der späteren Rspr. und Lit. übersehen wurde und zur falschen Ansicht von der Haftungsbegünstigung der Gewerkschaften führte.

[74] Vgl. hierzu *Stoll*, S. 65 (insbesondere FN 62), sowie das im Gutachten von *Nipperdey* (Verhandlungen des 34. DJT., Bd. I, S. 413, 416) zitierte Urteil des RG vom 26. 4. 1926 (IV 558/1925), in dem die nachträgliche Genehmigung eines entgegen der Gewerkschaftssatzung nicht vom Vorstand vorher genehmigten Streiks im Bereich einer Ortsverwaltungsstelle als Überwachungsverschulden des Vorstandes hingestellt wird.

[75] Nachweise über die ältere Literatur bei *Schumann*, S. 34 ff., 43 f.; *Boehmer*, S. 182.

[76] Vgl. *Soergel / Schultze-v. Lasaulx*, Rdz. 40 f. zu § 54 BGB.

[77] So BGH LM Nr. 11 zu § 31 BGB, Bl. 4 a. E. sowie BGHZ 42, 210 (221). In BGHZ 50, 325 (329) wird die herrschende Literaturmeinung als ein Beispiel für die weitgehende Angleichung beider Vereinsformen referiert.

[78] Abgedruckt in RdA 1950, 427 m. Anm. *Bulla*, sowie BB 1950, 702 (ohne Gründe) m. Anm. *Siebert* (S. 846 f.).

[79] RdA 1950, 428.

nen". Die Anwendung von § 831 BGB sei einmal wegen der daraus folgenden Haftungsprivilegierung abzulehnen, vor allem aber würden die Gewerkschaften und „das letztlich mit ihrer Natur gegebene Wahlprinzip" durch diese Vorschrift diskriminiert: das Wahlprinzip könne nicht immer die Bestellung auch unqualifizierter Vorstandsfunktionäre verhindern, so daß sich eine Gewerkschaft gegebenenfalls vorwerfen lassen müsse, „sie habe bei der Bestellung ihrer Organe infolge eines im Grunde fehlerhaften Organisationsprinzips die erforderliche Sorgfalt nicht gewahrt"[80]. Dieser letzten Argumentation ist allerdings entgegenzuhalten, daß die verfassungsrechtlich erforderliche Wahl des Vorstandes einer Gewerkschaft[81], soweit das Wahlverfahren ordnungsgemäß durchgeführt wird, keinen Verstoß gegen die Sorgfaltspflichten enthalten kann. Insofern müssen bei der Auslegung zivilrechtlicher Haftungsnormen verfassungsrechtlich gebotene Organisationsprinzipien der Gewerkschaften beachtet werden. Somit entfällt für deliktisches Handeln gewählter Gewerkschaftsorgane grundsätzlich eine Haftung nach § 831 BGB und es bleibt zur Haftungsbegründung nur noch eine entsprechende Anwendung von § 31 BGB möglich.

Soweit allerdings aus dem „Grundsatz der Kampfparität die Gleichheit der Haftung der beiden Sozialpartner bei der Anwendung von Kampfmaßnahmen"[82] abgeleitet und die deliktische Verantwortlichkeit der Gewerkschaften nach § 31 BGB zu rechtfertigen versucht wird, legt diese Begründung eher das gegenteilige Ergebnis nahe. Während die Gewerkschaften im Vergleich zu ihren Mitgliedern über ein relativ großes Vereinsvermögen verfügen, um ihre Mitglieder im Streikfall finanziell zu unterstützen, können sich die Arbeitgeberverbände angesichts ihrer finanzstarken Mitglieder mit einem kleineren Vereinsvermögen begnügen[83]. Die unbeschränkte Haftung nach § 31 BGB kann sich für einzelne Gewerkschaften insofern als existenz- und funktionsgefährdend erweisen, zumal die rechtlichen Grenzen zulässiger Kampfmaßnahmen bekanntlich ziemlich vage gehalten sind und die Erprobung neuer arbeitsrechtlicher Kampfformen zu einem schwer kalkulierbaren Risiko machen.

Es wäre daher zu überlegen, ob nicht aus der verfassungsrechtlichen Funktions- und Arbeitskampfgarantie für Gewerkschaften im Einzelfall eine Haftungsbeschränkung herzuleiten wäre, will man nicht bewußt die Unsicherheiten im gegenwärtigen Arbeitskampfrecht als Disziplinierungsinstrument gegen gewerkschaftliche Aktivitäten einsetzen. Inzwischen scheint auch in Vergessenheit geraten zu sein, daß Stolls

---

80 Alle Zitierungen ebd.

81 Vgl. oben Zweiter Teil, 2. Kap. I.

82 So *Denecke*, Zur Haftung der Gewerkschaften, BB 1959, 637 (638).

83 *Brisch*, S. 9 f.

Plädoyer für eine analoge Anwendung von § 31 BGB auf die Gewerkschaften von der Voraussetzung ausging, daß „die Gerichte ... in Bejahung einer unerlaubten Handlung wegen schädigender Kampfmaßnahmen im allgemeinen vorsichtig abwägend“[84] seien. Dieser funktionelle Zusammenhang von Haftungsrecht und Arbeitskampfrecht, der noch um die verfassungsrechtliche Komponente der Existenz- und Funktionsgarantie zu erweitern wäre, läßt es geboten erscheinen, die Frage der deliktischen Haftung für gewerkschaftliche Organe nicht allein im Kontext des Rechts der nichtrechtsfähigen Vereine zu behandeln[85].

3. Die Parteifähigkeit der Gewerkschaften im Zivilprozeß

Die Tendenz zu einem Sonderrecht der Gewerkschaften ist besonders bei der Frage der aktiven Parteifähigkeit im Zivilprozeß von nichteingetragenen Vereinen manifest geworden[86], ohne daß sich über die künftige Entwicklung sichere Prognosen wagen lassen. — Die Anforderungen der älteren Rspr.[87], die eine Klageerhebung aller Vereinsmitglieder in notwendiger Streitgenossenschaft und deren namentliche Aufführung in der Klageschrift verlangte, waren für Massenverbände wie Gewerkschaften und politische Parteien unerfüllbar. Aufgrund dieser praktischen Schwierigkeiten, die im Ergebnis einer Rechtsverweigerung gleichkamen[88], wurden in der Literatur verschiedene Konstruktionen zur Erreichung des zivilprozessualen Rechtsschutzes propagiert und z. T. von Untergerichten praktiziert, ohne sich über den Wortlaut von § 50 ZPO hinwegsetzen zu müssen[89]. Der BGH hat demgegenüber mit zwei in der juristischen Fachwelt aufsehenerregenden Entscheidungen diese dogmatisch problematischen Lösungsversuche abgelehnt und die Klage einer Gewerkschaft unter ihrem Namen als

---

[84] *Stoll*, S. 66.

[85] Auch Stoll befürwortet ein Sonderrecht für die Gewerkschaften im Haftungsrecht, „wenn nur die Rücksicht auf sie die Fortbildung des allgemeinen Vereinsrechts hemmen sollte“ (S. 67). Die Entwicklung in der Rechtspraxis ist aber umgekehrt verlaufen: die Anwendbarkeit von § 31 BGB auf die Gewerkschaften wird in der Rspr. bejaht, während ihre allgemeine Anwendung auf die nichtrechtsfähigen Vereine noch offensteht.

[86] Ähnlich auch *Fabricius*, SAE 1969, 110. Kritisch gegen die Sonderstellung der Gewerkschaften äußern sich *Reinhardt*, S. 160 f.; *Fenn*, Zivilprozessualer Rechtsschutz unter rivalisierenden Gewerkschaften, JuS 1965, 175 (179 f.).

[87] Vgl. RGZ 78, 101 (104 f.). Ein Mitgliederwechsel nach Klageerhebung sollte allerdings die Klage gemäß §§ 265 Abs. 2, 269 ZPO nicht beeinflussen können.

[88] Vgl. die vielzitierte Bemerkung *Gierkes*, S. 45, daß ein solcher Zustand „in vielen Fällen nach Rechtsverweigerung schmeckt“.

[89] Übersicht bei *Fenn*, S. 177 f.

zulässig erachtet[90]. Während in der ersten Entscheidung[91] die aktive Parteifähigkeit der Gewerkschaften auf Klagen aus nichtabtretbaren Unterlassungs- und Schadensersatzansprüche beschränkt wurde, ist in dem späteren Urteil[92] die allgemeine Parteifähigkeit der Gewerkschaften im Zivilprozeß anerkannt worden. Dieses in der Literatur überwiegend positiv aufgenommene Ergebnis[93] ist vor allem mit der Rechtsentwicklung, die „die rechtliche Ausgestaltung des nicht rechtsfähigen Vereins völlig von der Konzeption des historischen Gesetzgebers gelöst“[94] habe, sowie mit dem grundlegenden Wandel des Verhältnisses von Staat und Gewerkschaften, der in der Übertragung zahlreicher öffentlicher Funktionen und vor allem durch die grundgesetzliche Daseins- und Betätigungsgarantie der Koalitionen zum Ausdruck komme, begründet worden. In beiden Entscheidungen ist die Frage, „ob nicht rechtsfähigen Vereinen die unbeschränkte Parteifähigkeit im Zivilprozeß zuzusprechen ist“[95], zwar ausdrücklich offen gelassen worden; der Trend zu einer unterschiedlichen Betrachtung kündigt sich aber in den weiteren Gründen an, wenn auf die Sonderstellung der Gewerkschaften aufgrund ihrer zahlreichen öffentlichen Funktionen verwiesen wird[96], zu deren Erfüllung die Führung von Zivilprozessen unvermeidlich sei[97]. Insofern ist nicht zu erwarten, daß die Rechtsprechung allein die Geltendmachung prozessualer Schwierigkeiten von Massenorganisationen aufgrund der umfangreichen Mitgliederzahl als ausreichenden Grund zur Anerkennung der aktiven Parteifähigkeit akzeptieren wird[98].

Soweit diese prozeßrechtliche Sonderstellung der Gewerkschaften mit „einer materiellen Derogation (des § 50 ZPO) durch den Gesetzgeber, die in der gesamten gewerkschaftlichen Gesetzgebung zu sehen ist“[99], gerechtfertigt wurde und daher auch keine richterliche Rechts-

---

90 Die Zulässigkeit einer Klage unter Vereinsnamen ist in der Literatur bejaht worden von *Denecke*, RGR Komm., Anm. 13 zu § 54; *Fabricius*, S. 206 f. sowie *Wapler*, Nichtrechtsfähige Vereine als Kläger im Zivilprozeß, NJW 1961, 439.

91 BGHZ 42, 210.

92 BGHZ 50, 325.

93 Ausführliche Nachweise über die zahlreichen Stellungnahmen in der Literatur zu den beiden BGH-Urteilen bei *Kübler*, S. 10 (FN 22, 23).

94 BGHZ 42, 216.

95 Ebd.; vgl. BGHZ 50, 335.

96 BGHZ 42, 217.

97 BGHZ 50, 333.

98 So hat das OLG München (NJW 1969, 617) die aktive Parteifähigkeit des VDS (Verband deutscher Studentenschaften) verneint, da er weder eine vergleichbare geschichtliche Entwicklung noch rechtlich geordnete Stellung wie die Gewerkschaften aufweise noch ein dringendes Bedürfnis vorliege.

99 BGHZ 50, 334 unter Berufung auf *Mayer-Maly*, Über die Rechtsstellung der Gewerkschaften, S. 378.

fortbildung „contra legem" vorliegen soll, waren diese bemerkenswerten Ausführungen des Siebten Senats in seinem Urteil vom 11. 7. 1968 den Mitgliedern des Sechsten Senats keiner Auseinandersetzung in den schriftlichen Urteilsgründen einer neueren Entscheidung vom 21. 3. 1972[100] wert. In diesem Erkenntnis — das zu Recht als Bruch mit der vorhergegangenen Rspr. des BGH bezeichnet wurde[101] — wird einer gewerkschaftlichen Bezirksverwaltung, der im Übereinklang mit der früheren Rspr. schon des Reichsgerichts die Eigenschaft eines nichtrechtsfähigen Vereins attestiert wird, die aktive Parteifähigkeit versagt: angesichts der Parteifähigkeit des Bundesverbandes sowie der satzungsmäßigen Abhängigkeit des Bezirksverbandes vom Hauptvorstand bestünde kein „unabweisbares Bedürfnis"[102], was allein zur richterlichen Rechtsfortbildung contra legem angesichts des Gewaltenteilungsgrundsatzes legitimiere. — Demgegenüber ist in der Entscheidung des Siebten Senats ausdrücklich darauf hingewiesen worden, daß „unter ‚lex' nicht nur isoliert die Vorschrift des § 50 ZPO, sondern die gesamte gesetzlich geordnete Rechtsstellung der Gewerkschaften in Betracht"[103] zu ziehen sei — und insofern die für eine richterliche Rechtsfortbildung contra legem erforderlichen Voraussetzungen bei der Anerkennung der aktiven Parteifähigkeit der Gewerkschaften nicht vorzuliegen brauchten. Folgerichtig nach diesem Ansatz hatte der Siebte Senat auch nicht mehr zu prüfen, ob den Gewerkschaften inzwischen eine Registrierung zuzumuten war, nachdem die vereinspolitischen Vorschriften des BGB, die die Verweigerung der Eintragung als berechtigt erscheinen ließen, geändert worden sind, sowie die deliktische Haftung nach § 31 BGB auch auf Gewerkschaften angewendet wird[104]. In BGHZ 42, 212 war diese Frage nach der Zumutbarkeit einer Eintragung verneint worden mit dem Hinweis, daß „die für den rechtsfähigen Verein geltenden Rechtsnormen des Bürgerlichen Gesetzbuchs ... jedenfalls nicht allen Bedürfnissen gerecht (werden),

---

[100] BGH ZZP 1973, 212 mit Bespr. von *Fenn* ebd., S. 177.

[101] So *Fenn*, S. 181.

[102] BGH ZZP 1973, 214. Vgl. auch *Larenz*, NJW 1965, 1 (6 f.) zu den Voraussetzungen für eine Rechtsfortbildung „contra legem".

[103] BGHZ 50, 334.

[104] Siehe oben II. 2., sowie *Fabricius*, S. 214 f. und SAE 1969, 111 f.; *Kübler*, S. 14 f.

Vereinspolizeiliche Ziele werden allerdings noch heute mit den Mitteln des privaten Vereinsrechts verfolgt; vgl. § 43 Abs. 1 BGB, dessen Verfassungsmäßigkeit zu Recht von *Staudinger / Coing*, Rdz. 5 a zu § 43 BGB bezweifelt wird, da „die Fragen der Rechtsform eines Vereins ... unter Art. 9 GG nur nach privatrechtlichen Gesichtspunkten entschieden werden" dürfen. Hiergegen *Soergel / Schultze-v. Lasaulx*, Rdz. 3 zu § 43 BGB unter Berufung auf § 30 Abs. 2 Nr. 2 der VereinsG, dem aber zu Unrecht die Rolle einer authentischen Verfassungsinterpretation zugeschrieben wird. — Vgl. weiterhin §§ 61 - 63 BGB, deren Instrumentalisierung zu vereinspolizeilichen Maßnahmen ebenfalls nicht unproblematisch ist.

die sich aus den öffentlichen Funktionen und den besonderen Organisationsproblemen dieser Korporationen ergeben".

Die Stichhaltigkeit dieser Argumentation ist in der Literatur bezweifelt worden[105] und hat insbesondere *Kübler* zu einer weitergehenden Kritik an der Rspr. des BGH zur Parteifähigkeit der Gewerkschaften veranlaßt[106]: Angesichts der von Verfassungs wegen den Gewerkschaften gebotenen demokratischen Verbandsorganisation und Publizität käme die Anerkennung der aktiven Parteifähigkeit ohne Registrierung einem Verzicht auf die Durchsetzung dieser normativen Ansprüche gleich. So bewirke die Eintragung in das Vereinsregister zumindest ein Minimum an Publizität und ermögliche innerverbandliche Transparenz bei der Vermögensverwaltung[107]. Dagegen schließe das den Gewerkschaften faktisch konzedierte System der freien Körperschaftsbildung aus, daß „die Harmonie mit den Verfassungsprinzipien eines demokratischen Gemeinwesens nicht dem Zufall oder vermeintlicher Privatautonomie überlassen bleibt, sondern durch die Rechtsordnung gewährleistet wird"[108].

Gegenüber dieser Argumentation ist zunächst festzuhalten, daß die mit einer Eintragung ins Vereinsregister bewirkte Publizität, die vor allem auf die Interessen des Rechtsverkehrs zugeschnitten ist, einer interessierten politischen Öffentlichkeit nicht mehr Informationen verschafft, als nicht schon durch politisches Allgemeinwissen bekannt oder in gewerkschaftseigenen Veröffentlichungen oder Fachzeitschriften ohne Schwierigkeiten zugänglich ist[109]. Was „den dogmatischen Zusammenhang zwischen Rechtsfähigkeit und Verbandsverfassung"[110] anbetrifft, so hat die oben[111] geschilderte Angleichung beider Vereinsformen im Vereinsverfassungsrecht gezeigt, daß die Rechtspraxis schon lange die Vorschriften des Vereinsrechts auch auf die nichtrechtsfähigen Vereine anwendet, also gerade kein spezifisch dogmatischer Zusammenhang von Rechtsfähigkeit und Verbandsverfassung mehr besteht[112].

---

105 Vgl. *Fenn,* S. 181, sowie *Fabricius,* SAE 1969, 111, der die dispositive Natur der Vereinsverfassungsrechts betont. Beide Autoren halten allerdings einen Registrierungs*zwang* für die Gewerkschaften für nicht zumutbar.

106 *Kübler,* S. 16 ff.

107 Hierzu schon oben II. 2 bei FN 49.

108 *Kübler,* S. 21.

109 Hierauf hat *Fabricius,* SAE 1969, 110 (112) schon ausdrücklich hingewiesen; vgl. auch seine Bespr. von Küblers Vortrag in ZZP 1972, 357 (358).

110 *Kübler,* S. 22.

111 Vgl. oben II. 1.

112 Auch Kübler scheint nicht die materiellrechtliche Angleichung an den eingetragenen Verein rückgängig machen zu wollen und für eine strikte Anwendung des § 54 iVm §§ 705 ff. BGB zu plädieren. Nur unter dieser Voraussetzung wäre noch ein spezifischer Zusammenhang von Rechtsfähigkeit und Verbandsverfassung gegeben; vgl. auch *Fabricius* in seiner Bespr. ebd.

Die weitere Frage ist daher vielmehr, wieweit die Rechtspraxis zum Vereinsverfassungsrecht den verfassungsrechtlichen Anforderungen an die Gewerkschaften gerecht wird und den verfassungsrechtlichen Schranken der privatrechtlichen Vereinsautonomie zur Geltung verhilft. — Der von Kübler propagierte Registrierungszwang ist aber nicht nur wegen seiner mangelnden Tauglichkeit zur Durchsetzung verfassungsrechtlicher Normativansprüche abzulehnen. Ein solcher Kunstgriff, der an die Technik des BGB-Gesetzgebers erinnert, vereinspolizeiliche Ziele mit den Mitteln des privaten Vereinsrechts zu realisieren, bedeutet eine problematische „Umfunktionierung" der vereinsrechtlichen Registerpflicht, die sich verfassungsrechtlich nur mit Verkehrsinteressen legitimieren läßt [113]. Soweit Kübler dieses Argument mit Hinweis auf das Publizitätsgesetz zu widerlegen sucht, das zeige, „wie ursprünglich im Privatinteresse geschaffene Offenlegungspflichten Informationsbedürfnissen der Allgemeinheit dienstbar gemacht werden können"[114], ist zu bedenken, daß die Unterrichtung der Öffentlichkeit als Folgeeffekt handelsrechtlicher Rechenschaftspflichten schon bei der Verabschiedung des Publizitätsgesetzes einkalkuliert war[115]. — Allerdings scheint Kübler den Gewerkschaften weniger „den Canossagang zum Vereinsregister"[116] zumuten zu wollen, als in der gerichtlichen Versagung der aktiven Parteifähigkeit ein wirksames Druckmittel zur Verabschiedung eines Koalitionsgesetzes zu erblicken. Daß für diesen Regelungsbereich „eine Strategie, die den judicial selfrestraint als Stimulus parlamentarischer Gesetzgebung gezielt einsetzt"[117], erfolgversprechend sein kann, muß indes bezweifelt werden.

---

[113] Vgl. oben FN 104. — Ein legitimes öffentliches Interesse an den Vorgängen privater Geselligkeitsvereine wird sich schwerlich begründen lassen. Grundsätzlich erscheint es aber problematisch, verfassungsrechtlich gebotene Publizitätspflichten mittels Richterrecht realisieren zu wollen, da anders als beim Demokratiegebot der legislatorische Spielraum bei der Konkretisierung von Publizitätspflichten wesentlich größer sein wird und darüber hinaus sich aus der Verfassung unmittelbar kaum judiziable Publizitätsgrundsätze herleiten lassen werden. (Vgl. *Scholz,* Koalitionsfreiheit als Verfassungsproblem, S. 220, der nur die Veröffentlichungspflicht von Tarifverträgen als Konkretisierung verfassungsrechtlich gebotener Publizitätspflicht nach außen erachtet.) — Scharf zu trennen ist hiervon die Frage, inwieweit eine verbandsinterne Publizität als Folge des Demokratiegebots besteht, was aber Kübler nicht anvisiert. — Zu erinnern ist auch, daß die von der Verfassung ausdrücklich angeordnete Rechenschaftspflicht für Parteien nach Art. 21 Abs. 1 Satz 4 GG vor Erlaß des Parteiengesetzes nicht als durch Interpretation aktualisierbares Recht angesehen wurde; hierzu näher *Maunz(-Dürig-Herzog),* Rdz. 78 f. zu Art. 21 GG m. w. Nachw.

[114] *Kübler,* S. 19.

[115] Vgl. die amtliche Begründung zum Publizitätsgesetz v. 15. 8. 1969 (BGBl I, S. 1189) in der BT-Drucksache V/3197, S. 13 f.

[116] *Kübler,* S. 16. *Fabricius,* S. 358, qualifiziert ein solches Ansinnen „wie zu Zeiten der Entstehung des BGB als polizeistaatliche Repressalie" bzw. „blanker Formalismus".

[117] So *Kübler,* JZ 1973, 667 (Anm. zum Soraya-Beschluß des BVerfG).

Soweit das Bundesverfassungsgericht mehrmals einen solchen „Druck auf das ordentliche Gesetzgebungsverfahren“[118] ausgeübt hat, war regelmäßig der Gesetzgeber auf die Erfüllung ausdrücklicher Verfassungsaufträge aufmerksam zu machen[119]. Zudem lassen sich derartige Appelle nur mit dem Hinweis auf die schwerwiegenden Folgen weiterer legislatorischer Säumnis wirksam einsetzen. Ob die Versagung der aktiven Parteifähigkeit im Zivilprozeß für die Gewerkschaften mit untragbaren Folgen verbunden gewesen wäre, erscheint angesichts der Tatsache, daß die Gewerkschaften jahrzehntelang ohne Parteifähigkeit sich zu behelfen wußten, wenig wahrscheinlich. Fehlte es dem BGH also schon an einem wirksamen Druckmittel, wie er dem Bundesverfassungsgericht für die Verabschiedung des Parteiengesetzes mit der Parteienfinanzierung zur Verfügung stand, so zeigt dieses von Kübler zitierte Beispiel zudem, daß judikative Pression auf den Gesetzgeber zu problematischen Regelungsschwerpunkten führen kann: so ist im 1967 verabschiedeten Parteiengesetz die Wahlkampfkostenerstattung relativ ausführlich geregelt (§§ 18 - 22 Parteigesetz), während zu Fragen der innerparteilichen Willensbildung nur recht allgemeine Grundsätze ohne nähere Konkretisierung in § 15 Parteiengesetz aufgestellt worden sind. — Die Fragwürdigkeit der von Kübler empfohlenen Strategie eines gezielten judicial self-restraint wird aber von ihm selbst festgestellt, wenn er abschließend ausführt, „daß wir auf die Frage, wie denn ein solches Berufsverbands- oder Koalitionsgesetz aussehen müßte, derzeit keine hinlänglich begründeten Antworten parat haben“[120]. — Mögen diese widersprüchlichen Vorschläge Küblers die von ihm eingangs diagnostizierte Krise der Rechtswissenschaften belegen, so berechtigt bleibt doch seine Ausgangthese, daß „Funktion und Verfassung der Verbände ... in engem und prinzipiell unaufhebbarem Zusammenhang“[121] stehen und sich verbandsrechtliche Fragen nicht mehr befriedigend allein auf der Grundlage des BGB-Vereinsrechts lösen lassen.

Daß derlei Einsichten von der Rechtspraxis bisher noch zu wenig berücksichtigt werden, ist auch dem BGH-Urteil zur Aktivparteifähigkeit gewerkschaftlicher Bezirksverwaltungen zu entnehmen[122]. Aufgrund der weitgehenden satzungsmäßigen Abhängigkeit dieser Organi-

---

[118] *Kübler*, Rechtsfähigkeit und Verbandsverfassung, S. 22.

[119] Im Falle des verfassungsrechtlich gebotenen Strafvollzugsgesetzes diente der mit einer Fristsetzung verbundene Appell des BVerfG an den Gesetzgeber, der gegenwärtigen Praxis nicht Verfassungswidrigkeit bescheinigen zu müssen; vgl. BVerfG 33, 1 (12). Anders allerdings für die Notwendigkeit einer gesetzlichen Regelung des Verteidigerausschlusses.

[120] *Kübler*, S. 23.

[121] Ebd., S. 16.

[122] Vgl. BGH ZZP 1973, 212.

sationsgliederung vom Hauptvorstand und dessen zur Klagerücknahme berechtigenden Weisungsrechts verneint der 6. Senats des BGH ein — nach Ansicht des 7. Senats nicht erforderliches — unabweisbares Bedürfnis für die aktive Parteifähigkeit der Bezirksverwaltungen im Zivilprozeß. Indem dem Hauptvorstand die satzungsmäßig nicht vorgesehene Aufgabe, den zivilrechtlichen Rechtsschutz für die Gesamtorganisation auszuüben, kraft Richterspruch zugewiesen wird, müssen lokale oder regionale Querelen auf Bundesebene ausgefochten werden[123]; vor allem aber wird die nicht unproblematische zentralistische Organisationsstruktur der meisten Gewerkschaften durch dieses Urteil verstärkt. Denn auch für die wenigen vorstandsunabhängigen Aufgaben der unteren Gliederungen werden dem Bundesvorstand über seine verfahrensrechtliche Zuständigkeit nun Einflußmöglichkeiten eröffnet. Diesen vorstandsfreien Bereich hat der BGH für die Feststellung, daß die Bezirksverwaltung ein selbständiger nicht rechtsfähiger Verein ist, berücksichtigt[124], hieraus aber für die verfahrensrechtliche Stellung der Bezirksverwaltung nicht die naheliegende Konsequenz gezogen, daß die „satzungsgemäß zugewiesenen selbständigen materiell-rechtlichen Aufgaben mit den dazu erforderlichen verfahrensrechtlichen Befugnissen“[125] zu verknüpfen sind. Angesichts zahlreicher den „Gewerkschaften“ gesetzlich zugewiesener Aufgaben, die von Bezirks- und Ortsverwaltungen unbestritten ausgeführt werden dürfen, sowie der aktiven Parteifähigkeit dieser Organisationsstufen in anderen Verfahrensordnungen und ihrer zur Widerklage berechtigenden passiven Parteifähigkeit im Zivilprozeß[126], stellt die Versagung der zivilprozeßrechtlichen Aktivparteifähigkeit einen Widerspruch zur gesamten sonstigen Rechtsstellung der Bezirksverwaltungen dar. Ebensowenig liegt — wie der BGH annimmt — „verglichen mit dem Aufbau einer politischen Partei ... ein Bezirksverband der deutschen Postgewerkschaft auf der Ebene zwischen dem Kreis- und Landesverband einer Partei“[127], sondern die im organisatorischen Aufbau der Gesamtgewerk-

---

[123] Demgegenüber hatte das BAG AP Nr. 5 zu § 36 ZPO den Bezirksleitungen unter Hinweis auf ihre fehlende korporative Verfassung und fehlenden eigenen Entscheidungsbefugnisse sowie der Einsetzung des Bezirksleiters durch den Vorstand schon die Eigenschaft als nichtrechtsfähigen Verein versagt; entsprechend wurde die Parteifähigkeit nach §§ 10 ArbGG, 50 ZPO für Bezierksleitungen abgelehnt. Umgekehrt wurde die Selbständigkeit eines Ortsvereins aufgrund einer korporativen Verfassung und Tariffähigkeit bejaht und ihm Parteifähigkeit i. S. des § 10 ArbGG eingeräumt (vgl. BAG AP Nr. 25 zu § 11 ArbGG).

[124] Vgl. schon *Fenn* in seiner zutreffenden Urteilskritik (ZZP 1973, 177, 184). Die ‚Klagerücknahmethese‘ des BGH, daß der Bundesvorstand jederzeit die Klage einer unteren Gliederung zurückzunehmen befugt wäre, hat Fenn zu Recht als prozeßrechtlich nicht haltbar nachgewiesen.

[125] *Fenn*, S. 183.

[126] Hierzu näher *Fenn*, S. 182 ff.

[127] BGH, S. 215.

schaft dem Hauptvorstand unmittelbar folgenden Bezirksverwaltungen entsprechen als „Gebietsverbände der jeweils höchsten Stufe“ (§ 3 Satz 2 Parteigesetz) den Landesverbänden der Parteien[128]. Insgesamt bleibt festzuhalten, daß mit dieser BGH-Entscheidung die Vorstandsmacht aufgrund fragwürdiger verfahrensrechtlicher Überlegungen und schiefer Parallelen zum Parteienrecht gestärkt worden ist, während das Gebot eines demokratischen Verbandsaufbaues bei der Satzungsüberprüfung und seine möglichen verfahrensrechtlichen Konsequenzen, also der Funktionszusammenhang von Verfassungsgeboten und Zivilprozeßrecht, noch nicht einmal im Ansatz zur Erwägung stand. Zudem ist nicht auszuschließen, daß „der durch BGHZ 50, 325 eröffnete Weg zu einer ‚allgemeinen‘, also doch wohl umfassend und voll anerkannten aktiven Parteifähigkeit von Gewerkschaften im Zivilprozeß nunmehr allmählich wieder zugeschüttet“[129] wird.

III. Innerverbandliche Willensbildung und Vereinsverfassungsrecht

Die Übersicht über die Rechtsentwicklung zur rechtlichen Stellung des nichteingetragenen Vereins hat gezeigt, daß Rechtspraxis und Lehre eine Angleichung der beiden Vereinsformen hinsichtlich des Vereinsverfassungsrechts schon relativ frühzeitig vollzogen haben und entsprechend die §§ 25 - 41 BGB auch auf die nichteingetragenen Vereine anwendbar sind, soweit es sich um vereinsverfassungsrechtliche Vorschriften handelt[1]. Für die folgende Untersuchung, die vor allem der Frage gilt, inwieweit die Normen des BGB-Vereinsverfassungsrechts schon die Einhaltung der im Zweiten Teil erarbeiteten verfassungsrechtlich gebotenen Mindestbedingungen an eine demokratische Willensbildung von unten nach oben verlangen, kommt es daher auf die spezifische Rechtsform der Gewerkschaften als nichteingetragener Verein nicht mehr an. — Im einzelnen sollen zunächst die einschlägigen BGB-Vorschriften und die ihnen zugrundeliegende Ordnungskonzeption des Gesetzgebers vorgestellt werden, sodann die Rechtsentwicklung in einem Überblick skizziert und schließlich die Frage nach der Notwendigkeit eines Sonderrechts für Gewerkschaften behandelt werden.

---

128 Kritisch schon *Fenn*, S. 187.

129 *Fenn*, S. 181.

1 Hierunter fällt vor allem nicht § 31 BGB, dessen Anwendung auf nichtrechtsfähige Vereine seitens der Rspr. noch offengelassen ist. Strittig ist weiterhin die analoge Anwendbarkeit der §§ 29, 37 Abs. 2 BGB; nicht anwendbar ist selbstverständlich § 33 Abs. 2 BGB.

1. *Das legislatorische Konzept des BGB-Vereinsverfassungsrechts*

Nach § 25 BGB wird die Verfassung des Vereins grundsätzlich durch die Vereinssatzung bestimmt. Mit dem Begriff der „Verfassung" wird in weitgehender Übereinstimmung verstanden der „Inbegriff der Regeln über die Organisation des Vereins, insbesondere also über Zweck, Name, Sitz, Mitgliedschaft, Beschlußfassung, Vorstand und sonstige Vereinsorgane"[2]. Die hierin zum Ausdruck kommende Anerkennung einer Vereins- bzw. Satzungsautonomie wird allerdings durch einige zwingende Gesetzesnormen eingeschränkt. Darüber hinaus gelten weitere gesetzliche Vorschriften subsidiär, soweit die Satzung selbst keine Regelung enthält[3].

Nach den allerdings weitgehend dispositiven Gesetzesvorschriften ergibt sich folgendes Bild der Vereinsverfassung: oberstes Beschlußorgan des Vereins ist die Mitgliederversammlung, die für alle Vereinsangelegenheiten zuständig ist, soweit diese nicht durch Satzung oder Gesetz anderen Vereinsorganen zugewiesen sind. Bei der Beschlußfassung entscheidet die Mehrheit der zur Versammlung erschienenen Mitglieder oder es ist die schriftliche Zustimmung aller Mitglieder bei Beschlußfassung ohne Versammlung erforderlich[4]. Für die Gültigkeit des Beschlusses ist erforderlich, daß der Gegenstand bei der Einberufung bezeichnet wird (vgl. zum ganzen § 32 BGB). Für Satzungsänderungen und Vereinsauflösung bedarf es einer Dreiviertel-Mehrheit der erschienenen Mitglieder; für eine Änderung des Vereinszwecks der Zustimmung aller Mitglieder, §§ 33 Abs. 1, 41 BGB. Einzuberufen ist die Mitgliederversammlung einmal in den satzungsmäßig bestimmten Fällen; sodann, „wenn es das Interesse des Vereins es erfordert" (§ 36 BGB) oder eine Mitgliederminderheit — bei Fehlen einer Satzungsvorschrift genügen 10 % der Mitglieder — die Einberufung schriftlich unter Angabe des Zweckes und der Gründe verlangt, § 37 BGB. — Weiteres notwendiges Organ ist der Vorstand, der den Verein nach außen vertritt und auf jederzeit widerruflichen Beschluß der Mit-

---

[2] *Enneccerus / Nipperdey,* Allgemeiner Teil des Bürgerlichen Rechts, Bd. I/1, S. 561. Ähnlich auch *Soergel / Schultze-v. Lasaulx,* Rdz. 1 zu § 25 BGB.

[3] Vgl. *Soergel / Schultze-v. Lasaulx,* Rdz. 2 zu § 25 BGB: „Danach setzt sich das Vereinsverfassungsrecht zusammen aus den schlechthin zwingenden Normen des BGB, der Satzung des Vereins, den subsidiär geltenden Normen des BGB."

[4] Unklar und auch in der Lit. nicht weiter diskutiert bleibt die Differenzierung der Entscheidungsmodi: Mehrheitsprinzip für Beschlußfassungen in Versammlungen, Einstimmigkeit bei Beschlüssen ohne Versammlungen, § 32 Abs. 1 Satz 3 und Abs. 2 BGB. Bei den Gesetzesberatungen wurde gegen die Zulässigkeit der Beschlußfassung ohne Versammlungen die Gefahr der Überrumpelung der Mitglieder betont, von der Mehrheit in der schriftlichen Zustimmung aller Mitglieder hiergegen ein ausreichender Schutz gesehen. Vgl. *Mugdan,* I, S. 621.

gliederversammlung bestellt wird, sowie in seiner Geschäftsführung den Weisungen der Mitgliederversammlung unterliegt, §§ 26, 27 BGB. Weiterhin können satzungsmäßig besondere Vertreter neben dem Vorstand für die Durchführung bestimmter Geschäfte bestellt werden, § 30 BGB. — Jedes Mitglied hat Stimmrecht auf den Versammlungen, das allerdings bei Interessenkollisionen ausgeschlossen werden kann, § 34 BGB; die Mitgliedschaft ist ein personenrechtliches Verhältnis, § 38 BGB, das durch Austritt aus dem Verein aufgelöst werden kann, § 39 BGB.

Die gesetzlichen Vorschriften zeigen, daß der Mitgliederversammlung eine starke Stellung gegenüber dem Vorstand eingeräumt worden ist, dem weitgehend nur die Funktion eines die Mitgliederbeschlüsse ausführenden Organs zukommt. Diese Kompetenzverteilung entspricht nicht nur dem Wortlaut, sondern auch dem historischen Willen des BGB-Gesetzgebers. Bei den Beratungen wurde mehrfach und bewußt in Abkehr zu anderen Spezialgesetzen betont, daß „dem Vorstande ... die Verpflichtung auferlegt (ist), bei der Geschäftsführung nach dem Willen der Mitglieder, soweit ihm ein solcher Grund gegeben wird, sich zu richten. Die Gesamtheit der jeweiligen Mitglieder ist die berufenste Beurteilerin dessen, was den Interessen der Körperschaft frommt“[5]. Allerdings hat sich der Gesetzgeber der Durchsetzung dieser Ordnungsvorstellung begeben, indem er eine Abweichung dieses Kompetenzverhältnisses durch die Satzung gemäß § 40 BGB zuließ. Unklar bleibt aber, ob mit dieser Einräumung dispositiver Vorschriften nur eine Anpassung an die spezifischen Bedürfnisse der verschiedenen Körperschaften ermöglicht oder auch eine völlige Umkehrung der Machtverteilung zwischen den Vereinsorganen zugelassen werden sollte, also auch das legislatorische Ordnungskonzept, das den Mitgliedern eine dominierende Rolle bei der Willensbildung einräumte, zur Disposition freigestellt werden sollte. Wenn auch einige Bemerkungen darauf hin-

---

[5] So die Motive der Ersten Kommission, vgl. *Mugdan* I, S. 410; ähnliches ergibt sich aus den Protokollen der Zweiten Kommission im Zusammenhang mit der Widerruflichkeit der Vorstandsbestellung, sowie der Charakterisierung der Mitgliederversammlung „als das regelmäßige Beschlußorgan der Körperschaft“; vgl. *Mugdan* I, S. 610, 621. Hierzu auch *Staudinger / Coing*, Vorbem. 14 vor § 21 BGB: „Das Vereinsrecht des BGB ist auf die Herrschaft der Mitglieder angelegt, wenn dies auch, weil es von den Verfassern als selbstverständlich betrachtet wurde, nicht ausgesprochen ist. Es tritt aber in den Bestimmungen der §§ 27 Abs. 2, 36 und 37, welche unabdingbar sind, hervor.“ Hinzuzufügen bleibt, daß diese zwingenden Vorschriften aber nicht ausreichen, um die Herrschaft der Mitglieder zu gewährleisten.

Nach *Müller-Thoma*, Der halbstaatliche Verein, S. 77 ff., sind „Abweichungen von dem üblichen Bild des Mitgliedervereins ... gerade bei intermediären Verbänden häufig zu beobachten. Die Rechtsform des Vereins wird hier weitgehend außerhalb des Erfahrungshorizonts des Gesetzgebers verwandt. Der Verein hat eine eigene Gestalt angenommen. Er ist nicht mehr die Personenvereinigung eines homogenen Mitgliederkreises“.

weisen, daß eine weitgehende Ausschaltung der Mitglieder aus dem innerverbandlichen Willensbildungsprozeß zugunsten einer Machtkonzentration beim Vorstand nicht den Intentionen des Gesetzgebers entsprach bzw. die Folgen einer nur subsidiären Geltung des Gesetzesrechts nicht ganz übersehen wurden, so ist jedenfalls die weitere Rechtsentwicklung unter Berufung auf die Dispositivität dieser Vorschriften über dieses legislatorische Kompetenzmodell hinweggegangen. Vermutlich glaubte aber der BGB-Gesetzgeber auf die Absicherung seines Konzepts durch Statuierung zwingenden Gesetzesrechts verzichten zu können, da er allgemein davon ausging, daß der einzelne seine Interessen bei der Vertragsgestaltung bzw. als Vereinsmitglied bei der Satzungsgestaltung durchzusetzen imstande wäre und nur ausnahmsweise legislatorischer Schutzmaßnahmen bedürfe. Entsprechend sind Vorschriften zugunsten einer Mitgliederminderheit gegen eine Majorisierung durch die Vereinsmehrheit zwingend institutionalisiert worden, während ein Schutz der Mitglieder(„mehrheit") gegenüber einer Vorstands(„minderheit") für überflüssig erachtet wurde. — Die Einräumung einer weitgehenden Vereins- bzw. Satzungsautonomie basiert insoweit wie die Privatautonomie, als deren Unterfall bzw. Fortsetzung die Vereinsautonomie — ungeachtet der Rechtsnatur der Satzung — zu verstehen ist, auf der Vorstellung, daß der freie Bürger — auch als Vereinsmitglied zur eigenen Selbstbestimmung befähigt — seine Interessen auch ohne staatliche Fürsorgemaßnahmen im Sinne zwingender Gesetzesvorschriften durchzusetzen imstande ist und daher legislative Beschränkungen der Satzungsautonomie als Freiheitsverlust verstehen muß. Gegenüber Freiheitsbedrohungen aus der gesellschaftlichen Sphäre hingegen konnte sich dieser „Idealtypus" selbst zur Wehr setzen und war nicht auf umfassenderen Schutz angewiesen. Hinzu kommt, daß die Mitgliedschaft im eingetragenen Idealverein nur geringe finanzielle Risiken bedeutete und nichtvermögensrechtliche Interessen weniger schutzbedürftig erschienen.

Obgleich im Zeitpunkt der Beratungen zum BGB die Entwicklung zu Massenorganisationen sich schon abzeichnete, scheint der Gesetzgeber bei der Ausgestaltung des Vereinsverfassungsrechts sowie anderer Bestimmungen vornehmlich den Typus des lokalen Honoratiorenvereins anvisiert zu haben. Dies folgt einmal aus der Vorschrift des § 57 Abs. 2 BGB, derzufolge „der Name ... sich von dem Namen der an demselben Orte oder in derselben Gemeinde bestehenden eingetragenen Vereine deutlich unterscheiden" soll; zum weiteren wurde während der Beratungen davon ausgegangen, daß bei Idealvereinen die Vorstandstätigkeit in der Regel unentgeltlich ausgeübt werde[6]. Schließlich zeigt

[6] Vgl. *Mugdan* I, S. 611.

die Regelung über die Mitgliederversammlung, daß eine zahlenmäßig überschaubare Mitgliederanzahl und lokalbegrenzte Vereinstätigkeit zugrundegelegt wurde, also an die Notwendigkeit einer Delegiertenversammlung auf überregionaler Basis und Vereinsbetätigung im nationalen Ausmaß mit der Folge einer hohen Bürokratisierung der Verbandsorganisation nicht gedacht wurde. Dieses Abstellen auf kleinere Vereinigungen überrascht um so mehr, als in der Diskussion über den Modus zur Erlangung der Rechtsfähigkeit die Existenz von Massenorganisationen wie der sozialdemokratischen Partei und den Berufsverbänden zur Sprache gekommen ist und gerade auch diese Vereinigungen in die Rechtsform des eingetragenen Vereins gezwungen werden sollten. Allerdings zeigten sich hier die Vorteile eines weitgehend dispositiven Gesetzesrechts, das eine flexible Anpassung an die unterschiedlichen Bedürfnisse der soziologisch verschiedenartigen Vereinigungen ermöglichte und auch die Entwicklung einer Formtypik wie im Gesellschaftsrecht nicht notwendig machte. Zu beachten ist aber, daß die gesetzliche Ausdifferenzierung in verschiedene Gesellschaftsformen vornehmlich dem Schutz des Rechtsverkehrs und der Vermögensinteressen der Gesellschaftsmitglieder dient, also an wirtschaftlichen Bedürfnissen orientiert ist, die definitionsgemäß bei den BGB-Idealvereinen nur eine untergeordnete Rolle spielen, wenn auch diese Unterscheidung zunehmend flüssiger und damit fragwürdiger geworden ist.

Angesichts der hochpolitischen Kontroverse um die gesetzlichen Voraussetzungen zur Erlangung der Rechtsfähigkeit läßt sich aber kaum behaupten, daß die BGB-Gesetzgebung allgemein vom Modell des unpolitischen und privatisierenden Geselligkeitsvereins ausgegangen ist. Vielmehr wurde bei den Beratungen ausdrücklich unterstellt, daß die Vereine sich politisch betätigen und öffentliche Aufgaben wahrnehmen[7]. Wenn dennoch der BGB-Gesetzgeber für politisch agierende Verbände keine vereinsverfassungsrechtliche Sonderregelungen im Sinne einer verbindlich vorgeschriebenen demokratischen Willensbildung statuiert hat, so darf dieses „Versäumnis“ freilich bei der damaligen politischen Ambiance nicht verwundern: vom obrigkeitsstaatlichen Gesetzgeber konnte kaum die Institutionalisierung demokratischer Willensbildungsprozesse erwartet werden. Insofern sind die dispositiven BGB-Vorschriften, die durchaus demokratische Elemente aufweisen, nicht als bewußte Konkretisierung demokratischer Ideen zu verstehen, sondern eher Ausdruck des liberalen Optimismus, daß das einzelne Vereinsmitglied wie sonst zur Wahrung seiner Interessen weitgehend selbst befähigt ist und keines rechtlichen Beistands zur

---

[7] Nachweise oben I. 2.

Selbstbestimmung bedarf. Weniger in der Zielsetzung als in den Mitteln zur Erreichung des anvisierten Zieles liegt also die Differenz zwischen demokratischer und liberaler Konzeption, indem bei letzterer auf die institutionelle Absicherung einer vom Mitgliederwillen bestimmten Verbandstätigkeit in der Hoffnung verzichtet wurde, daß schon das freie Spiel der Kräfte dieses Ergebnis zeitigen werde. Wenn eine solche optimistische Attitüde damals wie heute als nicht gerechtfertigt und vom tatsächlichen historischen Verlauf sogar als widerlegt angesehen werden muß, so soll nicht andrerseits einem ähnlichen Optimismus das Wort geredet werden, daß schon die Institutionalisierung zwingender Mitgliedschaftsrechte bei der verbandsinternen Willensbildung eine Garantie für eine vom Mitgliederwillen ausgehende Verbandspolitik darstellt: wie schon früher kurz ausgeführt und später noch näher zu belegen ist[8], bedeutet die Institutionalisierung nur eine, aber bei weitem nicht allein ausreichende Voraussetzung für einen funktionsfähigen demokratischen Willensbildungsprozeß von unten nach oben.

2. Die Rechtsentwicklung zum BGB-Vereinsverfassungsrecht

Aufgrund der weitgehenden Dispositivität der vereinsverfassungsrechtlichen Vorschriften im BGB ist auch ein fundamentales Abweichen von der gesetzlichen Ordnungskonzeption als zulässig und rechtlich unproblematisch angesehen und als Ausdruck der in § 25 BGB normierten Vereinsautonomie ohne größere Bedenken akzeptiert worden. Dem Grundsatz der Vereinsautonomie ist nicht nur die von den wenigen zwingenden Gesetzesnormen begrenzte Freiheit der Satzungsgestaltung, sondern auch eine spezifische Vereinsstrafgewalt gegenüber den Mitgliedern entnommen worden. Auffallend ist allerdings, daß diese Vereinsgewalt von hoher praktischer Bedeutung weder in dispositiven Gesetzesvorschriften geregelt noch während der Beratungen erwähnt worden ist.

Im einzelnen sind Mitgliederversammlung und Vorstand als notwendige Vereinsorgane angesehen worden[9]. Der Vorstand muß aber nicht zwingend von der Mitgliederversammlung gewählt werden, sondern kann von einem anderen Vereinsorgan, das seinerseits nicht von der Mitgliederversammlung bestellt zu werden braucht, oder durch einen außenstehenden Dritten bestimmt werden[10]. Dem Vorstand kann

---

8 Vgl. unten Vierter Teil, I. 3.

9 Vgl. *Soergel / Schulze-Lasaulx*, Rdz. 2 zu § 26 BGB und Rdz. 2 zu § 32 BGB m. w. Nachw.

10 *Ders.*, Rdz. 12 zu § 27 BGB. Kritisch gegenüber einer völligen Abhängigkeit des Vereins von Dritten wegen Mißbrauchs der Rechtsform, *Staudinger / Coing*, Vorbem. 14 zu § 21, Bem. 3 a zu § 27 BGB.

auch das Recht zur Kooptation eingeräumt werden bzw. kann die Vorstandszugehörigkeit kraft Amtes (ex officio) erfolgen[11]; der Vorstand braucht sich nicht zur Wiederwahl in einem bestimmten Turnus zu stellen, kann also lebenslänglich ohne Legitimationszwang amtieren. Nicht ausgeschlossen werden kann aufgrund § 27 Abs. 2 BGB die Abberufung des Vorstandes aus wichtigem Grund. — Die Rechte der Mitgliederversammlung können weitgehend beschränkt und auf den Vorstand übertragen werden[12], insbesondere die Weisungsbefugnis und Beschlußfassungskompetenz der Mitgliederversammlung zugunsten selbständiger und unabhängiger Vorstandstätigkeit abgeändert werden. Die Mitgliederversammlung muß nicht regelmäßig einberufen werden, in jedem Fall aber, wenn das Interesse des Vereins es erfordert oder eine satzungsmäßig näher bestimmbare Minderheit es verlangt, so §§ 36, 37 BGB, die zwingender Natur sind, aber eine Erhöhung des Quorums bis zur Hälfte der Mtigliederzahl zulassen sollen[13]. Die Mitgliederversammlung kann schließlich durch eine Delegiertenversammlung ersetzt werden, da eine Vertretung der Mitgliedschaftsrechte nicht ausgeschlossen ist und vor allem bei Vereinen mit großer Mitgliederzahl erforderlich ist[14]. Offen bleibt der Satzungsgestaltung, wie die Delegation näher zu regeln ist, so daß nicht zwingend die Delegierten durch Wahl der Mitglieder zu bestellen sind. — Die allgemeinen Mitgliedsrechte „auf Teilnahme an der Vereinsversammlung wie Stimmrecht, aktives und passives Wahlrecht zu den Vereinsämtern sowie das Recht, Anträge zu stellen (Organschaftsrechte)“[15] sind durch Beschluß oder Satzungsänderung modifizierbar bzw. entziehbar. Zu beachten ist allerdings der Grundsatz der gleichmäßigen Behandlung aller Mitglieder, der eine willkürliche Schlechterstellung einzelner Mitglieder verbietet, aber nicht eine Gleichberechtigung der Mitglieder gebietet[16], insbesondere keine Stimmrechtsgleichheit erfordert[17]. Ein Ausschluß

---

[11] *Soergel / Schultze-v. Lasaulx,* Rdz. 13 zu § 27 BGB.

[12] Vgl. *Palandt / Danckelmann,* Anm. 2 b zu § 25 BGB, demzufolge allerdings ein Kontrollorgan zum Schutze vor Vorstandswillkür vorhanden sein muß.

[13] Vgl. *Soergel / Schultze-Lasaulx,* Rdz. 3 zu § 37 BGB. Zu Recht verlangen Palandt-Danckelmann, Anm. 2 b zu § 37 BGB, daß weniger als die Hälfte aufgrund des Minderheitenschutzgedankens festzusetzen sind.

[14] Vgl. *Erman / Westermann,* Rdz. 1 zu § 32 BGB.

[15] *Enneccerus / Nipperdey,* S. 674.

[16] Vgl. *Soergel / Schultze-v. Lasaulx,* Rdz. 9 zu § 35 BGB m. w. Nachw.

[17] Vgl. schon die Motive: „Die besondere Natur der einzelnen Körperschaft kann aber bedingen, daß nicht die Person, sondern das Beteiligungsverhältnis entscheidet. Es kann ferner geboten sein, das Stimmrecht zu entziehen wegen weiblichen Geschlechts, wegen mangelnder Selbständigkeit, wegen Ehrenminderung, wegen Säumnis in Leistung von Beiträgen usw.“ (*Mugdan* I, S. 411). Zumindest eine Differenzierung nach Geschlecht wird heute kaum noch als zulässig angesehen werden dürfen.

des Stimmrechts ist dagegen zwingend nach § 34 BGB vorgeschrieben, soweit die Beschlußfassung einen Rechtsstreit des Vereins mit dem Mitglied betrifft. Hierzu gehören aber nicht Beschlüsse über Wahl zu einem Vereinsamt oder Mitgliedsausschluß[18]. Die Ausübung des Mitgliedschaftsrechts durch Dritte kann durch die Satzung zugelassen werden, da § 38 keine zwingende Vorschrift darstellt. — Der Vereinsaustritt ist auch ohne Grund statthaft, kann aber an eine Kündigungsfrist von höchstens zwei Jahren gebunden werden; nicht einschränkbar ist hingegen das Recht zum fristlosen Austritt aus wichtigem Grund[19]. Ein Recht auf Aufnahme besteht grundsätzlich nicht, kann sich aber aus § 826 BGB bei Monopolverbänden ergeben, wenn der Bewerber die satzungsmäßigen Voraussetzungen erfüllt[20].

Als Zwischenbilanz ist festzuhalten, daß die vereinsverfassungsrechtlichen Vorschriften nicht die Wahl des Vorstandes durch die Mitglieder selbst oder durch seitens der Mitglieder ausgewählte Delegierte zwingend vorschreiben, also nicht einmal formal demokratischen Legitimationsansprüchen genügen. Noch weniger ist eine vom Mitgliederwillen getragene und über Beschlußfassungen der Mitgliederversammlung sich vollziehende Willensbildung von unten nach oben durch das BGB-Vereinsverfassungsrecht gewährleistet. Zwingend ist zwar das Minderheitenrecht auf Einberufung einer Mitglieder- oder Delegiertenversammlung, das aber zumindest dann als wenig effektiv angesehen werden muß, wenn die Kompetenzen der Mitgliederversammlung weitgehend auf den Vorstand verlagert worden sind oder die organschaftlichen Mitgliedschaftsrechte auf ein Minimum reduziert sind. Ähnlich läuft der Gleichbehandlungsgrundsatz weitgehend leer, wenn hieraus keine Stimmrechtsgleichheit resultieren soll und die Einräumung von Sonderrechten auch in organschaftlichen Angelegenheiten nicht ausschließt[21]. Insgesamt wird also das verfassungsrechtlich gewährleistete Recht auf Mitwirkung der Gewerkschaftsmitglieder an der innerverbandlichen Willensbildung nicht schon durch bloße Anwendung des BGB-Vereinsrechts realisiert. —

Neben der Freiheit der Satzungsgestaltung zur Bestimmung der Vereinsorganisation soll aus der Vereinsautonomie auch ein Selbstverwaltungsrecht zur Regelung der internen Vereinsangelegenheiten ohne staatliche Einmischung wie eine Vereinsstrafgewalt gegenüber

---

[18] Zu letzterem vgl. OLG Köln NJW 1968, 992.

[19] Vgl. *Soergel / Schultze-v. Lasaulx*, Rdz. 4 zu § 39 BGB m. w. Nachw.

[20] Vgl. BGH NJW 1969, 316: kein Aufnahmeanspruch in Monopolverband, wenn der Bewerber die satzungsmäßigen Voraussetzungen nicht erfüllt, deren Erfüllung aber zumutbar ist.

[21] Vgl. *Soergel / Schultze-v. Lasaulx*, Rdz. 14 zu § 35 BGB.

den Mitgliedern resultieren[22]. Die Rechtsprechung folgerte aus der Vereinsautonomie aber nicht nur ein Verbot staatlicher Eingriffe exekutivischer Art, sondern auch eine Einschränkung der gerichtlichen Nachprüfung hinsichtlich der vom Verein gegenüber dem Mitglied ausgesprochenen Maßnahmen und auch sonstigen vereinsinternen Beschlüssen und Streitigkeiten[23]. Begründet wurde diese Begrenzung des Rechtsschutzes im Falle des Vereinsausschlusses damit, daß „dem Verein ... eine selbständige Vereinsgewalt zu(komme), die der Staat gelten läßt. Bei ihm unterwerfen sich die Mitglieder durch den Eintritt in den Verein dieser Vereinsgewalt, die im Bereich der Vereinssphäre Wirksamkeit entfaltet und insoweit grundsätzlich autonom ist"[24]. Der Vereinsausschluß soll sich insbesondere von der Kündigung eines Gesellschafters unterscheiden, die in sachlicher Hinsicht von den Gerichten unbeschränkt nachprüfbar sei, da es sich bei der Gesellschaft um ein Schuldverhältnis handele und „über den Gesellschaftern ... nicht ein dem einzelnen übergeordnetes Gebilde (stehe), das Träger einer Gemeinschaftsgewalt sein könnte"[25]. Auffallend ist allerdings, daß Strafmaßnahmen der wirtschaftlichen Sondervereine, also der Genossenschaften, der Aktiengesellschaft und GmbH von den Gerichten auch materiell nachgeprüft werden[26], obwohl auch hier eine selbständige Vereinsgewalt zu verzeichnen ist. Der Schutz der Vermögensinteressen bzw. die finanzielle Bedeutung der Mitgliedschaft wird als ausschlaggebender Grund für diese weitergehende gerichtliche Kontrolle angenommen werden dürfen; entsprechend ist auch in der Literatur für ein volles richterliches Nachprüfungsrecht plädiert worden, wo „durch den Ausschluß wichtige Vermögensrechte oder sonstige wirtschaftliche Interessen des Mitglieds berührt"[27] werden. Auch die Rspr. des

---

[22] Vgl. z. B. *Palandt / Danckelmann*, Anm. 1 b, 3 zu § 25 BGB. Im Hinblick auf die Fortgeltung des § 152 Abs. 2 GewO hatte das RGZ 111, 199 (202) darauf abgestellt, daß mit der Koalitionsfreiheit „auch das Recht der Gesamtheit der Teilnehmer geschützt wäre, die zur Durchführung des Koalitionszwecks erforderlichen Maßnahmen und Abmachungen zu treffen, z. B. Vertragsstrafen gegen unbotmäßige, dem Verbandszweck zuwiderhandelnde Mitglieder festzusetzen und einzuklagen". Diese Begründung der Vereinsgewalt aus dem Vereinigungs*zweck* erscheint einleuchtender als der direkte Rekurs auf die Vereinsautonomie.

[23] Zu Recht weist *Coing* darauf hin, daß „die Vereinsfreiheit ... sich gegen eine Beaufsichtigung der Vereine durch die Verwaltung, nicht aber gegen die Gerichte" richtet und ein Rechtsschutz der Gerichte gegenüber den Verbänden sogar besonders wichtig sei, „weil in vielen Vereinen, insbesondere in den beruflichen Verbänden, gesellschaftliche Machtpositionen geschaffen werden". Vgl. *Staudinger / Coing*, Vorbem. 5 b zu § 21 BGB.

[24] BGHZ 13, 5 (11) im Anschluß an RG JW 1937, 1548.

[25] RG JW 1937, 1548.

[26] Nachw. über die Rspr. bei *U. Meyer-Cording*, Die Vereinsstrafe, S. 109 FN 18.

[27] *Enneccerus / Nipperdey*, S. 679, insbesondere im Hinblick auf Koalitionen und Monopolverbände.

Reichsgerichts, die zunächst jegliche Sachprüfung ablehnte, hatte mit dieser rigiden Praxis im Falle eines Vereinsausschlusses mit existentiellen Folgen gebrochen[28], zugleich aber eine Nachprüfung auf offenbare Unbilligkeit des Ausschlusses bei „einen die Belange des Volksganzen oder eines nicht unerheblichen Volksteils berührenden Verein von sozialer, wirtschaftlicher oder kultureller Bedeutung"[29] beschränkt. Diese letztgenannte Einschränkung ist inzwischen ausdrücklich vom BGH aufgegeben worden[30], der sich ansonsten aber der vom Reichsgericht begründeten Beschränkung der richterlichen Kontrolle[31] verpflichtet weiß: nicht ohne Stolz weist der Präsident des für das Vereinswesen zuständigen Zweiten Senats *R. Fischer* in einer Anerkennung zu einem Urteil über einen Streit von Vorstandsmitgliedern eines Idealvereins darauf hin, „daß sich der BGH bei seiner Entscheidung im Rahmen einer alten Rechtsüberlieferung gehalten und in diesem Punkt den Umfang der Vereinsautonomie nicht neu bestimmt, also namentlich nicht eingeengt hat. ... Dabei liegt dieser Entscheidung auch hier die Erwägung zugrunde, daß die gerichtliche Nachprüfung im Rahmen der Vereinsautonomie immer nur die ultima ratio sein sollte und als solche auch nur dann gerechtfertigt sein kann, wenn sie aus Gründen innerer Gerechtigkeit unabdingbar geboten erscheint[32]." Dieses Traditionsbewußtsein erscheint aber nicht unproblematisch, da Fischer selbst sieht, daß Vereinsstreitigkeiten angesichts „der immer stärker werdenden Bedeutung des Verbandswesens heute häufig für die Beteiligten von großem Gewicht sind" und „daß sich die Beteiligten in solchen Fällen angesichts der heutigen Zeitströmungen offenbar immer weniger damit abfinden können, daß sie sich mit dem Eintritt in einen Verein einer eigenständigen Vereinsautonomie unterwerfen"[33].

Muß schon die aus dem Beitritt gefolgerte freiwillige Unterwerfung unter die Satzung und unter die auf ihrer Grundlage ergangenen Gestaltungsakte zumindest bei Monopolverbänden als fragwürdige Fiktion aufgefaßt werden[34], die selbstherrlich an den sozialen Realitäten zugunsten dogmatischer Konstruktionserfordernisse vorbeigeht, so ent-

---

[28] Vgl. RGZ 107, 386 (388).

[29] RGZ 140, 23 (24).

[30] Vgl. BGHZ 47, 381 (385).

[31] Zu Parallelen im ausl. Recht, vgl. *Meyer-Cording*, S. 107 ff.

[32] Anm. zu BGH LM Nr. 8 zu § 25 BGB.

[33] Ebd.

[34] Kritisch auch *E. Lohbeck*, Die Vereinsordnungen, MDR 1972, 381 (383), der auch darauf hinweist, daß weder den Vereinsorganen noch dem Bewerber Gestaltungsfreiheit verbleibt, beide vielmehr an die Satzung gebunden sind und daher „das Unterordnungsverhältnis nicht auf einer freiwilligen Unterwerfung (beruht), sondern ... ohne Rücksicht auf den Willen der Beteiligten" besteht.

behrt die weitergehende Fiktion, daß das Mitglied auch auf die sachliche Kontrolle des Handelns der Vereinsorgane durch die ordentliche Gerichtsbarkeit verzichte[35], auch jeglicher Parallele in der Privatrechtsordnung. Diese anerkennt zwar die Unterwerfung und die Rechtsgestaltungsmacht eines anderen[36] analog §§ 315 ff. BGB, allerdings unter der Voraussetzung einer gerichtlich überprüfbaren Ausübung nach billigem Ermessen. In der Literatur ist daher auch neuerdings betont worden, „daß Maßnahmen in Ausübung von Vereinsautonomie in keiner Weise anders zu behandeln sind als Rechtsakte, die sonst in Ausübung von Privatautonomie gesetzt werden"[37] und „eine Unterwerfung unter einseitige Rechtsgestaltung eines anderen ... nicht gleichzeitig Verzicht auf richterliche Überprüfung der Gestaltungsvoraussetzungen"[38] bedeute. — Wenn insoweit eine aus der Vereinsautonomie abgeleitete Beschränkung richterlicher Kontrolle zunehmend abgelehnt wird, so soll sich dennoch das gerichtliche Prüfungsrecht auf eine Rechtmäßigkeitskontrolle beschränken und den Vereinen ein nicht überprüfbarer Ermessensspielraum eingeräumt bleiben, der bei Liebhabervereinen größer als bei Wirtschafts- und Berufsverbänden sein soll. Mit dieser Konzeption werden die Ergebnisse der Rspr. weitgehend unangetastet belassen und nur eine dogmatisch zutreffendere Problemumformulierung in der Richtung vollzogen, daß es sich nicht mehr um eine Frage der Gerichtsschutzgarantie, sondern des materiellen Rechts handelt, das den Ermessensspielraum des Vereins durch die §§ 134, 138, 226, 242, 826 BGB begrenzt[39]. Offen bleibt, ob dieser Lösungsansatz auch von einer gerichtlichen Kontrolle der Tatsachenfeststellung und Subsumtion durch die Vereinsorgane absehen will, wie es die Rspr. unter Berufung auf die Vereinsautonomie praktiziert[40], allerdings ausdrücklich offen gelassen hat, „ob auch bei offensichtlich willkürlicher Tatsachenfeststellung oder Subsumtion auf eine gerichtliche Nachprüfung verzichtet werden kann"[41]. Ebenfalls wird eine konsequente analoge Anwendung der §§ 315 ff. BGB kaum zu einem Aus-

---

35 Auf den Sonderfall einer Schiedsgerichtsvereinbarung oder Naturalobligation soll hier nicht näher eingegangen werden. Hierzu *W. Dütz*, Rechtsstaatlicher Gerichtsschutz im Privatrecht, S. 271 f.

36 Vgl. *E. Bötticher*, Gestaltungsmacht und Unterwerfung im Privatrecht, S. 9 ff., 27 ff.

37 *P. Schlosser*, Vereins- und Verbandsgerichtsbarkeit, S. 99; vgl. auch *ders.*, S. 41 ff.

38 *Ders.*, S. 100; ähnlich *Dütz*, S. 274 ff.: „Vereinsautonomie befreit ebensowenig vom gerichtlichen Rechtsschutz wie Privatautonomie." (S. 277.)

39 So *Dütz*, S. 274 f.; vgl. auch *E. Bötticher*, Wesen und Arten der Vertragsstrafe sowie deren Kontrolle, ZfA 1970, 1 (53 ff.).

40 Vgl. z. B. BGHZ 45, 314 (321): „Eine nachträgliche Klärung des Sachverhalts im Zivilprozeß kommt aus Rechtsgründen nicht in Betracht."

41 BGHZ 29, 352 (362).

schluß einer Sachverhalts- oder Subsumtionskontrolle durch die Gerichte gelangen können[42].

Eine weitergehende Vertiefung der Frage des richterlichen Prüfungsrechts von Vereinsakten kann im Rahmen dieser Arbeit nicht vorgenommen werden; vielmehr sollte dieser kurze Überblick über den Problemstand nur aufzeigen, daß die gerichtliche Selbstbeschränkung nicht nur angesichts der Bedeutung des Vereinswesens und daraus resultierender zunehmender Schutzbedürftigkeit des einzelnen unbefriedigend erscheinen muß, sondern auch seine dogmatische Rechtfertigung, nämlich die Vereinsautonomie, als reichlich brüchig anzusehen ist[43]. Zu Recht wendet sich Schlosser gegen diese „Mystifizierung der Vereinsautonomie"[44] die er stattdessen wieder in das System der Privatautonomie einzuordnen versucht. —

Die Entscheidungen der Rspr. zeigen folgendes Bild: Nachprüfbar ist einmal, ob die Vereinsmaßnahme auf satzungsmäßiger Grundlage beruht und das vorgeschriebene Verfahren beachtet worden ist, da „die Vereinsgewalt ihre Schranken an der Satzung findet und ... sich die Mitglieder nur in den Grenzen des Wirkungsbereichs der Satzung der Vereinsgewalt unterworfen haben"[45]. Als zulässig wird aber erachtet, daß das Ausschlußverfahren außerhalb der Satzung in einer Geschäftsordnung geregelt wird, während weitergehende Anordnungen mit zusätzlichen Rechtsnachteilen in der Satzung vorgesehen sein müssen[46]. Für das Verfahren ist dem Mitglied das rechtliche Gehör zu

[42] So wie hier wohl auch *Schlosser*, S. 99 ff., 136 ff.

[43] Daß Art. 9 GG auch nicht zu einem nur eingeschränkten Prüfungsrecht zwingt, hat *Dütz*, S. 276 f. dargetan, der auch darauf hinweist, daß „das Bestehen einer Autonomie auch im öffentlichen Bereich nicht von der richterlichen Rechtsprüfung freistellt". (S. 278.)

[44] S. 148. Nach Schlosser kann „Vereinsautonomie ... in Wirklichkeit nichts weiter heißen, als daß der Verein in seiner Satzung selbständig regelt, welche Kompetenzen zu einseitigen Rechtsakten den Vereinsorganen zukommen sollen" (S. 99 f.).

[45] BGH LM Nr. 3/4 zu § 39 BGB; vgl. auch BGHZ 21, 370 (373), daß nachprüfbar ist, „ob der Strafbeschluß in der Satzung eine Stütze findet".

[46] BGHZ 47, 172 (177 f.). — Nach dem BGH brauchen Geschäftsordnungen nicht in der Satzung geregelt zu werden, da „sie ... nicht zu den das Vereinsleben bestimmenden Grundentscheidungen (gehören), die als ‚Verfassung' des Vereins kraft zwingender Vorschrift in die Satzung aufgenommen werden müssen (§§ 25, 71 Abs. 1 Satz 1 BGB)" (ebd.). Vgl. auch BGH NJW 1974, 183, wonach eine Modifizierung des Mehrheitsprinzips für Parteiwahlen durch das Blockwahlsystem in der Satzung geregelt werden muß, „weil es sich insoweit um eine für das Vereinsleben grundlegende Entscheidung handelt". Das ist zumindest im Hinblick auf §§ 6, 9 ParteiG fragwürdig; in diesen Vorschriften wird der Wahlmodus nicht zum notwendigen Satzungsinhalt gerechnet.

Ähnlich wie der BGH unterscheidet *R. Lukes*, Der Satzungsinhalt beim eingetragenen Verein und die Abgrenzung zu sonstigen Vereinsregelungen, NJW 1972, 121, daß Grundsatzregelungen, zu denen vor allem die Ausgegewähren, wofür die Gelegenheit zur Stellungnahme aber genügt[47]; dieser Grundsatz verbietet auch, daß der Verein sich durch einen Anwalt vertreten läßt, gleiches aber dem beschuldigten Mitglied untersagt[48]. Neben der Kontrolle der Satzungsmäßigkeit des Verfahrens ist aber noch nachprüfbar, ob der Vereinsakt gesetz- oder sittenwidrig oder offenbar unbillig ist[49]; letzteres ist beispielsweise bei einem Verstoß gegen den Gleichheitsgrundsatz angenommen worden[50]. Als weiteres Kriterium wird vereinzelt auch der Verstoß gegen § 826 BGB genannt[51], ohne daß allerdings ein Unterschied zu den Merkmalen der Sittenwidrigkeit und offenbaren Unbilligkeit erkenntlich wäre. — Abgelehnt hat der BGH die Prüfung von Streitigkeiten zwischen Vorstandsmitgliedern über die Frage, ob die Willensbildung sich im Vorstand satzungsmäßig vollziehe, solange die Mitgliederversammlung noch keinen entsprechenden Beschluß gefaßt hat[52]. Dabei überrascht, daß der BGH offenbar ohne weiteres von einer entsprechenden Kompetenz der Mitgliederversammlung ausgeht, was gemäß § 32 BGB nur dann anzunehmen ist, wenn die Satzung schweigt. Nicht erwähnt bleibt auch die Konstellation, daß die Mitgliederversammlung nur im mehrjährigen Turnus tagt; unter diesen Umständen könnte eine Beschluß-

---

staltung des Mitgliedschaftsverhältnisses gemäß dem Vereinszweck gehören soll, die Vereinsverfassung bilden, während Richtlinien, Ordnungen etc. nur eine Konkretisierung oder keine Grundsatzentscheidungen betreffende Vereinsregelungen enthalten dürfen. — Nach *Lohbeck* bedürfen Ordnungen, die die Mitgliedschaftsstellung berühren, einer Ermächtigungsgrundlage in der Satzung und sind grundsätzlich von der Mitgliederversammlung zu verabschieden, die im Einzelfall aber eine Delegation vornehmen darf. Weiterhin sei das Normsetzungsverfahren für Ordnungen in der Satzung zu regeln, das eine obligatorische Zuleitung des Entwurfs an die Mitglieder und Veröffentlichungspflicht der verabschiedeten Ordnungen enthalten müsse.

Unverkennbar ist bei allen Vorschlägen die Projektion des negatorischen Verhältnisses Bürger — Staat auf das Verhältnis Mitglied — Vereinsgewalt. Über den Schutz des Vereinsmitglieds vor Eingriffen in seine Rechtsstellung (und damit deren Vorhersehbarkeit) hinaus müssen aber auch die aktiven Mitwirkungsrechte des Mitglieds in der Satzung geregelt werden, wenn auch eine Konkretisierung durch Richtlinien als zulässig erscheinen muß.

47 BGHZ 29, 352 (355).

48 BGHZ 55, 381 (391).

49 Vgl. BGHZ 13, 5 (11) hinsichtlich Ausschluß; BGHZ 21, 370 hinsichtlich Vereinsstrafe; BGH LM Nr. 2 zu § 35 BGB für Beschlüsse der zuständigen Vereinsorgane.

50 Vgl. BGHZ 47, 381 (385 f.). Hier auch die fragwürdige Vermutung, wonach die Mitglieder sich nur unter der Voraussetzung der Vereinsgewalt unterwürfen, daß „der Verein ... von ihr jedenfalls nicht in der Weise Gebrauch machen (werde), daß dies offensichtlich der Billigkeit widerspricht". Wenn schon auf Fiktionen zurückgegriffen wird, erscheint es zumindest realistischer, daß das Mitglied nicht nur ‚offensichtliche', sondern jede Art von Unbilligkeiten ablehnt. Kritisch auch *Schlosser*, S. 104 f.

51 BGH LM Nr. 3/4 zu § 39 BGB.

52 BGHZ 49, 396 (398 f.).

fassung nur verlangt werden, wenn eine solche Streitigkeit eine Pflicht zur Einberufung der Mitgliederversammlung nach § 36 BGB darstellt. — Wenn auch die Beschränkung der gerichtlichen Nachprüfung auf der Grundlage der obigen Ausführungen als in mehrfacher Hinsicht nicht unproblematisch anzusehen ist, so ist doch nicht zu verkennen, daß der Maßstab der offenbaren Unbilligkeit ein flexibel verwendbares Instrumentarium zur weitergehenden Inhaltskontrolle darstellt und die Möglichkeit eröffnet, zwischen den verschiedenen Vereinstypen zu differenzieren. So hat der BGH selbst darauf hingewiesen, daß „der Ausschluß ... um so eher als offenbar unbillig erscheinen (kann), je wichtiger für das betroffene Mitglied die Zugehörigkeit zu dem Verein ist“[53].

Von näherem Interesse ist daher die *gerichtliche Nachprüfung von Gewerkschaftsausschlüssen durch den BGH*. In der Entscheidung BGHZ 45, 314 wurde die Ausschlußdrohung der Gewerkschaft für den Fall, daß ein Mitglied auf einer nicht von der Gewerkschaft unterstützten Liste zu den Betriebsratswahlen kandidierte, als grundsätzlich vereinbar mit der Vorschrift des § 19 Abs. 2 BetrVerfG 1952 angesehen, derzufolge die Wahl des Betriebsrats nicht durch Zufügung oder Androhung von Nachteilen beeinflußt werden darf: es sei nicht Sinn dieser Vorschrift, die die freie Wahlentscheidung des einzelnen Betriebsmitglieds schütze, „der Verbandsautonomie überhaupt keinen Raum zu lassen und damit der Gewerkschaft auch das weitere Verbleiben solcher Mitglieder im Verband aufzuzwingen, die ihre Gewerkschaft und deren satzungsmäßige Zielsetzungen in einer mit der weiteren Mitgliedschaft schlechterdings nicht zu vereinbarenden Weise offen bekämpfen“[54]. Entsprechend seien Fälle denkbar, in denen der Ausschluß wegen gewerkschaftsfeindlichen Verhaltens bei den Betriebsratswahlen trotz § 19 Abs. 2 BetrVerfG gerechtfertigt und „als ein sozial adäquater Nachteil für das betreffende Mitglied anzusehen“ sei. Ein Verstoß gegen den Grundsatz der Wahlfreiheit und entsprechend ein unzulässiger Ausschluß liege aber vor, wenn die Gewerkschaft „einerseits ihren Mitgliedern unter Ausschlußandrohung verbietet, auf einer anderen als der gewerkschaftlich unterstützten Liste zu kandidieren, andererseits aber einer Gruppe ihrer Mitglieder die Möglichkeit vor-

[53] BGHZ 47, 381 (385).

[54] BGHZ 45, 314 (318 f.). Folgende Zitate ebd. — Vgl. auch den ähnlich gelagerten Fall BAG NJW 1961, 894, in dem eine Ausschlußandrohung grundsätzlich als zulässig angesehen wurde, aber offengelassen wurde, ob die Ausschlußandrohung auch bei Kandidatur auf einer nicht gegnerischen Liste gerechtfertigt sei. — Auf die Entscheidung BGHZ 13, 5, der auch ein Gewerkschaftsausschluß zugrundeliegt, soll nicht näher eingegangen werden, da es sich nicht um einen typischen Fall handelt wie bei Ausschluß wegen Kandidatur auf nichtgewerkschaftlicher Liste, was von hoher praktischer Bedeutung ist.

enthält, ihre betriebsverfassungsrechtlichen Wahlinteressen auf der gewerkschaftlich unterstützten Liste in angemessener Weise wahrzunehmen". — Im vorliegenden Fall hatte sich der örtliche Gewerkschaftsbeauftragte geweigert, auf der geplanten gewerkschaftlichen Einheitsliste mehr als 4 Plätze für die Kandidaten der christlich-sozialen Werksgemeinschaft zu reservieren, die bei den vorausgegangenen Wahlen 10 Mandate errungen hatten. In seiner weiteren Begründung stellt der BGH darauf ab, daß die angestrebte Aufstellung einer Einheitsliste einmal aus dem von der Gewerkschaft vertretenen Einheitsgedanken resultiere; dann gehöre es aber „zum notwendigen Bestandteil des Einheitsgedankens ..., daß die Einheitsgewerkschaft auch die Interessenvertretung der in ihr vereinigten kleineren Sondergruppen in angemessener und sachgemäßer Weise wahrnimmt". Gegen diesen Grundsatz werde aber verstoßen, wenn der Minderheitsgruppe nicht eine Vertretung auf der Einheitsliste eingeräumt werde, „wie es ihrer zahlenmäßigen Stärke und den bisherigen Wahlerfolgen entsprochen hätte", was für den in dieser Entscheidung zugrundegelegten Sachverhalt bejaht wurde.

Hinsichtlich des Prüfungsmaßstabs handelt es sich bei dieser Entscheidung nicht darum, ob der Vereinsausschluß wegen der Kandidatur auf einer nicht von der Gewerkschaft unterstützten Liste eine offenbar unbillige Maßnahme darstellt, sondern um die Frage, ob eine solche Vereinsmaßnahme gesetzeswidrig wegen Verstoßes gegen § 19 Abs. 2 BetrVerfG ist. Zuzustimmen ist dem BGH, daß diese Vorschrift in bestimmten Fällen einem Gewerkschaftsausschluß nicht entgegensteht, vielmehr eine Zuordnung der Vereinsautonomie und des Grundsatzes der freien Wahlentscheidung vorzunehmen ist. Auffallend ist aber, daß der BGH bei der näheren Abgrenzung auf das Selbstverständnis als Einheitsgewerkschaft abstellt und hieraus einen Schutz von Minderheitsgruppen folgert. Mit diesem Kriterium entfernt sich der BGH von der Kollisionsproblematik zwischen Wahlfreiheit und Vereinsautonomie und leitet über zur Frage, ob das in der Satzung verankerte Selbstverständnis als Einheitsgewerkschaft die Berücksichtigung von Minderheitenvertretern bei der Aufstellung der Kandidatenliste zu den Betriebsratswahlen gebietet.

Dieses Problem hat aber kaum noch etwas mit dem Grundsatz der freien Wahlentscheidung zu tun, sondern betrifft hiervon unabhängig die Frage, wie weit die Vereinsautonomie zugunsten des Minderheitenschutzes eingeschränkt wird. Mit der formellen Heranziehung des § 19 Abs. 2 BetrVerfG bei der Problemlösung konnte der BGH allerdings dem Einwand entgehen, daß er weitergehend als bisher in seiner Rechtsprechung vereinsinterne Angelegenheiten einer gerichtlichen Überprüfung erschlossen und zumindest im Ergebnis eine Subsumtionskontrolle ausgeübt habe, ob ein zum Ausschluß berechtigendes gewerkschaftsschädigendes Verhalten bei Verletzung schutzwürdiger Minderheiteninteressen vorliegt. Auch für die Sachverhaltsfeststellung, die der gerichtlichen Kontrolle nicht obliegen soll, wie der BGH in der gleichen Entscheidung noch einmal betont, ist mit der Qualifizierung eines Verstoßes gegen § 19 Abs. 2 BetrVerfG bei Drohung durch die Vereinsgewalt als Regeltatbestand eine modifizierte Überprüfung des Sachverhalts zu vermerken, da Beweisschwierigkeiten dann zu Lasten der Gewerkschaften ausgehen. — Es soll hier dahingestellt bleiben, ob diese Entscheidung eine Abwendung von der bisherigen Rechtspraxis impliziert, vielmehr die vom BGH entwickelte Problemlösung und die Kriterien des Minderheitenschutzes näher analysiert werden. Der BGH meint, daß die Minderheit auf der gewerkschaftlichen Einheitsliste soweit hätte vertreten sein müssen, wie es ihrer bisherigen zahlenmäßigen Stärke und ihren Wahlerfolgen entsprochen habe. Mit dieser Anforderung wird aber der Minderheitenschutz zum Bestandsschutz umfunktioniert, indem eine einmal erreichte Position der Minderheitsvertreter ungeichtet der zurückliegenden Betriebsratsarbeit auch künftig nicht mehr angetastet werden darf. Jede Verringerung der Listenplätze im Vergleich zum gegenwärtigen Mandatsbestand müßte zur Verletzung des Minderheitenschutzes führen bzw. die Minderheit brauchte immer nur mit der Aufstellung einer Gegenliste zu drohen, um ihren Besitzstand zu wahren; der Gewerkschaft bliebe aber nichts als die Berücksichtigung dieses Ansinnens oder die Duldung einer Konkurrenzliste mit eigenen Mitgliedern übrig, will sie sich nicht dem Vorwurf einer unzulässigen Wahlbeeinflussung aussetzen. Die Fragwürdigkeit dieses in der Konsequenz der BGH-Entscheidung liegenden Bestandsschutzes zeigt schon der mitgeteilte Sachverhalt: Hier hatte die Minderheitsgruppe bei der letzten Wahl 10 Sitze errungen, was die Gewerkschaften nach den Grundsätzen des BGH zu einer Reservierung von 10 Plätzen auf der Einheitsliste verpflichtet hätte. Bei der anschließenden Wahl gewann die Minderheitsgruppe aber nur 8 Mandate, so daß sie auf einer Einheitsliste gemessen an ihrem späteren Wahlerfolg überrepräsentiert gewesen wäre (unterrepräsentiert allerdings im Vergleich zum vorgesehenen gewerkschaftlichen Listenvorschlag, der 4 Plätze vorsah). Noch deutlicher zeigt sich die Problematik des vom BGH geforderten Minderheitenschutzes im Falle der Entfernung bisheriger Betriebsratsmitglieder von der gewerkschaftlichen Liste wegen nicht zufriedenstellender Betriebsratsarbeit: diese brauchten nur eine Gruppe zu bilden, um so in den Genuß des besitzsichernden Minderheitenschutzes zu gelangen und entsprechend einen Listenplatz zu erhalten. Da das betriebsverfassungsrechtliche Wahlsystem nur die einfache Listenwahl ohne die Möglichkeit des Panaschierens und Kumulierens kennt (vgl. § 11 Abs. 3

WahlO zum BetrVerfG), wäre auch eine Kontrolle durch den Wähler ausgeschlossen, vielmehr im Ergebnis das Betriebsratsamt auf Lebenszeit weitgehend gewährleistet, soweit die Wähler nicht überhaupt die ganze Liste ablehnen.

Diese Überlegungen zeigen aber, daß die vom BGH verlangte angemessene Berücksichtigung der Minderheit bei der Listenaufstellung zu den Betriebsratswahlen generell fragwürdig ist. Schon oben wurde darauf hingewiesen, daß der Wahlmechanismus der Betriebsratswahlen dem der Bundestagswahlen mit Ausnahme der Möglichkeit der Direktwahl entspricht und keine sachlichen Gründe erkenntlich sind, die einer Übertragung der für die Aufstellung von Parteikandidaten geltenden Grundsätze entgegenstehen[55]. Hiernach sind die Kandidaten von den Mitgliedern oder einem delegierten Gremium zu wählen. Eine Vorschrift, daß auch Kandidaten von Minderheitengruppen innerhalb der Partei auf die Liste gewählt werden müßten, besteht nicht, und auch ein entsprechender ungeschriebener Grundsatz ist nicht bekannt. Das Parteiengesetz hat in seinem § 15 einen Minderheitenschutz nur für das Antragsrecht, nicht aber für die Nominierung von Wahlkandidaten geregelt. Schließlich ist bisher die Nichtberücksichtigung einer parteiinternen Minderheitsgruppe bei der Listenaufstellung bzw. die Drohung eines Parteiausschlusses, falls die unterlegenen Minderheitsvertreter auf der Liste einer anderen oder eigens gegründeten Partei zu kandidieren beabsichtigen, noch nirgends als eine Verletzung des in Art. 38 Abs. 1 Satz 1 GG normierten Grundsatzes der freien Wahl angesehen worden. Es ist aber kein Grund ersichtlich, daß an Betriebsratswahlen höhere Anforderungen als an politische Wahlen zu stellen sind. Es ist auch nicht zu vergessen, daß der Sinn des § 19 Abs. 2 BetrVerfG vorwiegend in seiner Stoßrichtung gegen Beeinflussungen seitens des Arbeitgebers liegt. — Nach allem sind es weniger Grundsätze des Minderheitenschutzes, die die Vereinsautonomie im Hinblick auf die Kandidatenaufstellung für Betriebsratswahlen einschränken, sondern der verfassungsrechtlich gebotene Grundsatz, daß die Kandidaten der Gewerkschaftsliste von den Mitgliedern oder Vertrauensleuten im Betrieb entsprechend §§ 22, 28 BWahlG, 17 ParteiG zu wählen sind und nicht einseitig von der Organisation benannt werden dürfen. Soweit dieses Verfahren eingehalten wird, muß aber auch ein Gewerkschaftsausschluß der in einer Mitgliederwahl unterlegenen Kandidaten, die dann auf einer Konkurrenzliste an den Betriebsratswahlen teilnehmen, als zulässig angesehen werden; umgekehrt gilt, daß ein Gewerkschaftsausschluß dann rechtswidrig ist, wenn diese zwingenden Wahlgrundsätze nicht von der Gewerkschaft beachtet worden sind. Eine Verletzung

---

[55] Vgl. oben Zweiter Teil, 2. Kap. I.

des § 19 Abs. 2 (bzw. des § 20 Abs. 2 BetrVerfG 1972) liegt aber in keinem Fall vor[56]. —

In einer neueren Entscheidung des BGH[57] war die Zulässigkeit des Ausschlusses eines Gewerkschaftsmitglieds zu überprüfen, das sich als Landtagsmitglied aktiv für die NPD betätigte. Der BGH kontrollierte den Ausschluß nach den in seiner Rspr. ständig verwendeten Maßstäben, also satzungsmäßige Grundlage, Beachtung des vorgesehenen Verfahrens sowie Gesetz-, Sittenwidrigkeit oder offenbare Unbilligkeit des Ausschlusses. Bemerkenswert ist im Hinblick auf die Überprüfung der satzungsmäßigen Grundlage, daß der BGH sich mit einer — allerdings vom Delegiertenkongreß der Gewerkschaft beschlossenen — Erläuterung zu einer Satzungsvorschrift, in der die Unvereinbarkeit der Gewerkschaftsmitgliedschaft u. a. mit der NPD festgestellt wurde, zufrieden gab. Zumindest zweifelhaft, aber aus dem mitgeteilten Sachverhalt nicht näher entnehmbar, erscheint es, ob eine solche Erläuterung zum Satzungsinhalt gerechnet werden kann. Eindeutig im Sinne einer Satzungsvorschrift war die weitere satzungsmäßige Grundlage, daß ein Mitglied ausgeschlossen werden könne, wenn es den Interessen der Gewerkschaft zuwiderhandele. — Im einzelnen hält der BGH den Ausschluß eines Mitglieds zulässig, das sich gleichzeitig für eine gewerkschaftsfeindliche Partei aktiv betätigte. Ausdrücklich wurde die Frage offengelassen, ob schon die bloße Mitgliedschaft einen Ausschluß rechtfertigt. Für irrelevant wurde angesehen, daß das ausgeschlossene Mitglied sich nicht innerhalb der Gewerkschaften für die Politik der NPD einsetzte, da schon sein Verhalten außerhalb des Vereins dessen Interessen zuwiderhandeln könne. Auf den Gesichtspunkt einer monopolartigen Stellung der Gewerkschaft wurde nicht näher eingegangen, da auch der Ausschluß aus einem Monopolverein bei satzungswidrigem

---

[56] Vgl. auch BAG AP Nr. 14 zu § 18 BetrVerfG, wo ein Gewerkschaftsmitglied eine Betriebsratswahl anfocht, nachdem es trotz des gegenteiligen Mitgliederwillens bei innergewerkschaftlichen Vorwahlen nicht auf der Gewerkschaftsliste nominiert worden ist. Das BAG verneinte die Zulässigkeit einer Anfechtungsklage, da es sich nicht um einen betriebsverfassungsrechtlich erheblichen, sondern verbandsinternen Tatbestand handelte (und der fristgerechte Antrag in seiner Begründung nur diesen Tatbestand enthielt). Dem Mitglied sei es nach betriebsverfassungsrechtlichen Vorschriften unbenommen, einen eigenen Wahlvorschlag einzureichen, auch wenn dies der Gewerkschaft nicht passe. „Sollte ein solcher wegen eines undemokratischen Verhaltens der Gewerkschaft erstellter Wahlvorschlag für die ihn tragenden Gewerkschaftsmitglieder gewerkschaftliche Nachteile zur Folge gehabt haben, so hätten sie sich hiergegen auf innervereinsmäßiger Ebene wenden können." (Bl. 3.) — Auf der Grundlage dieser Argumentation muß aber auch die Ausschlußdrohung als ein innergewerkschaftlicher Vorgang und ungeeignet zur Wahlbeeinflussung im Sinne des § 19 Abs. 2 BetrVerfG 1952 betrachtet werden.

[57] Abgedruckt u. a. DÖV 1973, 459 m. Anm. *Seifert*. Folgende Zitate ebd.

Verhalten zulässig sei[58]. Weiterhin wurde der Ausschluß nicht als eine Verletzung des individuellen positiven Koalitionsrechts angesehen, vielmehr dem aus der kollektiven Koalitionsfreiheit abgeleiteten Recht der Gewerkschaft auf Selbstbewahrung der Vorrang eingeräumt, sowie der satzungsmäßige Ausschluß bei gleichzeitiger Mitgliedschaft in einer konkurrierenden Vereinigung, also die politische Gegnerfreiheit, als verfassungsmäßig angesehen. Schließlich wurde auch im Ausschluß keine Verletzung des Parteienprivilegs erblickt — allerdings im näheren diese Frage offengelassen —, da neben der behaupteten Verfassungswidrigkeit der NPD der Ausschluß auf deren gewerkschaftsfeindlicher Politik beruhe und schon dieser Grund den Ausschluß rechtfertige.

In seiner Anmerkung hat *Seifert* dem BGH vorgeworfen, daß die Entscheidung die Ausstrahlung des Art. 21 GG auf das zivile Vereinsrecht unzureichend berücksichtigt habe: ein Ausschluß wegen der Verfassungswidrigkeit der NPD greife in unzulässiger Weise in das Entscheidungsmonopol des Bundesverfassungsgerichts für diese Frage ein. Bei dieser Kritik wird allerdings übersehen, daß der BGH seine Entscheidung mit der Gewerkschaftsfeindlichkeit der NPD begründete und offen ließ, ob der Ausschluß auf die Verfassungswidrigkeit hätte gestützt werden können. Berechtigter erscheint aber der weitere Vorwurf, daß der BGH zu sorglos die vom Gewerkschaftsvorstand behauptete Gewerkschaftsfeindlichkeit der NPD akzeptiert habe und insoweit dem Art. 21 GG nicht gerecht werde. Aus dem mitgeteilten Sachverhalt geht hervor, daß der Vorstand sich auf einer Reihe von Formulierungen im Parteiprogramm der NPD und zwei Artikeln in einem Lexikon eines der NPD nahestehenden Verlages für seine Ausschlußentscheidung stützte. Der BGH hat genügen lassen, daß diese Verlautbarungen der NPD „bei sachgemäßer Prüfung den Schluß zulassen, sie verfolge und propagiere gewerkschaftsfeindliche Tendenzen"; noch vorsichtiger hatte die Vorinstanz formuliert, daß der Gewerkschaftsvorstand „bei nicht unvernünftiger Beurteilung den Eindruck (hätte) gewinnen können, die NPD halte zur Sicherung des Arbeitsfriedens die Schaffung einheitlicher Organisationen von Arbeitnehmern und Arbeitgebern geboten und stelle damit den Fortbestand freiheitlicher Gewerkschaften heutiger Prägung infrage". Wenn der BGH sich schon angesichts seiner Rechtsprechungstradition nicht zu einer Subsumtionskontrolle entschließen konnte, so hätte doch — ähnlich wie in der Entscheidung BGHZ 45, 314 (320 f.) — eine Beweislastverteilung in dem Sinne nahegelegen, daß die Gewerkschaftsfeindlichkeit der NPD hätte bewiesen werden müssen, da die Zulässigkeit einer Doppelmitgliedschaft in Partei und Gewerkschaft

---

[58] Begründet war freilich der Ausschluß mit gewerkschaftsschädigendem und nicht satzungswidrigem Verhalten, so daß diese Argumentation des BGH nicht zutreffend erscheint.

als der Regelfall zu unterstellen ist. Aus der Entscheidung folgt allerdings nicht, ob der BGH auch Anlaß hatte, eine solche Beweislastverteilung vorzunehmen: der Sachverhalt schweigt darüber, ob das ausgeschlossene Mitglied die Gewerkschaftsfeindlichkeit der NPD überhaupt bestritten hatte. — Insgesamt erweckt aber die Entscheidung insoweit großes Unbehagen, als dem ausgeschlossenen Mitglied keine spezifische Unterstützung der nur vage programmatisch erklärten gewerkschaftsfeindlichen Politik der NPD nachgesagt werden konnte, sondern aus der Übernahme eines Landtagsmandats für diese Partei und der Unterlassung einer offenen Distanzierung seine Bereitschaft zur aktiven Förderung dieser Politik nur vermutet wurde. Es scheint fragwürdig, ob das grundsätzlich anzuerkennende Recht der Gewerkschaft auf Selbstbewahrung und die satzungsmäßig verlangte Pflicht zur Gewerkschaftstreue solch weitgehender Präventionsmaßnahmen bedürfen. Nicht zu übersehen ist die Gefahr, daß das Mittel der Unvereinbarkeitsbeschlüsse statt der Abwehr gewerkschaftsfeindlicher Gruppierungen zur Eliminierung vorstandskritischer Mitglieder mißbraucht wird und unter Berufung auf die Abwehrbereitschaft die für eine funktionstüchtige innergewerkschaftliche Demokratie unabdingbare Toleranz verlorengeht.

3. BGB-Vereinsverfassungsrecht und das Gebot demokratischer Willensbildung für Gewerkschaften

Die Zwischenbilanz hat gezeigt[59], daß die Gewerkschaften nicht schon kraft ihrer Eigenschaft als privatrechtlicher Verein zu einer Gestaltung ihrer Satzungen nach demokratischen Grundsätzen verpflichtet sind. Das darf nicht verwundern, da das BGB-Vereinsverfassungsrecht vornehmlich an privaten Geselligkeitsvereinen ausgerichtet ist und keine Differenzierung zwischen den verschiedenen Vereinstypen im Hinblick auf das innere Vereinsrecht vorgenommen hat. Da für die nur privat agierenden Vereine keine verfassungsrechtliche Pflicht zur demokratischen Willensbildung besteht, scheidet eine generelle Derogation des BGB-Vereinsverfassungsrechts zugunsten einer obligatorischen Berücksichtigung demokratischer Grundsätze aus; vielmehr gilt für die Satzungsfreiheit der Gewerkschaften[60], daß diese über die zwingenden Gesetzesvorschriften des BGB-Rechts hinaus durch das verfassungsrechtliche Gebot demokratischer Willensbildung eingeschränkt ist. Ähnlich ist für die Ausübung der Vereinsgewalt zu beachten, daß diese

[59] Vgl. oben III. 2. Text nach FN 20.

[60] Daß nicht nur die Gewerkschaften, sondern auch andere Verbände vom Gebot demokratischer Willensbildung betroffen sind, ist unzweifelhaft. Im Rahmen dieser Untersuchung interessieren nur die Gewerkschaften, was nicht heißt, daß es sich um eine exklusiv an die Gewerkschaft adressierte Rechtspflicht handelt.

an die Berücksichtigung demokratischer Grundsätze gebunden ist, was insbesondere eine Respektierung der Meinungsfreiheit der Mitglieder verlangt und die Beeinflussung des inerverbandlichen Willensbildungsprozesses durch Ankündigung von Disziplinarmaßnahmen verbietet.

Für die gerichtliche Kontrolle von Vereinsakten folgt hieraus, daß diese nicht nur auf ihre satzungsmäßige Grundlage hin zu überprüfen sind, sondern die Satzung selbst einer inhaltlichen Kontrolle auf ihre Übereinstimmung mit demokratischen Grundsätzen zu unterziehen ist. Konstruktiv erscheint es auch möglich, diesen Gesichtspunkt bei der Frage der Gesetzmäßigkeit der betreffenden Maßnahme zu überprüfen. Sollte sich eine Satzungsbestimmung als unvereinbar mit dem Gebot demokratischer Willensbildung erweisen, so ist diese gemäß § 134 BGB i. V. m. Art. 9 Abs. 3 GG als nichtig anzusehen, was aber nicht die Nichtigkeit der ganzen Satzung zur Folge hat[61]. An die Stelle einer nichtigen Satzungsvorschrift wird aber regelmäßig mangels entsprechender Gesetzesnormen kein dispositives Gesetzsrecht treten können, sondern unmittelbar demokratische Grundsätze herangezogen werden müssen, was allerdings dann problematisch wird, wenn deren Konkretisierung ins Ermessen des Vereins gestellt ist. Das gilt insbesondere für die aktiven Mitwirkungsrechte der Mitglieder, dessen nähere Regelung dem Verein überlassen ist, soweit es sich nicht um die grundsätzlich zu gewährleistenden Wahlrechte für die Organbestellung oder Mitwirkungsmöglichkeiten wie dem Recht auf Versammlungsbesuch handelt. Für diese Fälle wird sich die gerichtliche Nachprüfung darauf beschränken müssen, ob den Mitgliedern Mitwirkungsrechte überhaupt eingeräumt worden sind, das Gericht nicht aber den Verein zur Institutionalisierung bestimmter Mitwirkungsmöglichkeiten verpflichten dürfen. Abgesehen hiervon sind aber keine unüberwindbaren Schwierigkeiten ersichtlich, die einer weitgehenden Justiziabilität des Grundsatzes demokratischer Willensbildung von unten nach oben und seinen schon näher dargelegten Elementen entgegenstünden.

---

61 Vgl. BGHZ 47, 172 (178 f.).

Vierter Teil

Die Organisation der Willensbildung in den Gewerkschaften

Nach W. *Wertenbruch*, der wie hier eine demokratische Willensbildung als Voraussetzung legitimer politischer Betätigung der Verbände ansieht, soll „es sich bei einem solchen Rechtssatz um eine Banalität (handeln), aber auf ihn wird erst verzichtet werden können, wenn auch allzu eifrigen Funktionären klar geworden ist, daß ihr Verband nicht eigengesetzlich ist und nicht völlig abgelöst von den Mitgliedern besteht, daß sie — die Funktionäre — in dem Dienst des Verbandes und seiner Glieder stehen und daß sie den Verband in kurzer Zeit zu Tode reiten werden, wenn sie an die Stelle einer demokratisch funktionierenden Willensbildung ihren eigenen Willen zur Macht setzen"[1]. Mit diesen Ausführungen, die die Ignoranz des wissenschaftlichen Diskussionsstandes zum Problem innerorganisatorischer Demokratie eindrucksvoll belegen, wird auf das volkstümliche und von politischen Organen bestimmter politischer Provenienz unermüdlich repetierte Vorurteil zurückgegriffen, daß mehr oder weniger der subjektive Machthunger der Funktionäre eine vom Mitgliederwillen ausgehende innerverbandliche Willensbildung planmäßig zugunsten des Ausbaus der eigenen Machtposition zu unterbinden trachte. Daß hiermit allenfalls ein zweitrangiger Faktor herausgegriffen wird, dessen Hervorhebung eher von den tieferliegenden Ursachen, die einer Realisierung innerorganisatorischer Demokratie im Wege stehen, ablenkt, ist den wissenschaftlichen Untersuchungen, die diesem Problem nachgegangen sind, ohne großen Aufwand zu entnehmen. — Im folgenden Überblick sollen die Schwierigkeiten aufgezeigt werden, denen sich die Verwirklichung demokratischer Willensbildung in Verbänden konfrontiert sieht, ohne selbst einen positiven Ausweg zur Überwindung der bestehenden Hemmnisse aufzeigen zu können. Zugleich soll mit dieser Referierung sozialwissenschaftlicher Untersuchungen der begrenzte Stellenwert institutioneller Reformen für die Herstellung innerverbandlicher Demokratie deutlich gemacht werden.

---

[1] W. *Wertenbruch*, Die rechtliche Einordnung wirtschaftlicher Verbände in den Staat, S. 633.

Aufgrund dieser eingeschränkten Bedeutung institutioneller Maßnahmen ist auch der abschließenden Analyse gewerkschaftlicher Satzungspraxis nur relativer Wert beizumessen: sie kann kein Abbild der tatsächlich sich vollziehenden innergewerkschaftlichen Willensbildungsprozesse darstellen, also nicht als empirische Untersuchung über innergewerkschaftliche Demokratie verstanden werden. Aufgezeigt werden soll mit dieser Analyse, inwieweit die gewerkschaftlichen Satzungen dem Verfassungsgebot demokratischer Willensbildung genügen, und anhand der gewonnenen Ergebnisse Hinweise für institutionelle Verbesserungsvorschläge entwickelt werden.

I. Möglichkeiten und Grenzen innerorganisatorischer Demokratie

1. Das eherne Gesetz der Oligarchie

Die wissenschaftliche Diskussion über innerorganisatorische Demokratie ist weitgehend von *R. Michels* — in seiner Studie „Zur Soziologie des Parteiwesens in der modernen Demokratie“[1] — vor ca. 60 Jahren formuliertem „ehernen Gesetz der Oligarchie“[2] bestimmt, dessen Infragestellung erst in jüngerer Zeit unternommen wurde, ohne daß seine theoretische Widerlegung bisher als gelungen angesehen werden kann. Insofern ist Michels' Untersuchung auch heute noch mehr als wissenschaftsgeschichtliche Relevanz zuzumessen, und eine nähere Darstellung seiner Thesen nicht nur aus historischem Interesse gerechtfertigt.

Konkreter Anlaß für Michels „Untersuchung über die oligarchischen Tendenzen des Gruppenlebens“[3] war der Widerspruch zwischen den auf Verwirklichung der Demokratie abstellenden politischen Zielen der sozialdemokratischen Partei Deutschlands vor dem Ersten Weltkrieg und ihrem innerparteilichen Willensbildungsprozeß, der durch die Herrschaft der Parteiführung geprägt war. Ausgehend von diesem empirischen Befund führte Michels die nach ihm zwangsläufige Oligarchisierung von Massenorganisationen auf verschiedene, zum Teil ineinanderverschränkte Ursachen zurück, denen er allgemeingültige und nicht

---

1 Hier zitiert nach dem Neudruck der 2. Aufl., Stuttgart 1970.

2 Eine von *Michels* selbst vorgeschlagene Kurzformel lautet (S. 370 f.): „Die Organisation ist die Mutter der Herrschaft der Gewählten über die Wähler, der Beauftragten über die Auftraggeber, der Delegierten über die Delegierenden. Die Bildung von Oligarchien im Schoße der mannigfaltigen Formen der Demokratien ist eine organische, also eine Tendenz, der jede Organisation, auch die sozialistische, selbst die libertäre notwendigerweise unterliegt.“ Vgl. auch seine vielzitierte Formulierung: „Wer Organisation sagt, sagt Tendenz zur Oligarchie“ (S. 25).

3 So der Untertitel seiner Studie.

nur historisch bedingte Relevanz zulegte (in seiner Schlußbetrachtung aber doch relativierte). Weitere Annahmen ließen ihn grundsätzlich an der Realisierung von Demokratie, die er im Sinne von Rousseau als Volkssouveränität verstand[4], zweifeln[5]; diese weitergehenden Folgerungen scheinen allerdings in der wissenschaftlichen Diskussion weniger Beachtung gefunden zu haben, die sich auf das „eherne Gesetz" konzentrierte. — Michels geht davon aus, daß die zur Hervorbringung eines Gesamtwillens erforderliche politische Konsistenz der Massen in ihrem Kampf gegen die herrschende Klasse nur durch ihre Organisierung erreichbar sei[6]. Direkte Demokratie im Sinne unmittelbarer Volksherrschaft sei schon aus technischen Gründen ausgeschlossen, so daß die Beschlußfassung nur über Delegation erfolgen könne[7]. Hinzu komme, daß der Charakter der Parteien als Kampforganisation zu schnellen Entschlüssen zwinge, woraus die Notwendigkeit zentralisierter Beschlußfassung resultiere, also demokratisch organisierte Willensbildungsprozesse unter Beteiligung der gesamten Mitgliedschaft schon wegen ihrer zeitlichen Langwierigkeit ausschließe.

Die Notwendigkeit des Führertums sieht Michels aber neben diesen primär technischen Schwierigkeiten vor allem in massenpsychologischen und intellektuellen Ursachen begründet[8]: einmal der Interesselosigkeit der Massen für das politische Geschäft und dem damit verbundenen Führungsbedürfnis, das durch ein Dankbarkeits- und Verehrungsbedürfnis ergänzt werde; vor allem bilde „die Inkompetenz der Masse ... die festeste Verankerung der Führergewalt"[9], die durch den Aufgabenzuwachs der Parteien sowie der sich zu ihrer Erfüllung intern ausweitenden Bürokratisierung der Parteiorganisation erhöht werde. Nur berufsmäßige Führer seien noch imstande, die sachgemäße Erledigung der vielfältigen Parteiaufgaben zu garantieren. Diese werden somit für die Funktionsfähigkeit der Parteiorganisationen unentbehrlich und vertiefen aufgrund ihrer erworbenen Organisations- und Sachkenntnis zugleich den intellektuellen Abstand zu den Mitgliedern, denen selbst eine Überprüfung der Verwaltungsangelegenheiten nur noch begrenzt möglich ist: „Die Sphäre der demokratischen Kontrolle schrumpft auf

---

4 Vgl. seine Bemerkungen auf S. 2, 26 f., 130 f.

5 In dieser Skepsis schloß er sich *Rousseau* an; vgl. S. 369.

6 *Michels*, S. 24 f.

7 Ebd., S. 26 ff.

8 Ebd., S. 42 ff.

9 Ebd., S. 83. Mit der Inkompetenz der Massen wurde schon damals die tatsächliche Herrschaft der Führer auch von Sozialisten theoretisch gerechtfertigt (vgl. S. 85 f.); insoweit zeigen sich gewisse Parallelen zu den Elitekonzepten des „new democracy", bei denen allerdings der Autoritarismus der Unterschichten noch eine wesentliche Rolle spielt.

immer engere Kreise zusammen[10]." Aus der fachlichen Kompetenz der Führer und ihrer damit verbundenen Unentbehrlichkeit in der Organisation resultiert ihre Machtstellung, da sie für die inkompetenten Massen praktisch unersetzbar geworden sind.

Diese aus der Bürokratisierung der Organisation funktional folgende Oligarchisierung wird durch die Beherrschung wichtiger Machtmittel des Apparats wie Parteipresse und -kasse verstärkt, die die Kommunikationsmöglichkeiten innerorganisatorischer Opposition erschwert bzw. finanzielle Abhängigkeiten von den Verfügungsberechtigten schafft. Ihren Einsatz zur Erhaltung der eigenen Machtposition führt Michels auf eine „psychologische Metamorphose der Führerschaft"[11] zurück, die einmal erworbene Machtstellung zu erweitern oder zumindest zu bewahren; diesen individualpsychologischen Mechanismen sollen ursprüngliche Idealisten wie Karrieristen gleichermaßen unterliegen[12]. Hinzu treten die Veränderungen des sozialen Status, die bei Führern mit proletarischer Herkunft nicht nur den Wandel von „Hand"- in „Kopf"arbeit bedeutet, sondern vor allem seinen Wechsel vom proletarischen ins bourgeoise Milieu bewirkt und im Regelfall eine entsprechende Bewußtseinsveränderung nach sich zieht[13]. Der Verlust des Führertums hat also nicht nur machtmäßige, sondern sehr oft auch wirtschaftliche und vor allem soziale Folgen.

Zusammengefaßt sind es also drei Ursachen, die zur Oligarchisierung in Massenorganisationen führen: „die Auswirkungen komplexer Organisationen auf die Machtposition der führenden Organisationsvertreter, die Statusdiskrepanz zwischen Führungs- und Mitgliederposition sowie die Apathie der Mitglieder[14]."

---

10 Ebd., S. 75.

11 Ebd., S. 200.

12 „Jede menschliche Gewalt drängt nach Erweiterung ihrer Befugnisse." (S. 204.)

13 „Die Sozialdemokratie dient demnach gewissen Schichten der Lohnarbeiterschaft als ... Klassenerhöhungsmaschine, und zwar in denselbem Maße, in welchem sich die Maschinerie ihres bürokratischen Organismus erweitert und verzweigt." (S. 268.) Umgekehrt sollen dem bürgerlichen Milieu entstammende Arbeiterführer sich wieder ihrer Herkunft erinnern, die von proletarischen Führern vergessen wird (vgl. S. 269).

14 *F. Naschold,* Organisation und Demokratie, S. 14. — Vgl. auch *Michels* Schema zur „Ätiologie der Oligarchie" sowie sein Resumé auf S. 368 ff.

Die weitere Frage, ob eine demokratische Politik durch oligarchisch strukturierte Organisationen verfolgt werden könne, wird von *Michels* aus folgenden Erwägungen verneint (vgl. S. 342 ff.): Die durch die Organisation angestrebte Teilhabe an politischer Macht mache konservativ; die verfolgte Erhöhung der Mitgliederzahl schließe einen internen Ideenkampf aus, der neue Mitglieder vom Eintritt abhalten könnte; die auf Kleinbürger erweiterte Mitgliedschaft bewirke eine konservative Basis. Vor allem aber werde das Selbsterhaltungsinteresse der Organisation über die Organisationsziele

Im Anschluß wurde in verschiedenen empirischen Untersuchungen die Oligarchiethese Michels bestätigt[15] und als gesicherte Erkenntnis in die wissenschaftliche Argumentation übernommen.

Auf theoretischer Basis wurde vor allem die Allgemeingültigkeit von Michels Hypothese über die „Inkompetenz der Masse" zur Selbstbestimmung in Zweifel gezogen und ihr die historische Überwindbarkeit bei gewandelten sozioökonomischen Verhältnissen entgegengesetzt[16]. Weiterhin ist ein direkter Zusammenhang zwischen Organisationsgröße und Oligarchisierung geleugnet worden, der gegenläufige demokratische Tendenzen unberücksichtigt lasse[17].

2. Das Zweiparteiensystem in der amerikanischen Druckergewerkschaft ITU

Ein gewisser Umschwung in der wissenschaftlichen Auseinandersetzung um innerorganisatorische Demokratie vollzog sich mit der Untersuchung von *Lipset* u. a. über die amerikanische Druckereigewerkschaft ITU (International Typographical Union)[18], die sich schon von ihrer Fragestellung von Michels Studie und den auf ihr basierenden Nachfolgewerken unterschied. Während Michels die Bedingungen der Oligarchiebildung aufzeigte, erforschte Lipset die Faktoren, die zur Entstehung und Aufrechterhaltung eines funktionsfähigen Zweiparteiensystems innerhalb der ITU geführt haben. Diese Untersuchung verstand sich allerdings nicht als Widerlegung des von Michels formulierten „ehernen Gesetz der Oligarchie"[19], was schon wegen des inhaltlich unterschiedlichen Demokratiebegriffs sowie des Charakters einer ausgesprochenen „deviant-case"-Analyse bei Lipset ausgeschlossen war:

---

gestellt: „So wird die Organisation aus einem Mittel zum Zweck zu einem Selbstzweck" (S. 348). Schließlich werde der Gegensatz zu den bürgerlichen Parteien nicht mehr als grundsätzlicher, sondern nur noch als konkurrentieller aufgefaßt.

15 Nachweise bei *Naschold,* S. 32 Anm. 54. — Aus jüngster Zeit ist vor allem die Untersuchung von *K. Loewenstein,* Kooptation und Zuwahl, zu erwähnen, in der u. a. die Kooptationstechniken innerhalb der politischen Parteien bei Bestellung der Parteiorgane und Nominierung der Kandidaten für Wahlen aufgezeigt werden.

16 In seiner „Schlußbetrachtung" (S. 372 ff.) weist *Michels* selbst auf den Zusammenhang von Bildung und Demokratisierungschancen hin: „Die Hauptarbeit, um die oligarchischen Tendenzen jeder Arbeiterbewegunz tunlichst abzuschwächen, liegt auf dem Gebiete der sozialen Pädagogik" (S. 376). Angesichts dieser Äußerungen scheint Michels die spätere Kritik an seinen Thesen schon antezipiert zu haben.

17 Vgl. *Naschold,* S. 13 m. w. Nachw. Auch diese Kritik scheint *Michels* Schlußbetrachtung nicht einbezogen zu haben.

18 *Lipset / Trow / Coleman,* Union democracy, New York 1962.

19 Vgl. *Lipset u. a.,* S. 13, 464.

im Unterschied zu Michels, der vom klassischen Demokratiebegriff der Selbstbestimmung ausgegangen war, folgte Lipset den neueren Pluralismustheorien und ihrer Einengung des Demokratiebegriffs auf Gruppenkonkurrenz[20]; weiterhin waren die Bedingungen, die die solchermaßen verstandene Demokratie innerhalb der ITU garantierten, so sehr mit Eigenheiten des Druckereigewerbes verbunden, daß ihre Übertragbarkeit auf andere Organisationen von vornherein nicht vorgesehen war, wenn auch als Prüfungsmaßstab für die Analyse anderer Organisationen das Zweiparteiensystem durchaus dienen sollte[21]. Die Bedeutung dieser Untersuchung liegt insofern weniger in den einzelnen erarbeiteten Faktoren, die eine demokratische Struktur innerhalb der ITU begünstigen, als in der Einsicht, daß vor allem soziologische Bedingungen und weitaus weniger institutionelle Regelungen für das Demokratisierungspotential ausschlaggebend sind[22]. Unter diesen Vorbehalten soll kurz auf die hauptsächlichen Untersuchungsergebnisse von Lipset eingegangen werden[23].

Die Entstehung des Zweiparteiensystems in der ITU ist wesentlich durch günstige Rahmenbedingungen in der geschichtlichen Entwicklung dieser Gewerkschaft und im Druckereigewerbe ermöglicht worden: da zunächst lokale Organisationen entstanden, die sich erst später zusammenschlossen, verblieb ihnen gegenüber der Zentrale eine relative Autonomie mit nicht allzu eingeengtem Aufgabenbereich, so daß sich die Lokalorganisationen als Ausgangsbasen für oppositionelle Gruppen eigneten. Hinzu kommt, daß die geringe Konzentration des Druckereigewerbes und eine niedrige Konfliktsatmosphäre mit den Unternehmern eine starke Zentralisierung der Gewerkschaft durch Umweltdruck nicht erforderte.

Wesentlich für die Erhaltung des Zweiparteiensystems ist die spezifische Berufssituation der Drucker, die sich hinsichtlich erhöhter

---

20 Speziell auf innergewerkschaftliche Demokratie wurde der Demokratiebegriff auf die Möglichkeit des Führerwechsels konkretisiert: "In the trade-union movement, democracy — the possibility that an official can be defeated for reelection — means that the leader must be willing to move from a position of high status, power, and income to a much lower one if he is still to remain within the union." (S. 453.)

21 Vgl. S. 462 f. — *U. Mertes*, Überlegungen zur innergewerkschaftlichen Demokratie, WSI-Mitteilungen 1972, 213 (216) hat im Anschluß an Lipset die Institutionalisierung einer legalen Opposition in den deutschen Gewerkschaften vorgeschlagen, während *B. Zeuner*, Innerparteiliche Demokratie, S. 113 ff. für ein Zweiparteiensystem innerhalb von Parteien plädiert. Vgl. auch *Naschold*, S. 89 ff.

22 *Naschold*, S. 34 sieht allerdings die Gefahr, daß der ‚technologische Determinismus' von Michels nun durch einen ‚soziologischen Determinismus' abgelöst werde.

23 Ausführliche Wiedergabe bei *Mertes*, ebd.; *Naschold*, S. 32 ff. Vgl. auch die Zusammenstellung der einzelnen Faktoren bei *Lipset*, S. 465 ff.

Partizipation der Mitglieder wie der Möglichkeit der Oppositionsbildung positiv auswirkt. Außergewerkschaftliche und außerberufliche Freizeitkontakte in Geselligkeitsvereinen mit z. T. unpolitischem Selbstverständnis, begünstigt durch die Nachtarbeit der Drucker und damit verbundener Isolierung von anderen Berufsgruppen, erhöhen das Interesse an der Gewerkschaft und bilden zugleich ein Gegengewicht zur zentralen Gewerkschaftsbürokratie. Die vielfältigen Kontaktsysteme innerhalb der Mitgliedschaft fördern die Toleranz gegenüber dem politischen Gegner und lassen die innergewerkschaftliche Opposition als legitim erscheinen; hinzu tritt, daß die relative Homogenität hinsichtlich der Einkommens- und Arbeitsplatzbedingungen der Druckerschaft mehr ideologische als interessengerichtete Konflikte aufkommen läßt, was sich ebenfalls positiv für die Legitimationsbasis der Opposition auswirkt. Wesentlich ist vor allem, daß die Statusdiskrepanz zwischen Gewerkschaftsführern und -mitgliedern aufgrund des hohen beruflichen Prestiges und der interessanten Arbeitstätigkeit der Drucker relativ gering ist, so daß ein Führungswechsel nicht mit einem sozialen Abstieg verbunden ist; die Differenz zwischen Führung und Mitgliedschaft wird zudem durch unwesentliche Einkommensunterschiede institutionell niedrig gehalten — eine Regelung, die wiederum nur bei Vorhandensein einer Opposition durchsetzbar ist.

Im Anschluß an Lipset wurden in verschiedenen Untersuchungen anderweitige innerorganisatorische Zweiparteiensysteme in Parteien und Verbänden analysiert[24]. Zum Teil wurden neue Faktoren erarbeitet, um die Existenz eines Zweiparteiensystems zu erklären; zudem stellte sich heraus, daß die einheitliche Behandlung von Parteien und Verbänden der Erfassung spezifischer Unterschiede beider Organisationsformen im Wege stand. —

3. Demokratie in komplexen Organisationen

Die bisherige Diskussion um innerorganisatorische Demokratie ist nach Auffassung *Naschholds* in einen Engpaß geraten[25]: die Organisationskonzepte, die eine hohe Mitgliedsbeteiligung verlangten, wiesen zu geringe theoretische Komplexität auf, um die „komplizierte Organisationswirklichkeit ... angemessen (zu) erfassen“[26], so daß ihre praktische Realisierung zu einem Leistungsabfall führen müßte; andererseits seien die empirisch-analytischen Untersuchungen über inner-

---

24 Ein guter Überblick über den Diskussionsstand zur innergewerkschaftlichen Demokratie und den verschiedenen normativen Konzepten findet sich bei *P. Rölke,* Die Beteiligung von Gewerkschaftsmitgliedern der unteren Organisationsebene an der innergewerkschaftlichen Willensbildung, S. 27 ff.

25 *Naschold,* S. 10, 81 f.

26 Ebd., S. 10.

organisatorische Zweiparteiensysteme aufgrund ihres verengten Demokratiebegriffs normativ unbefriedigend und ebenfalls von nur begrenzter theoretischer Fassungskraft. Zur Überwindung dieser Mängel stellt sich Naschold die Aufgabe, „fundamentaldemokratische Zielnormen einer participatory democracy mit Organisationskonzepten von hoher theoretischer Komplexität zu verbinden“[27], was in strategischer Konsequenz „auf die Steigerung organisationsinterner Demokratie bei gleichzeitiger Aufrechterhaltung, wenn nicht gar Steigerung der Leistung“ abziele[28].

Bevor Naschold die verschiedenen Organisationskonzepte untersucht, geht er kurz auf die Vorschläge ein, die die Frage nach organisationsinterner Demokratie als irrelevant hinstellen[29]. Soweit im Rahmen dieser Konzepte darauf abgestellt wird, daß es auf demokratische Strukturen im politischen System durch Gruppenkonkurrenz ankomme, basiert diese Annahme auf einer optimalen Wettbewerbssituation, die aufgrund der Ergebnisse der neueren Verbandsforschung als nicht gegeben und auch nur einseitig realisierbar angesehen werden kann[30]. Aber auch die Freiwilligkeit der Mitgliedschaft (voting by feet) und eine Konkurrenzsituation zwischen Verbänden mit ähnlicher Zielsetzung setzt zu optimistisch eine Deckung von Mitgliedsinteresse und Organisationspolitik voraus, die zumindest bei Großverbänden mit vielfältigem Aufgabenbereich nicht vorausgesetzt werden kann. Ähnliches gilt für den behaupteten Vorrang der Effektivität, deren Kriterien für Organisationsführung und Mitgliedschaft durchaus unterschiedlich sein können. Gemeinsam ist all diesen Konzepten ein enger Demokratiebegriff, der die Mitgliedsbeteiligung auch als Selbstzweck nicht anerkennt.

In der Analyse traditioneller Organisationsmodelle, die meistens vom politischen System auf Organisationsebene übertragen worden sind, werden die Konzepte der repräsentativen Demokratie, dem „bei weitem vorherrschende(n) Strukturtyp innerorganisatorischer Demokratie“[31], sowie der von Lenin entwickelte „demokratische Zentralismus“ und das Zweiparteiensystem vor allem wegen der ihnen zugrundeliegenden elitären Demokratievorstellungen und ihrer oligarchiebegünstigenden Strukturen[32] verworfen. Das Rätemodell wird wegen seiner fehlenden

---

27 Ebd., S. 10.

28 Ebd., S. 10.

29 Ebd., S. 15 f.

30 Vgl. oben Erster Teil, II. 2.

31 *Naschold,* S. 24.

32 „Und die heute überall konstatierten organisationsinternen Oligarchien sind denn auch in das Gewand der repräsentativen Demokratie ... gekleidet“ (S. 24). Hinsichtlich des Zweiparteiensystems ist zu beachten, daß die Fraktionen in sich oligarchisch strukturiert sind. Immerhin „kann ein organisationsinternes Parteiensystem die Chancen für angemessene Artikulierung

Eigenkomplexität (requisite variety) zur Bewältigung komplexer System-Umwelt-Beziehungen abgelehnt[33], und allenfalls der Einbau „institutionelle(r) Elemente der Rätekonzeption in bestehende repräsentative Strukturen ... um deren Demokratisierungsgrad zu steigern"[34] empfohlen. Das Öffentlichkeitsmodell, das davon ausgeht, „daß sich innerhalb eines all-channel-network ein spontaner, allseitiger und ungehemmter Meinungsaustausch entwickelt, der ... die Beseitigung von Fehleinstellungen und Fehleinschätzungen, Lösung von Problemen, Erreichen von Kongruenz, erzielen kann"[35], erweist sich angesichts der Ergebnisse der modernen Kommunikationsforschung als zu optimistisch; es besteht daher die Gefahr, daß „Öffentlichkeit nach Art einer unstrukturierten, symmetrischen und simultanen Diskussion ... nicht zur Auklärung, sondern zur Konfusion"[36] führt.

Die normativen Annahmen des Modells der direkten Demokratie, das den Mittel- wie Zweckcharakter der Mitgliedsbeteiligung betont, werden von Naschold als sinnvoll nachzuweisen versucht: der These von der Funktionalität der Apathie für die Aufrechterhaltung des politischen Systems wird mit dem Hinweis auf die Konzentration apathischer Verhaltensweisen auf Unterschichtsangehörige und damit verbundener Interessenunterrepräsentation entgegengetreten; zudem sei hohe Beteiligung nicht allein ein Krisensymptom, sondern auch von anderen Faktoren wie Ausbildung, sozialer Status abhängig. In einer — allerdings reichlich pauschalen und optimistischen[37] — Kosten-Nutzen-Analyse wird „die positive Funktion von politischer Beteiligung sowohl für das Individuum wie für die Organisation zu begründen"[38]

---

und Aggregierung der Mitgliederinteressen sowie die Beteiligung der Mitglieder an den organisationsinternen Entscheidungen beträchtlich steigern" (S. 38).

[33] Nur in bestimmten gesellschaftlichen Situationen mit relativ unstrukturierter Umwelt, also in ‚revolutionären' Krisenzeiten, soll das Rätemodell funktionieren können. Aber auch in dieser Konstellation stellt sich das Problem, „wie ... die weitgehend autonomen funktionalen Organisationseinheiten zu einer handlungsfähigen Einheit zusammengefaßt werden" (S. 27) können.

[34] *Naschold*, S. 28.

[35] Ebd., S. 30.

[36] Ebd., S. 30.

[37] Skeptisch auch *Scharpf*, Demokratietheorie zwischen Utopie und Anpassung, S. 63; *K. v. Beyme*, Interessengruppen in der Demokratie, S. 193. Vgl. auch *M. Olson*, Die Logik des kollektiven Handelns, S. 21 ff., daß der individuelle Nutzen politischer Beteiligung nach marktrationalen Gesichtspunkten von Art und Größe der Gruppe abhängt. Darüber hinaus bestreitet *D. Oberndörfer*, Demokratisierung von Oganisationen, S. 582 f., daß Partizipation in Nascholds Konzept den behaupteten Selbstzweck darstellt; es werde vielmehr Partizipation „in Wirklichkeit als Mittel für weitere Zwecke wie indivduelle Selbstentfaltung ... aufgefaßt".

[38] *Naschold*, S. 50.

versucht: neben der erhöhten Chance zur Durchsetzung materieller Interessen biete „die Teilnahme am politischen Leben ... dem Individuum ein outside-interest, das die Enge der rein privaten Lebensweise übersteigt und damit die Sinnhaftigkeit des Lebens steigert“[39]. Diese Vorteile überträfen die individuellen Kosten an Zeit und Energie. Ebenfalls könne unter bestimmten Bedingungen die Effizienz der Organisation durch hohe Beteiligung der Organisationsmitglieder gesteigert werden, wenn auch „unter Umständen Auswahlprobleme entstehen“[40] könnten. — In anderem Zusammenhang weist Naschold allerdings darauf hin, daß „Partizipation als solche ... noch nicht von selbst die Chance demokratischer Willensbildung (vergrößert), da sie, wenn sie von der Führung manipuliert ist, oft nur eine ‚Pseudo-Beteiligung‘ darstellt“[41]. — Insgesamt ist mit dem Nachweis, daß Beteiligung individuell wie für die Organisation vorteilhaft sein kann, noch wenig für die Überwindbarkeit der weitverbreiteten Mitgliederapathie gewonnen, deren Ursachen auch Naschold in vorwiegend organisationsexternen Faktoren sieht.

Die organisatorischen Schwächen des normativ gutgeheißenen Modells der direkten Demokratie mit seinen dysfunktionalen Folgeproblemen oligarchischer Strukturen will Naschold — unter Rückgriff auf entscheidungs- und systemtheoretische Annahmen sowie vorsichtiger Verwendung von Ergebnissen der management science — durch ein theoretisch anspruchsvolleres Konzept überwinden, das neben dem Problem der Mitgliederzahl auch andere Organisationsprobleme löst. Als analytisches Modell wird das „Systemzielmodell“[42] zugrundegelegt, das „außer der demokratischen Zielfunktion die für jede Organisation erforderlichen Überlebens- und auch Wirkungsfunktionen in der Untersuchung mitberücksichtigt“[43]. Gegenüber den traditionellen Organisationskonzepten (wie Delegation, Dezentralisierung, Öffentlichkeit etc.)

---

39 Ebd., S. 51.

40 Ebd., S. 58.

41 Ebd., S. 43. Vgl. auch S. 57: „Tendenziell gesehen ist die Mitgliederbeteiligung in großen Organisationseinheiten minimal, in kleinen Einheiten, wo große Mitgliederbeteiligung möglich ist, jedoch trivial.“

42 Im Anschluß an *Etzioni* unterscheidet *Naschold* drei analytische Modelle zur Messung der Effektivität von Organisationen (vgl. S. 45 ff.):
Das *Zielmodell*, bei dem die Werte der untersuchten Organisationen als Kriterium der Organisationseffektivität herangezogen werden; das *Systemüberlebensmodell*, bei dem die für das Überleben der Organisation unerläßlichen Erfordernisse mit der Organisationstätigkeit verglichen werden; schließlich das im Text erwähnte *Systemzielmodell*, das die Schwächen der beiden anderen Modelle zu überwinden sucht und die Organisationsaktivitäten daraufhin untersucht, ob ein bestimmtes Organisationsziel bei gleichzeitiger Erfüllung der für das Überleben erforderlichen funktionalen Bedingungen erreicht wird.

43 *Naschold*, S. 53.

sollen im Rahmen einer Analyse bestimmter Entscheidungstypen, die sich durch verschiedenartige System/Umwelt-Beziehungen unterscheiden, funktionale Äquivalenzen aufgezeigt werden, die das Demokratisierungspotential bei mindestens gleichzeitiger Leistungserhaltung innerhalb der Organisation zu erhöhen beanspruchen können. Demokratisierung von Organisationen stellt sich somit als Aufgabe dar, die unterschiedlichen organisationsinternen Entscheidungsprozesse — vor allem mittels Subsystembildung und ihrer engen Verkoppelung, Entscheidungsprogrammierung, Steuerungs- und Regelungsprozesse, Such-, Lern-, Problemlösungsprozessen — so umzustrukturieren, daß erhöhte Mitgliederpartizipation wie Organisationseffizienz sichergestellt werden.

Auf die einzelnen Vorschläge Nascholds zur Umstrukturierung der von ihm analysierten Entscheidungstypen soll hier nicht mehr näher eingegangen werden. Dieser Verzicht scheint schon von daher gerechtfertigt zu sein, daß die von Naschold untersuchten Entscheidungsprozesse teilweise vorwiegend auf die Bedürfnisse administrativer Organisationen (so vor allem der Bereich der Routine- und Zweckentscheidungen) zugeschnitten erscheinen; der Abstraktionsgrad der Darstellung erlaubt zudem keine unmittelbare Übertragung, sondern ist allenfalls nach vorangegangener konkretisierender Umformulierung auf die spezifischen Bedürfnisse und Organisationsprobleme der Gewerkschaften möglich — ein Unternehmen, das im Rahmen dieser Arbeit nicht geleistet werden kann[44].

Anzumerken bleibt, daß das Aufzeigen der technisch-theoretischen Realisierbarkeit organisationsinterner Demokratie solange esoterisch anmutet, als unabdingbare Vorstufen wie „Änderung des Zeitbudgets der einzelnen Organisationsmitglieder in Form einer Entlastung von Arbeit“[45] sowie „hohes allgemeines Ausbildungsniveau“[46] — von Naschold also selbst gesehen — noch der Realisierung bedürfen. Beide Problemkreise liegen außerhalb des Einflußbereichs einzelner politi-

---

[44] Nach Nascholds eigener Ambition orientiert sich allerdings seine Untersuchung „vorwiegend an den Organisationsproblemen von Verbänden — hier vor allem der Gewerkschaften — und Parteien“ (S. 11). — Zu Recht ist aber schon von *H. Scheer*, Innerorganisatorische und innerparteiliche Demokratie, S. 147 kritisiert worden, daß N. die Organisation behandelt, „als ob diese alle gemeinsame Probleme hätten, und die konkreten Besonderheiten und Unterschiede vernachlässigt“.

Pointiert ist von *Oberndörfer*, S. 599 (ähnlich S. 603) im Hinblick auf Nascholds Entscheidungstypologie festgestellt worden, „daß Nascholds Vorschläge im wirklich günstigsten Falle helfen können, die Strukturen von full-time-Organisationen zu demokratisieren, in Parteien und Verbänden aber nur Funktionäre und ausführendes Personal betreffen, also, überspitzt ausgedrückt, nur die Oligarchie intern demokratisieren helfen“.

[45] *Naschold*, S. 83.

[46] Ebd., S. 83.

scher Subsysteme[47], so daß Nascholds Hinweis auf die relative Autonomie von Teilsystemen nicht verfängt. Vielmehr dürfte sich ihr Spielraum vorwiegend auf die Möglichkeit institutioneller Änderungen beschränken, die nach Nascholds zutreffender Einschätzung „nur eine relativ geringe Erfolgschance besitzen, wenn sie nicht von einer Veränderung im soziologischen und sozialpsychologischen Faktorenkomplex begleitet sind“[48]. Da die von Naschold vorgeschlagene Umstrukturierung von Entscheidungsprozessen zur Erhöhung des Demokratiepotentials wohl weitgehend nur auf institutioneller Basis vollzogen werden kann[49], scheint hier der zweite Schritt vor dem ersten unternommen worden zu sein. Einzuräumen ist allerdings, daß Naschold die theoretische Unhaltbarkeit und Regressionstendenzen bestimmter, in nostalgischer Rückbesinnung immer wieder favorisierter Organisationskonzepte überzeugend aufgezeigt hat.

Insgesamt erscheint eine Demokratisierung von Organisationen nur im Zusammenhang gesamtgesellschaftlicher Reformen zu erwarten zu sein — das Dilemma dürfte allerdings darin liegen, daß die hierzu notwendigen gesamtgesellschaftlichen Veränderungen wiederum nur über den Einfluß demokratisierter Parteien und Verbände durchsetzbar sind. Theoretisch erscheint insofern unumgänglich, die Frage nach organisationsinterner Demokratie im Rahmen einer allgemeinen Gesellschaftstheorie abzuhandeln und nicht nur die gesamtgesellschaftlichen Bezüge zu betonen.

Damit soll nicht für einen Verzicht auf den entscheidungstheoretischen Ansatz plädiert werden[50], sondern wird sich für eine verstärkte Einbeziehung der politökonomischen Rahmenbedingungen ausgesprochen, was nicht schon durch den blassen Umweltsbegriff der Systemtheorie in hinreichend konkreter Weise geleistet wird.

Strategisch bleibt zu fragen, ob es nicht sinnvoller ist, die „reduktionistischen“ Demokratieannahmen des innerorganisatorischen Parteienwettbewerbs als mittelfristiges Konzept in die allenfalls langfristig realisierbare Zielvorstellung einer „participatory democracy“ einzubauen — statt sie, wie Naschold, theoretisch a limine zurückzuweisen. Praktisch scheint Naschold allerdings weniger rigide zu sein, wie sein am Ende vorgebrachter Vorschlag zeigt, oszillierende Parteiensysteme in Form informeller und offener Gruppen in die SPD einzubauen.

---

47 So auch *Oberndörfer*, S. 601.

48 Ebd., S. 601.

49 Zu Recht kritisiert *Scheer*, S. 146, daß bei N. im unklaren bleibe, welcher Entscheidungsprozeß die neuen Strukturen etablieren solle.

50 So aber *Scheer*, S. 146 f.

4. Demokratische Willensbildung und tarifvertragliche Effizienz

Die Umstrukturierung innerorganisatorischer Entscheidungsprozesse zugunsten einer Erhöhung der Beteiligungschancen der Organisationsmitglieder soll, wie Naschold mehrfach betont, keinen Abfall des Leistungspotentials der Organisation bewirken, vielmehr eine Leistungssteigerung sogar begünstigen. Im Hinblick auf die Besonderheiten bei den Gewerkschaften, auf die Nascholds Entscheidungstypologie allerdings kaum anwendbar erscheint, ist demgegenüber eine weitgehende Unvereinbarkeit von Organisationseffizienz und innergewerkschaftlicher Demokratie behauptet worden. — So hält *O. Kahn-Freund* unter Hinweis auf den Charakter der Gewerkschaften als Kampforganisation zumindest eine Parteienbildung innerhalb der Gewerkschaften wegen der damit verbundenen Spaltungsgefahren und Schwächung der Schlagkraft für ausgeschlossen[51]. Abgesehen von der Institutionalisierung eines innerorganisatorischen Zweiparteiensystems, das nur unter solch exzeptionellen Bedingungen wie im Fall der amerikanischen Druckergewerkschaft ITU durchführbar erscheint, müssen aber auch andere Formen innerverbandlicher Demokratie, insbesondere eine hohe Beteiligung der Mitgliedschaft an Entscheidungsprozessen, als nur begrenzt realisierbar angesehen werden. Ein wesentlicher Grund liegt in der Verhandlungssituation vor allem im Rahmen von Tarifauseinandersetzungen, für die Nichtöffentlichkeit der Verhandlungsstrategie wie Entdemokratisierung der innerverbandlichen Struktur nach *C. Offe* funktionale Erfolgsbedingungen darstellen: Einmal nähme sich eine Verhandlungsstrategie, „wäre sie an ausdiskutierte Weisungen und bindende Beschlüsse der Mitgliedschaft gebunden, alle Erfolgsaussichten, weil diplomatisches Taktieren und flexibles Ausnutzen unvorhergesehener Situationen dann unmöglich würden“[52], zum anderen seien die Verhandlungsführer gegen „unrealistische“ Forderungen seitens der Mitgliedschaft abzuschirmen, um nicht die eigene Verhandlungsposition zu gefährden, was nur über eine permanente Disziplinierung der Mitglieder durch die Verbandsführung zu erreichen sei. Gegen diese Analyse ist allerdings einzuwenden, daß sie die Tarifbewegungen zu isoliert allein unter dem Aspekt der Verhandlungssituation sieht und darüber andere Elemente des Auseinandersetzungsprozesses vernachlässigt, die durchaus einer weitergehenden Mitgliederbeteiligung ohne Effizienzverlust zugänglich sind. — Zusätzlich zu diesen von Offe angeführten objektiven Restriktionen kann hinzukommen, daß „das Motto: ‚Wir kriegen das doch nicht durch‘ ... zum

---

[51] *O. Kahn-Freund*, Rechtliche Garantien der innergewerkschaftlichen Demokratie, S. 337; ähnl. *ders.*, Labour and the Law, p. 214.

[52] *C. Offe*, Politische Herrschaft und Klassenstrukturen, S. 148.

Alibi von Verbandsvertretern, die sich erst gar nicht anstrengen"[53] wird. Allerdings wäre es zu einfach, subjektive Faktoren in den Vordergrund zu stellen, die vielmehr nur als Folgeerscheinungen tieferliegender Ursachen begriffen werden können[54].

Die Bedeutung der Organisationsstruktur für die Funktionsweise der Tarifautonomie ist ausführlich von *H. Weitbrecht* im Rahmen einer Untersuchung dargestellt worden, in der die verfahrensmäßigen Voraussetzungen wie gesellschaftlichen Rahmenbedingungen für die Stabilität bzw. Erhaltung einer autonomen Auseinandersetzung des industriellen Konflikts analysiert werden[55]. Ähnlich wie die Stabilität des politischen Systems soll die Stabilität der Tarifautonomie von ihrer Effektivität und Legitimität abhängen: da das Verfahren der Tarifautonomie auf Herstellung eines Kompromisses abziele, soll die Kompromißfähigkeit das geeignete Kriterium für die Effektivität der Tarifautonomie bedeuten; die Legitimität soll in der Fähigkeit der Organisationen bestehen, die Mitglieder auf den gefundenen Kompromiß zu verpflichten, was nicht schon durch Wahl der Repräsentanten, demokratischer Satzung etc. gewährleistet sei, sondern weitergehende „Prozesse der Sonderlegitimation"[56] verlange. Die Kompromißfähigkeit ist wiederum von verschiedenen Faktoren abhängig (neben der Symmetrie der Verhandlungspartner sind die Organisationsstruktur, das Verhandlungssystem und die Einwirkung vermittelnder Institutionen vor allem relevant) und setzt insbesondere die Verhandlungsfähigkeit der Organisationen voraus. Dieses Erfordernis wird aber durch ambivalente Rollenerwartungen in den Verhandlungsführer erschwert, die einmal vom Verhandlungssystem sowie der eigenen Organisation an ihn herangetragen werden: während er am Verhandlungstisch unter Kompromißzwang steht, unterliegt er als Organisationsmitglied den hohen Erwartungen der Mitgliedschaft, die zum Teil durch verbandliche Sanktionsmittel abgesichert sind. Die demokratische Willensbildung — als Legitimationsgrundlage unverzichtbar — erweist sich mithin als Beein-

---

[53] *H. Risse*, Die Gewerkschaften als Interessenverband, S. 69.

[54] Vgl. auch *E. Schmidt*, Ordnungsfaktor oder Gegenmacht. Die politische Rolle der Gewerkschaften, S. 192, demzufolge die Ursachen der Zentralisierung des Willensbildungsprozesses „nicht mit einer personalisierenden Betrachtung zu fassen (sind). Es handelt sich nicht um das persönliche Machtstreben einiger Funktionärsgruppen, die man nur auszuwechseln brauchte".

[55] *H. Weitbrecht*, Effektivität und Legitimität der Tarifautonomie. Eine soziologische Untersuchung am Beispiel der deutschen Metallindustrie.

[56] S. 46. Die Notwendigkeit spezieller Verpflichtungsmechanismen soll aus dem Erfordernis individueller Zurechenbarkeit des Verhandlungsergebnisses folgen, da die Konfliktsursachen im individuellen Austauschverhältnis zwischen Arbeitgeber und Arbeitnehmer begründet seien und erst die individuelle Zurechnung des Kompromisses zur Konfliktsbewältigung führen könne.

trächtigung der Verhandlungsfähigkeit. — Zur Lösung dieses Rollenkonflikts soll eine Steuerung des innerorganisatorischen Willensbildungsprozesses dadurch beitragen, daß der Verhandlungsführer selbst die Erwartungen in das Verhandlungsergebnis beeinflussen kann, was eine hohe Position innerhalb der Organisationshierarchie, seine Mitgliedschaft im obersten Entscheidungsgremium der Organisation sowie geringen Einfluß der Mitglieder auf die Formulierung des erwarteten Ergebnisses voraussetzt. Die Erwartungen in die Verhandlungsführungen können durch Einverständnisse der Gegenseite erfüllt werden, indem aus dem Verhalten keine Konsequenzen für die Kompromißfindung gezogen werden[57]; zur Entlastung des Verhandlungsführers dienen weiterhin die Tarifkommissionen, die die Ergebnis- wie Verhaltenserwartungen kontinuierlich zu beeinflussen vermögen[58].

Eine völlige Ausschaltung jeglicher Mitgliederbeteiligung, was zur Optimierung der Kompromißfähigkeit beitrüge, verbietet das zweite funktionale Erfordernis für die Stabilität der Tarifautonomie: die Verpflichtungsfähigkeit der Organisation, die vom Grad der Beteiligung der Organisationsmitglieder in den Entscheidungsprozessen abhängt. Allerdings soll diesem Erfordernis schon dann nachgekommen sein, wenn die Organisationsführung dem Mitglied die *Vorstellung* einer Beteiligung vermittelt, also eine reale Mitentscheidungsgewalt der Mitglieder nicht notwendig machen; vielmehr ermögliche „die Beteiligung der Mitglieder der Organisationshierarchie, aufkommende Alternativen eher zu kontrollieren“[59]. Wenn auch tendenziell die Verpflichtungsfähigkeit den Anforderungen der Kompromißfähigkeit widerspricht, weil beide Erfordernisse einen unterschiedlichen Grad der Mitgliedsbeteiligung voraussetzen, so soll dieses Dilemma von Legitimität und Effektivität dann auflösbar sein, wenn „Entscheidungsprozessen mit quasi-demokratischer Beteiligung auf der einen Seite ... demo-

---

[57] Entsprechend seien „Verhandlungen ... also zum Teil im gegenseitigen Einverständnis nur dazu da, die Erwartungen der Organisationen an die Verhandlungsführer zu befriedigen“ (S. 74).

[58] Im Rahmen seiner Untersuchungen der Entscheidungsprozesse innerhalb der IG Metall kommt Weitbrecht zu dem Ergebnis, daß die Entscheidungsgremien und die Zuordnung des Verhandlungsführers in der Hierarchie während der verschiedenen Phasen der Auseinandersetzungen wechseln, formale Willensbildungs- und reale Entscheidungsprozesse auseinanderfallen. „Durch diese Variabilität der institutionellen Regelungen vor allem wird es der Gewerkschaft möglich, mit dem einen Ziel Verhandlungsfähigkeit das zweite, Verpflichtungsfähigkeit der Organisation, zu vereinbaren“ (S. 80). Als problematisch für die Kompromißfähigkeit, allerdings zum Vorteil der Verpflichtungsfähigkeit sei die Rolle des verhandlungsführenden Bezirksleiters anzusehen, der zugleich die Funktion eines Mittlers demokratischer Willensbildung (bei der Formulierung der Forderungen) wie Ausführers zentraler Entscheidungen in sich vereinige.

[59] Ebd., S. 89.

kratische Beteiligungsprozesse mit Quasi-Entscheidungen auf der anderen entsprechen"[60]. — Als den zentralen Verpflichtungsmechanismus bei den Gewerkschaften, der diesen Anforderungen weitgehend gerecht wird, qualifiziert Weitbrecht die Tarifkommissionen, die als demokratische Beteiligungsgremien „eine ideale Ersatzlösung für die unmögliche Beteiligung aller Mitglieder"[61] bedeuteten: „Die Aktionen und Beschlüsse dieses Gremiums stellen deshalb für die übrigen Mitglieder die Symbole dar, aufgrund derer es dem individuellen Mitglied möglich wird, eine Auseinandersetzung zu deuten[62]." Demgegenüber soll die Urabstimmung weniger als Verpflichtungsmechanismus dienen, sondern die Streikbereitschaft der Mitglieder testen und insofern eher einer organisationspolitischen Notwendigkeit entspringen. Ein weiteres Mittel der Verpflichtungsfähigkeit soll hingegen die Informationssteuerung für den Verhandlungsverlauf vor allem durch verbandseigene Publikationsorgane darstellen. —

Diese auf systemtheoretischen Ansatz basierende Untersuchung Weitbrechts könnte im Hinblick auf das konstatierte „Dilemma zwischen Effektivität und Legitimität"[63] der Funktionsmechanismen der Tarifautonomie als Widerlegung der im Zweiten Teil aufgestellten Begründung angesehen werden, daß die Gewerkschaften zur wirksamen Erfüllung ihrer Tarifvertragsaufgabe einer demokratischen Verbandsorganisation bedürfen. Dabei würde allerdings übersehen werden, daß Weitbrecht mit seinem Begriff der Effektivität nicht eine möglichst effiziente Tarifpolitik im Interesse der Mitglieder versteht. Nicht hierin oder in einer gerechteren Lohngestaltung bzw. Vermögensverteilung soll die Funktion der Tarifautonomie liegen, da es keine objektiven Maßstäbe für einen „gerechten" Lohn gäbe, sondern in der temporären Beilegung des industriellen Konflikts[64] durch Auffindung von Kompromissen zwischen den Tarifparteien, deren Ergebnisse auch den Mitgliedern akzeptabel erscheinen sowie vor allem möglichst ohne offenen Konflikt erreicht werden und gesamtwirtschaftlich „richtig" sein sollen[65]. Entsprechend bildet die rein formal begriffene Kompromißfähigkeit das Kriterium für Effektivität bzw. die möglichst — im Sinne der Stabilitätserhaltung des Sub- wie Gesamtsystems — optimale Konfliktsbewältigung. Dieses Ziel sei — so die zentrale Annahme Weitbrechts —

---

[60] Ebd., S. 92.

[61] Ebd., S. 96.

[62] Ebd., S. 96.

[63] Ebd., S. 90.

[64] Seine Erscheinungsform wird von Weitbrecht mit „relativer Deprivation" umschrieben, ohne näher auf die Konfliktsursachen einzugehen, die vielmehr als nicht weiter problematisierte Konstante akzeptiert werden.

[65] Vgl. S. 242 ff.

weniger mittels der materiellen Höhe der neuen Lohnnorm, sondern schon durch die Ausgestaltung des Verfahrens des tarifvertraglichen Auseinandersetzungsprozesses zu erreichen, indem dieses selbst beitrage, daß ein — im Grunde beliebiges Ergebnis — von Mitgliedern akzeptiert werde.

Es erscheint indes fraglich, ob diese — wohl unabhängig von *Luhmann* entwickelte — Version von „Legitimation durch Verfahren"[66] am Beispiel der Tarifautonomie ihre praktische Bewährungsprobe bestanden hat. Zumindest die Erfahrung mit den spontanen Streiks in den Jahren 1969 und 1973 stimmen äußerst skeptisch hinsichtlich des systemtheoretischen Optimismus, daß die Mitglieder sich so von der Verfahrensweise blenden lassen, daß sie hierüber ihre eigenen materiellen Interessen vergessen und schon als gesamtwirtschaftlich „richtig" hingestellte Tarifvertragsabschlüsse ohne weiteres goutieren. Insoweit müssen auch die von Weitbrecht empfohlenen Strategien, schon die Willensbildungsprozesse in den Gewerkschaften im Sinne gesamtwirtschaftlich erwünschter Ergebnisse zu beeinflussen und nicht erst gegen bestimmte Verhandlungsergebnisse staatlicherseits zu intervenieren[67], als weitgehend gescheitert angesehen werden: auch die „Konzertierte Aktion" — konzipiert als staatliches Instrument zur Beeinflussung der Tarifpolitik und mit der Wirkung, daß innergewerkschaftliche Willensbildungsprozesse unterlaufen werden — hat mit den spontanen Streiks eher zu dysfunktionalen Folgeerscheinungen als zur Systemstabilisierung geführt. Insgesamt scheint es also noch erheblicher Verfeinerungen der Sozialtechnologien zu bedürfen, um die Bereitschaft der Gewerkschaftsmitglieder, inhaltlich beliebige Verhandlungsergebnisse zu akzeptieren, zum Wohle gesamtwirtschaftlicher Stabilität zu gewährleisten.

II. Die Institutionalisierung der innerverbandlichen Willensbildung in den Gewerkschaftssatzungen

Die hier abschließend vorgelegte Analyse gewerkschaftlicher Satzungen am Maßstab der im 2. Kapitel des Zweiten Teils entwickelten und für verfassungsrechtlich geboten erachteten Mindestanforderungen an die innerverbandliche Willensbildung soll nur einen knappen Überblick über die Beteiligungsrechte der Mitglieder, wie sie in den Satzungen

---

[66] Beide Untersuchungen sind 1969 erschienen.

[67] Das Instrumentarium ist mit dem „Gesetz über die Erhebung eines rückzahlbaren Konjunkturzuschlags zur Einkommensteuer und Körperschaftssteuer" vom 23. 7. 1970 (BGBl I, 1125) geschaffen und praktiziert worden. In Zeiten steigender Inflationsraten muß indes seine Anwendung als politisch risikoreich und hinsichtlich dysfunktionaler Folgen schwer kalkulierbar angesehen werden.

oder Richtlinien der Gewerkschaften institutionalisiert worden sind, vermitteln. Im Vordergrund der Untersuchung wird die Frage stehen, welcher Einfluß den Mitgliedern bei der personellen Besetzung der verschiedenen gewerkschaftlichen Organe sowie bei der inhaltlichen Bestimmung der allgemeinen Gewerkschaftspolitik und der Durchführung von Tarifbewegungen eingeräumt wird; schließlich soll noch kurz auf die Ausgestaltung der Ausschlußverfahren eingegangen werden, da deren Regelung Aufschluß über die Möglichkeiten innerverbandlicher Oppositionsbildung geben kann.

Die methodischen Vorbehalte gegen eine Satzungsanalyse sind schon oben kurz angedeutet worden: sie kann nur ein Bild über die formal verankerten Beteiligungsrechte vermitteln, nicht aber Auskunft über die tatsächliche Beteiligung der Mitglieder am innerverbandlichen Willensbildungsprozeß geben — ein Mangel, der insbesondere aufgrund des Apathieproblems als unbefriedigend erscheinen muß. Vor allem aber bleibt ungeklärt, inwieweit mittels informeller Mechanismen in der gewerkschaftlichen Praxis von der Satzung abgewichen wird — sei es, daß satzungsmäßige Restriktionen unterlaufen oder aber Satzungsrechte durch die Praxis restringiert werden. Allerdings hat es den Anschein, daß die Methoden der empirischen Sozialforschung auch noch nicht so weit entwickelt sind, die Praxis der Organisationswirklichkeit umfassend zu ermitteln[1]. —

Wenn auch die Satzungen der im DGB organisierten Gewerkschaften und der DAG — auf diese Gewerkschaften wird sich die Analyse beschränken — in einigen Sachfragen nicht unerheblich abweichen, so lassen sich doch gemeinsame typische Strukturmerkmale in allen Satzungen feststellen. Die folgende Untersuchung wird sich auf die Herausarbeitung dieser typischen Organisationsstrukturen konzentrieren und nur erheblichere Abweichungen in den Satzungen der verschiedenen Einzelgewerkschaften besonders herausstellen. Aufgrund dieser Verfahrensweise mögen einige interessante Unterschiede zwischen den einzelnen Gewerkschaften verloren gehen, die durch einen Vergleich aufgrund einer Gegenüberstellung hätten aufgezeigt werden können[2], wodurch aber gerade die typischen Gemeinsamkeiten wieder aus dem Blick geraten. Ebenfalls kann mit dieser Analyse kein hoher Detailanspruch befriedigt werden, der wohl nur durch die gesonderte

---

[1] Vgl. hierzu die empirische Studie von *P. Rölke*, Die Beteiligung von Gewerkschaftsmitgliedern der unteren Organisationsebene an der innergewerkschaftlichen Willensbildung, in der die methodischen Schwierigkeiten und Unzulänglichkeiten aufgezeigt werden.

[2] Vgl. *P. Hanau / H. Stindt*, Machtverteilung in deutschen Gewerkschaften. Eine Untersuchung zweier Satzungen. Der Staat 1971, 529, die die Satzungen der IG Metall (IGM) und der Deutschen Postgewerkschaft (DPG) vergleichend gegenüberstellen.

Überprüfung einer jeden der 18 Satzungen einzulösen wäre. Da aber schon verschiedene Untersuchungen vorliegen, die jeweils ausführlich auf die einzelnen Gewerkschaften eingehen[3], scheint dieser Verzicht hinnehmbar; vor allem aber ist darauf hinzuweisen, daß die hier vorgenommene Satzungsanalyse nur der praktischen Illustrierung der oben geführten theoretischen Erörterungen dient, ohne daß die Verfassungsmäßigkeit einzelner Satzungsbestimmungen geprüft werden soll. Der Akzent wird mehr auf der Herausstellung der als problematisch empfundenen Satzungsbestimmungen liegen, so daß die folgenden Ausführungen nicht als völlig repräsentativer Querschnitt aller Gewerkschaftssatzungen aufgefaßt werden dürfen; ebenfalls sind die in den Anmerkungen zitierten Satzungsbestimmungen einzelner Gewerkschaften nur als Beispiele zu verstehen.

1. Der organisatorische Aufbau der Gewerkschaften

Der DGB ist die Dachorganisation von 16 Einzelgewerkschaften, die — mit Ausnahme der GEW — nach dem Industrieverbandsprinzip (*ein* Betrieb — *eine* Gewerkschaft) organisiert sind, nach Mitgliederzahl und Organisationsgrad im Verhältnis zur Beschäftigtenzahl des jeweiligen Industriezweigs aber stark variieren. Die Deutsche Angestelltengewerkschaft (DAG) ist nach dem Berufsverbandsprinzip organisiert und hat knapp eine halbe Million Mitglieder, während die im DGB zusammengeschlossenen Gewerkschaften knapp sieben Millionen Arbeitnehmer als Mitglieder haben.

Die Einzelgewerkschaften wie Dachorganisation sind größtenteils dreigliedrig aufgebaut[4]: die unterste Ebene bildet meist die Orts- bzw. Kreisebene, deren Organe neben beschlußfassender Mitglieder- oder

---

[3] Vgl. die Untersuchung von *Rölke*, S. 89 ff., der näher auf die IGM eingeht; ebenso die sich vor allem auf die Tarifpolitik konzentrierende Arbeit von *C. Noé*, Gebändigter Klassenkampf. Tarifautonomie in der BRD, S. 82 ff. — *H. Stindt*, Verfassungsgebot und Wirklichkeit demokratischer Organisation der Gewerkschaften, dargestellt am Beispiel der Deutschen Postgewerkschaft. Darüber hinaus wird auch auf die IGM, ÖTV und GEW eingegangen. — *H. Seeberger*, Zur Analyse von Autoritätsstrukturen in deutschen Gewerkschaften. In dieser Arbeit wird aufgrund einer Satzungsanalyse eine Typologie der einzelnen Gewerkschaften nach mehr demokratischem, autoritärem etc. Aufbau entworfen, ohne daß die Typenabgrenzung und Einordnung immer plausibel erscheint. — Des weiteren gibt es verschiedene — allerdings unveröffentlichte — Diplomarbeiten, die einzelne Gewerkschaften näher analysieren (Nachweise bei den oben genannten Autoren).

Ausführlich zur Organisationsstruktur und Willensbildungsprozeß des DGB, seiner Einzelgewerkschaften und der DAG auch *H. Föhr*, Willensbildung in den Gewerkschaften und Grundgesetz, S. 4 - 75.

[4] Die Organbezeichnung ist in den einzelnen Gewerkschaften unterschiedlich.

Delegiertenversammlung der Orts- bzw. Kreisvorstand als Exekutivorgan sind, dem in den größeren Gewerkschaften regelmäßig ein hauptamtlicher Geschäftsführer zur Durchführung der laufenden Geschäfte angehört oder beigeordnet ist. — Die Ortsverbände sind in Bezirke zusammengefaßt, deren Leitungsorgane ein Bezirksvorstand und vor allem der hauptamtliche Bezirksleiter sind; beschlußfassendes Organ ist die Bezirkskonferenz, die sich größtenteils aus Delegierten der Ortsverbände zusammensetzt. — Auf der Bundesebene stellt der Gewerkschaftstag das höchste beschlußfassende Gremium dar, der mit Delegierten der unteren Ebenen beschickt wird. Exekutivorgan ist der Hauptvorstand, der sich aus geschäftsführendem Vorstand mit hauptamtlichen Funktionären und erweitertem Vorstand mit überwiegend ehrenamtlichen Funktionären zusammensetzt. Als dem Anspruch nach legislatives Interimsorgan zwischen den Gewerkschaftstagen fungiert ein Beirat. Daneben existiert ein Kontrollorgan — oft Gewerkschaftsausschuß bezeichnet —, das Beschwerden gegen den Hauptvorstand prüft; zur finanziellen Kontrolle besteht teilweise noch eine Revisionskommission, die den Kassenbestand prüft.

Einige Einzelgewerkschaften sind viergliedrig aufgebaut, indem die Bezirke noch einmal zu Landesbezirken oder Landesverbänden zusammengefaßt werden[5]. — Neben dieser vertikalen Gliederung nach räumlichen Gesichtspunkten besteht noch eine horizontale Gliederung nach Personengruppen[6] und nach Fach- oder Berufsgruppen[7], um die spezifischen Interessen dieser Gruppen besser wahrnehmen zu können. Auf diese nach berufsständischen Grundsätzen organisierte plurale Infrastruktur der Gewerkschaften soll im folgenden nicht näher eingegangen werden.

2. Die Mitwirkungsrechte der Mitglieder bei der personellen Besetzung der Organe

a) Orts- bzw. Kreisebene

Beschlußfassendes Organ ist die Mitglieder- oder Delegiertenversammlung, die nach den meisten Satzungen mindestens einmal jährlich zusammentreten soll und „die höchste Instanz zur Entscheidung örtlicher Gewerkschaftsangelegenheiten"[8] bildet. Die wichtigsten Kompe-

---

[5] Vgl. §§ 18, 19 Satzung der IG Druck und Papier; §§ 23 ff. IG Bergbau und Energie (IG BE); die Landesverbände der GEW untergliedern sich in Bezirks- und Kreisverbände (in der Bundessatzung nicht geregelt); §§ 48 ff. Satzung der Deutschen Angestelltengewerkschaft (DAG).

[6] Meist handelt es sich um Minderheitengruppen wie Frauen, Jugend und Angestellte; vgl. §§ 28 ff. IG BE, § 29 ÖTV, §§ 63 ff. DAG.

[7] z. B. § 37 IG Chemie, § 30 ÖTV, § 62 DAG.

[8] So § 17 IG Druck.

tenzen sind die Entgegennahme des Geschäfts- und Kassenberichts sowie die Wahl des Vorstandes und der lokalen Revisionskommission[9]. Nähere Regelungen über Aufgaben und den Modus der Delegiertenwahl wie Durchführung dieser Ortsversammlungen sind meist einem Ortsstatut überlassen, das aber verschiedentlich der Genehmigung durch den Hauptvorstand bedarf und dessen Richtlinien entsprechen muß[10]. — Den Mitgliedern der Ortsverwaltung, also dem Leitungsorgan auf lokaler Ebene, wird in einigen Satzungen ein Stimmrecht in der Delegiertenversammlung eingeräumt, was insbesondere bedenklich ist, wenn diesem Gremium Kontrollbefugnisse des Vorstandes obliegen[11]. Die Delegiertenfähigkeit wird teilweise an einjährige Mitgliedschaft und satzungsmäßige Beitragszahlung geknüpft[12].

Der Orts- bzw. Kreisvorstand wird meist im gleichen zeitlichen Turnus wie die Tagungen des Gewerkschaftstags, also alle 3 oder 4 Jahre, von der Delegierten- oder der speziellen Delegiertenhauptversammlung gewählt. Die Wählbarkeit zum Vorstandsmitglied setzt in der Regel eine Mindestmitgliedschaftszeit voraus, die zwischen einem und fünf Jahren variiert[13]. Zur Durchführung der dem Vorstand in der Satzung zugewiesenen Aufgaben wird ein geschäftsführender Vorstand gebildet, der in den größeren Gewerkschaften meist aus einem oder mehreren hauptamtlichen Funktionären besteht. Soweit der Geschäftsführer der Verwaltungsstelle nicht Mitglied des Ortsvorstands ist und damit auch nicht von den Mitgliedern der Delegierten gewählt wird, ist ihm dennoch meistens eine Mitgliedschaft ex officio im Vorstand eingeräumt[14]. Nicht nur bei der Besetzung des hauptamtlichen Ge-

---

9 Diese Kompetenzen sind teilweise einer besonderen Delegiertenhauptversammlung übertragen, deren Delegierte in Mitgliederversammlungen gewählt werden. Vgl. § 29 IG Chemie, § 21 Zf. 5 ÖTV.

10 Vgl. § 23 Zf. 7 IG Bau, Steine, Erden (IG BSE); § 23 Zf. 3 IGM. Nach *Föhr*, S. 184 unterliegen Satzungen zwingend der Beschlußfassung von Delegiertengremien, so daß vom HV herausgegebene Richtlinien oder Mustersatzungen nur Empfehlungen ohne Bindungswirkung darstellen.

11 Vgl. § 21 Zf. 5 ÖTV. Nicht in der Satzung ausdrücklich geregelt, aber im IGM-Satzungskommentar, S. 149 erwähnt; darüber hinaus sollen die Vertreterversammlungen ausschließlich von Vorstandsmitgliedern geleitet und ihre Geschäftsordnung vom Hauptvorstand genehmigt werden.

12 So § 21 Zf. 3 IGM.

13 5 Jahre nach § 23 Zf. 6 IG BSE, 3 Jahre nach § 22 Zf. 2 IGM.

14 Vgl. § 30 Zf. 2 IG Chemie; nach Zf. 8 werden „der Geschäftsführer und die Sekretäre ... von dem Verwaltungstellenvorstand aus den vom Hauptvorstand im Einvernehmen mit dem Bezirksvorstand vorgeschlagenen Bewerbern gewählt. Der Hauptvorstand kann auf sein Vorschlagsrecht verzichten". — Nach §§ 25 Zf. 6, 26 Zf. 6 IG BE werden die Geschäftsstellen- bzw. Bezirksleiter und ihre Vertreter vom Hauptvorstand „nicht gegen die Mehrheit der Stimmen des Geschäftsstellenvorstandes (bzw. des Bezirksvorstandes) berufen". — Gemäß § 24 Zf. 7 der Satzung der Gew. Nahrung-Genuß-Gaststätten (NGG) wird der Geschäftsführer der Verwaltungsstelle

schäftsführers, dem zweifellos entscheidende Bedeutung bei der Gestaltung der Organisationspolitik auf lokaler Ebene zukommt, ist das Mitspracherecht der Mitglieder, durch Wahlentscheidung ihren Willen zu realisieren, eingeschränkt; auch der von der Mitglieder- und Delegiertenversammlung gewählte Vorstand bedarf noch der Bestätigung durch den Hauptvorstand in einer ansehnlichen Anzahl der Gewerkschaften, die auch oft widerrufbar ist[15]. Es muß fraglich erscheinen, ob noch von einer demokratischen Wahl gesprochen werden kann, wenn das Ergebnis durch den Hauptvorstand korrigiert werden kann[16]. Zwar scheint der Hauptvorstand von ihm favorisierte Kandidaten nicht als Vorstandsmitglieder einsetzen zu können, wenn sie in der Wahl verloren haben, aber doch mißliebige gewählte Vorstandsmitglieder ausschalten zu können. Bedenklich ist vor allem, daß das Einspruchsrecht nicht von satzungsmäßig näher fixierten Voraussetzungen abhängig gemacht wird, wie z. B. mangelnde fachliche Qualifizierung, da von Vorstandsmitgliedern auch (oder gerade) bei Vorhandensein eines Geschäftsführers organisatorische und verwaltungstechnische Befähigungen zu verlangen sind[17]. Aufgrund dieses Vetorechts des Hauptvorstands liegt letztendlich die Personalgewalt über die örtlichen Leitungsorgane in einigen Gewerkschaften bei der Führungsspitze und nicht bei den beschlußfassenden, von den Mitgliedern direkt legitimierten Organen der lokalen Ebene.

b) Bezirksebene

Ein ähnliches Bild ergibt sich auch für die gewerkschaftlichen Bezirksgliederungen, die von einem hauptamtlichen Bezirksleiter geleitet werden und dessen Funktion in mehreren Gewerkschaftssatzungen als

---

bestellt „nach Aussprache mit dem Verwaltungsstellenvorstand im Benehmen mit dem Landesbezirksvorstand durch den geschäftsführenden Hauptvorstand vorerst befristet auf die Dauer von 6 Monaten. Vor Ablauf dieser Zeit ist das Einverständnis des Verwaltungsstellenvorstandes erforderlich".

15 Vgl. § 17 Zf. 4 IG BE; § 23 Zf. 4 IG BSE; § 22 Zf. 2 IGM; § 30 Zf. 3 IG Chemie; § 21 Zf. 5 Gew. der Eisenbahner Deutschlands (GdED). Nach § 32 Zf. 5 ÖTV bedürfen alle hauptamtlichen Funktionäre der Bestätigung durch den geschäftsführenden Hauptvorstand.

16 Einen solchen Widerspruch scheint die Gew. Holz und Kunststoff (GHK) nicht zu sehen, wenn sie in § 27 ihrer Satzung formuliert: „Die Wahlen erfolgen nach demokratischen Grundsätzen und bedürfen der Bestätigung durch den Hauptvorstand."

Ähnlich wie hier *Föhr*, S. 159 f. mit dem weiteren Hinweis, daß die Verwaltungstellenvorstände oftmals Delegierte zum Gewerkschaftstag sind, so daß ein Einspruchrecht des HV zugleich eine Beeinflussung der Delegiertenzusammensetzung und damit auch seiner eigenen Wahl ermöglichen kann.

17 Nach dem IGM-Satzungskommentar, S. 118, muß „besonders bei Wahlangestellten der Ortsverwaltung ... die notwendige persönliche und fachliche Eignung vorliegen". Unklar bleibt, was unter persönlicher Eignung zu verstehen ist.

Beauftragter des Hauptvorstandes umschrieben wird, dessen Weisungen er bei Ausübung seiner Tätigkeit unterliegt[18]. Im Extremfall wird der Bezirksleiter vom Hauptvorstand eingesetzt, bedarf also keiner Legitimation durch die gewählten Organe der Bezirksebene wie Bezirksvorstand und Bezirkskonferenz[19]. Weiteres Leitungsorgan neben dem geschäftsführenden Bezirksleiter ist der Bezirksvorstand, dem nach einigen Satzungen ausdrücklich überwiegend ehrenamtliche Mitglieder angehören müssen[20], und in dem die verschiedenen Gruppenvertreter repräsentiert sein sollen[21]. Kompetenzmäßig soll der gewählte Bezirksvorstand meist den Bezirksleiter bei der Durchführung der satzungsmäßig fixierten Aufgaben unterstützen sowie bestimmte Kontrollaufgaben wahrnehmen. — Voraussetzung für die Wählbarkeit in den Bezirksvorstand ist wieder eine Mindestmitgliedschaftszeit, die zwischen einem und fünf Jahren schwankt. Für die Funktion des Bezirksleiters ist in der IG Bau-Steine-Erden sogar eine zehnjährige ununterbrochene Gewerkschaftszugehörigkeit erforderlich[22]. Die gewählten Bezirksvorstandsmitglieder bedürfen in den Gewerkschaften, die sich eine Bestätigung des Kreisvorstandes durch den Hauptvorstand vorbehalten, ebenfalls einer solchen Bestätigung[23].

Beschlußfassendes Organ auf Bezirksebene ist die Bezirkskonferenz, deren Delegierte in den Delegiertenversammlungen der Orts- bzw. Kreisverwaltungen gewählt werden. Teilweise gehören Bezirksvorstand und Leiter mit beratender Stimme[24] oder auch vollem Stimmrecht[25] ex officio der Bezirkskonferenz an, die neben anderen Aufgaben auch den Bezirksvorstand wählt. Die Bezirkskonferenzen finden in den

---

18 Vgl. § 24 Zf. 4 IGM; § 22 Zf. 2 ÖTV; § 34 Zf. 4 IG Chemie; § 25 Zf. 9 NGG; § 26 Zf. 2 IG BSE; § 26 Zf. 7 IG BE; § 47 II DAG.

19 So die Bezirksleiter der IG Metall, über deren Anstellung der Vorstand entscheidet und für die die gewählte Bezirkskommission (Exekutivorgan mit engen Kontrollbefugnissen) nur geeignete Vorschläge abgeben kann (vgl. § 24 Zf. 5 d IGM). Nach § 30 Zf. 2 GdED stellt der Hauptvorstand (HV) den Bezirksleiter auf Vorschlag der Bezirkskonferenzen an; ähnlich § 25 Gew. Textil und Bekleidung (Textil). — In den anderen Satzungen wird der Bezirksleiter vom Bezirksvorstand gewählt, bedarf aber der Bestätigung durch den Hauptvorstand oder der vom HV berufene Bezirksleiter muß vom Bezirksvorstand mehrheitlich bestätigt werden (so § 26 Zf. 6 IG BE):

Nach *Föhr*, S. 158 widerspricht die Einsetzung des Bezirksleiters der IGM durch den HV „dem Prinzip des Aufbaues von unten nach oben und ist verfassungswidrig" (unter Verweis auf das SRP-Urteil BVerfG 2, 40).

20 Vgl. § 22 Zf. 3 ÖTV; § 34 Zf. 1 IG Chemie.

21 Vgl. § 34 Zf. 1 IG Chemie; § 5 Anhang I zur DPG-Satzung; § 22 Zf. 3 ÖTV.

22 Vgl. § 26 Zf. 3 IG BSE.

23 Vgl. die Nachweise in Anm. 15.

24 So § 25 Zf. 4 IGM; § 2 Anhang I DPG-Satzung; § 26 Zf. 5 IG BE.

25 § 22 Zf. 4 ÖTV; § 26 Zf. 7 IG BSE; § 25 Zf. 3 NGG.

meisten Gewerkschaften jeweils vor dem ordentlichen Gewerkschaftstag, also alle drei bis vier Jahre, statt[26]; außerordentliche Bezirkskonferenzen können oft nur mit Zustimmung des Hauptvorstandes einberufen werden[27]. An die Bezirksdelegiertenfähigkeit ist wiederum eine Mindestmitgliedschaftszeit von einem bis fünf Jahre geknüpft.

Schon aufgrund des in den meisten Fällen nur mehrjährigen Tagungsturnus, aber insbesondere wegen der sachlich geringen Kompetenzen wird man der Bezirkskonferenz keine wichtige Rolle im innergewerkschaftlichen Willensbildungsprozeß zumessen können; in erster Linie scheint sie ein Gremium zur Wahl verschiedener Mandatsträger auf Bezirksebene zu sein, die aber immer noch der Bestätigung durch den Hauptvorstand bedürfen. Der sachliche Einfluß liegt eindeutig beim Bezirksvorstand und hier wieder beim Bezirksleiter, der mehr als Repräsentant des Hauptvorstandes zur Durchsetzung der Vorstandspolitik als ein Repräsentant der im Bezirk zusammengefaßten Ortsverbände gegenüber dem Hauptvorstand zu charakterisieren ist. Da dem Bezirksleiter auch meist die Aufgabe übertragen ist, die unteren Organisationseinheiten zu kontrollieren[28], insbesondere aber aufgrund seiner Weisungsabhängigkeit vom Hauptvorstand, läßt sich pointiert sagen, daß den Bezirksleitern im Organisationsaufbau die Schlüsselfunktion zufällt, eine Willensbildung von oben nach unten sicherzustellen[29]. Insgesamt wird man der Bezirksebene eher die Funktion einer Filterung als Transmission innerverbandlicher Willensbildungsprozesse der Mitglieder zusprechen müssen, soweit Antragsrechte zum Gewerkschaftstag nur den Bezirken, nicht aber den Ortsverbänden eingeräumt sind. Diese Interpretation, die auch in der innergewerkschaftlichen Diskussion und Kritik vorgetragen wird, entspricht durchaus dem gewerkschaftlichen Selbstverständnis und ist daher nur insoweit als Diskrepanz von Anspruch und Wirklichkeit aufzufassen, als die Satzungen den demokratischen Aufbau ihrer Organisation bekunden[30]. Im

---

26 Alljährlich nach § 25 Zf. 1 IGM.

27 Vgl. § 25 Zf. 5 NGG; § 22 Zf. 4 ÖTV; § 33 Zf. 5 IG Chemie; § 26 Zf. 6 IG BSE; auf Antrag von Zweidrittel der Mitglieder eines Bezirks nach § 25 Zf. 2 IGM.

28 Vgl. § 26 Zf. 8 IG BE; § 24 Zf. 4 c IGM; § 25 Zf. 9 a NGG; § 25 Zf. 6 a Textil; § 25 II 2 d Gew. Handel-Banken-Versicherungen (HBV).

29 Ähnlich auch *Stindt*, S. 85 hinsichtlich der DPG, daß die Bezirksvorsitzenden „die Schaltstelle aller wichtigen Informationen aus der Gewerkschaftszentrale in die Bezirke und des bezirklichen Mitgliederwillens zur obersten Führung" bildeten und eine Koordination der Bezirksmeinung mit der Meinung des HV in dessen Sinn bewirkten.

30 Vgl. § 2 Zf. 2 a DGB-Bundessatzung (der gewählte Landesvorsitzende bedarf allerdings keiner Bestätigung durch den Bundesvorstand); § 22 Zf. 1 Textil: „Die Gewerkschaft ist räumlich in Verwaltungstellen und Bezirke gegliedert und demokratisch von unten nach oben aufgebaut" (Bezirksleiter

Satzungskommentar der IG-Metall heißt es jedenfalls unmißverständlich: „Um eine gute Durchführung aller gewerkschaftlichen, organisatorischen und agitatorischen Maßnahmen *des Vorstandes* zu gewährleisten, ist das Wirkungsgebiet unserer Gewerkschaft in Bezirke eingeteilt[31].“ Daß es sich bei den Bezirksleitungen mehr um Außenstellen des Vorstandes handelt, wird auch in den Regelungen deutlich, nach denen die Kosten der Bezirksleitungen vom Hauptvorstand getragen werden[32].

In einigen Gewerkschaften kommt der Bezirks- bzw. Landesebene eine gegenüber Lokal- wie Bundesebene durchaus eigenständige Bedeutung zu, was vorwiegend mit der historischen Entwicklung der Organisation zusammenzuhängen scheint, insbesondere wenn der Zusammenschluß auf Bundesebene erst nach Ausbildung und organisatorischer Konsolidierung von Landesverbänden erfolgt ist. Eine solche Entwicklung ist bei der Gewerkschaft Erziehung und Wissenschaft (GEW) zu beobachten, die sich aus relativ autonomen Landesverbänden mit eigener Satzungsgewalt zusammensetzt und insgesamt aus eigenständigen Lehrerberufsverbänden mit regionalem Wirkungskreis entstanden ist. Regelmäßig wird die Mitgliedschaft durch Zugehörigkeit in Landesverbänden erworben, während die bundesunmittelbare Mitgliedschaft einzelner die Ausnahme darstellt[33]. Das Organisationsverhältnis der Bundesorganisation zu den Landesverbänden weist insofern mehr den Charakter einer Dachorganisation auf — vergleichbar dem Verhältnis des DGB zu den Einzelgewerkschaften. Während aber Zentralisierungsbestrebungen des DGB im Sinne einer Kompetenzvermehrung der Dachorganisation am Widerstand mächtiger Einzelgewerkschaften bislang scheiterten, scheint sich der GEW-Bundesvorstand mit Satzungsänderungen zugunsten einer Zentralisierung gegenüber den Landesverbänden auf der letzten Vertreterversammlung in weitem Umfang durchgesetzt zu haben[34]. — Hinsichtlich der personellen Besetzung der Leitungsorgane auf Bezirks- bzw. Landesbezirksebene ist in den Satzungen des DGB, der HBV, der IG Druck und Papier sowie

---

wird auf Vorschlag der Bezirkskonferenz vom HV angestellt, § 25 Zf. 2); § 17 Zf. 1 HBV: „Die Gewerkschaft ist demokratisch aufgebaut. Bei Wahlen und Beschlußfassungen ist die Mitgliedschaft unter Wahrung demokratischer Grundsätze *allein* bestimmend.“ (Hervorhebung von mir.) In Zf. 3 heißt es aber: „Alle nicht vom Gewerkschaftstag gewählten Funktionäre bedürfen zur Ausübung ihrer Tätigkeit der Bestätigung ...“ Vgl. auch die schon in Anm. 16 zitierte Satzungsbestimmung der GHK.

[31] IGM-Satzungskommentar, S. 153 (Hervorhebung von mir).

[32] Vgl. § 25 II Zf. 3 HBV; § 25 Zf. 7 Textil; § 22 Zf. 6 ÖTV.

[33] Vgl. § 8 GEW.

[34] Vgl. Erziehung und Wissenschaft, 7/1974: „Vom Kartell der Lehrervereine zur einheitlichen Gewerkschaft.“

DAG eine vom Vorstand nicht zu bestätigende Wahl durch das beschlußfassende Organ vorgesehen[35]; die sachliche Weisungsbefugnis des Hauptvorstands bleibt hiervon aber unberührt.

c) Bundesebene

Oberstes beschlußfassendes Organ ist der Gewerkschaftstag bzw. -kongreß, der alle drei oder vier Jahre für ca. 1 Woche tagt. Seiner sachlichen Kompetenz unterliegt meist, die Ziele der künftigen Gewerkschaftspolitik durch entsprechende Beschlußfassungen zu bestimmen, die Tätigkeitsberichte der verschiedenen Leitungsorgane auf Bundesebene entgegenzunehmen und gegebenenfalls Entlastung zu erteilen, sowie Satzungsänderungen zu beschließen. Gewählt werden durch den Gewerkschaftstag die Mitglieder des Hauptvorstandes, wobei die wichtigsten Funktionen des geschäftsführenden Vorstandes wie Vorsitzender, Stellvertreter und Hauptkassierer häufig in Einzelwahl bestimmt werden; daneben werden die Mitglieder für das Kontrollorgan des Hauptvorstandes durch den Gewerkschaftstag gewählt. — Die Delegierten des Gewerkschaftstags werden auf Orts- oder Bezirksebene entsprechend der Mitgliederzahl durch die beschlußfassenden Organe dieser Organisationsstufen gewählt[36]. Die Delegiertenfähigkeit ist regelmäßig an eine mehrjährige Mitgliedschaftszeit und satzungsmäßige Beitragszahlung gebunden[37]; eine Regelung über die Rechtsstellung der Delegierten im Sinne eines freien oder imperativen Mandats fehlt überwiegend[38]. Nur ausnahmsweise ist ausdrücklich bestimmt, daß die Delegierten keine hauptamtlichen Funktionäre sein dürfen[39]. Die Mitglieder des Hauptvorstandes gehören verschiedentlich ex officio dem Gewerkschaftstag mit Stimmrecht an[40]. — Die Einbe-

[35] Vgl. § 5 Anhang I DPG; § 25 Zf. 1 HBV; § 20 IG Druck (Landesbezirksleiter wird gewählt, wohl nicht aber hauptamtlicher Bezirkssekretär, der ex officio dem Bezirksvorstand angehört, § 19); ähnlich wie bei der IG Druck auch die DAG (vgl. §§ 45, 52).

[36] Nach § 29 Zf. 2 IGM werden besondere Wahlbezirke zur Delegiertenwahl gebildet und 1 Delegierter auf 5000 Mitglieder gewählt. Wahlberechtigt sind nur Mitglieder mit mindestens einjähriger Mitgliedschaft.

[37] Vgl. z. B. 3-jährige Mindestmitgliedschaftzeit: § 21 III DAG; § 24 IG Druck; § 29 Zf. 4 IGM; § 20 Zf. 3 DPG. 5-jährige Mitgliedschaft: § 23 NGG, § 33 Zf. 4 IG BSE; § 17 Zf. 2 d IG BE.

[38] Vgl. aber § 19 GEW-Satzung: „Die Vertreter sind an Aufträge nicht gebunden.“ Ähnlich § 15 S. 2 GEW-Baden-Württemberg. Sehr nuanciert § 19 Zf. 2 GEW-Hessen: „Die Vertreter sind gehalten, die Auffassung ihrer Kreisverbände oder Fachgruppen vorzutragen; bei der Abstimmung entscheiden sie nach ihrer Überzeugung, wenn sich bei der Aussprache eine neue Situation ergibt.“

[39] So § 21 III 2 DAG.

[40] Vgl. § 33 Zf. 3 IG BSE; §§ 18 Zf. 1 c, 23 a GEW; § 30 Zf. 2 b NGG; § 25 Zf. 4 ÖTV. In den anderen Gewerkschaften nehmen die Mitglieder des HV mit beratender Stimme teil (unklar aber § 42 Zf. 5 IG Chemie).

rufung eines außerordentlichen Gewerkschaftstags erfolgt meist auf Verlangen des Hauptvorstands, des Beirats oder der lokalen Gliederungen, die mehr als die Hälfte der Mitgliederzahl vertreten. Generell wird sich sagen lassen, daß die Satzungsvorschriften über die Einberufung eines außerordentlichen Gewerkschaftstags in den weitaus überwiegenden Fällen nicht mit der zwingenden Minderheitenschutzvorschrift des § 37 BGB zu vereinbaren und daher nichtig sind[41].

Der Hauptvorstand, das oberste Leitungsorgan der Gewerkschaft, setzt sich aus einem geschäftsführenden Vorstand mit hauptamtlichen Funktionären sowie dem erweiterten Vorstand mit in der Überzahl ehrenamtlichen Mitgliedern zusammen. Die Sitze der ehrenamtlichen Mitglieder werden entsprechend der Mitgliederzahl auf die Bezirke verteilt und zur Wahl auf dem Gewerkschaftstag vom gewählten Organ der Bezirke vorgeschlagen[42]; zum Teil sind auch die verschiedenen Personengruppen im erweiterten Hauptvorstand vertreten[43]. Darüber hinaus gehören in einigen Gewerkschaften dem Hauptvorstand ex officio die Bezirksvorsitzenden bzw. -leiter an[44], denen verschiedentlich aber nur das Recht eingeräumt ist, beratend an den Vorstandssitzungen teilzunehmen[45]. Die ex officio-Zugehörigkeit der Bezirksleiter zum Hauptvorstand muß allerdings dann als äußerst bedenklich erscheinen, wenn dieses Amt nicht durch Wahl, sondern Ernennung seitens des Hauptvorstandes besetzt wird[46]. Im Ergebnis würde durch eine solche Satzungspraxis der Grundsatz durchbrochen werden, daß die Mitglieder der Leitungsorgane durch Wahl zu bestellen sind, und stattdessen die — zumindest partielle — Möglichkeit einer Kooptation von seiten der Mitglieder in keiner Weise legitimierten Vorstandsmitgliedern eröffnet[47]. Kurios mutet die ex officio-Zugehörigkeit der Bezirksleiter

---

41 So auch *Föhr*, S. 157.

42 Vgl. § 23 Zf. 5 ÖTV; § 26 Zf. 1 IGM; § 20 Zf. 1 IG BE; § 21 Zf. 1 HBV.

43 So § 23 Zf. 4 ÖTV; § 21 Zf. 1 IG Druck; § 21 Zf. 1 DPG; § 26 Zf. 2 d NGG; § 21 Zf. 1 HBV; § 25 Zf. 3 GdED.

44 Vgl. § 21 Zf. 1 DPG; § 23 Zf. 4 ÖTV; § 26 Zf. 2 b NGG; § 28 IG BSE.

45 Vgl. § 26 Zf. 9 Textil; § 26 Zf. 4 IGM; § 21 Zf. 7 HBV.

46 Vgl. § 11 Abs. 2 ParteiG, wonach eine ex officio-Mitgliedschaft bestimmter Funktionsträger nur zulässig ist, „wenn sie ihr Amt oder ihr Mandat aus einer Wahl erhalten haben". Eine Abweichung von dieser Vorschrift des Parteiengesetzes, die eine gesetzliche Konkretisierung des Grundsatzes der Willensbildung von unten nach oben darstellt, ist auch in den Fällen gegeben, in denen der gewählte Bezirksvorsitzende noch der Bestätigung durch den HV bedarf.

47 Soweit ersichtlich, besteht eine solch offene Kooptationspraxis in keiner Gewerkschaft. In der IG Metall haben die vom HV eingesetzten Bezirksleiter kein Stimmrecht in den Vorstandssitzungen; ansonsten werden die Bezirksvorstände — unter Vorbehalt der Bestätigung des HV — gewählt, soweit sie Vollmitglieder des HV sind.

zum Hauptvorstand auch insofern an, als sie in ihrer Funktion als Bezirksleiter dem Weisungsrecht des Hauptvorstands unterliegen, qua Mitgliedschaft im Hauptvorstand aber zugleich weisungsbefugt sind. — Eine mehr verdeckte Kooptationsmöglichkeit enthalten die Vorschriften über die Nachwahlen ausgeschiedener Vorstandsmitglieder bis zum nächsten ordentlichen Gewerkschaftstag. Meist werden diese Nachwahlen vom Interimsorgan vorgenommen, dem aber häufig die Mitglieder des Hauptvorstandes ex officio angehören, so daß praktisch eine eingeschränkte Form der Selbstergänzung eingeräumt wird[48].

Die in vielen Gewerkschaften anzutreffende Zugehörigkeit der Vorstandsmitglieder zum Interimsorgan, dem höchsten beschlußfassenden — und häufig mit Beirat bezeichneten — Organ zwischen den Gewerkschaftstagen, zeigt, daß von einer funktionellen wie personellen Trennung zwischen beschließenden und ausführenden Organen nur bedingt gesprochen werden kann[49]. Vielmehr sind starke Einflußmöglichkeiten der Exekutivorgane auf die Legislativorgane schon aufgrund der ex officio-Zugehörigkeiten des Hauptvorstandes im Gewerkschaftstag wie Beirat institutionell abgesichert, die eine vorstandsfreie Willensbildung empfindlich beeinträchtigen und mit dem Vorstandswillen nicht harmonierende Beschlußfassungen unwahrscheinlich machen. — Die weiteren Mitglieder des Beirats sind meist — entsprechend der Mitgliederzahl — Delegierte der Bezirke[50]; einzuberufen ist der Beirat mindestens einmal jährlich[51]. Zu seinen Kompetenzen zählt verschiedentlich neben der schon erwähnten Nachwahl für bestimmte Ämter vor allem das Recht, Satzungsänderungen vorzunehmen, teilweise unter dem Vorbehalt der Dringlichkeit[52] oder unter Ausschluß einer Änderung der Ziele und Aufgaben der Gewerkschaft[53].

Als Kontrollorgan des Hauptvorstandes fungiert in den meisten Gewerkschaften ein Ausschuß, der Beschwerden der Mitglieder gegen Maßnahmen und Beschlüsse des Hauptvorstandes prüft, sowie die Durchführung der Beschlüsse des Gewerkschaftstags und die Einhal-

---

48 Vgl. § 29 Zf. 3 e IG BSE; § 40 Zf. 1 c, 2 IG Chemie; § 23 Zf. 1, 3 c IG Druck; §§ 25 Zf. 6, 24 Zf. 1 GdED; §§ 26 Zf. 1, 28 Zf. 3 IGM; § 29 NGG; § 24 ÖTV; eine uneingeschränkte Selbstergänzung läßt § 21 Zf. 3 DPG (vgl. auch *Stindt*, S. 76) und wohl auch § 26 Zf. 6 GEW zu.

49 Eine Ausnahme zugunsten einer klareren Trennung zwischen Exekutiv- und Legislativorganen bilden die DAG (vgl. §§ 24 ff.); die DPG (§ 26); § 19 IG BE; § 20 Zf. 3 HBV und die Gew. Textil (§ 27). Der HV nimmt an den Sitzungen des Interimsorgans mit beratender Stimme teil.

50 Vgl. § 25 DAG, § 28 IGM, § 24 Zf. 3 e ÖTV, § 23 Zf. 2 IG Druck.

51 Nach § 28 Zf. 4 IGM mindestens dreimal jährlich.

52 So § 40 Zf. 1 a IG Chemie.

53 Vgl. § 24 Zf. 1 a ÖTV. Bedenklich vor allem, daß ein Dringlichkeitsvorbehalt fehlt.

tung der Satzung überwacht; das Kontrollrecht des Gewerkschaftsausschusses gegenüber der Tätigkeit des Hauptvorstandes ist aber verschiedentlich ausdrücklich auf eine Überprüfung der Satzungsmäßigkeit oder Übereinstimmung mit Beschlüssen des Gewerkschaftstags beschränkt[54], wodurch die praktische Bedeutung des Kontrollorgans erheblich vermindert wird[55]. Die Mitglieder des Kontrollorgans dürfen keine hauptamtlichen Funktionäre sein und nicht dem Hauptvorstand oder Beirat angehören. In verschiedenen Satzungen findet sich eine Regelung, daß die Mitglieder ihren Wohnsitz nicht am Sitz des Hauptvorstandes haben dürfen[56]; gewählt werden die Mitglieder des Ausschusses auf dem Gewerkschaftstag, dem sie Bericht über ihre Tätigkeit erstatten müssen.

Zur finanziellen Kontrolle besteht in einigen Gewerkschaften noch eine eigene Revisionskommission, deren Mitglieder verschiedentlich dem Ortsverband am Sitz des Hauptvorstands angehören und vom Gewerkschaftstag gewählt werden. Die Funktionen der Revisionskommission werden teilweise auch vom Gewerkschaftsausschuß ausgeübt[57], so daß eine eigenständige Revisionskommission zur Kassenprüfung entfällt.

3. Die Auswahl nichtorganschaftlicher Funktionsträger

Nicht allen gewerkschaftlichen Funktionsträgern ist die Stellung eines Organs in der Satzung eingeräumt, obgleich sie teilweise nicht unbedeutende Funktionen innerhalb der Gesamtorganisation wahrnehmen. Dies gilt insbesondere für *die gewerkschaftlichen Vertrauensleute in den Betrieben,* die in diesem Bereich die Gewerkschaft repräsentieren[58]. Nur in der Satzung der IG-Chemie ist dem Vertrauensleutekörper und ihren Leitungen ausdrücklich die Stellung als Gewerkschaftsorgan zugestanden worden[59], während in der IG-Metall trotz längerer innergewerkschaftlicher Diskussion die Aufnahme entsprechender Satzungsbestimmungen bisher nicht erreicht werden konnte, was nicht zuletzt auf die distanzierte Haltung gewerkschaftlicher Betriebsratsmitglieder wie der Ortsverwaltungen zurückzuführen

---

54 Vgl. § 28 Zf. 4 b Textil; § 27 Zf. 5 IGM; § 26 Zf. 5 GdED.

55 Vgl. auch *Rölke,* S. 96 f.

56 Vgl. § 26 Zf. 2 GdED; § 26 Zf. 2 ÖTV; § 28 Zf. 1 Textil.

57 So § 22 Zf. 4 IG BE; § 27 Zf. 5 d IGM.

58 Vgl. hierzu die „Richtlinien für Vertrauensleutearbeit der Industriegewerkschaft Metall" (Ausgabe 1970, aber zur Zeit überarbeitet werden), S. 5: „Die Vertrauensleute sind die Repräsentanten der IG Metall im Betrieb."

59 Vgl. § 2 Zf. 2.

ist, die die Entwicklung eines unliebsamen Konkurrenzorgans befürchten. Diese Einschätzung dürfte eng mit den den Vertrauensleuten zugewiesenen Aufgaben zusammenhängen, die die Möglichkeit eines Konflikts mit diesen Institutionen nicht unwahrscheinlich machen, unter Umständen auch zu einem Rollenkonflikt der Vertrauensleute führen können. Diese sollen u. a. einmal die offizielle Gewerkschaftspolitik in den Betrieben vertreten und publik machen, zum anderen gewerkschaftliche, insbesondere tarifpolitische Forderungen erarbeiten und entsprechende Vorschläge zur Beeinflussung der offiziellen Gewerkschaftspolitik weiterleiten.

Hinsichtlich dieser letzterwähnten Aufgabe heißt es in der Satzung der IG-Druck und Papier, daß „die gewerkschaftlichen Vertrauensleute ... bei der Willensbildung mit (wirken)“[60]. Zu Konflikten mit dem Gewerkschaftsapparat kann es kommen, wenn die Forderungen aus dem Betrieb nicht mit dem Konzept der offiziellen Gewerkschaftspolitik harmonieren, diese aber wiederum in dem Betrieb durch die Vertrauensleute vertreten werden soll. Da die Vertrauensleute nicht wie die Betriebsräte durch die Vorschriften des Betriebsverfassungsgesetzes gebunden sind, können Divergenzen zwischen Vertrauensleutearbeit und Betriebsratspolitik auftreten und zu Konflikten führen. Allerdings ist in den Richtlinien für Vertrauensleute regelmäßig vorgesehen, daß die gewerkschaftlichen Betriebsrats- bzw. Personalratsmitglieder ex officio dem Vertrauensleutekörper angehören[61], was eine gegenseitige konfliktsmindernde Einflußmöglichkeit darstellt[62].

Die Vertrauensleute werden in den Gewerkschaften, die eine aktive Vertrauensleutearbeit betreiben, im Regelfall von den Gewerkschaftsmitgliedern gewählt[63]. Aus dem Wortlaut der Satzungen verschiedener Gewerkschaften ist häufig nicht genau zu erschließen, wie die Vertrauensleute bestellt werden[64]. Überhaupt ist symptomatisch, daß die

---

60 § 18 Zf. 2 S. 1; ähnlich auch § 29 Zf. 2 IG Chemie.

61 Vgl. „Richtlinien für die Vertrauensleutearbeit der IGM“, S. 7; „Richtlinien für gewerkschaftliche Vertrauensleute der IG Chemie“, I Abs. 5; „Richtlinien für die gewerkschaftliche Vertrauensleutearbeit der IG Druck“, I Abs. 4; „Leitsätze für ÖTV-Vertrauensleute“, III Abs. 3.

62 Zusätzlich werden Vertrauensleute und gewerkschaftliche Betriebsratsmitglieder zur vertrauensvollen Zusammenarbeit und gegenseitiger Unterstützung verpflichtet. Vgl. IGM-Richtlinien, S. 16; IG Chemie-Richtlinien, VII Abs. 1; IG Druck-Richtlinien, Vorwort. — Nähere Einzelheiten zum Verhältnis von Betriebsrat und Vertrauenskörper enthält auch die Informationsschrift der IG Metall „Die Arbeit der Vertrauensleute“, S. 63 ff.

63 Vgl. IGM-Richtlinien, S. 8 ff.; IG Chemie-Richtlinien, I; ÖTV-Richtlinien, III; IG Druck § 18 Zf. 5.

64 So heißt es in § 23 Zf. 10 b IG BSE, daß „die *Einsetzung* gewerkschaftlicher Vertrauensleute in allen Betrieben, in denen noch kein Betriebsrat“ besteht, Aufgabe der Verwaltungsstelle ist; nach § 27 IG BE sind Vertrau-

Rechtsstellung der Vertrauensleute in den Satzungen, wenn überhaupt, nur äußerst knapp geregelt ist; nicht selten wird nur die Existenz von Vertrauensleuten, nicht aber der Auswahlmodus sowie Aufgabenbereich erwähnt. Die nähere Regelung durch Richtlinien des Hauptvorstandes muß insofern unbefriedigend erscheinen, als diese nur unzureichend der Kontrollbefugnis des Gewerkschaftstags unterliegen und eine Instrumentalisierung der Vertrauensleute zur einseitigen Transmission des Vorstandswillens von oben nach unten zumindest regelungstechnisch möglich ist. —

Hinsichtlich der personellen *Auswahl der Mitglieder der Tarifkommissionen,* denen verschiedene Aufgaben vorwiegend beratender Art im Rahmen der Tarifbewegungen zukommen[65], sind unterschiedliche Regelungen festzustellen; nicht selten enthalten aber die Satzungen hierzu überhaupt keine Bestimmungen. Zum Teil scheint ein Einfluß der Mitglieder auch über ihre Delegiertengremien nicht eingeräumt zu sein, vielmehr die Tarifkommission ausschließlich durch Leitungsorgane eingesetzt zu werden[66]. Nach den „Richtlinien zur Bildung von Tarifkommissionen" der IG-Metall werden die von den Ortsverwaltungen ausgewählten Mitglieder, unter denen mindestens ein hauptamtlicher Funktionär sein soll, formell von der Bezirkskonferen bestätigt, was nach *Noé* „nur dekorative Bedeutung im Sinne verbandsinterner ‚demokratischer' Legitimität durch Mehrheitsbeschluß"[67] zukommt. In der IG-Chemie werden die Mitglieder der Tarifkommisson in Vertrauensleute-Versammlungen gewählt, bedürfen aber der Bestätigung durch den Verwaltungsstellenvorstand[68]. Soweit ersichtlich ohne Genehmigungsvorbehalt, werden neben ex officio-Mitgliedern die Mitglieder für die zentrale Tarifkommission der IG-Druck und Papier vom Landesbezirkstag gewählt[69]. Wie auch in anderen Gewerkschaften werden unter Berücksichtigung der Beschäftigtenstruktur die aus den Bezirken zu entsendenden Mitglieder der „Großen Tarifkommission"

---

ensmännerkreise zur Unterstützung des Gewerkschaftsausschusses zu *bilden* (ähnlich auch § 24 Zf. 6 d NGG). Nach § 31 Zf. 13 GdED haben „die Ortsverwaltungen ... in allen Dienststellen nach den vom Hauptvorstand zu erlassenden Richtlinien Vertrauenspersonen zu *berufen*". (Alle Hervorhebungen von mir.)

65 Hierzu ausführlich *H. Weitbrecht,* Effektivität und Legitimität der Tarifautonomie, S. 64 ff. Vgl. auch *Noé,* S. 150 ff.

66 Vgl. § 26 Zf. 4 IG BSE, wonach dem Bezirksvorstand der „Beschluß über die Zusammensetzung der Tarifkommissionen" obliegt; nach § 33 GdED setzt sich die Tarifkommission aus bestimmten Hauptfachgruppenleitern, Vertretern der Minderheitsgruppen und einem geschäftsführenden HV-Mitglied ex officio zusammen, die Vertreter der Bezirke werden zusammen vom Bezirksvorstand zusammen mit der Bezirksfachgruppenleitung ausgewählt.

67 Ebd., S. 154.

68 § 13.

69 § 20 Zf. 4 c.

der ÖTV auf den Bezirkskonferenzen gewählt[70], während Ergänzungen vom Bezirksvorstand vorgenommen werden. —

Auffallend wenig Vorschriften enthalten die Satzungen über die *Aufstellung der gewerkschaftlichen Kandidatenlisten zu den Betriebsrats- und Personalratswahlen,* obgleich es hierbei immer wieder zu Konfliktsfällen und auch spektakulären Ausschlußverfahren kommt[71], die z. T. auch die Obergerichte beschäftigt haben[72]. Nicht zuletzt der auch bei der personellen Auswahl der Kandidaten zu beobachtende Einfluß der Leitungsorgane scheint zur Aufstellung eigener Listen unzufriedener Gewerkschaftsmitglieder zu führen, was regelmäßig mit Ausschlußverfahren geahndet wird. Nach der hier vertretenen Rechtsauffassung[73] sind diese aber nur gerechtfertigt, wenn die Kandidaten von den gewerkschaftlichen Betriebsmitgliedern oder einem von ihnen hierzu legitimierten Organ ausgewählt werden, die Gewerkschaftsliste also nicht gegen den Willen der Mitglieder vom Apparat oktroyiert wird. Soweit dieses Verfahren der Kandidatenauswahl durch die Mitglieder nicht eingehalten ist, was durchaus personelle Empfehlungen seitens der Verwaltungsstelle zuläßt, muß aber auch die Kandidatur von Gewerkschaftsmitgliedern auf anderen Listen als statthaft angesehen werden, da die Konsequenzen aus undemokratischem Verhalten seitens gewerkschaftlicher Leitungsorgane nicht den Mitgliedern anzulasten sind.

Die überprüften Bestimmungen zur Kandidatenaufstellung stimmen eher skeptisch, ob den hier verlangten Anforderungen in der Gewerkschaftspraxis immer entsprochen wird. Nach den Richtlinien der Deutschen Postgewerkschaft[74] ist bei der Auswahl zu berücksichtigen, daß die Geschlechter entsprechend ihrer Beschäftigtenzahl im Personalrat vertreten sein sollen, die Zusammensetzung den verschiedenen Beschäftigungsarten entspricht, sowie doppelt soviel Kandidaten, wie zu wählen sind, aufgestellt werden. Während diese vorgeschriebene

---

70 Vgl. „Richtlinien über die Tarifarbeit und die Bildung von Tarifkommissionen", II Zf. 4.

71 Vgl. die Betriebsratswahlen auf der Klöckner-Hütte in Bremen im Jahre 1969; näher hierzu *Rölke,* S. 119 FN 1 und insbesondere *W. Eschenhagen,* Antigewerkschaftlicher Kampf oder Kampf in den Gewerkschaften, S. 52 ff. (München 1971). Weiterhin die Ausschlußverfahren gegen drei Mitglieder im Anschluß an die Betriebsratswahlen bei Daimler Benz 1972, die zu Ausschlüssen und temporären Funktionsverboten führten; vgl. „Der Spiegel" Nr. 30/1972, S. 49 f. — Die mitgeteilten Sachverhalte enthalten nur unzulängliche Fakten über das Auswahlverfahren, so daß hier nicht entschieden werden kann, ob die Aufstellung entgegen den oben aufgeführten Kriterien verlief.

72 Vgl. oben Dritter Teil, III. 2.

73 Näher oben Zweiter Teil, 2. Kap. I.

74 Abgedruckt bei *Stindt,* S. 89 f. mit Quellennachweis.

„Pluralisierung" der Liste eher zu begrüßen ist, muß es bedenklich erscheinen, daß die Vorschlagslisten von den Vorständen der jeweiligen Organisationsebene, auf der die Wahlen stattfinden, erarbeitet werden und in den Mitgliederversammlungen lediglich zur Diskussion gestellt werden. Die Versammlungsteilnehmer können Gegenvorschläge machen, die aber nicht bindend sind. Letztlich steht damit den Mitgliedern nur eine beratende Funktion bei der Listenaufstellung zu, während den Leitungsorganen die Entscheidungsgewalt überlassen bleibt, so daß die Kompetenzen zwischen Mitgliedern und Apparat umgekehrt als hier für erforderlich gehalten verteilt sind. — Nicht ganz klar sind die Vorschriften der IG-Metall: während es einmal heißt, daß der Vertrauenskörper „unter Leitung der Ortsverwaltung den Wahlvorschlag der IG-Metall zur Betriebsratswahl aufzustellen und zu beschließen"[75] hat, woraus nach dem Wortlaut auf eine alleinige Entscheidungsbefugnis des Vertrauenskörpers zu schließen ist, steht im Satzungskommentar, daß Gewerkschaftsmitglieder nur auf Listen kandidieren dürfen, „die im Einverständnis mit der Ortsverwaltung aufgestellt worden sind"[76]. Aufgrund dieser Formulierung ist zu vermuten, daß die Ortsverwaltung der Liste zustimmen muß, also mehr als nur beratende Funktion besitzt[77]. Nicht zweifelsfrei ist auch die Regelung der IG Chemie, derzufolge die Vertrauenskörper die erforderlichen Vorschlagslisten aufstellen, die Vorbereitung und Durchführung der Wahlen aber im Einvernehmen mit der Verwaltungsstelle unter Beachtung der Richtlinien des Hauptvorstandes zu erfolgen hat[78]. — Insgesamt ist bei den untersuchten Gewerkschaften ein mehr oder weniger starker Einfluß der Leitungsorgane bei der Aufstellung der Kandidatenlisten für die Betriebsratswahlen festzustellen, der nicht nur rechtlich als äußerst problematisch anzusehen ist, sondern auch sachlich insofern wenig einzusehen ist, als die Betriebsmitglieder die Qualitäten eines Kandidaten zum Betriebsrat am ehesten zu beurteilen imstande sein dürften.

4. Die Einflußmöglichkeiten der Mitglieder auf die Gewerkschaftspolitik

a) Allgemeine Gewerkschaftspolitik

Neben der Wahl der verschiedenen Organe auf Bundesebene, Entgegennahme des Tätigkeitsberichts des Hauptvorstandes sowie der

---

75 IGM-Vertrauensleute-Richtlinien, S. 12.

76 Ebd., S. 124.

77 So auch die Vertrauensleute-Richtlinien der IG Druck, Zf. 4: „Der Vertrauenskörper ... hat den Wahlvorschlag der IG Druck und Papier zur Betriebsratswahl im Einvernehmen mit dem Ortsvereinsvorstand aufzustellen und zu beschließen."

78 Vgl. Vertrauensleute-Richtlinien der IG Chemie, V Zf. 7.

Vornahme von Satzungsänderungen zählt die Beschlußfassung über die für die Vorstandsarbeit maßgeblichen Richtlinien künftiger Gewerkschaftspolitik zu den zentralen Aufgaben des Gewerkschaftstags. Um festzustellen, inwieweit die mitgliedernahen unteren Organisationseinheiten auf die Willensbildung des obersten beschlußfassenden Organs einwirken können, ist vor allem die Ausgestaltung des Antragsrechts für den Gewerkschaftstag näher zu untersuchen. In den meisten Gewerkschaften ist den Mitglieder- oder Delegiertenversammlungen der untersten Organisationsstufe ein Antragsrecht eingeräumt[79], zum Teil auch den Leitungsorganen der Orts- bzw. Kreisebene[80]; neben den Bezirkskonferenzen[81] und seltener Bezirksvorständen steht auf Bundesebene dem Hauptvorstand sowie verschiedentlich dem Kontrollorgan[82] und auch Interimsorgan[83] ein Antragsrecht auf dem Gewerkschaftstag zu. Regelmäßig haben auch die Organe der Minderheitsgruppen wie Frauen-, Jugend- und Angestelltentag sowie vereinzelt die berufsspezifischen Fachgruppenausschüsse ein Antragsrecht. Zusammengefaßt wird sich sagen lassen, daß die Antragsrechte bis auf wenige Ausnahmen relativ großzügig ausgestaltet sind, in dem neben den unteren Organisationseinheiten auch den Minderheitengruppen die Artikulation ihrer Interessen ermöglicht wird. Insofern entspricht die Normierung des Antragsrechts in den Satzungen der meisten Gewerkschaften den Anforderungen, die in § 15 Abs. 3 Parteigesetz für die Parteien vorgeschrieben sind.

Aufgrund des Tagungsturnus der Gewerkschaftstage, die nur alle drei oder vier Jahre für knapp eine Woche zusammentreten, sammelt sich

---

[79] Kein Antragsrecht haben die untersten Organisationsstufen in der GEW (vgl. § 22) und DPG (§ 18 Zf. 5). Nach § 30 Zf. 4 NGG ist nicht der Delegiertenversammlung, sondern den örtlichen und bezirklichen Leitungsorganen (Verwaltungsstellen- und Landesbezirksvorstände) ein Antragsrecht eingeräumt, was auf das äußerst problematische Ergebnis hinausläuft, daß der Gewerkschaftstag ausschließlich über Anträge von Exekutivorganen zu befinden hat. Darüber hinaus ist nicht ausgeschlossen, daß hauptamtliche Funktionäre zu Delegierten des Gewerkschaftstags gewählt werden.

Nach § 24 Zf. 4 IG Druck sind Anträge der Ortsvereine und Bezirke über den Landesbezirksvorstand einzureichen. Nach § 18 Zf. 7 IG BE können Anträge der unteren Organisationsstufen an die Bezirkskonferenz gerichtet werden; unklar ist, ob hiermit eine Wahlmöglichkeit eingeräumt wird, entweder direkt an den Gewerkschaftskongreß oder über die Bezirkskonferenz einen Antrag zu stellen. Nach § 23 Zf. 5 GdED bedürfen Anträge der Ortverwaltungen einer Stellungnahme der Bezirkskonferenz.

[80] Vgl. § 43 Zf. 4 IG Chemie, § 19 Zf. 4 HBV, § 30 Zf. 6 Textil.

[81] Ein Antragsrecht der Bezirksorgane ist in der IG Metall nicht vorgesehen, was nur als angemessene Konsequenz der Vorstandsabhängigkeit dieser Organisationsebene aufzufassen ist (was aber von *Hanau / Stindt*, S. 552 in ihrer Kritik übersehen wird).

[82] Vgl. § 24 Zf. 4 IG Druck. § 29 Zf. 11 IGM, § 30 Zf. 4 NGG, § 25 Zf. 8 ÖTV.

[83] § 33 Zf. 5 IG BSE, § 22 GEW, § 30 Zf. 6 Textil.

eine Flut von Anträgen, deren einzelne Behandlung auf dem Gewerkschaftstag schon aus Zeitgründen ausgeschlossen ist. Hinzu kommt, daß den Delegierten die Anträge mit weiterem Informationsmaterial meist kurzfristig vor dem Gewerkschaftstag zugeleitet werden, so daß eine sorgfältige Vorbereitung auf die Antragsberatung nicht zu leisten ist. Als Gremium zur Entscheidungshilfe ist daher in den meisten Satzungen die Bildung einer Antragskommission vorgesehen[84], die die gestellten Anträge zusammenfaßt, Stellungnahmen abgibt und — von hoher Bedeutung für den Entscheidungsprozeß — Empfehlungen über Annahme, Ablehnung oder Überweisung des Antrags als Material an den Vorstand ausspricht. Daß es grundsätzlich einer solchen Filterung der Anträge bedarf, scheint zumindest unausweichlich, solange der Gewerkschaftstag nur alle drei oder vier Jahre für einige Tage zusammentritt; eine längere Tagungszeit hinwiederum ließe sich nur schwerlich mit dem erwünschten ehrenamtlichen Status der Delegierten vereinbaren, dürfte vielmehr eine nicht unproblematische Professionalisierung begünstigen. Zweifelhaft erscheint auch, ob ein häufigerer Tagungsturnus die Antragskommission überflüssig machen könnte — ein zweijähriger Tagungsrhythmus, wie er den Parteien nach § 9 Abs. 1 Parteiengesetz vorgeschrieben ist, dürfte jedenfalls noch nicht ausreichen, um auf Antragskommissionen verzichten zu können, vermutlich aber doch eine weniger intensive Filterung ermöglichen. Eine Reduzierung des Kreises der Antragsberechtigten hingegen ist zumindest dann als problematisch anzusehen, wenn hiervon die mitgliedernahen Organisationseinheiten betroffen würden und beispielsweise nur die selten tagenden Bezirkskonferenzen mit einem Antragsrecht ausgestattet würden — von einer solchen Limitierung der Antragsberechtigten wäre ein zumindest gleich starker Filterungseffekt zu erwarten, der außerdem die Antragskommissionen nicht entbehrlich macht[85]. — Wenn aufgrund dieser Erwägungen die organisatorische Notwendigkeit von Antragskommissionen nicht zu leugnen ist, so ist um so mehr die Aufmerksamkeit auf die personelle Auswahl der Mitglieder der Antragskommission zu richten, da dieses Gremium entscheidend die Weichen für die spätere Behandlung der Anträge auf den Gewerkschaftstag stellt. Anträge, die nicht in das Vorstandskonzept passen oder gar vorstandsoppositionellen Charakter aufweisen, werden um so geringere Chancen einer fairen Behandlung haben, je größer der Vorstandseinfluß auf die personelle Besetzung der Antragskommission ist.

---

84 Speziell für Satzungsänderungen ist verschiedentlich noch eine eigene Satzungskommission vorgesehen, deren Kompetenzen aber unterschiedlich sind; vgl. IG Chemie (Anhang 2 B); § 29 Zf. 8 IGM.

85 Schon eher erscheint es gerechtfertigt, der Bezirkskonferenz das Antragsrecht zu entziehen, soweit dieser Ebene im Organisationsaufbau keine eigenständige Bedeutung zukommt.

Verschiedene Satzungen enthalten keine ausdrückliche Regelung über die Bildung der Antragskommissionen[86]; im Regelfall werden die Mitglieder der Antragskommission unter den Gewerkschaftstagsdelegierten aus den einzelnen Bezirken ausgewählt. Von entscheidender Bedeutung ist, daß das Auswahlrecht überwiegend dem Hauptvorstand eingeräumt ist[87], z. T. mit der nicht allzu bedeutsamen Einschränkung, daß ein Einvernehmen mit dem Bezirksvorstand oder -leiter herzustellen ist[88]; in einigen Gewerkschaften werden die Mitglieder der Antragskommission von den Bezirken aus dem Kreis der Delegierten entsandt[89]. — Nach dem praktizierten Auswahlmodus der Mitglieder der Antragskommission ist eine auch nur vorstandsneutrale Behandlung der Anträge kaum zu erwarten[90], vielmehr eine Harmonisierung mit dem Vorstandswillen. Wenn diese Praxis auch wenig befriedigend erscheinen muß, so dürfte ihr gegenüber doch das Verdikt der Verfassungswidrigkeit am Maßstab des Gebots der innerverbandlichen Willensbildung von unten nach oben verfehlt sein, da sich gerade die subtileren Mechanismen zur Beeinflussung der demokratischen Willensbildung der verfassungsrechtlichen Beurteilung entziehen — ein Problem, das allerdings keineswegs auf die Verbandssphäre beschränkt ist. Es ist bezeichnend, das das Parteiengesetz noch nicht einmal die Antragskommissionen erwähnt hat, obwohl sie eine zentrale Rolle auch für die innerparteilichen Willensbildungsprozesse spielen.

Für den Entscheidungsprozeß auf dem Gewerkschaftstag ist weiterhin von Bedeutung, daß die Verhandlungsleitung regelmäßig den Mitgliedern des geschäftsführenden Vorstandes obliegt, die auch die Tages- und Geschäftsordnung vorbereiten. Die Einflußmöglichkeiten

---

86 So die Satzungen der IG BSE, IG BE, IG Druck, GEW.

87 Vgl. § 23 Zf. 6 GdED: aus jedem Bezirk wird ein Delegierter im Benehmen mit Bezirksleitungen vom HV benannt. Nach § 19 Zf. 5 HBV werden die Delegierten durch HV im Einvernehmen mit Landesbezirksvorständen ausgewählt. § 25 Zf. 9 ÖTV: HV wählt aus Delegierten aus! IG Chemie (Anhang 2 C): Beirat wählt aus Delegierten der Bezirke und Personengruppen aus. Noch weitergehend zugunsten des Vorstandseinflusses, § 30 Zf. 5 NGG: 3 Mitglieder des geschäftsführenden HV, 2 ehrenamtliche Miaglieder des HV sowie je ein vom Landesbezirksvorstand zu benennender Delegierter der Bezirke bilden die Antragskommission.

88 Vgl. § 23 Zf. 6 GdED; § 19 Zf. 5 HBV.

89 So § 58 GHK; § 18 Zf. 4 DPG (vgl. aber *Stindt,* S. 127 ff., daß die Delegierten vom Bezirksvorsitzenden ernannt werden, der ex officio dem HV angehört, sowie die Sitzungen von hauptamtlichen Sekretären geleitet werden); § 29 Zf. 8 IGM: pro Bezirk ein Mitglied, das von den Delegierten des Bezirks gewählt wird. Der Antragskommission wird ein geschäftsführendes Vorstandsmitglied beigeordnet.

90 Daß es durch Zusammenfassung angeblich ähnlich lautender Anträge zu Manipulationen kommt, berichtet *Noé,* S. 104 f. dessen empirische Beobachtungen zu weitgehend ähnlichen Schlußfolgerungen wie hier kommen.

auf die Antragsberatung mittels einer geschickten Verhandlungsführung sind nicht zu unterschätzen, zumal den Berichterstattern der Antragskommissionen eine bevorzugte Stellung für die Diskussion eingeräumt zu werden scheint. Hinzu kommt, daß die ehrenamtlichen Delegierten oft weniger Erfahrung und Informationen als die hauptamtlichen Delegierten besitzen und letzteren bei der Antragsberatung trotz zahlenmäßigen Übergewichts unterlegen sind. Schon aus Zeitgründen sowie wegen mangelnder persönlicher Bekanntschaft unter den Delegierten ist eine spontane Fraktionsbildung unter den Delegierten, die mit dem Vorstandskonzept divergierende Beschlußfassungen durchsetzen könnte, wenig wahrscheinlich. Entsprechend scheinen Initiativanträge aus der Mitte des Gewerkschaftstags, die satzungsmäßig zwar nicht ausdrücklich vorgesehen, aber wohl doch zugelassen werden, eine Ausnahme darzustellen[91]. Auch die vorbereiteten Kandidatenlisten zur Wahl der verschiedenen Organe scheinen regelmäßig keine großen Abänderungen zu erfahren, wenn sich auch aufgrund des zur Verfügung stehenden Materials hier keine empirisch gesicherte Aussage machen läßt[92]. Insgesamt wird sich aber dennoch sagen lassen, daß die Entscheidungen des Gewerkschaftstags inhaltlich mehr einer Bestätigung der Vorstandslinie denn eigenständigen Anweisungen an den Vorstand als Maßstab seiner künftigen Arbeit gleichkommen[93]. Als weiteres restringierendes Moment, auf das insbesondere *Rölke* hingewiesen hat[94], erweist sich, daß die Beschlußfassungen des Gewerkschaftstags nur die Ziele festlegen können, an die die Vorstandsarbeit sich zu orientieren hat, nicht aber die Strategien zur Verfolgung dieser Ziele, so daß die Auswahl der Mittel zur Erreichung der vorgegebenen Ziele dem Haupt-

---

91 Vgl. hierzu *Noé*, S. 177.

92 Näher hierzu *Stindt*, S. 146 f.; *Noé*, S. 107 f.

93 Zu einem ähnlichen, meist ziemlich negativen Fazit kommen auch die verschiedenen Fallstudien, die dem Gewerkschaftstag eine weitgehende akklamative Funktion bescheinigen. Vgl. *Noé*, S. 108 f.; *G. Bosch*, Demokratie auf Gewerkschaftstagen (unveröffentl. Diplomarbeit), S. 147 f. (zitiert nach *Rölke*, S. 100 FN 1, der das Resumé widergibt); *E. Schmidt*, Ordnungsfaktor oder Gegenmacht, S. 193; kritisch auch *F. Vilmar*, Basisdemokratische Gewerkschaftsreform, Gew. Monatshefte 1970, 219 (223 f.). Diese Arbeiten beziehen sich vorwiegend auf die Gewerkschaftstage der IG Metall. — Ähnlich aber auch im Hinblick auf die DPG, *Stindt*, S. 145 ff.

Daß der Anspruch des obersten Delegiertengremiums als dem höchsten beschlußfassenden Organ nur unzureichend eingelöst wird, ist hier allerdings kaum als ein Spezifikum der Gewerkschaftstage anzusehen. Auch die Parteitage sind weitgehend Akklamationsveranstaltungen zur Demonstration der Einheit gegenüber der Öffentlichkeit, die innerparteiliche Diskussionsbereitschaft nicht zu honorieren scheint, was insofern nicht verwunderlich ist, als die Massenmedien innerorganisat. Kontroversen als Schwäche interpretieren. — Vgl. auch *J. Dittberner*, Die Rolle der Parteitage im Prozeß der innerparteilichen Willensbildung, PVS 1970, 236.

94 *Rölke*, S. 115 f.

vorstand überlassen bleibt. Diesem wird hierdurch ein hoher Gestaltungsspielraum bei der Umsetzung der Ziele in die praktische Organisationspolitik eröffnet, zumal diese selbst meist wenig konkret umschrieben sind[95], so daß selbst eine wirksame Kontrolle des Gewerkschaftsausschusses, der verschiedentlich die Durchführung der Beschlußfassungen zu überwachen hat, wenig erfolgreich sein wird: nur selten wird sich nachweisen lassen, daß einzelne Handlungen des Vorstandes nicht den mehr oder weniger abstrakten Beschlüssen des Gewerkschaftstags entsprechen. — Während der Gewerkschaftstag aufgrund seines mehrjährigen Tagungsturnus dem Hauptvorstand praktisch keine Einzelanweisungen erteilen kann, kann dieser den unteren Organisationsstufen konkrete Direktiven geben sowie durch Richtlinien und Vorstandsbeschlüsse ständig die Aktivitäten dieser Organisationseinheiten regeln, denen selbst autonome Kompetenzen nur in bescheidenem Ausmaße eingeräumt sind[96]. Umgekehrt ist in den Satzungen nicht näher geregelt, ob und wie die Mitgliederversammlungen der Lokalebene durch Entschließungen auf den Hauptvorstand einwirken können, über deren Berücksichtigung offenbar keine Rechenschaftspflicht besteht[97].

Abschließend ist noch zu erwähnen, daß die Kompetenzen des Gewerkschaftstags sowie der unteren Organisationseinheiten in den Satzungen enumerativ und abschließend aufgezählt sind, während die Erfüllung aller sonstigen gewerkschaftlichen Aufgaben in die Zuständigkeit des Hauptvorstandes fallen. Entsprechend heißt es für den

---

[95] Dies ist auch eine Folge der Tätigkeit der Antragskommission, die verschiedene Anträge zu Entschließungen zusammenfaßt und dadurch — so *Bosch* — die Anträge ihres Gehalts entleert.

[96] So bedürfen die Herausgabe periodisch erscheinender Druckschriften und Mitteilungen durch die Ortsverwaltungen der vorherigen Genehmigungen des Vorstandes. Flugblätter, Plakate und andere Druckerzeugnisse können nur im Einvernehmen mit der Bezirksleitung herausgegeben werden (vgl. § 22 Zf. 5 IGM). Nach IGM-Satzungskommentar, S. 129, soll die vorherige Genehmigung „ein Durcheinander und eine Überschneidung in der Publizierung der gewerkschaftlichen Auffassungen und Aufgaben verhindern".

Nach *Föhr,* S. 161 besteht ein Weisungsrecht des HV gegenüber den unteren Gliederungen nur „in Angelegenheiten, die in ihrer Bedeutung über den Bereich der Gliederung hinausgehen".

[97] Jedenfalls scheint eine genaue Einhaltung des Instanzenwegs erforderlich: Entschließungen der Vertreterversammlungen sind mit einer Stellungnahme der Ortsverwaltung an die Bezirksverwaltung einzureichen. Entschließungen anderer Versammlungen sind an die Ortsverwaltung zu richten und der Bezirksleitung zu übermitteln. „Nur unter Berücksichtigung dieser Bestimmung wird eine Entschließung von den Bezirksleitungen und vom Vorstand beachtet." So IGM-Satzungskommentar, S. 150. Die Parallelen zur staatlichen Verwaltungshierarchie sind offenkundig. — Vgl. auch *Rölke,* S. 111 f., der auf die fehlenden Kontrollmittel der Vertreterversammlung über das weitere Schicksal der Entschließung hinweist.

Aufgabenkatalog des Vorstandes regelmäßig, daß die aufgeführten Kompetenzen „insbesondere“ oder „unter anderem“ zum Tätigkeitsbereich des Hauptvorstandes gehören. Ausdrücklich wird in der Satzung der IG-Druck und Papier betont, daß „der Hauptvorstand ... alle Angelegenheiten, die nicht durch die Satzung dem Gewerkschaftstag vorbehalten sind“[98] erledigt. Die Problematik dieser Kompetenzregelungen dürfte weniger in dem Aufgabenzuwachs für den Hauptvorstand bei tendenziellem Aufgabenverlust des Gewerkschaftstags liegen, der schon aus Zeitgründen nur einen beschränkten Umfang von Aufgaben wahrnehmen kann und nicht noch zusätzlich durch Aufgabenhäufung von der Konzentration auf die Erledigung grundsätzlicher Angelegenheiten abgehalten werden sollte. Wesentlicher erscheint, daß eine Kontrolle des Vorstandes durch die anderen Organe hinsichtlich der Wahrnehmung satzungsmäßig nicht geregelter Aufgabenbereiche erschwert und vermutlich nur über die Kassenprüfung ermöglicht wird; fraglich ist, ob die Rechenschaftspflicht des Vorstandes über seine Tätigkeit eine ausreichende Kontrollmöglichkeit auch über die satzungsexternen Aufgaben gewährleistet.

b) Tarifpolitik und Arbeitskämpfe

Während der innergewerkschaftliche Willensbildungsprozeß in Fragen allgemeiner Gewerkschaftspolitik in den meisten Satzungen relativ ausführlich geregelt ist, enthalten die Satzungen nur sehr wenig Vorschriften zur tarifpolitischen Willensbildung, was zumindest kaum der praktischen Bedeutung dieser Materie entspricht. Zum Teil fehlen sogar die üblichen Hinweise gänzlich, daß die Tarifpolitik näher in Richtlinien des Hauptvorstandes geregelt wird, die allerdings nicht selten auch wenig detailliert sind. Mit dieser weitgehenden Regelung der Tarifpolitik durch Richtlinien wird zwar eine flexible Anpassung an die jeweilige Entwicklung ermöglicht, was durch das zeitlich langwierigere Satzungsänderungsverfahren nicht immer gewährleistet wäre; dennoch erscheint es bedenklich, daß verschiedentlich noch nicht einmal die elementaren Grundsätze über den Ablauf der Tarifbewegungen, die sich kaum in kurzen Zeiträumen ändern, in die Satzung aufgenommen sind. Für die Mitglieder bleibt hierdurch oft unklar, welche Zuständigkeiten und Mitwirkungsmöglichkeiten bei der Bestimmung der Tarifpolitik bestehen, deren starke Zentralisierung bei Leitungs-

---

[98] § 21 Zf. 4; im IGM-Satzungskommentar, S. 171, heißt es, daß „diese Aufzählung ... keineswegs erschöpfend (ist), da die Tätigkeit des Vorstandes weitaus vielfältiger und umfassender ist“, und die weiteren Aufgaben sich aus der jeweiligen gewerkschaftspolitischen Lage und den Organisationszielen ergäben.

organen typisch für die meisten Gewerkschaften ist. — Ausführlicher geregelt sind die Voraussetzungen für Kampfmaßnahmen, was zwar angesichts der einschneidenderen Folgen eines Streiks für die Mitglieder verständlich ist, weniger aber der praktischen Bedeutung von Kampfmaßnahmen im Rahmen der Tarifbewegungen entspricht: die ganz überwiegende Zahl der Tarifverträge wird ohne Durchführung von Streiks abgeschlossen. Insofern ist es nicht gerade einleuchtend, daß der Ausnahmefall regelmäßig, der Regelfall aber nur ausnahmsweise Eingang in die Satzungen gefunden hat.

Ein relativ klares Bild über die Organisation des tarifpolitischen Willensbildungsprozesses enthalten die „Richtlinien der IG-Chemie für die Tarifarbeit“: die tarifpolitischen Wünsche und Vorstellungen werden in Diskussionen der Vertrauensleute mit den Gewerkschaftsmitgliedern des Betriebs ermittelt; die Diskussionsergebnisse werden zusammengefaßt von den Vertrauenskörperleitungen über die Verwaltungsstellen an den Verhandlungsführer weitergeleitet, der diese Beratungsergebnisse der Tarifkommission vorlegt. Soweit es der Ablauf der Tarifverhandlungen erlaubt, sollen Zwischen-, Teil- oder Endergebnisse bei den Vertrauensleuten zur Diskussion gestellt werden, die wiederum den Verlauf der Tarifverhandlungen den Mitgliedern im gewerkschaftlichen Sinne zu erläutern haben[99]. Die Tarifkommission, aus deren Mitte kleinere Verhandlungskommissionen gebildet werden können[100], entscheidet über das Verhandlungsergebnis mit einfacher Mehrheit; sie hat in ihren Beschlüssen die Richtlinien und Anweisungen des Hauptvorstandes zu beachten. Diese letzte Bestimmung dürfte auch eine seitens des Hauptvorstands ergangene Anweisung an die Tarifkommission umfassen, dem Verhandlungsergebnis gegen den Mehrheitswillen der Kommissionsmitglieder zuzustimmen. — Wenn auch aufgrund dieser nicht ganz klaren Vorschrift im Konfliktsfall die Entscheidung über Annahme oder Ablehnung des Verhandlungsergebnisses vermutlich dem Vorstand überlassen bleibt, so sind doch die in der IG-Chemie den Mitgliedern bzw. den von ihnen gewählten Vertrauensleuten eingeräumten Mitwirkungsmöglichkeiten bei der Formulierung der Forderungen, sowie die Rückkoppelung des Verhandlungsverlaufs an den Mitgliederwillen als vorbildlich im Vergleich zu den Richtlinien anderer Gewerkschaften anzusehen[101]. So gehört es zu den Aufgaben

---

[99] Unklar bleibt, was mit einer Erläuterung „im gewerkschaftlichen Sinn“ gemeint ist (im Sinne der offiziellen Organisations- bzw. Vorstandspolitik?).

[100] Vermutlich wird hiervon regelmäßig Gebrauch gemacht.

[101] Aufgrund dieser Mitwirkungsmöglichkeiten im Stadium der Tarifverhandlungen erscheint es auch gerechtfertigt daß eine Streikurabstimmung nur fakultativ durchgeführt wird. Vgl. hierzu oben Zweiter Teil, 2. Kap. II.

der Tarifkommissionen in der ÖTV ebenfalls, „die zuständigen Stellen der ÖTV zu beraten und durch Empfehlungen eine mitgliedernahme Tarifarbeit zu gewährleisten“[102]; eine institutionelle Vorkehrung, wie die Mitglieder in den tarifpolitischen Willensbildungsprozeß einzubeziehen sind, fehlt aber, bleibt vielmehr informellen Kommunikationswegen überlassen[103]. Allgemein scheint das Recht auf Kündigung der Tarifverträge beim Vorstand zu liegen, dem hierzu entsprechende Empfehlungen seitens der Tarifkommissionen eingereicht werden[104].

Die Entscheidungsgewalt über die Durchführung von Arbeitskämpfen ist regelmäßig dem Hauptvorstand überlassen; entsprechende Anträge bzw. Empfehlungen können von den Tarifkommissionen nach der Feststellung des Scheiterns der Verhandlungen an den Vorstand gerichtet werden[105]. Hinsichtlich der materiellen Voraussetzungen für die Durchführung eines Streiks ist unverkennbar, daß die hohen Anforderungen der BAG-Rechtsprechung, insbesondere die ultima ratio-Formel, ausdrücklich in verschiedene Satzungen oder Richtlinien aufgenommen worden sind[106]. Die Durchführung einer Urabstimmung vor einem Angriffsstreik ist in verschiedenen Gewerkschaften zwingend vorgeschrieben[107], während in anderen Satzungen die Anordnung einer Urabstimmung ins Ermessen des Vorstandes gestellt bleibt[108]. Trotz positiv verlaufender Urabstimmung, für die regelmäßig ein Zustimmungsquorum von mindestens 75 % der an der Urabstimmung Beteiligten verlangt wird und teilweise eine Abstimmungspflicht der Mitglieder statuiert ist[109], kann der Vorstand von der Ausrufung eines Streiks

---

[102] Vgl. „Richtlinien über die Tarifarbeit und die Bildung von Tarifkommissionen“ der ÖTV, III Zf. 2.

[103] Ähnlich auch in der IG Metall; näher hierzu *Noé*, S. 154 ff. Seine Untersuchung kommt zu dem Ergebnis, daß in den Phasen der Forderungsformulierung die „Mitglieder der IG Metall nicht oder doch nur höchst indirekt beteiligt sind“ (S. 161).

[104] Vgl. IGM-Richtlinien, II Zf. 3; IG Chemie-Richtlinien, III (bei Bezirkstarifverträgen der Bezirksleiter als Beauftragter des HV).

[105] Vgl. IGM-Richtlinien, II Zf. 4; ähnlich § 16 Zf. 1 IG Chemie („nach Erlöschen der Friedenspflicht“).

[106] Vgl. § 14 Zf. 1 IG Chemie; § 16 IG Druck; „Richtlinien der Gewerkschaft ÖTV über Urabstimmungen und Arbeitskämpfe“, II Zf. 2 („Ein Streik ... darf grundsätzlich erst eingeleitet und durchgeführt werden, wenn keine Friedenspflicht mehr besteht, evtl. vorgesehene tarifliche Schlichtungsverfahren erfolglos durchgeführt, alle zumutbaren Verhandlungsmöglichkeiten ausgeschöpft und keine Verständigung mit der Arbeitgeberseite zustande gekommen ist.“), ähnlich GEW-Richtlinien II, Zf. 2.

[107] So § 13 Zf. 2 IG BE; § 16 Zf. 4 IG Druck; § 5 Zf. 2 GEW; § 11 Zf. 2 IGM; § 19 Zf. 2 ÖTV mit der Einschränkung, daß *grundsätzlich* eine Urabstimmung durchzuführen ist.

[108] Vgl. § 15 Zf. 1 IG Chemie; § 21 NGG.

[109] Vgl. ÖTV-Richtlinien, I Zf. 3.

absehen[110]. — Während die Mitglieder über die Einleitung von Kampfmaßnahmen nicht allein entscheiden können, vielmehr eine entsprechende Beschlußfassung des Hauptvorstandes, die an bestimmte Voraussetzungen gebunden ist, erforderlich ist, läßt sich für die Beendigung eines Arbeitskampfes ein größerer Einfluß der Mitgliedschaft feststellen. In verschiedenen Satzungen bzw. Richtlinien ist vorgesehen, daß ein Verhandlungskompromiß, der nicht den gewerkschaftlichen Forderungen bei Einleitung der Urabstimmung entspricht, noch einmal durch eine neue Urabstimmung gebilligt werden muß. Unterschiedlich ist allerdings die Höhe des Zustimmungsquorums: während in der IG-Metall sich mindestens 75 % der an der Urabstimmung beteiligten Mitglieder gegen die Annahme des Verhandlungsergebnisses aussprechen müssen[111], um eine Fortsetzung des Arbeitskampfes zu erreichen, bedarf es in der ÖTV 50 % der Stimmen, um eine Einstellung der Kampfmaßnahmen auszuschließen[112]. Mit diesen Vorschriften ist ein relativ starker Einfluß der Mitglieder bei der Frage der Beendigung von Arbeitskämpfen eingeräumt, der vor allem die Verhandlungsführung zwingt, ein Verhandlungsergebnis im Sinne des Mitgliederwillens zu erzielen. Daß es der Gewerkschaftsführung nicht ohne weiteres gelingt, die Mitglieder zur Annahme beliebiger bzw. als ‚gesamtwirtschaftlich' vertretbar apostrophierter Verhandlungsresultate zu bewegen, haben die letzten Arbeitskämpfe der IG-Metall und der ÖTV gezeigt, bei denen trotz der relativ hohen Zustimmungsquoten nur knapp eine Billigung durch die Mitglieder erreicht wurde.

5. Zur Rechtsstellung der Mitglieder

Verschiedene Satzungen enthalten ein mit „Rechte und Pflichten der Mitglieder" überschriebenen Abschnitt, in dem das Recht des Mit-

---

110 So § 13 Zf. 2 IG BE; § 11 Zf. 2 IGM unter bestimmten Voraussetzungen. Die Regelungen in anderen Satzungen sind weniger eindeutig; zu vermuten ist aber, daß das Urabstimmungsergebnis die Entscheidungsgewalt zwar nicht satzungsmäßig, aber verbandspolitisch bindet.

Ablehnend *Föhr*, S. 186, demzufolge es „auch ein Verstoß gegen das demokratische Prinzip (ist), wenn der Vorstand, nachdem sich die Mitglieder in einer Urabstimmung für einen Streik ausgesprochen haben, vom Streik absehen kann. Der Vorstand kann nicht kraft einer höheren Einsicht über den erklärten Willen der Mitglieder hinweggehen. Unüberlegte Entscheidungen lassen sich durch ausführliche, der Urabstimmung vorangehende Informationen vermeiden". Diese Auffassung verkennt die Möglichkeit eines schnellen Situationswechsels in bargaining-Verfahren eines Tarifkampfs. Zu denken wäre aber daran, die Abstandnahme der Streikdurchführung von einer Zustimmung der Tarifkommission abhängig zu machen.

111 Vgl. § 11 Zf. 3 IGM; ähnlich wohl § 16 Zf. 5 IG Druck. Nach § 20 Zf. 3 IG Chemie kann der HV die Beendigung des Streiks anordnen, wenn sich 50 Prozent der Mitglieder dafür aussprechen; er muß den Streik beenden, wenn 75 Prozent hierfür stimmen.

112 Vgl. ÖTV-Richtlinien, I Zf. 11; ähnlich GEW-Richtlinien, I Zf. 9.

glieds auf freie Meinungsäußerung[113] und Teilnahme an Gewerkschaftsversammlungen[114] ausdrücklich betont wird. Daneben wird das Recht auf die in den Satzungen regelmäßig ausführlich geregelten Unterstützungsleistungen herausgestellt[115], soweit der Beitrag satzungsmäßig bezahlt ist[116]. Die Beitragszahlung ist als eine zentrale Mitgliederpflicht geregelt und wird nicht nur als Voraussetzung für Leistungsansprüche, sondern auch für Teilnahmerechte angesehen; insbesondere die Ausübung der Wahlrechte wird häufig von satzungsmäßiger und pünktlicher Beitragszahlung abhängig gemacht. Der Antrag auf Aufnahme in die Gewerkschaft ist beim Vorstand der Orts- bzw. Kreisverwaltungen zu stellen, der über den Antrag entscheidet. Verschiedentlich ist vorgesehen, daß der Hauptvorstand innerhalb einer bestimmten Frist die Aufnahme rückgängig machen kann[117]. Gegen eine ablehnende Entscheidung der Lokalverwaltung ist Einspruch beim Bezirksvorstand und in letzter Instanz immer beim Hauptvorstand vorgesehen. — Hinsichtlich der materiellen Voraussetzungen für die Aufnahme ist in den Satzungen einiger Gewerkschaften vorgeschrieben, daß der Antragsteller nicht im Widerspruch zu den Gewerkschaftszielen stehen darf[118], keiner gegnerischen Organisation angehören[119] oder kein Gegner der Demokratie sein darf[120]. Nicht in die Satzungen aufgenommen sind aber vielfach Unvereinbarkeitsbeschlüsse, die vom Hauptvorstand oder Beirat gefaßt werden und die Doppelmitgliedschaft in der Gewerkschaft und als gegnerisch bezeichneter Organisationen untersagen. Daneben wird mit der Aufnahme die Unterwerfung unter die Satzung und Beschlüsse der Gewerkschaft fingiert.

Der Ausschluß aus der Gewerkschaft ist an tatbestandsmäßige Voraussetzung geknüpft, die z. T. generalklauselartig abgefaßt sind[121] und inhaltlich weitgehende Gemeinsamkeiten zwischen den einzelnen Ge-

---

113 Vgl. § 8 Zf. 1 HBV, § 5 Zf. 1 GdED, § 8 Zf. 1 a DPG, § 7 Zf. 1 Textil.

114 § 11 Zf. 2 IG BE, § 7 Zf. 3 Textil; als Pflicht statuiert nach § 5 Zf. 2 c GdED mit der Einschränkung, soweit möglich.

115 Der ordentliche Rechtsweg zur Durchsetzung der Leistungsansprüche ist aber ausgeschlossen, vgl. § 21 IGM.

116 So ausdrücklich § 8 Zf. 2 HBV.

117 Vgl. § 6 Zf. 1 IG BE; § 5 Zf. 7 IG Druck (Rückgängigmachung durch Ortsvereinsvorstand, „wenn dies im Interesse der Gewerkschaft notwendig erscheint" — worunter wohl alles subsumierbar ist).

118 Vgl. § 3 Zf. 3 IG BSE; § 6 Zf. 4 HBV.

119 § 4 Zf. 9 GdED; in § 4 Zf. 1 NGG ist ausdrücklich erwähnt, daß NPD-Mitglieder nicht aufgenommen werden.

120 So § 4 Zf. 2 ÖTV.

121 Von der Rspr. wird eine solche Regelungstechnik weitgehend als zulässig erachtet; näher hierzu *P. Schlosser*, Vereins- und Verbandsgerichtsbarkeit, S. 58 f.

werkschaften aufweisen. Hierzu zählt vor allem die Schädigung der Gewerkschaft oder der Interessen ihrer Mitglieder, der Verstoß gegen die Satzung oder Beschlüsse der Organe, soweit diese der Satzung entsprechen[122], die Zugehörigkeit oder Wirken für eine gegnerische Organisation, ohne daß diese namentlich aufgeführt werden[123]. Verschiedentlich stellt die Erschleichung der Mitgliedschaft durch unwahre Angaben oder Verschweigen wichtiger Tatsachen einen Ausschlußgrund dar[124]; dieser Tatbestand wird vermutlich Bedeutung für die nicht mitgeteilte Mitgliedschaft zu einer gegnerischen Organisation haben. Daneben ist oft noch die widerrechtliche Aneignung von Gewerkschaftsvermögen als Ausschlußgrund vorgesehen. — Das Recht einen Antrag auf Ausschluß zu stellen, steht regelmäßig den Verwaltungsstellenvorständen zu, teilweise aber auch den Mitgliederversammlungen[125] oder einzelnen Mitgliedern[126] sowie höheren Organen wie Bezirks- oder Hauptvorstand. Ausschlußinstanz ist regelmäßig der Hauptvorstand[127], gegen dessen Entscheidung Beschwerde beim Kontrollorgan und verschiedentlich weiterhin zum Gewerkschaftstag möglich ist. Diese Zuständigkeit des Hauptvorstands als Ausschlußorgan erster Instanz bedeutet einen nicht unwesentlichen Unterschied zu den Vorschriften des Parteiengesetzes, nach denen die Mitglieder der für Ausschlüsse zuständigen Schiedsgerichte in keiner Instanz Vorstandsmitglieder der Partei oder eines Gebietsverbandes sowie Parteiangestellte sein dürfen[128]. Demgegenüber besteht in den Gewerkschaften erst in der Berufungsinstanz ein vom Vorstandseinfluß unabhängiges Ausschlußorgan[129].

Nähere Vorschriften hinsichtlich des Ausschlußverfahrens sind oft in Richtlinien geregelt, auf die — entsprechend den Anforderungen der Rechtsprechung — in der Satzung hingewiesen wird. Im einzelnen bestehen aber unterschiedliche Verfahrensvorschriften: zwar ist weit-

---

[122] Lapidar § 6 Zf. 1 ÖTV: „Ein Mitglied kann wegen gewerkschaftsschädigendem oder satzungswidrigen Verhaltens ausgeschlossen werden."

[123] Vgl. § 6 Zf. 1 IG BSE; § 7 Zf. 1 c IG Chemie; § 11 Zf. 1, 2 b HBV.

[124] Vgl. § 9 Zf. 2 b Textil; § 10 Zf. 9 c NGG; § 11 Zf. 1 b HBV; § 9 Zf. 1 b GdED.

[125] Vgl. § 9 Zf. 4 IG BE; § 11 Zf. 1 IG Druck; § 6 Zf. 2 ÖTV; § 10 Zf. 2 DPG.

[126] Vgl. § 30 Zf. 3 IGM; § 10 Zf. 3 NGG; § 9 Zf. 2 GdED.

[127] In bestimmten Fällen auch der Landesbezirksvorstand nach § 11 Zf. 1 IG Druck.

[128] Vgl. § 14 Abs. 2 PartG.

[129] In der NGG ist der Beirat letzte Instanz, dem der HV ex officio angehört (vgl. §§ 10 Zf. 12, 29 Zf. 1), so daß letztlich ein nicht vorstandsunabhängiges Organ entscheidet. — Eine Beschwerde ist nach § 9 Zf. 6 GdED ausgeschlossen, soweit der Ausschluß auf kommunistische Betätigung basiert. — Es erscheint fraglich, ob diese Vorschriften rechtlich haltbar sind.

gehend ein rechtliches Gehör eingeräumt, in dem der Beschuldigte sich schriftlich oder mündlich äußern kann, überwiegend ist aber nicht ein mündliches Verfahren mit Beweisaufnahme durch eine Schiedskommission vorgesehen[130]. Soweit eine Schieds- bzw. Untersuchungskommission eingesetzt wird, kann diese aber keine Entscheidung fällen, sondern nur eine Empfehlung an den Hauptvorstand richten, der insofern auf der Grundlage von Verhandlungsprotokollen und nicht der mündlichen Verhandlung entscheidet. Für bestimmte Fälle ist ein Ausschluß ohne vorheriges Verfahren und damit vermutlich auch ohne rechtliches Gehör in der Satzung zugelassen, was bedenklich insbesondere dann erscheint, wenn die tatbestandsmäßigen Voraussetzungen sehr unscharf konturiert sind[131]. — Insgesamt dürften die Regelungen zum Gewerkschaftsausschluß zwar den von der Rechtsprechung für das bürgerliche Vereinsrecht verlangten Anforderungen entsprechen, die aber nicht auf die Träger öffentlicher Aufgaben zugeschnitten sind und insofern der Sonderstellung der Gewerkschaften nur bedingt gerecht werden. Demgegenüber sind hinsichtlich des Verfahrens wie der personellen Besetzung der Ausschlußorgane nicht unerhebliche Unterschiede zu den Vorschriften des Parteiengesetzes festzustellen, die als der geeignetere Maßstab als die normativen Anforderungen des bürgerlichen Vereinsrechts angesehen werden müssen.

6. Fazit

Angesichts der Ergebnisse dieser Satzungsanalyse, die sich im wesentlichen mit den Befunden der schon erwähnten anderen Untersuchungen decken[132], bedarf es keiner besonderen Betonung, daß verschiedene satzungsmäßig institutionalisierte Vorschriften nicht den Anforderungen genügen, die im Zweiten Teil als verfassungsrechtlich

---

[130] Ein mündliches Verfahren mit unabhängigem Vorsitzenden ist nach § 10 Zf. 5 DPG gegeben; der Vorsitzende darf keine Funktion in einem Gewerkschaftsorgan ausüben und wird vom Bezirks- oder Gewerkschaftstag gewählt. Je zwei Beisitzer werden vom Antragssteller und -gegner benannt. Ähnlich § 30 Zf. 4 IGM, § 9 Zf. 8 IG BE, wo der Vorsitzende aber vom antragstellenden Organ benannt wird. — Als recht fragwürdiges Kuriosum erscheint es, wenn im IGM-Satzungskommentar, S. 212, für die Durchführung der Beweisaufnahme vorgeschrieben ist, daß „als Zeugen ... nur unsere Mitglieder und Mitglieder der Gewerkschaften zuzulassen (sind), die dem DGB angehören". Solche Vorschriften belegen die Fragwürdigkeit der Rechtspraxis, auf eine Überprüfung der Tatsachenfeststellung zu verzichten.

[131] Vgl. § 10 Zf. 3 DPG: unmittelbarer Ausschluß durch den HV ist zulässig, wenn das Mitglied „durch sein Verhalten gegen wesentliche gewerkschaftliche Interessen verstößt".

[132] Vgl. oben FN 1 - 3. Die folgenden Überlegugnen stimmen in vielen Beziehungen mit den von *Stindt*, S. 213 ff. — ausführlicher als hier — angestellten „Reformvorschlägen zur demokratischen Organisation einer Gewerkschaft" überein.

gebotene Mindestbedingungen herausgearbeitet wurden. Unbefriedigend erscheint einmal, daß nicht selten die Wahl der Leitungsorgane auf der unteren und mittleren Organisationsebene einem Genehmigungsvorbehalt durch den Hauptvorstand unterliegt, so daß nicht dem Mitgliederwillen, sondern dem Vorstandswillen eine ausschlaggebende Rolle zufällt. Eine solche Vetoposition mag zwar im Normalfall nicht beansprucht werden, sie ist vielmehr für den Konfliktsfall konzipiert, der durch autoritativen Entscheid des Vorstands unter Mißachtung des Mitgliederwillens vordergründig beigelegt werden kann. Zumindest hinsichtlich ehrenamtlicher Vorstandsmitglieder muß diese Zentralisierung der Personalgewalt beim Vorstand als äußerst bedenklich und nicht vereinbar mit dem Grundsatz angesehen werden, daß Leitungsorgane von den Mitgliedern durch demokratische Wahlen zu legitimieren sind. Grundsätzlich empfiehlt sich daher eine klare Trennung zwischen gewähltem Vorstand, der nicht mehr einer Bestätigung durch den Hauptvorstand bedarf, und hauptamtlichem Geschäftsführer, der beratend an den Vorstandssitzungen teilnimmt und bei dessen Bestellung dem Hauptvorstand ein Mitspracherecht eingeräumt werden kann. Allerdings wäre eine solche Regelung nur sinnvoll, wenn dem gewählten Vorstand Aufgaben von grundsätzlicher Bedeutung vorbehalten blieben und nicht alle wesentlichen Kompetenzen dem Geschäftsführer zugeordnet würden.

Wenig zufriedenstellend ist auch die in vielen Satzungen eingeräumte ex officio-Mitgliedschaft des Hauptvorstandes im Interimsorgan, wodurch eine personelle Verflechtung zwischen exekutiven und legislativen Organen institutionalisiert wird, die den Anspruch des Interimsorgans als höchstem legislatorischem Organ zwischen den Gewerkschaftstagen weitgehend aufhebt und eine effektive Vorstandskontrolle unwahrscheinlich macht. Verfassungsrechtlich muß allerdings diese Praxis als nicht beanstandbar betrachtet werden, da die Existenz eines Interimsorgans nicht als verfassungsrechtlich geboten anzusehen ist — auch das Parteiengesetz hat ausdrücklich keine entsprechende Regelungen getroffen. Dennoch ist an das Selbstverständnis der Gewerkschaften zu erinnern, demzufolge die Gewerkschaften sich zu einem demokratischen Organisationsaufbau bekennen[133]: auch Organe, die verfassungsrechtlich nicht zwingend vorgeschrieben sind, sollten entsprechend ihrem Anspruch ausgestattet sein und nicht nur als „demokratische" Fassade gegenüber den Mitgliedern dienen.

Hinsichtlich des Gewerkschaftstags ist ein häufigerer Tagungsturnus zu fordern, wodurch eine ausführlichere Diskussion der Anträge er-

---

[133] Nachweise oben FN 30.

möglicht werden könnte. Zumindest sollte der Gewerkschaftstag von zeitraubenden Prozeduren wie zahlreiche Begrüßungsreden und Verlesen des Geschäftsberichts entlastet werden, was vorher schriftlich den Delegierten zugeleitet werden könnte[134], so daß mehr Zeit für Diskussion und Antragsberatung zur Verfügung stünde. Ebenfalls wäre eine vom Vorstandseinfluß unabhängige Besetzung der Antragskommission ratsam, um nicht unnötigerweise den Verdacht der Manipulation der Anträge durch dieses Gremium heraufzubeschwören, dem zusehens mehr Mißtrauen in den Gewerkschaften entgegengebracht wird. Auch die Verhandlungsleitung des Gewerkschaftstags sollte einem von den Delegierten gewählten Präsidium übertragen werden, für das die geschäftsführenden Vorstandsmitglieder satzungsmäßig als nicht wählbar zu erklären wären.

Als unbefriedigend ist auch anzunehmen, daß die Mitwirkungsmöglichkeiten der Mitglieder im Rahmen der gewerkschaftlichen Tarifpolitik satzungsmäßig weitgehend nicht oder nur unzureichend geregelt sind und auch die Richtlinien meist die Willensbildung zwischen Mitgliedschaft und Verhandlungsführung nicht näher institutionalisiert haben, so daß allenfalls über informelle Kommunikationswege eine Einbeziehung des Mitgliederwillens bei diesem für die Gewerkschaftspraxis bedeutsamen Aufgabenbereich möglich ist. Daß die Ausnutzung informeller Kanäle zur Beeinflussung der Tarifpolitik von der überwiegenden Mehrzahl der Mitglieder nicht wahrgenommen wird, folgt aus einer neueren empirischen Untersuchung, derzufolge die Mitglieder sich in einer völlig passiven Situation sehen und der Tarifvertrag als „mehr oder weniger von außen aufoktroyiert“[135] empfunden wird. — Wenn bisweilen auch von Seiten der Gewerkschaftsfunktionäre über die Apathie der Mitglieder geklagt wird[136], so ist doch diese passive Einstellung auch auf schwerwiegende Versäumnisse einer Gewerkschaftspolitik zurückzuführen, die Mitwirkungsmöglichkeiten bei dem die Mitgliederinteressen am unmittelbarsten berührenden Sachgebiet institutionell kaum vorsieht und auch informell nur geringe Einflußmöglichkeiten eröffnet. Demgegenüber sind zwar mehr Teilnahmerechte bei der Formulierung der Gewerkschaftspolitik im Bereich gesellschaftspolitischer Forderungen eingeräumt, was aber weniger den

---

[134] Vgl. schon *Vilmar*, S. 223 f.

[135] *W. Nickel*, Zum Verhältnis von Arbeiterschaft und Gewerkschaft, S. 444. Er kommt zu dem Resumé: „Um die Bindung aller Mitglieder an die Organisation zu verstärken, erscheint es deshalb für die Gewerkschaften unabweislich, geeignete Beteiligungssysteme für diese zentrale gewerkschaftliche Thematik auch für die passiv eingestellten Mitglieder zu entwickeln und zu praktizieren.“

[136] Vgl. näher *H. Bilstein*, Innergewerkschaftliche Demokratie als Bedingung für sozialen Wandel, Gew. Monatshefte 1970, 341 (342 f.) m. Nachw.

empirisch feststellbaren Mitgliedsinteressen entspricht[137]. Aus dieser Interessengewichtung ist allerdings nur der Schluß zu ziehen, daß die tarifpolitischen Mitwirkungsrechte auszubauen sind — was nicht nur aus verfassungsrechtlichen Gründen geboten ist, sondern auch eine organisationspolitische Notwendigkeit erscheint.

Ähnlich verhält es sich mit der Aufstellung der gewerkschaftlichen Listen zu Betriebsratswahlen, die von Rechts wegen der Entscheidung der im Betrieb organisierten Gewerkschaftsmitglieder oder ihrem Vertretungsorgan obliegt: Auch hier dürfte gewerkschaftliches Engagement gebremst werden, wenn der Wille der Mitglieder durch autoritative Entscheidungen der örtlichen Leitungsorgane institutionell abgesichert übergangen werden kann. Eine Ursache für den im allgemeinen nur geringen Besuch lokaler Mitgliederversammlungen dürfte auch in dem satzungsmäßigen Aufgabenbereich dieser Organe liegen, dessen Begrenztheit und Unverbindlichkeit kaum einen Anreiz zu aktiver Mitwirkung darstellt. — Schon diese kurzen Überlegungen zeigen, daß es weniger auf eine Maximierung der Mitwirkungsrechte als eine Optimierung in dem Sinne ankommt, daß reale Teilnahmemöglichkeiten in den Bereichen eingeräumt werden, die den Mitgliedsinteressen am nächsten stehen. Aus dieser Sicht muß auch eine Konzentration der Verwaltungsstellen als problematisch empfunden werden, durch die zwar eine rationellere und effizientere Organisationsarbeit möglicherweise erreicht würde, vermutlich aber negative Folgen für die Teilnahme der Mitglieder an der innerverbandlichen Willensbildung zu erwarten sind[138].

Abschließend ist noch darauf hinzuweisen, daß eine personelle und sachliche Unabhängigkeit der Ausschlußorgane in allen Instanzen unabdingbar ist. Wenn schon die materiellen Voraussetzungen für einen Ausschluß aus der Gewerkschaft oder für andere Verbandsstrafen nur wenig genau abzufassen sind, so ist um so mehr geboten, die verfahrensrechtlichen Garantien für ein faires Verfahren zu institutionalisieren, was auch die klare Trennung von Exekutiv- und Schiedsorganen beinhaltet. Schon um den Verdacht zu entkräften, daß im Ausschlußverfahren vorstandsoppositionelles Verhalten mit gewerkschaftsschädigendem Verhalten gleichgesetzt wird, erscheint eine vom Vorstands-

---

137 Vgl. *Nickel*, S. 269 ff., nach dessen Erhebungen die Mehrheit der organisierten wie nichtorganisierten Arbeitnehmer die Meinung vertritt, daß die Gewerkschaften sich zuviel mit Politik befaßten oder gar Politik nichts angehe.

138 Vgl. *Rölke*, S. 209 ff. — Auch *Föhr*, S. 156 und passim weist eindringlich darauf hin, daß zu große Verwaltungsstellen ohne Nebenstellen (so bei der IGM) praktisch zu einem Ausschluß der Mitglieder von der Willensbildung gleichkommen.

einfluß unabhängige Besetzung der Ausschlußorgane in allen Instanzen unabweisbar. —

Angesichts der festgestellten Diskrepanzen zwischen den verfassungsrechtlichen Mindestanforderungen an die innergewerkschaftliche Willensbildung und der Satzungspraxis in einigen Gewerkschaften scheint der Appell an den Gesetzgeber, ein Gewerkschaftsgesetz zu schaffen, naheliegend. Wenn im Rahmen dieser Untersuchung der Frage einer legislatorischen Regelung der innerverbandlichen Willensbildung nicht näher nachgegangen worden ist, so sind für diese Zurückhaltung verschiedene Gründe ausschlaggebend. Einmal wären noch genauer die inhaltlichen Grenzen des gesetzgeberischen Ermessens zu bestimmen. Ohne hierauf im einzelnen noch einzugehen, wird sich allerdings sagen lassen, daß der Gesetzgeber zweifelsohne die verfassungsrechtlich gebotenen Mindestanforderungen an die innergewerkschaftliche Willensbildung zu normieren befugt ist, die im Zweiten Teil im Wege behutsamer Konkretisierung des Gebots der demokratischen Willensbildung von unten nach oben entwickelt wurden. Äußerst zweifelhaft erscheint es aber im Hinblick auf die verfassungsrechtlich gewährleistete Vereinsautonomie und den fehlenden ausdrücklichen Gesetzesvorbehalt, ob der einfache Gesetzgeber weitergehende Einschränkungen vornehmen darf und nicht auf die Fixierung der verfassungsrechtlichen Schranken der Vereinsautonomie beschränkt ist. —

Problematisch wäre allerdings ein exklusives Gewerkschaftsgesetz, da das Gebot einer demokratischen Willensbildung auch weitere politisch agierende Interessenverbände verpflichtet. Wenn auch auf eine nähere Bestimmung des Adressatenkreises im Rahmen dieser Untersuchung verzichtet wurde, so dürfte doch so viel mit Sicherheit feststehen, daß weitere Verbände hiervon betroffen sind; insofern wäre aber allein ein Verbandsgesetz sachgerecht, das alle politisch auftretenden Interessenverbände einschlösse. Allerdings besteht eine Exklusivität der Koalitionsverbände, also der Gewerkschaften und Arbeitgeberverbände, im Hinblick auf die tarifpolitische Betätigung, die für sich zu einer innerverbandlichen Willensbildung nach demokratischen Grundsätzen verpflichtet. Hier wäre an eine Regelung im Rahmen des Tarifvertragsgesetzes zu denken. Es erscheint aber sehr zweifelhaft, ob der Gesetzgeber ein Interesse daran hat, die verfassungsrechtlich gebotene Mitwirkung der Koalitionsmitglieder bei den Tarifbewegungen gesetzlich zu verankern. Zumindest würde er die Arbeitsweise der in § 3 StabG institutionalisierten „Konzertierten Aktion" gefährden, deren Funktionsfähigkeit nicht mit einer innerverbandlichen Willensbildung von unten nach oben vereinbar ist, vielmehr — und insofern verfassungsrechtlich sehr bedenklich — eine entdemokratisierte Verbandsstruktur im Sinne einer Ausschaltung des Mitgliederwillens bei der

Tarifpolitik bedingt[139]. Hinzu kommt, daß von einer positiven Korrelation zwischen verstärkter Mitgliederbeteiligung und Streikhäufigkeit ausgegangen werden kann[140], was wenig in das Konzept einer stabilitätsbewußten staatlichen Wirtschaftspolitik paßt. Darüber hinaus dürfte ein Verbands- oder Koalitionsgesetz bzw. eine Novellierung des Tarifvertragsgesetzes, in denen die innerverbandliche Willensbildung näher auch nur im Rahmen der verfassungsrechtlichen Mindestanforderungen geregelt würde, spätestens am Widerstand der mit einer starken insider-lobby im Parlament vertretenen Verbände scheitern[141].

Abgesehen von diesen politischen Gründen, die die Verabschiedung eines Koalitions- oder Verbandsgesetzes in absehbarer Zeit unwahrscheinlich machen, muß aber auch die wissenschaftliche Diskussion zu diesem Thema als noch lange nicht reif für eine legislatorische Regelung angesehen werden. Allenfalls für die Gerichtspraxis mögen die hier erarbeiteten Mindestanforderungen schon hinreichend konkrete Maßstäbe für eine sachgerechte Problemlösung aufgezeigt haben. Keinesfalls beabsichtigen die vorstehenden Überlegungen aber, schon nähere Vorschläge für eine legislatorische Regelung anzubieten; vielmehr handelt es sich um einen Beitrag einer am Beginn stehenden und nicht nur juristisch noch fortzusetzenden Diskussion zum Problem innerverbandlicher Demokratie.

---

139 Das trifft jedenfalls immer dann zu, wenn eine Diskrepanz zwischen abgesprochenen Lohnleitlinien und Lohnforderungen der Mitglieder besteht, was als Normalfall anzusehen ist. — Der Vorwurf gegen die „Konzertierte Aktion“, daß sie auf eine Ignorierung des Mitgliederwillens angelegt ist, läßt sich wohl nur dann entkräften, wenn man sich damit begnügt, daß die Absprachen der „Konzertierten Aktion“ nur Gesichtspunkte darstellen, die im Rahmen der tarifpolitischen Meinungs- und Willensbildung unter den Mitgliedern der Gewerkschaften zu erörtern sind, nicht aber eine Präjudizierung dieser Willensbildungsprozesse anstreben.

140 Vgl. die Nachweise bei *Noé*, S. 184. Zu erinnern ist auch an den — inzwischen allerdings gescheiterten — englischen „Industrial Relations Act“, der durch eine Zentralisierung der Tarifpolitik bei den Gewerkschaftsspitzen die Streikhäufigkeit zu verringern anstrebte.

141 Auch die bisherige über hundertjährige Geschichte der Berufsverbandsgesetzgebung, für die das endgültige Scheitern spätestens im parlamentarischen Gesetzgebungsverfahren kennzeichnend ist, reizt nicht, konkrete Vorschläge für eine legislatorische Regelung zu entwickeln.

Literaturverzeichnis

Abendroth, Wolfgang: Das Problem der innerparteilichen und innerverbandlichen Demokratie in der Bundesrepublik, in: Antagonistische Gesellschaft und politische Demokratie, S. 272, Neuwied 1967

Adams, Johannes: Streik ohne Urabstimmung, Diss. jur. Köln 1969

Agnoli, Johannes und Peter *Brückner*: Die Transformation der Demokratie, Frankfurt 1969

Benda, Ernst: Industrielle Herrschaft und sozialer Staat, Göttingen 1966

v. Beyme, Klaus: Interessengruppen in der Demokratie, München 1969

Biedenkopf, Kurt: Grenzen der Tarifautonomie, Karlsruhe 1964

— Koalitionsfreiheit und Tarifautonomie als Strukturelemente der modernen Demokratie, in: H. Duvernell (Hrsg.), Koalitionsfreiheit und Tarifautonomie als Probleme der modernen Demokratie, S. 199, Berlin 1968

— Sinn und Grenzen der Vereinbarungsbefugnis der Tarifvertragsparteien, Gutachten für den 46. DJT, in: Verhandlungen des 46. DJT, Band I, Teil 1, S. 97, München u. Berlin 1966

Bilstein, Helmut: Innergewerkschaftliche Demokratie als Bedingung für sozialen Wandel, Gew. Monatshefte 1970, 341

Birk, Rolf: Der Aufnahmezwang bei Vereinen und Verbänden, JZ 1972, 343

Boehmer, Gustav: Grundlagen der Bürgerlichen Rechtsordnung, 2. Buch / 2. Abt., Tübingen 1952

Bötticher, Eduard: Gestaltungsmacht und Unterwerfung im Privatrecht, Berlin 1964

— Wesen und Arten der Vertragsstrafe sowie deren Kontrolle, ZfA 1970, 1

Briefs, Götz: „Gewerkschaften", HdSW, Band 4 (1965)

Brisch, Ulrich: Die Rechtsstellung der deutschen Gewerkschaften, Göttingen 1951

Brohm, Winfried: Strukturen der Wirtschaftsverwaltung, Stuttgart 1969

Bulla: Soziale Selbstverantwortung der Sozialpartner als Rechtsprinzip, in: Festschrift für H. C. Nipperdey zum 70. Geburtstag, Band II, S. 79, München und Berlin 1965

Däubler, Wolfgang: Das soziale Ideal des Bundesarbeitsgerichts, in: M. Kittner (Hrsg.), Streik und Aussperrung, Frankfurt 1974

Denecke, Johannes: Zur Haftung des nichtrechtsfähigen Vereins, JR 1951, 742

— Zur Haftung der Gewerkschaften, BB 1959, 637

Denninger, Erhard: Staatsrecht 1, Reinbek 1973

Drewes, Günter: Die Gewerkschaften in der Verwaltungsordnung, Heidelberg 1958

Dütz, Wilhelm: Rechtsstaatlicher Gerichtsschutz im Privatrecht, Bad Homburg—Berlin—Zürich 1970

Eckstein, Harry: Pressure Group Politics, London 1960

Ehmke, Horst: „Staat" und „Gesellschaft" als verfassungstheoretisches Problem, in: Festgabe für R. Smend zum 80. Geburtstag, Tübingen 1962

Enneccerus, Ludwig und Hans C. *Nipperdey*: Allgemeiner Teil des Bürgerlichen Rechts, 1. Halbband, 15. Aufl., Tübingen 1959

Erman, Walter, Harm Peter *Westermann*: Handkommentar zum Bürgerlichen Gesetzbuch, 5. Aufl., Münster 1972

Fabricius, Fritz: Relativität der Rechtsfähigkeit, München u. Berlin 1963

— SAE 1969, 110 (Anm. zu BGHZ 50, 325)

— ZZP 1972, 357 (Bespr. von Kübler, Rechtsfähigkeit und Verbandsverfassung)

Fenn, Herbert: Zivilprozessualer Rechtsschutz unter rivalisierenden Gewerkschaften, JuS 1965, 175

— Zur aktiven Parteifähigkeit von gewerkschaftlichen Bezirksverbänden im Zivilprozeß, ZZP 1973, 177

Föhr, Horst: Willensbildung in den Gewerkschaften und Grundgesetz, Berlin 1974

Forsthoff, Ernst: Rechtsfragen der leistenden Verwaltung, Stuttgart 1959

— Rechtsstaat im Wandel, Stuttgart 1964

Fröhler, Ludwig, Peter *Oberndorfer*: Körperschaften des öffentlichen Rechts und Interessenvertretung, München 1974

Fromme, Friedrich: Der Demokratiebegriff des Grundgesetzgebers, DÖV 1970, 518

Galperin, Hans: Inhalt und Grenzen des kollektiven Koalitionsrechts, AuR 1965, 1

— Die Stellung der Gewerkschaften im Staatsgefüge, Düsseldorf o. J.

Gamillscheg, Franz: Die Differenzierung nach der Gewerkschaftszugehörigkeit, Berlin 1966

Gerlach, Erich: „Syndikalismus", HdSW, Band 10 (1959)

Gierke, Otto: Vereine ohne Rechtsfähigkeit nach dem neuen Rechte, 2. Aufl., Berlin 1902

Gitter, Wolfgang: Zur Rechtmäßigkeit eines ohne Urabstimmung durchgeführten Streiks, JZ 1965, 197

Gröbing, Karl: Die Stellung der Gewerkschaften in der Rechtsordnung der Bundesrepublik Deutschland, Stuttgart 1969

Habermas, Jürgen: Strukturwandel der Öffentlichkeit, 3. Aufl., Neuwied—Berlin 1968

Habscheid, Walther: Der nicht rechtsfähige Verein zwischen juristischer Person und Gesellschaft, AcP 155, 375 (1956)

Häberle, Peter: Grundrechte im Leistungsstaat, VVdStRL 30, 43 Berlin 1972

Hamann, Andreas: Gewerkschaften und Sozialstaatsprinzip, o. O. 1959

Hamann, Andreas, Helmut *Lenz:* Das Grundgesetz für die Bundesrepublik Deutschland, 3. Aufl., Neuwied 1970

Hanau, Peter: Bespr. von F. Säcker, Grundprobleme der koll. Koalitionsfreiheit, NJW 1971, 1402

Hanau, Peter, Klaus *Adomeit:* Arbeitsrecht, 3. Aufl., Frankfurt 1974

Hanau, Peter, Heinrich M. *Stindt:* Machtverteilung in deutschen Gewerkschaften. Eine Untersuchung zweier Satzungen, Der Staat 1971, 529

Henrici, Hans: Aufnahmepflicht für Koalitionen, Diss. jur. Köln 1970

Herrmann, Günter: Rundfunkgesetze, Köln—Berlin—Bonn—München 1966

Herschel, Wilhelm: Sinn und Grenzen der Vereinbarungsbefugnis der Tarifvertragsparteien, Referat zum 46. DJT, Bd. II, Teil D, 7, München und Berlin 1967

Herzog, Roman: „Beliehener Unternehmer", Evangel. Staatslexikon, Stuttgart—Berlin 1966

Hesse, Konrad: Grundzüge des Verfassungsrechts der Bundesrepublik Deutschland, 6. Aufl., Karlsruhe 1973

— Die verfassungsrechtliche Stellung der politischen Parteien im modernen Staat, VVdStRL 17, 11, Berlin 1959

Heßler, Rainer: Sind Kampfmaßnahmen ohne Urabstimmung dem Tarifpartner gegenüber rechtswidrig? Diss. jur. Köln 1967

Hirche, Kurt: Die Wirtschaftsunternehmen der Gewerkschaften, Düsseldorf—Wien 1966

Hirsch, Joachim: Die öffentlichen Funktionen der Gewerkschaften, Stuttgart 1966

Hirsch-Weber, Wolfgang: Gewerkschaften in der Politik, Köln u. Opladen 1959

Hueck, Alfred, Hans Carl *Nipperdey:* Lehrbuch des Arbeitsrechts, Band II 1, 7. Aufl., Berlin und Frankfurt 1970

Huber, Ernst-Rudolf: Wirtschaftsverwaltungsrecht, Band II, 2. Aufl., Tübingen 1954

Jesch, Dieter: Bespr. von Weber / Scheuner / Dietz, Koalitionsfreiheit; Ramm, Die Freiheit der Willensbildung; Ridder, Zur verfassungsrechtlichen Stellung der Gewerkschaften, DÖV 1963, 116

Kaelble, Hartmut: Industrielle Interessenpolitik in der Wilhelminischen Gesellschaft, Berlin 1967

Kahn-Freund, Otto: Rechtliche Garantien der innergewerkschaftlichen Demokratie, Festgabe für Ernst Fraenkel zum 65. Geburtstag, Berlin 1963

— Labour and the Law, London 1972

Kaiser, Joseph H.: Die Repräsentation organisierter Interessen, Berlin 1956

Kaskel, Walter (Hrsg.): Koalitionen und Koalitionskampfmittel, Berlin 1925

Klein, H.: Zum Begriff der öffentlichen Aufgabe, DÖV 1965, 755

Knöpfle, Franz: Der Zugang zu den politischen Parteien, Der Staat 1970, 321

Kögler, Peter: Arbeiterbewegung und Vereinsrecht, Berlin 1974

Kriele, Martin: Das demokratische Prinzip im Grundgesetz, VVDStRL 29, 46, Berlin 1971

Krüger, Herbert: Allgemeine Staatslehre, Stuttgart 1964

— Die Stellung der Interessenverbände in der Verfassungswirklichkeit, NJW 1956, 1217

— Sinn und Grenzen der Vereinbarungsbefugnis der Tarifvertragsparteien, Gutachten für den 46. DJT, Band 1, Teil 1, S. 7, München und Berlin 1966

Kübler, Friedrich: Rechtsfähigkeit und Verbandsverfassung, Berlin—New York 1971

— Anm. zum Soraya-Beschluß des BVerfG, JZ 1973, 667

Larenz, Karl: Richterliche Rechtsfortbildung als methodisches Problem, NJW 1965, 1

Leibholz, Gerhard: Staat und Verbände, VVDStRL 24, 5, Berlin 1966

Lerche, Peter: Verfassungsrechtliche Zentralfragen des Arbeitskampfes, Bad Homburg—Berlin—Zürich 1968

Lieb, Manfred: Die Rechtsnatur der Allgemeinverbindlicherklärung von Tarifverträgen als Problem des Geltungsbereichs autonomer Normensetzung, Diss. jur. München 1960

Limmer, Hans: Die deutsche Gewerkschaftsbewegung, München 1966

Lipset, Seymour, Martin *Trow* und James *Coleman:* Union democracy. The internal politics of the International Typographical Union. New York 1962

Loewenstein, Karl: Verfassungslehre, 2. Aufl., Tübingen 1969

— Kooptation und Zuwahl, Frankfurt 1973

Löwisch, Manfred: Die Voraussetzungen der Tariffähigkeit, ZfA 1970, 295

Luhmann, Niklas: Legitimation durch Verfahren, Neuwied und Berlin 1969

Lukes, Rudolf: Der Satzungsinhalt beim eingetragenen Verein und die Abgrenzung zu sonstigen Vereinsregelungen, NJW 1972, 121

Martens, Wolfgang: Öffentlich als Rechtsbegriff, Bad Homburg 1969

Marx, Karl und Friedrich *Engels:* Werke, Band 16, Berlin 1964

Masberg, Winfried: Die Unternehmerverbände in der öffentlichen Verwaltung, Diss. jur. Göttingen 1959

Masing, Otwin: Parteien und Verbände als Faktoren des politischen Prozesses. Aspekte politischer Soziologie, in: Kress / Senghaas (Hrsg.), Politikwissenschaft, S. 277, Frankfurt 1972

Maunz, Theodor, Günter *Dürig* und Roman *Herzog:* Grundgesetz, 2. Aufl., München 1963

Mertes, Ulrike: Überlegungen zur innergewerkschaftlichen Demokratie, WSI-Mitteilungen 1972, 213

Meyer, Gerd: Die Parteiendemokratie der Bundesrepublik, in: Der Bürger im Staat 1/1973, S. 2 (Hrsg. Landeszentrale f. polit. Bildung Baden-Württ.)

Meyer-Cording, Ulrich: Die Vereinsstrafe, Tübingen 1957

Michels, Robert: Zur Soziologie des Parteiwesens in der modernen Demokratie, Neudruck der 2. Aufl., Stuttgart 1970

Motive zu dem Entwurfe eines Bürgerlichen Gesetzbuchs für das Deutsche Reich, Band I, Berlin und Leipzig 1888

Müller, Ute: Die demokratische Willensbildung in den politischen Parteien, Mainz 1967

Müller-Thoma, Frank: Der halbstaatliche Verein, Berlin 1974

Mugdan, Benno: Die gesamten Materialien zum Bürgerlichen Gesetzbuch für das Deutsche Reich, Band I, Berlin 1899

v. Münch, Ingo: Art. 9 GG (Zweitbearbeitung), in: Kommentar zum Bonner Grundgesetz, Hamburg 1950 ff.

Naschold, Frieder: Organisation und Demokratie, 2. Aufl., Stuttgart 1971

— Zur Theorie der Verbände, in: Narr / Naschold, Theorie der Demokratie, S. 204, Stuttgart 1971

— Die systemtheoretische Analyse demokratischer politischer Systeme, PVS Sonderheft 2/1970, S. 3

Neumann, Franz: Koalitionsfreiheit und Reichsverfassung — Die Stellung der Gewerkschaften im Verfassungssystem, Berlin 1932

— Ansätze zur Untersuchung politischer Macht, in: Demokratischer und autoritärer Staat, S. 58, Frankfurt 1967

Nickel, Walter: Zum Verhältnis von Arbeiterschaft und Gewerkschaft, Köln 1972

Nikisch, Arthur: Arbeitsrecht, Band II, 2. Aufl., Tübingen 1959

Nipperdey, Hans Carl und Franz *Säcker*: Geschichtliche Entwicklung, Begriff und Rechtsstellung der Berufsverbände, in: AR-Blattei D, Berufsverbände I

Noé, Claus: Gebändigter Klassenkampf, Tarifautonomie in der Bundesrepublik Deutschland, Berlin 1970

Oberndörfer, Dieter: Demokratisierung von Organisationen? Eine kritische Auseinandersetzung mit Frieder Nascholds „Organisation und Demokratie", in: D. Oberndörfer (Hrsg.), Systemtheorie, Systemanalyse und Entwicklungsländerforschung, Berlin 1971

Offe, Claus: Politische Herrschaft und Klassenstrukturen. Zur Analyse spätkapitalistischer Gesellschaftssysteme, in: Kress / Senghaas (Hrsg.), Politikwissenchaft, S. 135, Frankfurt 1972

Olson, Mancur: Die Logik des kollektiven Handelns, Tübingen 1968

Ossenbühl, Fritz: Der öffentliche Status der Gewerkschaften, NJW 1965, 1561

Palandt, Otto: Bürgerliches Gesetzbuch, 33. Aufl., München 1974

Peters, Hans: Öffentliche und staatliche Aufgaben, in: Festschrift für H. C. Nipperdey zum 70. Geburstag, Band II, S. 877, München und Berlin 1965

Piepenstock, Wolfgang: Politische Vereinigungen unter dem Grundgesetz, Berlin 1971

Preuß, Ulrich: Zum staatsrechtlichen Begriff des Öffentlichen, Stuttgart 1969

Protokolle der Kommission für die zweite Lesung des Entwurfs des Bürgerlichen Gesetzbuchs, Berlin 1897

Raiser, Ludwig: Die Zukunft des Privatrechts, Berlin—New York 1971

Ramm, Thilo: Die Freiheit der Willensbildung, Stuttgart 1960

— Der Arbeitskampf und die Gesellschaftsordnung des Grundgesetzes, Stuttgart 1965

— Einführung in das Privatrecht, Allgemeiner Teil des BGB, Band III, München 1970

Rechtliche Ordnung des Parteiwesens: Bericht der vom Bundesminister des Innern eingesetzten Parteienrechtskommission, Frankfurt—Berlin 1957

Reinhardt, Rudolf: Gesellschaftsrecht, Tübingen 1973

Richardi, Reinhard: Kollektivgewalt und Individualwille bei der Gestaltung des Arbeitsverhältnisses, München 1968

Ridder, Helmut: „Meinungsfreiheit", in: Neumann / Nipperdey / Scheuner, Die Grundrechte, Band 2, S. 243, Berlin 1954

— Zur verfassungsrechtlichen Stellung der Gewerkschaften im Sozialstaat nach dem Grundgesetz für die Bundesrepublik Deutschland, Stuttgart 1960

Riege, Fritz: Die gewerkschaftlichen Organisationsformen in der Bundesrepublik Deutschland, Diss. rer. soc. Göttingen 1965

Risse, Heinz: Die Gewerkschaften als Interessenverband, in: A. Horné (Hrsg.), Zwischen Stillstand und Bewegung. Eine kritische Untersuchung über die Gewerkschaften in der modernen Industriegesellschaft, S. 65, Frankfurt 1965

Rittstieg, Helmut: Verbände und repräsentative Demokratie, JZ 1968, 411

Rölke, Peter: Die Beteiligung von Gewerkschaftsmitgliedern der unteren Organisationsebene an der innergewerkschaftlichen Willensbildung, Diss. Köln 1973

Roscher, Falk: Vertragsfreiheit als Verfassungsproblem, Berlin 1974

Rupp, Hans Heinrich: Die „öffentlichen" Funktionen der Verbände, in: Schneider / Watrin (Hrsg.), Macht und ökonomisches Gesetz, 2. Halbband, S. 1251, Berlin 1973

Rüthers, Bernd: Streik und Verfassung, Köln 1960

— Arbeitsrecht und politisches System, Frankfurt 1973

— Die unbegrenzte Auslegung, Tübingen 1968

— Tarifautonomie und gerichtliche Zwangsschlichtung, Konstanz 1973

Säcker, Franz: Grundprobleme der kollektiven Koalitionsfreiheit, Düsseldorf 1969

Scharpf, Fritz: Demokratietheorie zwischen Utopie und Anpassung, Konstanz 1970

Scheffler, Gerhard: Zum öffentlichen Status der Gewerkschaften, NJW 1965, 849

Scheuner, Ulrich: Politische Repräsentation und Interessenvertretung, DÖV 1965, 577

Scheuner, Ulrich: Der Inhalt der Koalitionsfreiheit, in: Weber / Scheuner / Dietz, Koalitionsfreiheit, S. 29, Berlin—Frankfurt 1961

Schlosser, Peter: Vereins- und Verbandsgerichtsbarkeit, München 1972

Schmidt, Eberhard: Ordnungsfaktor oder Gegenmacht. Die politische Rolle der Gewerkschaften, Frankfurt 1971

Schnorr, Gerhard: Öffentliches Vereinsrecht, Köln 1965

Scholz, Rupert: Koalitionsfreiheit als Verfassungsproblem, München 1971

Schröder, W.: Die Gewerkschaftsbewegung in der Konzeption der revolutionären Sozialdemokratie 1869 bis 1891, in: H. Bartel u. a., Marxismus und deutsche Arbeiterbewegung, Berlin 1970

Schumann, Hans: Zur Haftung der nichtrechtsfähigen Vereine, Köln—Berlin 1956

Schuster, Dieter: Die deutsche Gewerkschaftsbewegung, 3. Aufl., Düsseldorf 1971

Seeberger, Hedda: Zur Analyse von Autoritätsstrukturen in deutschen Gewerkschaften, Diss. Erlangen—Nürnberg 1969

Soergel, Hans und Wolfgang *Siebert*: Bürgerliches Gesetzbuch, 10. Aufl., Stuttgart 1967

Söllner, Alfred: Arbeitsrecht, 3. Aufl., Stuttgart 1973

— Zu Sinn und Grenzen der Vereinbarungsbefugnis der Tarifvertragsparteien, AuR 1966, 257

Stammer, Otto u. a.: Verbände und Gesetzgebung, Köln und Opladen 1965

Staudingers Kommentar zum Bürgerlichen Gesetzbuch, Band I, 11. Aufl., Berlin 1957

Stavenhagen, Gerhard: „Syndikalismus", Staatslexikon, 7. Band (1962)

v. Stechow, Alexander: Die Frage des Rechts auf Aufnahme in Koalitionen, Diss. jur. Köln 1970

Stein, Ekkehard: Staatsrecht, 3. Aufl., Tübingen 1973

Steinberg, Rudolf: Pluralismus und öffentliches Interesse als Problem der amerikanischen und deutschen Verbandslehre, AöR 1971, 465

— Die Interessenverbände in der Verfassungsordnung, PVS 1973, 27

Stindt, Heinrich: Verfassungsgebot und Wirklichkeit demokratischer Organisation der Gewerkschaften, dargestellt am Beispiel der Deutschen Postgewerkschaft, Diss. jur. Berlin 1973

Stoll, Heinrich: Gegenwärtige Lage der Vereine ohne Rechtsfähigkeit, in: Festgabe der juristischen Fakultäten zum 50jährigen Bestehen des Reichsgerichts, II. Band, Berlin und Leipzig 1929

Streeck, Sylvia u. Wolfgang: Parteiensystem und Status quo, Frankfurt 1972

Stuby, Gerhard: Die Macht des Abgeordneten und die innerparteiliche Demokratie, Der Staat 1969, 303

Thiele, Willi: Politische Betätigung der Gewerkschaften, BB 1973, 1

Vilmar, Fritz: Basisdemokratische Gewerkschaftsreform, Gew. Monatshefte 1970, 219

Völpel, Dagobert: Rechtlicher Einfluß von Wirtschaftsgruppen auf die Staatsgestaltung, Berlin 1972

Wagenitz, Thomas: Die personellen Grenzen der Tarifmacht, Frankfurt 1972

Wapler, Wolfgang: Nichtrechtsfähige Vereine als Kläger im Zivilprozeß, NJW 1961, 439

Weber, Werner: Spannungen und Kräfte im westdeutschen Verfassungssystem, 3. Aufl., Berlin 1970

— Die Arbeitnehmer- und Arbeitgeberorganisationen in der Verfassung, in: Aufgaben und Stellung der Arbeitgeber- und Arbeitnehmerorganisationen in der Bundesrepublik Deutschland, S. 123 ff., Köln und Opladen 1966

Weitbrecht, Hansjörg: Effektivität und Legitimität der Tarifautonomie, Berlin 1969

Wengler, Wilhelm: Die Kampfmaßnahme im Arbeitsrecht, Berlin u. Frankfurt 1960

Wertenbruch, Wilhelm: Die rechtliche Einordnung wirtschaftlicher Verbände in den Staat, in: Gedächtnisschrift Hans Peters, S. 614, Berlin—Heidelberg—New York 1967

Wiedemann, Herbert: Die deutschen Gewerkschaften — Mitgliederverband oder Berufsorgan? RdA 1969, 321

Wieacker, Franz: Privatrechtsgeschichte der Neuzeit, 2. Aufl., Göttingen 1967

Winter, Max: Die Rechtsfolgen eines Streiks, der ohne die satzungsmäßig erforderliche Urabstimmung durchgeführt wird, Diss. jur. Hamburg 1971

Wittkämper, Gerhard: Grundgesetz und Interessenverbände, Köln u. Opladen 1963

Wolff, Hans J.: Verwaltungsrecht III, 3. Aufl., München 1970

Zeuner, Bodo: Innerparteiliche Demokratie, Berlin 1969

Zöllner, Wolfgang: Tarifvertragliche Differenzierungsklauseln, Düsseldorf 1967

— Die Rechtsprechung des Bundesverfassungsgerichts zu Artikel 9 Abs. 3 GG, AöR 1973, 71

Weiteres Material

Satzungen

Deutsche Angestelltengewerkschaft (DAG), beschlossen auf dem 10. Bundeskongreß 1971

Deutscher Gewerkschaftsbund (DGB), gültig ab 1. 7. 1971

Industriegewerkschaft Bau-Steine-Erden (IG BSE), gültig ab 1. 11. 1972

Industriegewerkschaft Bergbau und Energie (IG BE), gültig ab 1. 10. 1971

Industriegewerkschaft Chemie, Papier, Keramik (IG Chemie), gültig ab 23. 9. 1972

Industriegewerkschaft Druck und Papier (IG Druck), gültig ab 1. 1. 1972

Gewerkschaft der Eisenbahner Deutschlands (GdED), gültig ab 20. 9. 1972

Gewerkschaft Erziehung und Wissenschaft (GEW), gültig ab 4. 6. 1971

Gewerkschaft Handel, Banken und Versicherungen (HBV), gültig ab 1. 7. 1973

Gewerkschaft Holz und Kunststoff (G HK), gültig ab 1. 1. 1970

Industriegewerkschaft Metall (IGM), gültig ab 1. 1. 1972

Gewerkschaft Nahrung-Genuß-Gaststätten (NGG), gültig ab 1. 1. 1971

Gewerkschaft Öffentliche Dienste, Transport und Verkehr (ÖTV), gültig ab 1. 6. 1972

Deutsche Postgewerkschaft (DPG), gültig ab 8. 10. 1971

Gewerkschaft Textil-Bekleidung (Textil), gültig ab 8. 10. 1971

Kommentar zur Satzung der IG Metall für die Bundesrepublik Deutschland (hrsg. vom Vorstand der IG Metall), Frankfurt 1972

Richtlinien

„Richtlinien zur Bildung von Tarifkommissionen" der IG Metall (1. 1. 1960)

„Richtlinien für Vertrauensleutearbeit" der IG Metall (1970)

„Richtlinien über die Tarifarbeit und die Bildung von Tarifkommissionen" der ÖTV v. 1. 1. 1972

„Richtlinien der Gewerkschaft ÖTV über Urabstimmungen und Arbeitskämpfe" v. 1. 1. 1969

„Leitsätze für ÖTV-Vertrauensleute" v. 26. 5. 1970

„Richtlinien der IG Chemie für die Tarifarbeit" v. 1. 1. 1973

„Richtlinien für gewerkschaftliche Vertrauensleute der IG Chemie, Papier, Keramik" v. 29. 9. 1972

„Richtlinien für die gewerkschaftliche Vertrauensleutearbeit" der IG Druck und Papier v. 3. 3. 1973

FSC
www.fsc.org
MIX
Papier | Fördert
gute Waldnutzung
FSC® C083411

Kolibri 360 GmbH
Ferdinand-Jühlke-Straße 7
99095 Erfurt, Deutschland
produktsicherheit@kolibri360.de

Druck:
CPI Druckdienstleistungen GmbH
im Auftrag der
Kolibri 360 GmbH
Ferdinand-Jühlke-Str. 7
99095 Erfurt